普通高等教育"十四五"规划教材
21世纪职业教育规划教材·公共事业系列

家庭社会工作理论与实务

（第二版）

主　编	慕　玮	何　静	周良才	
副主编	溥存富	张　夔	万　文	路焕新
参　编	董引娣	郭瑞英	郭小建	何春燕
	洪　毅	雷　立	李飞虎	李　艳
	廖　颖	刘慧玲	刘　炯	刘　云
	沈　菊	王小丽	尹　敏	赵　春
	赵钦清	郑　轶		

图书在版编目(CIP)数据

家庭社会工作理论与实务：第二版/慕玮，何静，周良才主编. —北京：北京大学出版社，2023.3
21世纪职业教育规划教材. 公共事业系列
ISBN 978-7-301-33700-4

Ⅰ. ①家…　Ⅱ. ①慕…②何…③周…　Ⅲ. ①家庭社会学–高等职业教育–教材　Ⅳ. ①C913.11

中国国家版本馆CIP数据核字（2023）第015043号

书　　　名	家庭社会工作理论与实务（第二版）
	JIATING SHEHUI GONGZUO LILUN YU SHIWU（DI-ER BAN）
著作责任者	慕　玮　何　静　周良才　主编
策划编辑	巩佳佳
责任编辑	巩佳佳
标准书号	ISBN 978-7-301-33700-4
出版发行	北京大学出版社
地　　　址	北京市海淀区成府路205号　100871
网　　　址	http://www.pup.cn　新浪微博：@北京大学出版社
电子邮箱	编辑部 zyjy@pup.cn　总编室 zpup@pup.cn
电　　　话	邮购部 010-62752015　发行部 010-62750672　编辑部 010-62704142
印刷者	河北滦县鑫华书刊印刷厂
经销者	新华书店
	787毫米×1092毫米　16开本　20印张　483千字
	2014年10月第1版
	2023年3月第2版　2024年8月第3次印刷
定　　　价	68.00元

未经许可，不得以任何方式复制或抄袭本书之部分或全部内容。
版权所有，侵权必究
举报电话：010-62752024　电子邮箱：fd@pup.cn
图书如有印装质量问题，请与出版部联系，电话：010-62756370

前　言

家庭是社会的细胞，家庭和谐是社会和谐的前提和基础，也是社会文明进步的标志。绝大多数人都要经历择偶、组织家庭、养育子女的过程。当前，人们对生活质量、幸福指数的要求不断提升。一方面，改革开放、经济发展和社会进步为社会的细胞——家庭注入了开拓进取、自立自强的活力；另一方面，社会转型、人员流动等的加剧也给家庭关系、家庭结构带来了巨大冲击。面对恋爱挫折、婚姻动荡、离婚率攀升、家庭暴力、青少年成长危机等，许多人产生了困惑，出现了种种忧虑。家庭中出现的问题如得不到及时解决，小则危及个人成长、家庭幸福，大则影响社会的安定与和谐。

我国家庭社会工作相关工作和研究人员不断学习和借鉴其他国家或地区的先进经验，同时结合我国的国情和实际，逐步为在恋爱、婚姻、家庭生活中遇到各种问题的求助者及时提供了专业的家庭社会工作辅导和服务，有效帮助人们解除了家庭生活中的各种困扰。

本书以党的二十大精神为指导，结合我国当前社会和家庭发展现状，将家庭社会工作定位为社会工作的服务领域之一，运用家庭社会工作的相关理论探索家庭社会工作实务工作过程和方法。全书包括八个学习情境，从引导学生形成对家庭和家庭社会工作的认知开始，依次介绍了家庭社会工作的专业模式（系统式家庭治疗模式、叙事家庭治疗模式、结构式家庭治疗模式、萨提亚家庭治疗模式）、家庭过程辅导、家庭关系辅导、特殊家庭辅导等内容，此外，介绍了与家庭社会工作相关的最新的法律法规，社会工作机构承接家庭社会工作项目的基本过程和注意事项，最后通过几个真实的家庭社会工作案例详细介绍了家庭社会工作的辅导过程、方法和技巧等。

与上一版相比，本书在理论方面增加了心理学技术，以测量家庭亲密度、适应性和依恋性等；在实操方面增加了家庭社会工作实务与治疗性案例，以使学生学完本书内容后对真实的家庭社会工作项目形成整体的印象，并知道如何运用所学的知识和技术完成实务个案工作。

本书坚持"在行动中学习"的理念，采取情境教学和任务体验式教学思路和模式，注重家庭社会工作实务工作技巧的培养和训练，每一个子情境都是从任务体验开始，进而过渡到相关知识的学习。这样的结构和内容安排符合学生的认知规律，同时能体现高等职业教育的职业性、实践性、开放性，以及社会工作教学的专业性。

本书是校企合作共建教材，集中了重庆兴民社会工作服务中心、重庆仁爱社会工作服务中心、重庆市南岸区绿荫社会工作服务中心、沙坪坝区婚姻登记所等单位一线社会工作者，以及齐齐哈尔大学、井冈山大学、北京社会管理职业学院、重庆城市管理职业学院教师的集体智慧。

本书由慕玮、何静和周良才共同担任主编，由溥存富、张夔、万文、路焕新担任副主编。主编和副主编除编写本书部分章节外，还负责全书总体框架及编写提纲的设计，以及对各参编人员提交的初稿的适当修改。编写工作具体分工为：学习情景一由重庆城市管理职业学院的董引娣、王小丽、慕玮、张夔、李飞虎和齐齐哈尔大学的李艳负责；学习情景二由北京社会管理职业学院的刘云和重庆城市管理职业学院的慕玮、何静、周良才负责；学习情景三由重庆城市管理职业学院的何静、溥存富、赵钦清、郑轶负责；学习情景四由井冈山大学的廖颖、齐齐哈尔大学的李艳和重庆城市管理职业学院的慕玮、赵钦清、沈菊负责；学习情景五由重庆城市管理职业学院的何静、郑轶、王小丽、刘炯和齐齐哈尔大学的李艳负责；学习情景六由重庆仁爱社会工作服务中心的万文、重庆城市管理职业学院的郭小建和刘慧玲负责；学习情景七由重庆城市管理职业学院的王小丽、路焕新、赵春、洪毅负责；学习情景八由重庆城市管理职业学院的溥存富、慕玮、郭小建和重庆兴民社会工作服务中心的郭瑞英、雷立、尹敏和重庆仁爱社会工作服务中心的何春燕负责。

我们非常感谢各位编者以及为本书付出大量辛勤劳动的北京大学出版社编辑。在本书编写过程中，重庆市民政局的贺添为我们提供了政策和法律法规咨询指导，重庆市南岸区绿荫社会工作服务中心的宋遥平和罗欢为我们提供了案例，在此一并表示感谢。由于编者水平有限，书中难免有疏漏和不足，敬请读者批评指正。

编者
2023 年 1 月

目　　录

学习情境一　家庭认知 …………………………………………………………… (1)
　子情境一　家庭的本质 ………………………………………………………… (1)
　　任务一　了解家庭的含义 …………………………………………………… (1)
　　任务二　了解家庭的特征 …………………………………………………… (3)
　　任务三　了解家庭的功能 …………………………………………………… (4)
　　任务四　了解家庭关系 ……………………………………………………… (10)
　子情境二　家庭的结构 ………………………………………………………… (16)
　　任务一　了解家庭结构的含义和特点 ……………………………………… (16)
　　任务二　了解家庭结构的分类 ……………………………………………… (18)
学习情境二　家庭社会工作的认知 ……………………………………………… (23)
　子情境一　家庭社会工作理论 ………………………………………………… (23)
　　任务一　掌握家庭生命周期理论 …………………………………………… (23)
　　任务二　掌握社会冲突理论 ………………………………………………… (28)
　子情境二　家庭社会工作的内容 ……………………………………………… (32)
　　任务一　了解国外家庭社会工作的内容 …………………………………… (32)
　　任务二　了解我国家庭社会工作的内容 …………………………………… (37)
　子情境三　家庭社会工作的方法 ……………………………………………… (40)
　　任务　掌握家庭社会工作的方法 …………………………………………… (40)
学习情境三　家庭治疗模式 ……………………………………………………… (43)
　子情境一　系统式家庭治疗模式 ……………………………………………… (43)
　　任务一　了解家庭治疗模式 ………………………………………………… (43)
　　任务二　了解系统式家庭治疗 ……………………………………………… (45)
　　任务三　系统式家庭治疗的策略和技术 …………………………………… (50)
　子情景二　叙事家庭治疗模式 ………………………………………………… (60)
　　任务一　认识叙事家庭治疗 ………………………………………………… (60)
　　任务二　掌握叙事家庭治疗的方法和技巧 ………………………………… (63)
　子情境三　结构式家庭治疗模式 ……………………………………………… (67)
　　任务一　了解结构式家庭治疗模式 ………………………………………… (67)

任务二	掌握结构式家庭治疗的介入技巧和介入过程	(72)
子情境四	**萨提亚家庭治疗模式**	(77)
任务一	理解萨提亚家庭治疗模式的信念体系和治疗目标	(77)
任务二	了解萨提亚家庭治疗的常用工具——生存姿态	(82)
任务三	了解萨提亚家庭治疗的常用工具——冰山	(85)
任务四	了解萨提亚家庭治疗的常用工具——家庭结构图	(87)
任务五	了解萨提亚家庭治疗的其他工具	(91)
任务六	了解接受萨提亚家庭治疗案主的改变过程	(94)
学习情境四	**家庭过程辅导**	(101)
任务一	了解一般家庭过程及阶段任务	(101)
任务二	掌握家庭成立过程辅导的技术与方法	(106)
任务三	掌握婚姻解体过程辅导的技术与方法	(122)
学习情境五	**家庭关系辅导**	(131)
子情境一	**夫妻关系辅导**	(131)
任务一	了解夫妻关系的特征	(131)
任务二	婚外恋辅导	(133)
任务三	婚姻暴力辅导	(137)
子情境二	**亲子关系辅导**	(141)
任务一	了解亲子关系的特征	(141)
任务二	掌握亲子关系辅导的技术和方法	(153)
学习情境六	**特殊家庭辅导**	(158)
任务一	掌握单亲家庭辅导的技术和方法	(158)
任务二	掌握重组家庭辅导的技术和方法	(166)
任务三	掌握空巢家庭辅导的技术和方法	(173)
学习情境七	**家庭社会工作相关法律法规**	(179)
任务一	掌握与婚姻家庭相关的法律法规	(179)
任务二	掌握《反家庭暴力法》的相关规定	(194)
任务三	掌握继承相关法律规定	(198)
学习情境八	**家庭社会工作实务与治疗性案例**	(208)
子情境一	**社会组织与常规家庭社会工作项目**	(208)
任务一	社会组织承接家庭社会工作项目的方法	(208)
任务二	学习常规家庭社会工作实务案例	(237)
子情境二	**家庭社会工作实务案例**	(253)
任务一	了解小组工作在家庭社会工作实务中的运用	(253)
任务二	学习体会家庭社会工作治疗性个案	(273)
参考文献		(311)

学习情境一

家庭认知

理论学习目标
1. 了解家庭的含义、特征、功能。
2. 了解家庭关系及其称谓。
3. 了解家庭结构的含义和特点。

实践学习目标
1. 区分家庭和其他群体的特征。
2. 考查所在家庭的功能发挥情况及家庭结构类型。

子情境一　家庭的本质

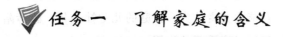

任务一　了解家庭的含义

 任务体验

每 6 人为一小组提前准备以家庭为主题的音乐或影视作品。

S 任务分享

各组分享对所准备的音乐或影视作品的体会。

T 任务总结

从各组的体会中总结家庭的特征。

K 知识介绍

一、家庭的含义

家庭是指以婚姻关系、血缘关系或收养关系为基础的亲属所构成的社会生活单位。家庭有广义和狭义之分，狭义的家庭是指一夫一妻制构成的单元；广义的家庭则泛指人类进化的不同阶段的各种家庭利益集团。从组织形式来说，家庭是人类最基本、最重要的一种制度和群体形式。从功能来说，家庭是儿童社会化、供养老人、性满足、经济合作、普遍意义上人类亲密关系的基本单位。从社会关系来说，家庭是具有婚姻、血缘或收养关系且长期共同居住的群体。

(一) 社会细胞观点

家庭是社会最基本的细胞，是最重要、最基本、最核心的社会组织，也是最重要、最基本、最核心的经济组织，还是人们最重要、最基本、最核心的精神家园。家庭的健康、可持续发展是社会稳定发展、国家稳定发展的基石，"家"破是"国"亡的催化剂。

(二) 功能论者的观点

在功能论者看来，以前的家庭大多是自给自足，能满足家庭成员的大部分生理、心理需求的单位或群体，融有经济生产、教育、儿童社会化、宗教等功能，进行着物质、人口、精神财富再生产。功能主义者认为，家庭的儿童社会化、感情陪伴、经济合作、性规范等功能对社会的良性运行具有重要的作用。

(三) 冲突论者的观点

冲突论者认为，家庭是性别不平等的主要场所，因此是社会中许多其他事物不平等的基础。以男性为主导的家庭，为社会提供了一些重要的不用付费的劳动形式，维持妇女的从属地位，极大地促进了资本主义的产生。所以，如果资本主义制度不被推翻，性别不平等的情况就不可能改变。

二、家族、宗族、家庭的区别

（一）家族

家族是指具有共同的祖先、血缘，或具有姻亲关系、养育关系的人所组成的社会网络。同家族的人并不一定居住在一起，但是他们彼此承诺，共同承担一定的责任和义务。家族的确切成员是由特定的文化规范规定的，在中国，家族一般以五服为界。

（二）宗族

宗族是由同宗、同姓、同地域的家族结成的群体。

（三）家庭

家庭是亲属中较小的户内群体，是由共同生活居住、共同经济核算、相互合作发挥作用的人组成的单位。在人的一生中，大部分人属于两种家庭：出生，并进行大部分社会化的家庭是原生家庭；因结婚、生子而建立的家庭是生育家庭。现代社会人们主要忠于自己的生育家庭。

任务二　了解家庭的特征

I 任务体验

将全班同学分成若干由 4~8 人组成的学习小组，选取某案例模拟家庭进行角色扮演，扮演过程中须体现出家庭的特征。

S 任务分享

对比各小组的表演，评选出最能体现家庭特征的小组。

T 任务总结

根据各自的角色扮演，各小组总结本组对家庭特征的认识。

K 知识介绍

从法律意义上说，家庭是共同生活的成员间互享法定权利、互负法定义务的亲属团体,家庭主要具有以下几个方面的特征。

(一)家庭是一个生活单位

家庭是以婚姻、血缘或收养关系为纽带,由亲属团体组成的生活单位,有同财共居的特点。家庭这个生活单位的内容十分广泛,包括经济生活、道德生活、政治生活及宗教生活等。家庭成员共同生活、共同居住、共同消费,进行情感、精神和经济等多方面的交流和互助,构成社会中最密切的人际关系。

(二)家庭是由一定范围的亲属组成的共同生活单位

不是任何人组成的生活单位都是家庭,家庭一般以一定的亲属关系为前提,只有一定范围的亲属组成的共同生活单位才能构成家庭。所谓一定范围的亲属,是指在法律上有权利义务关系的亲属,如夫妻、父母子女、祖孙、兄弟姐妹等,并非全部的亲属。也就是说,家庭成员一般互为亲属,而亲属不一定互为家庭成员。

(三)家庭成员间互享法定权利、互负法定义务

家庭成员必须由于共同的生活而相互具有权利和义务关系。这也是法律调整家庭关系的价值所在。

任务三 了解家庭的功能

I 任务体验

将全班分成若干个小组,各小组选取调查对象,按照家庭功能评定量表,考察其家庭功能发挥状况。

S 任务分享

各小组根据调查结果形成调查报告,分享考察过程和结果。

T 任务总结

结合各组汇报,对家庭的功能进行总结。

知识介绍

一、家庭的功能

所谓家庭的功能，是指家庭在人类生活和社会发展方面所起到的作用，即家庭对于人类的功用和效能。许多人在家庭中生活了几十年，却并未注意家庭有哪些功能，这种情况下，家庭是在自发地发挥其功能。了解家庭的功能，有助于家庭功能得到更充分的发挥，有助于提高生活质量和社会的和谐进步。

家庭的功能是多方面的，家庭能满足人类和社会的多种需要，是其他社会组织所不可比拟的。任何家庭，不管以什么样的结构类型存在，对于个人来说，都是稳定的私人生活的中心，并发挥满足家庭成员生理和情感需求、生育、儿童抚养和社会化、老人赡养和关怀、个人安全等多方面的作用。对于社会来说，家庭主要有社会人口再生产、文化传播、协调人际关系等功能，在某些阶段，家庭还执行社会生产与分配的任务。正是因为家庭具有多种作用，才使得其作为一种社会组织长久以来一直存在于人类的社会生活之中，不可缺少。家庭的功能是家庭存在的社会根据。

家庭主要具有以下几个方面的功能。

（一）经济功能

家庭曾经是生产资料的占有单位，人类社会最初的私有制是与原始公社解体、生产资料归家庭占有同时发生的。

家庭曾经是生产劳动的组织单位，从原始社会末期家庭出现开始，一直到传统农业社会，家庭既是生活单位，也是生产单位。人们以家庭为单位组织生产活动，家长是生产劳动的组织者和领导者。

因为家庭曾经是生产资料的占有单位和生产劳动的组织单位，所以劳动产品的分配和交换也曾经是以家庭为单位进行的，即家庭曾经是劳动产品的分配和交换单位。

家庭中的消费用品由全体家庭成员共同拥有和享用，因此家庭又是一个消费单位。家庭的人口数量和收入水平决定了家庭的消费水平。家庭的支出方式、支出项目和权重决定了家庭的消费方式。社会消费的基本特点之一就是以家庭为单位进行收入和支出核算。

家庭的经济功能满足了人们基本生存的需要。

（二）生育功能

自人类进入个体婚制阶段以来，家庭一直被当作生育子女、繁衍后代的基本的合法单位。两性通过婚姻生育并抚养子女，这被称为生育制度。生育制度的功能是新陈代谢，并保持与个人生活有关的社会结构的完整性。

人类之所以区别于动物，就在于人类组成了社会，个人生活所依靠的是人们之间的相互配合和分工的体系。社会建立起一个在既有规定之下分工合作的结构，这个结构是个人生存的必要条件，也维持着人类现有的生活水平。人类通过生育产生新一代保证了社会的新陈代谢和结构完整，又通过各种文化手段控制生殖，以维持社会继替，家庭正是承担这一使命的文化载体。家庭通过确立婚姻关系，建立双系抚育、夫妇配合等一系列制度来保证生育功能的实现。

费孝通认为，婚姻制度的意义在于，它是人类种族绵延的保障，因为它既是合法生育的必要形式，也确立了双系抚养的模式，即一男一女合法地生育子女，并以约定永久共处的方式将子女抚养长大。①

(三) 性生活功能

性是人类基本的生理要求。性生活也是婚姻关系中的生物学基础。由于性与生育是密切联系的，为保证生育制度的规范性，性生活也因此受到限制。社会通过伦理、道德、法律等规范或手段，试图将人类的性生活限制于婚姻范围之内。自然法则的作用也给性关系带来众多的禁忌。虽然家庭一直都无法成为性行为的严密屏障，性关系常常溢于婚姻之外，但长久以来家庭一直是为法律和社会习俗所认可的无可争议的性生活场所。

另外，从婚姻制度的起源来看，婚姻从一开始就具有约束和规范人们性行为的功能。在现代社会一夫一妻制的背景下，婚姻更成为保障性关系合法性和排他性的制度形式。

(四) 抚养、赡养功能

家庭在具有生育功能的同时，也具有了抚养和赡养功能。父母有抚养子女的义务；家庭成员之间存在相互供养、给予生活援助的关系；子女有赡养父母的责任。这是代际之间的相互抚育和照应。

家庭养老包括经济上的赡养、生活上的照顾和情感上的交流三个方面。在传统的农业社会，家庭养老是最基本、最主要、最普遍的养老方式。在现代社会，由于社会保障制度的建立和不断完善，老年人的收入和医疗保障基本由社会提供，老年人的生活服务也可以由社会上各类专业部门或志愿组织来承担，但家庭养老尚未被完全取代，主要原因是家庭成员间的亲情是社会组织所无法提供和保障的。因此，只要家庭还存在，便仍将保留一些养老功能。

(五) 教育和社会化功能

家庭的教育和社会化功能包括父母对子女的教育以帮助其实现社会化和家庭成员相互教育以完成再社会化两个方面，其中的主要方面是父母对子女的教育和儿童社会化。

---

① 费孝通. 生育制度 [M]. 北京：商务印书馆，2008：185.

社会化是人通过各种教育途径，学习社会知识、技能和规范，从而形成自觉遵守与维护社会秩序的价值观念和行为方式的过程。家庭是儿童社会化的第一场所。童年期是人一生中社会化的关键时期，在此时期，家庭担负着儿童社会化的主要责任。由于父母和子女之间存在亲情关系，家庭教育通常寓于日常生活中，因此，家庭对儿童的社会化教育通常是自然的、潜移默化的。

家庭对儿童的社会化教育的内容，包括引导儿童学习生活知识、社会规范，培养儿童的性格，引导儿童协调人际关系，指导儿童进行生活选择等几个方面。同时，儿童从出生起就因为家庭的种族（民族）、阶级、宗教、地域等特征而具有一种先赋性的角色设定，这对其社会化也有重要影响。

（六）情感交流功能

情感交流是人的心理需求之一。情感交流是家庭精神生活的组成部分。人们各种心理、态度的生成，人格的发展，感情的慰藉和精神的寄托等都离不开家庭。

（七）休息和娱乐功能

家庭是人们的娱乐场所之一。家庭娱乐对于儿童来说尤为重要，儿童可在家庭娱乐中获得知识，并与家庭成员进行情感交流。成年人可通过家庭娱乐调剂生活、增加乐趣。随着科技进步和经济发展，人们的自由时间增多，人们可以把大部分闲暇用于享受和发展的需要，家庭娱乐将会在人们的生活中发挥更大的作用。

（八）宗教功能

家庭原本也是传承宗教信仰、举行宗教仪式的场所。家庭成员经常有同样的宗教信仰，家庭就是一个宗教场所和单位。不过，在现代社会，有专门的宗教活动场所和专业的宗教传播人员，宗教信仰正逐渐与家庭生活分离，家庭对其成员的宗教信仰的约束力和影响也大大减小，个人具有宗教信仰上的相对自由。

家庭是社会的细胞，是人在社会中生存和发展的起点和归宿，也是人与社会联系的最原始、最长久的组织形式。人一出生便被置于一个家庭环境之中，自觉或不自觉地接受这种环境的影响，并在此环境中开始了最初的社会化过程。因此，家庭环境对人的发展和社会的稳定起着极其重要的作用。

二、《家庭功能评定量表》

《家庭功能评定量表》用以收集整个家庭的各个方面的资料，有助于人们简单有效地找到家庭中可能存在的问题，区分健康家庭与不健康家庭。《家庭功能评定量表》的理论基础是"McMaster 家庭功能模式"，该量表所测定的家庭功能的范围与临床关系较密切，可以帮助人们对家庭功能进行较客观的评定。该量表包含七个方面：问题解决、沟通、角色、情感反应、情感介入、行为控制、总的功能，测试时一般会将问题顺序打乱，测试完成后再对结果进行归类分析。

适用范围：12岁以上的对象。

测试时间：大约15分钟。

项目个数：60。

家庭功能评定量表

姓名_____ 性别_____ 年龄_____ 测试日期_____ 编号_____

指导语：

这份量表（如表1-1所示）包含了一些对家庭的描述，请仔细阅读每一项描述，并根据近两个月您对您家庭的看法（或者您对家庭近期的印象），在四个选项中选择一个打勾。

① 很像我家（这一项非常准确地描述了您的家庭）。

② 像我家（这一项与您的家庭情况大致相符）。

③ 不像我家（这一项与您的家庭情况不太相符）。

④ 完全不像我家（这一项与您的家庭情况完全不相符）。

表1-1　家庭功能评定量表

项目	很像我家	像我家	不像我家	完全不像我家
1. 由于我们彼此误解，难于安排一些家庭活动				
2. 我们在住处的附近解决大多数日常问题				
3. 当家中有人烦恼时，其他人知道他为什么烦恼				
4. 当你要求某人做某事时，你必须检查他们是否做了				
5. 当有人遇到麻烦时，其他人会过分关注				
6. 当家里遇到危机时，我们能相互支持				
7. 当发生了出乎意料的事情时，我们手足无措				
8. 我们家常把我们所需要的东西用光				
9. 我们相互都不愿流露出自己的情感				
10. 我们肯定家庭成员都尽到了各自的家庭职责				
11. 我们不能相互谈论各自的忧愁				
12. 我们常根据我们对问题的决定去行动				
13. 当某人的事只有对别人也重要时，才会引起别人的兴趣				
14. 家中某些成员谈话时，你不能明白其中一人是怎么想的				
15. 家务事没有由家庭成员充分分担				
16. 家中不管每个人是什么样的，都能被认可				
17. 有人不按规矩办事，却很容易逃脱处分				
18. 大家都把事情摆在桌面上说，不需用暗示				
19. 我们中有些人缺乏感情				
20. 在遇到突发事件时，我们知道怎样处理				
21. 我们避免谈及我们害怕和关注的事				

续表

项目	很像我家	像我家	不像我家	完全不像我家
22. 我们难得相互说出温存的感受				
23. 我们遇到了经济困难				
24. 在解决一个问题后我们需要讨论问题是否已经解决				
25. 我们都以自我为中心				
26. 我们能相互表达出自己的感受				
27. 我们对穿衣打扮习惯无明确要求				
28. 我们彼此间不表示爱意				
29. 我们说话都直说，不拐弯抹角				
30. 我们每个人都有特定的任务和职责				
31. 我们的家庭气氛很不好				
32. 我们有惩罚人的原则				
33. 只有当我们对某事都感兴趣时，我们才一起参加				
34. 我们没有时间去做自己感兴趣的事				
35. 我们常不把自己的想法说出来				
36. 我们感到自己能被家人容忍				
37. 只有当某件事对个人有利时，我们才会感兴趣				
38. 我们能解决大多数情绪上的烦恼				
39. 在我们家，亲密和温存居次要地位				
40. 我们讨论谁做家务				
41. 在我们家，对事情作出决定是困难的				
42. 只有在对自己有利时，我们才会彼此关照				
43. 我们相互之间都很坦率				
44. 我们不遵从任何规则和标准				
45. 在我们家，如果有人要去做某件事，常需要别人提醒				
46. 我们能够对如何解决问题作出决定				
47. 如果原则被打破，我们将不知如何是好				
48. 在我们家，任何事都行得通				
49. 我们将爱表达出来				
50. 我们镇静地面对涉及感情的问题				
51. 我们不能和睦相处				
52. 我们一旦生气，就互不讲话				
53. 一般来说，我们对分配给自己的家务活都感到不满意				
54. 尽管我们用意良好，但还是过多地干预了彼此的生活				
55. 我们有应付危险情况的原则				
56. 我们相互信赖				
57. 我们会当着家人的面哭出声来				
58. 我们没有合适的交通工具				
59. 当我们不喜欢某人的行为时，会指出来				
60. 我们想尽各种办法来解决问题				

I 任务体验

每 2 人为一组,分别为对方画出所在家庭的关系图。

S 任务分享

大家分别展示各自的家庭关系图。

T 任务总结

总结家庭关系的分类和称谓方式。

K 知识介绍

一、家庭关系的概念

家庭关系是指基于婚姻、血缘或法律而形成的一定范围的亲属之间的权利和义务关系。根据主体不同,家庭关系可以分为夫妻关系、亲子关系和其他家庭成员之间的关系。在一夫一妻制下,家庭中最主要的关系是夫妻关系和亲子关系。其他关系,如兄弟姐妹关系、姑嫂关系、婆媳关系、祖孙关系等都是在此基础上派生出来的。家庭关系如图 1-1 所示。

二、家庭关系及称谓

(一) 直系血亲

高祖父—曾祖父—祖父—父亲。

高祖母—曾祖母—祖母—父亲。

高外祖父—曾外祖父—外祖父—母亲。

高外祖母—曾外祖母—外祖母—母亲。

儿子:夫妻间男性的第一子代。

女儿:夫妻间女性的第一子代。

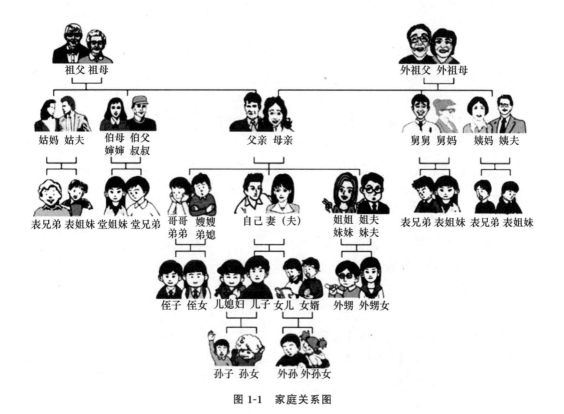

图 1-1　家庭关系图

孙：夫妻间的第二子代，依性别又分孙子、孙女。有时孙子是一种不分性别的称呼。

曾孙：夫妻间的第三子代。

玄孙：夫妻间的第四子代。

(二) 旁系血亲

1. 父系

伯父：父亲的兄长，也称伯伯、大爷。

伯母：伯父的妻子。

叔叔：父亲的弟弟，也称叔父。

婶婶：叔叔的妻子。

姑妈：父亲的姊妹，也称姑姑、姑母。

姑夫：姑妈的丈夫。

2. 母系

舅舅：母亲的兄弟。

舅妈：舅舅的妻子，也称妗子。

姨妈：母亲的姐妹，也称阿姨。

姨夫：姨妈的丈夫。

3. 姻亲

丈夫（老公）：结婚的女人对自己伴侣的称呼。

妻子（媳妇）：结婚的男人对自己伴侣的称呼。

公公：丈夫的父亲，也直称爸爸。

婆婆：丈夫的母亲，也直称妈妈。

丈人、岳父：妻子的父亲，也直称爸爸。

丈母娘、岳母：妻子的母亲，也直称妈妈。

儿媳：儿子的妻子。

女婿：女儿的丈夫。

嫂子：兄长的妻子。

弟妹、弟媳：弟弟的妻子。

姐夫：姐姐的丈夫。

妹夫：妹妹的丈夫。

妯娌：兄弟的妻子间的称呼或合称。

连襟：姐妹的丈夫间的称呼或合称，也称襟兄弟。

大姑子：丈夫的姐姐。

小姑子：丈夫的妹妹。

大舅子：妻子的哥哥。

小舅子：妻子的弟弟。

三、《家庭亲密度与适应性量表》及应用举例

(一)《家庭亲密度与适应性量表》简介

《家庭亲密度与适应性量表》由美国奥尔森教授等于1982年编制。该量表为自评量表，包括两个分量表，共有30个项目，完成该量表大约需要25分钟。

《家庭亲密度与适应性量表》主要评价两方面的家庭功能：一是亲密度，即家庭成员之间的情感联系；二是适应性，即家庭体系随家庭处境和家庭不同发展阶段出现的问题而相应改变的能力。

该量表每个项目的答案分为五个等级，参试者的回答代表该项目所描述的状况在其家庭出现的程度。对该量表中的每个项目，参试者可以有两种回答方式：一种是对自己家庭现状的实际感受；另一种是自己心中的理想家庭状况。这里介绍前一种方式的情况。《家庭亲密度与适应性量表》有两个稍有不同的版本，一个用于有孩子同住的家庭，另一个则用于无孩子同住的家庭。这里介绍有孩子同住的版本。

《家庭亲密度与适应性量表》在美国已广泛应用于以下三个方面：

对不同的家庭类型进行比较；

找出在家庭治疗中需要解决的各种问题；

评价家庭干预的效果。

(二) 量表及测试

测试指导语：

该量表（如表1-2所示）共有30个关于家庭关系和活动的项目。这里所指的家庭是指与您共同食宿的小家庭。回答时请在不同的答案中选一个您认为适当的答案，并在所在答案上画"√"。请不要有什么顾虑，认真按您自己的意见回答每一个问题，不要参考家庭其他成员的意见。如果您对某个项目的答案无法确定的话，请按您估计的情况回答。

表1-2 家庭亲密度与适应性量表

项目	您家庭目前的实际情况				
1. 在有难处的时候，家庭成员都会尽力相互支持	不是	偶尔	有时	经常	总是
2. 在家庭中，每个成员都可以随便发表自己的意见	不是	偶尔	有时	经常	总是
3. 家庭成员比较愿意与朋友商讨个人问题，而不太愿意与家人商讨	不是	偶尔	有时	经常	总是
4. 做重大的家庭决定时每个家庭成员都参与	不是	偶尔	有时	经常	总是
5. 所有家庭成员聚集在一起进行活动	不是	偶尔	有时	经常	总是
6. 对长辈的教导，晚辈可以发表自己的意见	不是	偶尔	有时	经常	总是
7. 在家里，有事大家一起做	不是	偶尔	有时	经常	总是
8. 家庭成员一起讨论问题，并对问题的解决感到满意	不是	偶尔	有时	经常	总是
9. 家庭成员与朋友的关系比家庭成员之间的关系更密切	不是	偶尔	有时	经常	总是
10. 在家庭中，家庭成员轮流分担不同的家务	不是	偶尔	有时	经常	总是
11. 家庭成员之间都熟悉每个成员的亲密朋友	不是	偶尔	有时	经常	总是
12. 当家庭遇到事情时，家庭平常的生活习惯和规矩很容易根据需要改变	不是	偶尔	有时	经常	总是
13. 家庭成员自己要作决定时，喜欢与家人一起商量	不是	偶尔	有时	经常	总是
14. 当家庭中出现矛盾时，成员间相互谦让取得妥协	不是	偶尔	有时	经常	总是
15. 在我们家，娱乐活动都是全家一起参加	不是	偶尔	有时	经常	总是
16. 在解决问题时，孩子们的建议能够被接受	不是	偶尔	有时	经常	总是
17. 家庭成员之间的关系是非常密切的	不是	偶尔	有时	经常	总是
18. 我们家的家教是合理的	不是	偶尔	有时	经常	总是
19. 在家庭中，每个成员习惯单独活动	不是	偶尔	有时	经常	总是
20. 我们家喜欢用新方法去解决遇到的问题	不是	偶尔	有时	经常	总是
21. 家庭成员能够按家庭所作的决定去做事	不是	偶尔	有时	经常	总是
22. 在我们家，每个家庭成员都分担家庭义务	不是	偶尔	有时	经常	总是
23. 家庭成员喜欢在一起度过业余时间	不是	偶尔	有时	经常	总是
24. 尽管个别家庭成员有其他想法，家庭的生活规律和家规还是难以改变	不是	偶尔	有时	经常	总是
25. 家庭成员都很主动地与家里其他成员谈自己的心里话	不是	偶尔	有时	经常	总是
26. 在家里，家庭成员可以随便提出自己的要求	不是	偶尔	有时	经常	总是
27. 在家庭中，每个家庭成员的朋友都会受到极为热情的接待	不是	偶尔	有时	经常	总是
28. 当家庭发生矛盾时，家庭成员会把自己的想法藏在心里	不是	偶尔	有时	经常	总是
29. 在家里，我们更愿意分开做事，而不太愿意和全家人一起做	不是	偶尔	有时	经常	总是
30. 家庭成员可以分享彼此的兴趣爱好	不是	偶尔	有时	经常	总是

（三）测试结果计算

该量表中每个问题的答案得分均为1～5分："不是"得1分，"偶尔"得2分，"有时"得3分，"经常"得4分，"总是"得5分。

亲密度和适应性得分分别按如下方法计算：

亲密度得分＝36＋T1＋T5＋T7＋T11＋T13＋T15＋T17＋T23＋T25＋T27＋T30－T3－T9－T19－T29；

适应性得分＝12＋T2＋T4＋T6＋T8＋T10＋T12＋T14＋T16＋T18＋T20＋T22＋T26－T24－T28。

（四）分数解读

根据得分情况可将测试结果分为三种家庭类型，这三种家庭类型的分类方法及标准如表1-3所示。

表1-3 三种家庭类型的分类方法及标准

项目		亲密度			
		＜55.9分（松散）	55.9～63.9分（自由）	63.9～71.9分（亲密）	＞71.9分（缠结）
适应性	＞57.1分（无规律）	极端型	中间型	中间型	极端型
	57.1～50.9分（灵活）	中间型	平衡型	平衡型	中间型
	50.9～44.7分（有规律）	中间型	平衡型	平衡型	中间型
	＜44.7分（僵硬）	极端型	中间型	中间型	极端型

（五）应用举例

段某，男，32岁，公务员，本科学历。自述与父母关系比较疏远，尤其对自己母亲有着无法释怀的恨意，希望得到社会工作者的帮助。

为进一步了解案主家庭关系的具体情况，社会工作者对该案主进行了家庭亲密度与适应性测试及分析。

该案主的家庭亲密度与适应性测试结果如表1-4所示。

表1-4 案主段某的家庭亲密度与适应性测试结果

项目	您家庭目前的实际情况				
1. 在有难处的时候，家庭成员都会尽力相互支持				√	
2. 在家庭中，每个成员都可以随便发表自己的意见					√
3. 家庭成员比较愿意与朋友商讨个人问题，而不太愿意与家人商讨				√	
4. 做重大的家庭决定时每个家庭成员都参与					√
5. 所有家庭成员聚集在一起进行活动	√				
6. 对长辈的教导，晚辈可以发表自己的意见			√		
7. 在家里，有事大家一起做			√		
8. 家庭成员一起讨论问题，并对问题的解决感到满意				√	

续表

项目	您家庭目前的实际情况				
9. 家庭成员与朋友的关系比家庭成员之间的关系更密切			√		
10. 在家庭中,家庭成员轮流分担不同的家务		√			
11. 家庭成员之间都熟悉每个成员的亲密朋友				√	
12. 当家庭遇到事情时,家庭平常的生活习惯和规矩很容易根据需要改变				√	
13. 家庭成员自己要作决定时,喜欢与家人一起商量			√		
14. 当家庭中出现矛盾时,成员间相互谦让取得妥协		√			
15. 在我们家,娱乐活动都是全家一起参加	√				
16. 在解决问题时,孩子们的建议能够被接受		√			
17. 家庭成员之间的关系是非常密切的		√			
18. 我们家的家教是合理的		√			
19. 在家庭中,每个成员习惯单独活动				√	
20. 我们家喜欢用新方法去解决遇到的问题			√		
21. 家庭成员都能够按家庭所作的决定去做事				√	
22. 在我们家,每个家庭成员都分担家庭义务			√		
23. 家庭成员喜欢在一起度过业余时间	√				
24. 尽管个别家庭成员有其他想法,家庭的生活规律和家规还是难以改变			√		
25. 家庭成员都很主动地与家里其他成员谈自己的心里话			√		
26. 在家里,家庭成员可以随便提出自己的要求		√			
27. 在家庭中,每个家庭成员的朋友都会受到极为热情的接待			√		
28. 当家庭发生矛盾时,家庭成员会把自己的想法藏在心里		√			
29. 在家里,我们更愿意分开做事,而不太愿意和全家人一起做				√	
30. 家庭成员可以分享彼此的兴趣爱好		√			

根据该案主的量表填写结果,计算出其家庭亲密度和适应性得分分别如下:

亲密度得分 $= 36 + T1 + T5 + T7 + T11 + T13 + T15 + T17 + T23 + T25 + T27 + T30 - T3 - T9 - T19 - T29$

$= 36 + 4 + 2 + 2 + 4 + 3 + 1 + 2 + 1 + 2 + 3 + 2 - 4 - 3 - 4 - 4$

$= 47$

适应性得分 $= 12 + T2 + T4 + T6 + T8 + T10 + T12 + T14 + T16 + T18 + T20 + T22 + T26 - T24 - T28$

$= 12 + 5 + 5 + 3 + 4 + 2 + 4 + 2 + 2 + 3 + 2 + 3 - 2 - 2$

$= 45$

以上结果说明该案主的家庭属于松散、有规律的中间型。这说明其家庭成员间关系偏疏离,大家喜欢分头行动,家庭的亲密度与聚合力不够。同时,案主家庭适应性得分为45,虽然属于"有规律"的范畴,但是非常接近"僵硬"的分数段,说明其家庭体系的灵活变通性不够。

基于上述分析,若对该案主进行家庭心理辅导的话,应将促进家庭成员间的亲密度作为辅导的重点。

 案例分析

有这样一首育儿歌："挑剔中成长的孩子，学会苛责；敌意中成长的孩子，学会争斗；讥笑中成长的孩子，学会羞怯；羞辱中成长的孩子，学会自疚；宽容中成长的孩子，学会忍让；鼓励中成长的孩子，学会自信。"这首育儿歌含有丰富的哲理，说明家长的教育思想、教育态度和教育方法等与孩子的身心发育都有密切的关系。

美国儿童心理学家詹姆斯·毕伯库克曾对1300多名称职的父母作了调查研究。他归纳出称职的父母应该努力做到以下几点：

（1）喜欢且经常与孩子亲近，爱而有度、严而有格。
（2）关心孩子的思想和学习，乐于帮助孩子解决学习、生活中的一些困难。
（3）善于与孩子交流和沟通思想感情。
（4）家庭中有明确的"公约"，使孩子有规可循。
（5）尊重孩子的兴趣和爱好。
（6）按照孩子的发育程度，给孩子提出合理的目标和要求。
（7）致力于创造和谐、欢乐的家庭氛围。

问题：
各学习小组结合上述材料，分享各自成长中的故事。

子情境二　家庭的结构

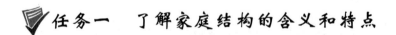 任务一　了解家庭结构的含义和特点

 任务体验

1. 每6人组成一个小组。
2. 就如何与父母相处进行讨论。
3. 在规定时间内，经过小组讨论，每小组选出两种小组成员认为最合适的与父母相处的方式。

S 任务分享

各组成员分享本组选出的与父母相处的最合适的两种方式,并说明理由。

T 任务总结

对该任务的意义和目的进行解释和澄清。

K 知识介绍

一、家庭结构的含义

家庭结构(Family Structure)是做家庭社会工作时经常采用的分析维度。一般来讲,家庭结构是指家庭中成员的构成及其相互作用、相互影响的状态,以及由这种状态形成的相对稳定的联系模式。家庭结构包括两个基本方面:一是家庭人口要素,它是指一个家庭由多少人组成,即家庭规模的大小;二是家庭关系,它是指家庭成员之间怎样相互联系,以及因联系方式不同而形成的不同的家庭模式。

二、家庭结构的特点

(一)从家庭人口要素看家庭结构的特点

家庭可以分为大家庭和小家庭。相对来说,人口较多的称为大家庭,人口较少的称为小家庭。在人类社会早期,曾经有过群婚,之后又出现了对偶婚。对偶婚使得一个家庭中可能包括多对配偶及其所生子女,与后来的一夫一妻制家庭相比,其家庭成员较多,可以说是大家庭,那时出现的家庭公社就是一例。最初的一夫一妻制家庭是父权家长制家庭,它由若干数目的自由人和非自由人在家长的统治下组成,即家庭中不仅包括有亲属关系的人,还包括一定数量的奴隶,相对来说,这种家庭规模也比较大。大家庭的存在是和低生产力水平相联系的。随着生产力的发展,家庭规模开始由大变小。20世纪以来,由于人们开始自觉地控制生育,家庭规模变得更小了。

(二)从家庭关系要素看家庭结构的特点

1. 家庭结构的抽象性

家庭结构具有抽象性。家庭结构是在家庭的日常运转过程中形成和体现出来的,并由家庭成员的交往呈现出来。离开了家庭成员及其互动,就没有家庭结构。

2. 家庭结构的实在性

家庭结构是确实存在的,它对家庭成员角色及交往有一定的制约和影响。

3. 家庭结构的影响性

家庭结构对家庭成员的生理、心理及社会行为有着重要的影响，因为家庭是人成长的第一学校，也是终其一生的学校。一般来讲，良好的家庭结构对家庭成员的身心发展起着正面的、积极的影响；反之则起着负面的、消极性的影响。

4. 家庭结构的变化性

家庭结构会随着社会、政治、经济、文化的影响而发生变化。从宏观角度讲，家庭的总体结构会随着社会的变化而变化；从微观角度讲，每个家庭结构都具有自己的特点，千差万别。

案例分析

李强和王倩在2020年1月登记结婚了，他们是大学同学，相恋多年，婚后丈夫李强对王倩的照顾无微不至，两人生活很幸福。但是没过多久，李强的父亲去世了，老母亲独自在农村生活，李强心里过意不去，于是他与妻子王倩商量后，就把母亲接到了自己身边。刚开始，日子非常和谐，李强和妻子早出晚归地上班，婆媳间相处得很和气，李强也把母亲和妻子都照顾得非常好。但是一年后，李强和王倩的孩子出生了。王倩和婆婆在坐月子、带孩子以及生活习惯方面的矛盾越来越突出。李强白天上班，晚上回家要照顾孩子，还要面对王倩和妈妈的矛盾，时间一长他感到非常烦躁。一晚，王倩又因为与婆婆之间的小矛盾开始抱怨，李强突然爆发了，和王倩大吵一架。第二天，王倩就带着孩子回了娘家。李强感到愤怒、内疚和不安，他不知道该怎么办，所以找到社区里的社会工作机构，并向自己信任的社会工作者讲了自己家庭目前的问题，希望能得到帮助。

问题：

1. 以小组为单位，分析该家庭发生了哪些结构变化，以及在此过程中，家庭成员之间的关系和角色发生了什么变化。

2. 如果你是社会工作者，你准备如何引导该案例中的夫妻，以让他们理解家庭结构对他们家庭带来的压力？以及如何帮助该家庭划定并适应家庭内部系统之间的边界，从而减少矛盾？

任务二　了解家庭结构的分类

任务体验

1. 每6个同学组成一个小组，讨论如何与父亲相处才能拥有良好的父子（女）关系。

2. 在规定时间内，小组内各成员选出自己认为最经典的 3 条与父亲相处的原则或方法，最后各组选出本组公认最经典的 5 条与父亲相处的原则或方法。

各组分享与父亲相处的原则或方法。

对该任务的目的和意义进行解释和澄清。

一、当代中国家庭结构分类

（一）按家庭的代际层次和与亲属的关系进行分类

1. 核心家庭

核心家庭是指由已婚夫妇和未婚子女或收养子女两代人组成的家庭。核心家庭已成为中国主要的家庭类型。核心家庭的特点是人数少、结构简单，家庭内只有一个权力和活动中心，家庭成员间容易沟通和相处。

（1）核心家庭的优点。

① 家庭关系简单，成员关系密切，内聚力较强，容易形成教育合力。

② 父母素质较高。心理学家通过研究发现，父母的受教育程度越高，子女的自尊水平也越高，越容易接受先进的教育方式，家庭容易实行较为开明的教养方式。

③ 父母年富力强，富有事业心，十分疼爱自己的子女，可以为子女创造更为优越的物质环境和教育环境。

④ 父母更能以民主、平常的态度对待和教育子女，这类家庭能以忍耐、平等、随和、谅解的态度关心爱护儿童。

⑤ 中国学者吴凤岗、日本学者梅田文绘等指出，家庭结构及其类型影响着儿童的社会化，核心家庭的儿童在独立性、自制力、敢为性、合群性等方面优于三代人家庭的儿童。

（2）核心家庭的缺点。

① 家庭的封闭性、分散性、缺乏互动性不利于儿童情感和社会交往能力的培养，儿童更容易性格内向，甚至得抑郁症。因为在以事业为重的家庭中，忙忙碌碌的生活使得父母与子女间情感交流的时间减少，儿童更多的时间是与保姆、玩具、电子产品等为伴或者独处。

② 家庭暴力绝大多数发生在核心家庭，这种情况下，儿童往往成为无辜的受害者，

被冷落,或成为父母的"发泄桶"。

③ 核心家庭中的父母往往用经济上的满足作为对儿童情感上的补偿,使儿童过着养尊处优的生活,有求必应。

2. 主干家庭(直系家庭)

主干家庭是指由两代或两代以上夫妻组成,每代最多不超过一对夫妻,且中间无断代的家庭。在中国,主干家庭曾为主要家庭类型,但随着社会的发展,此家庭类型已不再占主导地位。主干家庭的特点是家庭内除了有一个主要的权力和活动中心,还有一个权力和活动的次中心。

(1) 主干家庭的优点。

① 祖父母可以协助父母照顾、管理、教育第三代,儿童可以得到更多的爱,以及更加周到的生活上的照顾和日常的管理。祖父母往往在照料儿童方面更有经验,他们一般也比较耐心、细心,能更细致地体察儿童的情绪变化。

② 儿童可以得到更加深入、细致和充分的教育。

③ 家庭中的老人需要子女照顾,儿童容易从父母那里学到关心别人、照顾老人的好品质。

(2) 主干家庭的缺点。

① 祖父母容易对孙子女过分溺爱和宽容,这样容易使孙子女形成放纵骄横的个性,不易养成在欲望不能满足时适当忍耐的习惯。其结果可能是:不合理的要求增多,欲望不断增加;无法适应社会生活,以自我为中心,自控能力差;道德观念薄弱,缺乏行为准则和规范;事事依赖成人,与人交往产生挫折后易产生对立、仇视情绪。

② 在主干家庭里,由于人口多、结构复杂,经常会有矛盾和摩擦,如婆媳矛盾、亲子矛盾,这些对儿童的成长很不利。

③ 年老的祖父母,思想中传统观念可能多一点。做父母的年轻一些,容易接受新的思想,传统观念少一点。由于思想意识、行为习惯的差异,主干家庭中可能会发生较多的家庭矛盾。

3. 联合家庭

联合家庭是指父母、已婚子女、未婚子女、孙子女、曾孙子女等几代人居住在一起的家庭。联合家庭至少由两对或两对以上同代夫妻及其未成年子女组成。其特点是人数多、结构复杂,家庭内存在一个主要的权力和活动中心,以及几个权力和活动的次中心。

(1) 联合家庭的优点。

① 人多力量大,当家庭遇到困难时,靠大家庭的力量很容易解决。

② 大家庭人员比较多,家里很热闹,家庭成员不会孤独。

(2) 联合家庭的缺点。

① 人口太多,人际关系复杂,矛盾多。

② 家庭决策时，人多想法也多，意见较难统一。

4. 其他家庭

除上述三种家庭结构类型外，还存在一些其他家庭结构，例如，目前农村普遍存在的由祖父母和孙代组成的隔代直系家庭，不愿生育子女的丁克家庭，没有履行法定结婚手续而存在性关系的同居家庭，以及单人家庭等。随着经济和社会的发展，可能还会有越来越多的家庭结构出现。

(二) 按角色完整情况进行分类

1. 健全家庭

健全家庭是指由父母和其婚生子女共同组成的家庭。其家庭成员是基于婚姻或者血缘关系而存在的。健全家庭是最普遍也是人们最向往的家庭结构类型。

2. 残缺家庭

残缺家庭，也称破损家庭。残缺家庭主要有两种：一是没有父母，只有两个或两个以上兄弟姐妹组成的家庭；二是由兄弟姐妹以及其他有血缘或无血缘关系的成员组成的家庭。

二、当代中国家庭结构变动状态

(一) 相对稳定的家庭类型

三代直系家庭是其代表。城镇三代直系家庭的维系得益于家庭内部管理的松弛，农村三代直系家庭的维系则与独生子女比例增大有关。

(二) 比重明显上升的家庭类型

核心家庭比重增长显著，实行多年的独生子女政策是这一家庭结构类型的主要推动力量。隔代直系家庭增长率最高，这既是中国社会转型阶段的重要现象，也是社会发展具有缺陷的反映。单人家庭比重也有增长，青年人晚婚、老年人口寿命增长和老年丧偶比重增高是其主要原因。

(三) 以比重下降为表现形式的家庭类型

缺损核心家庭（由夫妇一方和子女组成的核心家庭）明显减少，标准核心家庭（也称一般核心家庭，指由一对夫妇和其子女组成的家庭）的比重有所下降。后者的降低主要是夫妇核心家庭（只有夫妻两人组成的家庭）上升所致，或谓核心家庭内部不同类型调整的结果。今后一段时期内，中国的家庭结构总体上将持续这种状态，一些家庭类型将发生进一步的变动。

三、家庭结构变动的影响

当代家庭的结构简化和规模缩小使家庭功能及家庭成员的关系发生改变，这将对整个社会产生影响。随着社会向日益尊重个人选择的方向发展，人们的家庭观念也在发生着巨大的变化。

一、家庭功能弱化

随着家庭的生产职能和赡养职能的日趋社会化，家庭生育职能的进一步弱化，社会流动的扩大和社会交往的拓宽，人们不再像以往那样对家庭有强烈的依赖感，这动摇了家庭原有的地位和作用。在婚恋观念方面，由于性观念的更为开放和对家庭责任的逃避，以婚姻为纽带的家庭一统天下的局面正在被打破。由于这些原因，一方面，人们对婚姻的要求提高，追求高质量的以爱情为基础的婚姻；另一方面，爱情的坚贞程度下降，爱情的更新速度加快，离婚率上升，导致产生了许多单亲家庭和再婚家庭。

二、家庭核心化

从20世纪70年代后期开始，中国政府不断认识到庞大的人口基数对于社会可持续发展所造成的严重阻碍，采取了"一对夫妻只生一个孩子"的计划生育政策。随着计划生育政策的实施，家庭的结构类型也日益从联合家庭、主干家庭向核心家庭转化。21世纪的前10年里，第二代独生子女至少在城市家庭中普遍出现。中国家庭出现人类历史上仅有的"4—2—1"结构，即四个老人（祖父母、外祖父母）加两个中年人（父母）和一个青年（独生子女）。

三、隔代家庭增多

许多农村家庭和部分城市家庭，正值壮年的父母为了谋生或更好地发展外出工作，寻求新的发展道路，加之中国的老年人由于传统观念和心理上的原因，十分愿意和需要与第三代在一起生活，这就促成了一些家庭把子女送到老人家中由老人来抚养的状况。

案例分析

近年来，随着离婚率的高升，单亲家庭增多，使不少儿童的成长环境出现先天不良情况。大量资料显示：一个从缺乏关爱的家庭走出的孩子，性格上可能有缺陷。离异父母对孩子情感上的忽略或行为上的放任，使一些稚嫩的孩子失去了童年的幸福和纯真，假如这种情况长时间得不到改善，他们就有可能发展成情绪和行为有障碍的特殊学生。

小强，男孩，12岁，父母离异，小学六年级学生，好动，上课注意力不集中，上课经常睡觉或者跟其他同学讲话；行为散漫，无组织纪律观，我行我素，以自我为中心；自控能力差，不做作业，打群架，欺负女同学，破坏公物；缺乏上进心，对集体漠不关心，学习成绩不理想……

问题：

以小组为单位，分析案例中的小强所在家庭可能存在的问题，并根据所学知识讨论帮扶介入方案。

学习情境二　家庭社会工作的认知

理论学习目标

1. 掌握家庭生命周期理论及其在家庭社会工作中的应用。
2. 掌握社会冲突理论及其在家庭社会工作中的应用。
3. 了解国内外家庭社会工作的内容。
4. 掌握家庭社会工作的方法。

实践学习目标

1. 能运用家庭生命周期理论分析家庭状况。
2. 能运用社会冲突理论分析家庭问题。
3. 能运用家庭社会工作专业方法提供介入服务。

子情境一　家庭社会工作理论

任务一　掌握家庭生命周期理论

任务体验

1. 每3人组成一个体验小组。
2. 分享自己读小学期间和读大学期间,家庭有什么变化,如果有,自己是如何感受到这种变化的?

3. 在规定时间内,各个小组完成分享并进行书面总结。

S 任务分享

每组分享本组的总结情况。

T 任务总结

对该任务的目的和意义进行解释和澄清。

K 知识介绍

家庭生命周期是一个运动过程。它反映了家庭从形成到解体呈循环运动的变化规律。家庭随着家庭组织者的年龄增长而表现出明显的阶段性,并随着家庭组织者的寿命终止而消亡。

一、家庭生命周期的含义和家庭生命周期理论的主要观点

(一) 家庭生命周期的含义

人的生命是从家庭开始的。人类最初的人际关系,第一个团体及对世界最初的经验皆是在家庭中产生的。人们在家庭这个环境中发育、成长,从婴幼儿走向暮年,最终也希望能在其中步入死亡。如同人的生命发展阶段一样,家庭也有一个从成立到消亡的过程。家庭生命周期是指家庭从成立开始,经历各个阶段,最终归于消亡的整个过程。也有学者认为,家庭生命周期是指从一对夫妇的婚姻形式家庭开始,经历扩充、扩充完成、收缩、收缩完成等阶段,直至消亡的动态发展过程。

根据家庭成员构成状况及发展任务的变化,家庭生命周期一般被划分为若干阶段。每一阶段都有相应的发展任务,需要家庭成员去面对或解决。如何面对或解决这些发展任务,关系到家庭成员的心理发展进程与生活适应水平。

(二) 家庭生命周期理论的主要观点

20世纪60年代,家庭生命周期的理论架构得到进一步发展,以美国人口学家格里克及家庭社会学家杜瓦尔等人的贡献最大。

格里克最早于1947年从人口学角度提出比较完整的家庭生命周期概念,并对一个家庭所经历的各个阶段作了划分。他把家庭生命周期划分为形成、扩展、稳定、收缩、空巢、解体6个阶段(如表2-1所示)。

学习情境二 家庭社会工作的认知

表 2-1 格里克提出的家庭生命周期

阶段	起始	结束
形成	结婚	第一个孩子出生
扩展	第一个孩子出生	最后一个孩子出生
稳定	最后一个孩子出生	第一个孩子离开父母家
收缩	第一个孩子离开父母家	最后一个孩子离开父母家
空巢	最后一个孩子离开父母家	配偶一方死亡
解体	配偶一方死亡	配偶另一方死亡

在学术界,杜瓦尔的家庭生命周期理论架构被认为更系统,长期以来被广泛传播,影响较大。杜瓦尔认为,就像人的生命那样,家庭也有生命周期,不同发展阶段有不同的发展任务,每个阶段也都有不同的需求,如生理上(生物体上)的需求、文化规范需求,以及个人的抱负与价值体系需求等。当这些需求能以技术或工作来满足时,则该家庭是快乐和满足的;否则,该家庭则是不幸福与不满足的。

杜瓦尔将家庭生命周期分为 8 个阶段(如表 2-2 所示),他认为每个阶段家庭成员都承担着不同的角色,且家庭都有不同的任务和需求。

表 2-2 杜瓦尔提出的家庭生命周期与家庭发展任务

家庭生命周期的阶段	家庭中的角色	任务和需求
1. 新婚期(没有孩子)	妻子 丈夫	● 发展相互满足的婚姻生活 ● 怀孕,以及适应将成为父母的生活 ● 适应彼此的亲戚网络
2. 育儿期(从第一个孩子出生到其 2.5 岁)	妻子—母亲 丈夫—父亲 女儿—姐妹 儿子—兄弟	● 适应子女的诞生和成长 ● 构建能满足新生儿成长和发展需求的家
3. 学龄前期(从第一个孩子 2.5 岁到其 6 岁)	妻子—母亲 丈夫—父亲 女儿—姐妹 儿子—兄弟	● 适应家有学龄前期子女的生活 ● 以充沛的精力适应和满足子女的需求,父母因此缺乏隐私
4. 学龄期(第一个孩子 6 岁到其 13 岁)	妻子—母亲 丈夫—父亲 女儿—姐妹 儿子—兄弟	● 适应家有学龄期子女的生活 ● 适应社区的生活 ● 满足子女的需求,鼓励子女去获得学习带来的成就感
5. 青少年时期(从第一个孩子 13 岁到其 20 岁)	妻子—母亲 丈夫—父亲 女儿—姐妹 儿子—兄弟	● 青少年在自由与责任之间取得平衡 ● 中年父母发展自己的兴趣和事业
6. 空巢期(从第一个孩子离家到最后一个孩子离家)	妻子—母亲—祖母 丈夫—父亲—祖父 女儿—姐妹—姨、姑 儿子—兄弟—舅、叔伯	● 成年子女离家上大学、就业、服兵役、组成新家庭等 ● 维护空巢期相互支持的家庭关系

25

续表

家庭生命周期的阶段	家庭中的角色	任务和需求
7. 中年父母期（从空巢期到退休）	妻子—母亲—祖母 丈夫—父亲—祖父	● 重建退休前期的空巢夫妻关系 ● 维护退休前期的亲子关系
8. 老年期（从退休到双亲死亡）	寡妇/鳏夫 妻子—母亲—祖母 丈夫—父亲—祖父	● 适应退休生活 ● 亲近家人及适应老年生活 ● 应对丧偶及独处

综观各种家庭生命周期理论不难看出，家庭生命周期理论重视家庭发展的阶段性，家庭生活中的转折事件对家庭生活的影响，不同时期的家庭任务和家庭规范，不同家庭成员在家庭中的位置、角色和认知及其适应性调整的重要性等。其主要观点归纳起来主要有如下几点。

（1）整个家庭的发展如人的生命一样有各个不同的发展阶段。

（2）家庭生活各阶段是前后连续的，其间有一种转折和衔接，后面阶段将会受到前面阶段的影响。

（3）每一个阶段都有相应的需求和发展任务，若重点任务得不到很好的执行，成员需求得不到满足，或者家庭不能因阶段变化而作出相应调整，则易使家庭关系紧张并引发家庭矛盾，甚至会影响下一阶段的家庭生活。

（4）家庭发展阶段改变时，家庭成员的位置、角色，以及家庭规范等会为适应家庭发展阶段的变化作出相应调整。

（5）相邻阶段之间的过渡时期是最易出现家庭关系紧张、家庭成员焦虑等情况的时期，需要家庭成员投入更多的精力去适应。

二、家庭生命周期理论在实务中的应用

家庭生命周期理论在家庭社会工作实务中的应用主要包括以下几个方面。

第一，该理论说明家庭是呈阶段性发展的，处于不同的发展阶段时，家庭表现出不同的特征。家庭社会工作者只有充分了解和把握家庭不同发展阶段的各种特征，才能更好地开展工作。家庭生命周期理论有助于家庭社会工作者进行家庭评估，确认个案家庭处在哪个发展阶段，以及该阶段所面临的任务和可能遇到的压力。对于传统家庭出现新形式和有着特殊成员的家庭（如单亲家庭、有残障人士的家庭），家庭生命周期理论的作用更加明显。

第二，家庭里如果有生活不能自理的子女，就意味着这个家庭始终处于照护和养育子女的状态，父母永远扮演着照顾子女的角色。这种家庭的生命周期及要完成的任务与一般常态发展的家庭差距很大。障碍者的家庭需求属于特殊性需求。对有特殊性需求的家庭进行介入时，一般应根据其具体的发展需求，寻求社会福利系统的介入。

A 案例分析

张家夫妇只育有一个女儿,叫张玲。张玲从小学习很用功,功课很好,从小学到中学常获奖,这让做父母的张家夫妇很有面子,特别是张太太,以此为骄傲。可是等到张玲高中毕业,考到某大城市的名牌大学,首次离家去念大学的时候,张太太因舍不得女儿离开家,情绪低落。经过张先生与朋友们的安慰和帮助,张太太忧郁的情绪短时期消失。张玲知道自己的母亲因想念她而抑郁,在大学时,就很勤快地每周写封家书给父母,让父母特别是母亲不觉得很寂寞。

张玲大学毕业后,被某单位聘请,得到了一份很好的工作,长期住在单位所在地,只是每周给家里打个电话,向父母报平安并讲述她的生活情况。张太太这时并没有感到跟自己女儿分离,只是心里希望女儿将来结了婚可以回到家乡,与他们临近而住。

可是不久,张玲在工作中认识了一位男同事,叫朱阳。经过恋爱两个人结婚了,继续住在单位所在地。张太太对女儿结婚后没有按自己的意愿搬回家乡感到不高兴,并因此常常与张先生吵架,把一家子的生活搅得不安生。

张玲结婚一年后生了个男孩。张太太知道自己的女儿生了孩子,自己有了外孙,心里很高兴。她还在女儿坐月子期间到女儿家帮忙照顾女儿和外孙,她很喜欢外孙。可是等到外孙满月,张太太需要回到自己的家乡时,她很舍不得离开。回家乡后,张太太又情绪低落了一段时间。还好,女儿跟女婿经常带外孙回来看望她,她也就没那么难过了。

两年后,张玲突然告诉母亲说,朱阳得到奖学金准备到国外进修三年,由于时间长,张玲也另外申请到了奖学金,可以与朱阳一起出国。由于夫妻两个人都要出国进修,无法把自己幼小的孩子带在身边,就想把孩子留在国内,委托母亲照顾。母亲听了,当然很高兴,马上答应下来。

张太太有了外孙在身边,就当作是自己的心肝,很用心地照顾,而孩子也长得很好,让身在国外的女儿、女婿都很放心。三年后,女儿张玲来信说,朱阳在国外大学表现很好,被大学聘为副教授,该大学也答应聘张玲任讲师,他们俩可以一起在国外工作。由于这是长期安排,张玲和朱阳就决定把儿子接到身边来照顾。张太太听到自己的女儿、女婿在国外有发展,一方面替他们高兴,但另一方面,她想到心爱的外孙将被接走,心里又非常难过。

问题:

1. 案例的最后,张先生家处在家庭生命周期中的哪个阶段?面临的任务和需求分别是什么?

2. 学生以小组为单位,先在组内进行讨论,然后由组长代表本小组发言,与其他组分享、交流,成员可进行补充。

任务二　掌握社会冲突理论

I 任务体验

1. 每 3 人组成一个体验小组。
2. 组员分享各自家庭中发生过哪些冲突？这些冲突是什么原因导致的？冲突的结果如何？
3. 在规定的时间内，各小组完成分享并进行书面总结。

S 任务分享

各小组选代表汇报本组的分享情况。

T 任务总结

对该任务的目的和意义进行解释和澄清。

K 知识介绍

社会冲突理论以德国社会学家科塞和德国社会学家、思想家、政治家达伦多夫为代表，重点研究社会冲突的起因、形式、制约因素及影响，是对结构功能主义理论的反思。结构功能主义理论强调社会的稳定和整合，代表社会学的保守派；社会冲突理论强调社会冲突对于社会巩固和发展的积极作用，代表社会学的激进派。社会冲突理论在 20 世纪 60 年代后期流行于美国和西欧国家，后渗透到社会学各分支学科。现在，政治社会学、组织社会学、种族关系、社会分层、集体行为、婚姻家庭等领域出现了大量以冲突概念为框架的论著。社会冲突理论对当代社会学的发展产生了重大的影响。

一、社会冲突理论的重要概念和主要观点

（一）社会冲突理论的重要概念

这里主要介绍社会冲突理论的三个概念，即冲突功能论、权威和社会安全阀机制。

1. 冲突功能论

所谓冲突功能论，是指冲突有其功能，冲突不仅会增强群体内部凝聚力，带来整合和

共识，也会促使整个社会系统形成一种平衡机制，促进社会结构的整合和完善。

2. 权威

权威是社会冲突理论的一个重要概念，是指社会各种位置或阶层皆拥有不同程度的权威观念，支配者的要求是维持现状，被支配者的要求是重新分配权力和权威，这种冲突成为社会系统变迁的根源。

3. 社会安全阀机制

社会安全阀机制是由科塞提出的，是指在不破坏原有社会结构的前提下，冲突使得敌对情绪得以释放出来，有利于维护社会整合和稳定，就好比锅炉上的安全阀一样。科塞认为社会安全阀机制具有社会减压、社会报警、社会整合和社会创新的功能。"安全阀"是人们用来释放对社会不满情绪的合法冲突机制，它在一定程度上可以起到转移矛盾焦点，避免矛盾积累的作用。

(二) 社会冲突理论的主要观点

社会冲突理论包括以下几个主要观点。

(1) 社会变迁是不可避免的。社会体系处于绝对不均衡状态，冲突是社会固有的特征，它最终将促进社会变迁。

(2) 阶级冲突只是最一般的社会冲突的一种形式，社会中还存在许多其他冲突，如种族冲突、性别冲突、年龄冲突等。这是人类社会的普遍现象，因此，冲突的发生是人与人之间很自然的情况。

(3) 人们会因为资源的稀少而相互竞争，正如达尔文的论点——物竞天择，适者生存。

(4) 阶级之间的冲突和斗争并不一定是残酷的和革命性的，也可以通过罢工、议会辩论等形式来解决。

(5) 社会体系是由具有相互依赖关系的单位组成的，各单位之间也会出现因资源稀少和有价值的资源有限而分配不均的情况。未获得适当资源的单位，会开始质疑社会的公平性和平等性，产生被剥夺感，会试图改变资源配置体系，因此与拥有较多资源者发生冲突。

(6) 当代西方社会冲突理论认为，冲突一方面导致了社会不和谐，另一方面又对社会起到了整合作用。科塞提出，冲突好比是锅炉上的"安全阀"一样，可以起到类似"安全阀"的作用，适量的冲突可以使人们的怨气不断发泄出去，从而不至于破坏整个社会结构。

(7) 冲突具有积极作用，即正作用。科塞看到了冲突的积极作用，并全面、系统地研究了冲突的积极作用。科塞认为，社会冲突在一定条件下具有维护社会有机体或社会子系统的重要作用。

二、社会冲突理论的家庭观及其在家庭社会工作实务中的应用

（一）社会冲突理论的家庭观

自20世纪70年代开始，关于家庭的社会冲突研究主要涉及夫妻关系冲突、家庭沟通、亲子关系冲突、手足冲突、家庭解组、家庭权力配置、家庭冲突管理、婚姻治疗与咨询、家庭暴力、婚内强暴等方面。社会冲突理论逐渐受到家庭社会工作研究者与实务工作者的重视。社会冲突理论的家庭观主要包括以下几点。

（1）社会冲突是人们社会生活的基本要素，冲突存在于任何地方、任何社会互动形式中，同样也存在于家庭生活及家庭互动关系中。

（2）人们常常会依照个人的需求、价值观、目标及资源等行动，因此，在日常生活或与人互动中，人们会用各种方式诠释其欲求、利益及追求的方式。不同的人、不同的团体，各有不同的想法、欲求及追求的方式，因此，我们不可能要求每个个体都是为了实现社会利益最大化而行动的。

（3）无论是个人之间还是团体之间，都会发生冲突，家庭也不例外。例如，不同家庭成员会因目标、价值观、兴趣及时间规划等不同而产生冲突。

（4）有时，家庭成员即使有相同的目标与兴趣，但由于资源（爱、注意、权力、金钱）分配的不均，会有竞争，因此也会有冲突。家庭冲突论者视个人喜好为了解家庭关系及互动情况的主要因素。

（5）马克思资本主义经济学观点认为，家庭是社会劳动力来源的基本单位，家庭向社会提供劳动力的方式会影响家庭的权力分配、性别关系和生活。如果家庭中的男人在职场工作，女人只负担家务，形成"男主外，女主内"的家庭格局，那么，负责赚钱养家的男人在家庭中拥有较高的权力。

（6）"权力"是家庭冲突理论的重要概念，存在于家庭内及家庭外系统之间，而这会受社会文化、阶层的影响，就家庭内而言，权力与性别、年龄有关。

（二）社会冲突理论在家庭社会工作实务中的应用

首先，社会冲突理论认为外部因素是冲突的主要动力，社会经济条件的变化、社会结构的转化，以及社会中新兴权力关系等都是导致家庭发生变化的重要因素。这为我们提供了一个分析家庭内部冲突的基本视角，即从宏观结构来考察家庭成员间的利益冲突。例如，在一个社会中，如果主流的收入结构是"男主外、女主内"，家庭中的男人参加工作赚钱养家，女人负责操持家务，那么，男人很可能成为家庭中拥有较高权力者，这可能导致形成家庭成员间的不平等关系。因此，家庭社会工作者在分析和处理家庭冲突的时候，绝不能仅仅局限于家庭微型结构，把家庭冲突当作家庭内部、家庭自身的问题来看待，而应该结合社会结构等因素来寻找问题的根源和解决问题的办法。

其次，冲突并不一定是坏事。社会冲突理论认为，社会安全阀机制具有社会减压、社

会报警、社会整合和社会创新的功能。对家庭而言,适量的冲突可以起到"安全阀"的作用,这种作用主要表现在如下几个方面。

一是大量较小的家庭冲突有助于家庭成员释放紧张情绪,可有效避免发生破坏力强的冲突,从而起到维持家庭关系长期稳定的作用。人们常说的"会吵架的夫妻感情会越来越好""床头吵架床尾和"就是这个道理。

二是家庭冲突出现时,家庭成员往往会将平时没有说出的愿望、需求、情感等以真实、直接、快捷的方式传达给对方,这有助于促进家庭成员间的互相理解和适应,有利于建立起更加和谐的家庭关系。

三是家庭系统总是不断变化的,正如家庭生命周期理论所言,家庭在不同的阶段有不同的任务,当某个阶段的任务不能很好地完成的时候,可能会带来冲突。这也只是在告诉家庭成员,原有(上一个阶段)的家庭模式或家庭规则有一些不合理的成分,不能满足现阶段家庭发展的需求,需要尽快修正,以便跟上家庭系统的变化,适应家庭的新需求。

最后,达伦多夫认为,权力和权威是稀缺资源,资源的稀缺性决定了冲突具有必然性。他提出两个概念,即冲突强度和冲突烈度。冲突强度是指冲突各方能量消耗以及他们卷入冲突的程度;冲突烈度是指冲突各方用以实现各自目的和利益的手段,即常说的暴力程度。冲突烈度的范围是很大的。冲突强度与冲突烈度成正比。冲突的强度和烈度还受到一系列因素的影响。因对权力、权威等的竞争而发生的冲突在家庭中的表现形式多数为辩论、争吵、暴力行为等。对于家庭社会工作者来说,在处理辩论、争吵这样的家庭冲突时,可适当引导,以发挥冲突安全阀机制的作用,缓解冲突各方的紧张能量。在此基础上,社会工作者还可以通过引导,提高冲突各方达成协议的能力,从而使家庭达到新的平衡。在处理家庭暴力时,社会工作者介入的目的在于促使家庭权力重新配置,使受虐者可以在家庭中拥有平等的权利。

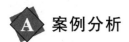 案例分析

案例一

美兰是一位普通的农村妇女,28岁。其丈夫长年在外地打工,很少回家。美兰的丈夫经常抽烟喝酒,每年拿不了多少钱回家。美兰包揽了家中种地、养猪、养牛等几乎所有的农活,但女人的能力是有限的,家庭年收入并不多。另外,美兰还要照顾上学的女儿及多病的婆婆,是家庭的经济支柱。

美兰的公公在她丈夫很小的时候就去世了,她婆婆独自一人把儿子拉扯大,而且只有这一个儿子。美兰和她的丈夫也只有一个女儿,平时都是由美兰照顾,所以母女关系特别好。因为受传统观念的影响,婆婆和丈夫都希望美兰再生一个男孩,可美兰自己因为生活负担重,并且与丈夫感情淡薄,不想再生第二胎,也一直没有怀上。因此,丈夫和婆婆总是冷言冷语,丈夫甚至以生不出男孩就离婚来威胁美兰,有时还会打她。美兰得不到丈夫

的关心，觉得自己很没用，在村里抬不起头来。

性格内向的美兰找过村里要好的姐妹诉苦，大家都很同情她。村里像她这样挨打的妇女有不少，但大家认为家丑不可外扬，都选择了忍耐和沉默。美兰曾找过妇联主任和派出所的民警，他们都做过美兰家人的工作，但没起什么作用。村里人背地里对美兰将家事告诉外人有些议论，也以"清官难断家务事"为由，没有给美兰什么帮助。

美兰感觉活得很累，动过离婚的念头。可是，父母都住在弟弟家里，自己如果离婚带着女儿能去哪里呢？她想过自杀，但一想到女儿没了妈妈之后的日子，就打消了这个念头。她感到无助，自叹命不好又不得不认命。

不久前，某社会工作服务机构在美兰所在的村庄开展服务。美兰经过一段时间的观望和了解，前来该机构求助。

案例二

陈某，农村户口，在家中排行老二，有一个姐姐。由于是家中唯一的男孩，家人对他宠爱有加。初中毕业之后，陈某就进入社会，在外面闯荡了几年。20岁时和本村的刘某结婚，因未到结婚年龄，先在村里举行仪式，两年之后领了结婚证。结婚两年后，妻子刘某生了一对龙凤胎。陈某婚后主要在村附近的小工厂上班，妻子刘某无业在家，主要负责养育孩子，照顾老人。可是陈某对养育孩子并没有兴趣，下班回到家不是看电视，就是和别人玩牌，从来不主动看管孩子，一遇到孩子哭叫，不问青红皂白就打孩子。因为此事妻子与他争吵过多次，可是陈某没有丝毫改变，并且妻子发现最近陈某回家的时间越来越晚。

问题：
1. 案例一中的家庭存在哪些冲突？冲突的原因是什么？
2. 案例二中这个家庭的主要冲突表现在哪些方面？

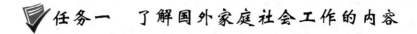

子情境二　家庭社会工作的内容

任务一　了解国外家庭社会工作的内容

 **任务体验**

以学习小组（人数自定）为单位，搜集国内外家庭社会工作的相关资料。

S 任务分享

各小组汇报、分享本组搜集到的国内外家庭社会工作的内容。

T 任务总结

总结国内外家庭社会工作的主要内容和特色。

K 知识介绍

这里主要以欧美国家为例介绍国外家庭社会工作的相关内容。

在崇尚自由主义的欧美国家，对某些社会问题，社会往往先于政府采取行动。当这种社会行动被广泛接受，成为社会主流行为时，各政党就会根据社会行动和主流思想来推行其公共政治以获取选票，这时国家的公共服务也就会跟随社会潮流而动。

在欧美国家，作为社会保障体系的一部分，家庭社会工作既是社会本身的自我服务，又是国家和政府的公共服务。它是以社会的自我服务为基础，通过长时间的国家法律法规的渗透，公共服务的细化、专业化，以及社会科学知识的进步等，而逐步建立起来的一套现代家庭生活保障体系。

一、美国的家庭社会工作

（一）美国家庭社会工作的发展历史

美国家庭社会工作的发展历史，总体上是一部从以经济援助为主的家庭服务逐渐发展为以专业性治疗为主的专业社会工作历史，是从早期的政府救济逐渐发展为社会组织专业服务的历史，是从由民间社会组织发起和推动逐渐发展为受政府机构立法保护的历史，是逐渐强化家庭功能、促进家庭成员发展特别是促进儿童及青少年健康成长的历史。

美国的家庭社会工作起源于家庭服务，早期的家庭服务仅限于地方政府对贫困家庭、疾病家庭、老年家庭和失业家庭的经济援助。1877年，美国在纽约布法罗成立慈善事业组织会社（Charitable Organization Clubs），除提供早期的经济援助外，也从事家庭友善访问和个案服务工作。1911年，美国各地相同类型的服务组织成立了联合会，后正式命名为"美国家庭服务协会"（Family Service Association of America）。1929年，美国成立了比较专业的"纽约社区教会婚姻咨询中心"（Marriage Counseling Center of the Community Church of New York），开始了较为专业的家庭社会工作。1930年，美国成立"美国家庭关系协会"（American Institute of Family Relations），后扩大并改名为"美国婚姻及家庭咨询员协会"(The American Association of Marriage and Family Counselors),其成员包括社会工作者、精神科医生、心理学家、律师、牧师及家庭咨询员等。

1956年,美国修正1935年通过的《社会安全法案》时,增加了个人服务方面要"维持并加强其家庭生活"(Maintain and Strengthen Their Family Life)的论述。1962年,"公共援助局"(Bureau of Public Assistance)改名为"家庭服务局"(Bureau of Family Service),儿童福利和家庭社会工作正式成为美国社会工作的四大领域之一。至此,由民间组织推动的美国家庭社会工作不但日益受到社会和公众的重视,也开始受到政府的重视,并得到立法保护。1972年,美国成立"全国家庭生活同盟"(National Alliance for Family Life),以促进家庭支持和维护家庭和谐。

美国1977年出版的《社会工作百科全书》概括了其家庭服务的具体内容,主要有以下几点。

1. 有关婚姻和家庭的咨询

这是美国家庭服务机构提供的主要服务,包括帮助解决婚姻冲突、亲子矛盾及代沟问题等。咨询方式包括个别会谈、联合会谈或家庭会谈,具体操作时会依情况的不同而采用不同的处理方式。

2. 家庭生活教育

不同的家庭服务机构应尽量为民众提供有关家庭关系、人格发展和社会适应的资料,并利用演讲、讨论会、大众传媒等来教育民众。家庭社会教育属于一种预防性的教育措施,在服务机构的方案(或计划)中占有优先地位。

3. 一般性的服务

家庭服务机构也提供一些普通家庭日常所需的服务,如儿童日托,法律协助,旅行协助,老人、精神障碍者的照顾,经济协调等。此外,有时也提供身体保健方案、学校指导、职业辅导等服务。与此同时,对诸如少数族裔、药物滥用、酒精中毒、未婚母亲等,家庭服务机构也提供相关服务。

4. 家务服务

这项服务只为家中有病人、老人或者母亲离家、生病的家庭提供服务,目的是使儿童或家庭成员不会因为家中的变故而难以生活下去,使他们仍然能够在家里继续享受家庭的温暖。服务的内容包括家事管理(环境清理、照顾小孩并做家务)、指导家政技术、临时替代母亲照顾儿童、指导儿童做功课等。

5. 提供专业教育

许多家庭服务机构为社会工作专业的大学毕业生提供专业的实习培训,同时也为他们提供教育材料(如专业资料、个案记录等)。

6. 参与有关研究

家庭服务机构还会参与一些相关的研究工作,并会把研究的成果与其他机构共享。

7. 家庭社会环境的改善

家庭服务机构不仅在社区活动设计中扮演着行动者的角色，而且积极影响或者直接参与社会政策的制定。他们时常观察并努力改善诸如住宅、娱乐设施等，或者寻找一些特殊的资源来照顾儿童、老人、精神障碍者等困难人群。

（二）目前美国家庭社会工作的主要内容

美国家庭社会工作的内容随着时代变迁和社会需要的不同也在发生着变化，但始终以促进儿童及青少年的健康成长和发展为大前提，美国家庭社会工作的服务对象也相应地以儿童及青少年为重点。

目前美国家庭社会工作主要包括以下几个方面的内容。

1. 弹性的义务教育制度

根据法律规定，美国实行义务教育制，对象为5～18岁的未成年人，家庭有义务保证适龄儿童及青少年接受义务教育。但美国在执行义务教育的过程中有一定弹性。例如，16～18岁的未成年人可以选择参加工作，而不再接受教育；义务教育一般是在学校进行，但法律也允许儿童及青少年在得到当地学校同意的情况下在家庭中接受教育；与教育有关的问题一般由政府教育部门承担，但对于一些与儿童及青少年教育有关的特殊问题，则由家校共同承担，同时也包括由一些专业服务机构（如社区服务中心）承担一些不愿意在学校接受学历教育或者正常上学有困难的儿童及青少年的教育，并颁发相应的学历证书。无论是哪种教育方式，都必须注意儿童及青少年的社会情感的发展。为了保证这些专业服务机构的教育的有效性，美国法律规定，在这些专业服务机构提供教育的过程中必须有专业社会工作者的介入。

2. 以家庭为工作对象的医疗制度

家庭社会工作者在提供专业服务时特别强调以家庭为视角，强调维持家庭的功能，整合社会的资源，特别是在介入儿童及青少年的医疗活动时，他们不仅关注作为直接服务对象的儿童及青少年本人，更关注其所在家庭及社会环境。由于考虑到儿童及青少年的许多疾病会对其他家庭成员甚至整个家庭产生严重的影响，因此，一旦儿童或青少年入院，家庭社会工作者需要与医务社会工作者、学校社会工作者、社区社会工作者合作，为儿童或青少年及其家庭成员提供各种服务。其中，家庭社会工作者必须对整个家庭进行评估，评估儿童或青少年的疾病可能对家庭产生的影响，为家庭提供家庭危机辅导，进行资源调配和整合，帮助家庭安排孩子在医院中的护理、陪伴工作和接送等工作，同时支持整个家庭度过危机，恢复功能，适应社会。为此，专业家庭社会工作者除了掌握专业知识外，还必须掌握生物学知识、心理学知识、伦理学知识、社会学知识和相关实践方法等。

3. 强调儿童及青少年安全的家庭管教制度

美国专门成立了儿童及青少年保护机构（Children/Adolescents Protective Agency）。以社区为基础制订预防方案与危机干预方案，随时准备提供各种专业服务，确保儿童及青少年在相对安全的环境中成长。美国社会尊重父母管教孩子的权利，但一旦父母无法进行正当的管教，管教的义务就会交由政府或相关社会组织承担。当然，这种管教的内容也在随着社会的发展发生变化。例如，在20世纪40年代，家长可以打骂孩子。而现在家长已经没有打骂孩子的权利。家长没有打骂孩子的权利并非意味着家长管教孩子的权利被剥夺，而是因为打骂并不能真正解决问题。因此，家庭社会工作者在工作时往往不是告诉家长他们做得怎么不好，而是告诉他们怎样可以做得更好。家庭服务机构可以提供针对儿童虐待和忽视现象的预防性服务。针对儿童及青少年在家庭中被忽视、挨打的现象，美国还设有专门的热线电话，如果社会工作者、医生、教师知情却没有及时报告，将会受到相应的法律制裁。同时，法律规定邻居和社区居民也可以报告。如果发生了儿童及青少年在家庭中被忽视、挨打的情况，儿童及青少年就会被从家庭照顾中转移出来，接受临时安置服务。临时安置的可能去处包括亲戚家、专业的儿童及青少年抚育家庭、团体照顾或团体家庭（这些负责照顾的团体或家庭需要执照）、家庭护理机构。因为在原生家庭生活对孩子的成长更加有利，所以家庭社会工作者会尽力帮助家庭改变育儿观，以便儿童及青少年可以返回自己的家中。

4. 弥补家庭不足的社会福利制度

在美国，保护儿童及青少年的法律都由联邦政府制定，各州可以有弹性地执行，但联邦政府可以通过设定社会福利项目来对各州施加影响。美国儿童福利服务有四种主要类型：预防性服务、儿童保护服务、抚养和安置服务、领养服务。民办社会福利机构也可以对低收入家庭特别是单亲家庭设立专项帮助，例如，提供一些支持儿童及青少年成长的住宅，供无家可归的儿童及青少年及其家庭使用。居住这些住房是否需要支付费用，取决于家庭的收入。

5. 强调专业支持的社会工作者服务制度

在美国，对困难家庭和困难孩子是通过项目来提供服务的。为了促进儿童及青少年的健康成长，美国成立了许多社会工作者服务机构，对有需要的家庭提供专业支持，对困难儿童或青少年提供专业服务。为了确保服务机构服务的专业性，美国法律首先要求这些服务机构必须得到专业教育机构的支持，也要求专业教育机构的师生必须到这些服务机构参加专业实践。

二、法国的家庭社会工作

在法国，许多家庭社会工作是通过政府组建的公共服务机构来完成的。其中最出名的机构是由法国政府统筹管理的国立家庭资助分配系统。

现代的国立家庭资助分配系统与法国的社保系统同时诞生，或者说该系统其实是法国社保系统的一个分支，主要负责家庭方面的社会保障服务。

法国每一个大区都有一个国立家庭资助分配系统服务点。政府通过这个系统对需要帮助的家庭给予经济上的直接支持，困难家庭可以按月得到住房补贴、食品补贴、医疗补贴等，育有孩子的家庭还可以得到幼儿补贴。对于育有3个以上孩子的家庭，政府的直接经济补贴可以使得母亲不用上班也足以养活她自己和孩子们。这样做主要是考虑到母亲正在为国家培养未来的公民，她的劳动是必须得到回报和社会尊重的。如今，法国的国立家庭资助分配系统已经发展成具有问询、调查、统计、规划、分配社会资源、引导和帮助等多项功能的综合服务系统。在其网站上，法国家庭可以得到他们需要的大部分社会服务，如儿童及青少年相关服务，孤寡老人、残疾人相关服务，对辍学年轻人的教育帮助等。国立家庭资助分配系统提供的帮助应有尽有，甚至是要收养孩子，该系统也提供包括法律咨询在内的必要服务。事实上，法国政府通过这一系统整合了法国的社会力量和资源来为家庭提供各种社会服务。这一系统对家庭以及相对缺乏稳定收入的年轻人都起到了巨大的支持作用。

但这一系统必须建立在非常高效、廉洁、透明、司法体系独立完善的国家里，否则极易产生腐败和特权。在法国近十几年来的政改中，如何有效削减国立家庭资助分配系统的开支，减少财政赤字，一直都是公众讨论的主要内容。并且在对资源的合理分配上，不同的社会政治理论也有不同的见解。过度地给予帮助，是否也会造成负面效果？如家庭功能过度地被国家公共服务所取代，是否会造成家庭稳定性弱化？这也是法国希望摆脱福利国家，重回自由主义的一个理论依据。

任务二　了解我国家庭社会工作的内容

以学习小组为单位，查询我国家庭社会工作的相关资料。

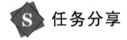

各小组汇报、分享本组查到的我国家庭社会工作的内容。

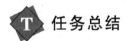

总结我国家庭社会工作的主要内容和分类。

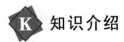

社会工作在我国正处在"后发快生"阶段，妇女与婚姻家庭社会工作更多被包含于其

他社会工作领域,或者被作为全人服务系统中的一个环节。尽管如此,尝试使用社会工作的专业知识介入女性与婚姻家庭问题也已初见端倪。目前我国的家庭社会工作主要集中在以下几个层面。

一是微观个案和家庭社会工作尝试干预夫妻矛盾、婆媳矛盾、亲子冲突、家暴女性,以及因婚恋、生育、失独、离婚、丧偶等产生的各种情境性焦虑问题。

二是中观小组工作在单亲母亲、丧偶女性、大龄未婚女性、乳腺癌和艾滋病患者、下岗女工、家政女工、同性恋女性、失独家庭中的女性、留守妇女、失足妇女等群体中的应用,主要致力于构建她们经验分享、学习平台(或环境)和社会支持网络。

三是宏观社区工作动员女性参与社区发展、保护生态环境、建立服务组织、开展各类健身和娱乐活动、组织各种技能培训,等等。

此外,社会工作也尝试整合和链接各种资源帮扶那些生活困难、身体残障、心理困惑、社会资本缺少的女性。由此可见,社会工作有很强的专业性和系统性,且从微观到宏观逐步形成一种"全人"式的庇护模式。当然,由于社会工作在我国正处于起步阶段,尤其是在妇女与婚姻家庭领域尚处探索阶段,因此难免存在一些问题,如职业化与行政化的融合、系统性与零散性的整合、科学性与志愿性的协作、公共性与私密性的对立、国家倡导与民众忍受的差异、专业知识与现实问题的脱节等,这些问题需要在发展过程中不断得以解决。

具体来说,我国家庭社会工作主要包括以下三个方面的服务内容。

一、以服务形式为取向的服务内容

以服务形式为取向的服务内容主要包括以下两个方面。

(1) 临床式服务,包括咨询辅导、社会个案工作和小组工作,如家庭关系咨询、婚姻辅导、教育方案咨询、就业协助等。

(2) 具体式服务,包括经济补助,住所、食物、信息提供等有形的服务。

二、以家庭问题为取向的服务内容

以家庭问题为取向的服务内容主要包括以下几个方面。

(1) 针对夫妻关系紧张、离婚、分居、婚外恋等的服务。
(2) 针对亲子关系障碍的服务。
(3) 针对单亲家庭的服务。
(4) 针对青少年离家出走或逃学逃夜等的服务。
(5) 针对未婚妈妈或未婚怀孕的服务。
(6) 针对身体和智力障碍、慢性疾病、艾滋病等的服务。
(7) 针对儿童被虐待和疏忽的服务。
(8) 针对性虐待的服务。

(9) 针对婚姻暴力的服务。

(10) 针对老人被虐待、老人照顾的服务。

(11) 针对家庭成员的问题，如化学性物质依赖（酒瘾、药瘾）、情绪与行为、意外伤害、死亡、服刑、赌博等的服务。

(12) 与家庭福利有关的服务，如经济援助、老年服务、移民服务、居家服务和法律服务等。

三、以儿童福利为取向的服务内容

以儿童福利为取向的服务内容主要包括以下几个方面。

(1) 支持性服务，包括个案工作、小组工作、家庭治疗、家庭倡导、社区心理卫生、保护性服务、情绪治疗等。

(2) 补充性服务，包括居家服务、日托等。

(3) 替代性服务，包括寄养照顾、中途之家、教养机构、领养等。

案例分析

2016年9月，重庆市民政局启动婚姻家庭社会工作"家庭和谐计划"（以下简称"家和计划"）项目，并委托重庆市婚姻收养登记管理中心负责全市婚姻家庭社会工作"家和计划"项目的统筹协调、培训指导和评审评估监督。

重庆市通过实施"家和计划"项目，探索出一些新的化解家庭矛盾的方法，得到市民的认可。项目实施以来，通过重庆市婚姻收养登记管理中心的培育、扶持和各项目单位的积极努力，重庆市在全市建立了一支62人的专业服务队伍和一支289人的志愿者服务队伍，孵化了3家社会工作服务中心，培育了30家社会工作服务中心，累计开展个案8412例、离婚劝和3845对、困境家庭救助425户、小组活动1845节、沙龙486次、社区活动1148次、志愿服务38475人次，服务人次超过50万。

在项目实施过程中，通过区县民政局、婚姻登记处、社会工作服务机构和社区的四方联动参与，各项目单位立足辖区实情，开展困境家庭救助、家庭教育宣传、婚姻家庭辅导、矛盾纠纷调解和跟踪指导五大服务，有效发挥婚姻家庭社会工作解困、引导、支持、疏导和发展的五项功能，在全国率先形成"4＋5＋5"服务体系，全面探索形成了具有重庆特色的婚姻家庭社会工作。

问题：

1. 各小组讨论并总结我国家庭社会工作的特点。

2. 各小组分析我国家庭社会工作的发展前景。

子情境三　家庭社会工作的方法

任务体验

观看《心理访谈》栏目中某指定家庭治疗案例，结合所学知识，分析案例中所运用的方法和技巧。

任务分享

以小组为单位分组分享所观察的方法和技巧。

任务总结

对案例中的家庭社会工作方法和技巧进行总结。

知识介绍

家庭社会工作中运用的方法主要包括家庭个案工作、小组工作、社区工作、家庭治疗、家庭恳谈等。下面主要介绍家庭个案工作、家庭恳谈、社区工作和家庭治疗这四种工作方法。

一、家庭个案工作

家庭个案工作具有个案工作的一般特点，但又具有自身的特点。家庭个案工作的服务对象是在角色功能实施上有障碍的家庭成员，所以，在开展家庭个案工作时，工作重点应放在家庭角色及关系上，应以家庭整体为援助对象，帮助家庭成员进行角色调适。举例来说，对一个患有心理疾病的案主，心理学家可能会认为是他的心理疾病引起了家庭关系的紧张。而如果他到家庭社会工作机构求助，家庭社会工作人员分析的着眼点可能就是：是否因为家庭关系的紧张（如夫妻关系不和、有离婚的威胁却又不愿意离婚、焦虑和烦恼等），从而引起心理疾病。同时，家庭个案工作是从社会制度的角度来帮助家庭整体的。家庭是社会的基本单位，是儿童人格形成的主要场所。对成人而言，家庭是自己稳定的"避难所"，家庭给人以安定感，家庭和个人是密不可分、息息相关的。家庭关系是长久的，个人在角色功能实施上的障碍，将直接影响家庭生活，可能会使家庭生活陷入混乱的状态，而混乱的家庭生活又反过来影响着每个家庭成员。所以，帮助家庭成员，也就帮助了家庭整体，恢复了家庭的功能，健全了整个家庭制度。

家庭个案工作是利用个案工作的一般原则和方法来开展的，也就是说，凡是个案工作的知识都是家庭个案工作的基础。例如，个案工作以案主的需要为主，注重激发案主的潜能，增强其面对自己的问题的勇气，促使其自主地解决自己的问题。家庭个案工作也同样注重激发家庭成员的潜能，促使其自主地解决问题。家庭个案工作主要帮助家庭成员调适角色功能，使其能够顺利履行其应尽的职责。所以，家庭个案工作特别注意在家庭的动态关系中，家庭成员的角色分配是否合理，外界的期望角色与成员自我认同是否相符，强调找出妨碍案主角色功能实施的因素，启发家庭成员自己面对问题。从最初案主的申请、工作人员接案开始到之后的连续过程中，社会工作者都要注意案主主动参与解决问题的情况。如果家庭中每一个成员都能担当起各自的角色，那也就意味着家庭个案工作的任务已经基本完成。之后社会工作者要帮助家庭整体去评估他们的进步情形，引导他们体验新的共同生活情境，并使家庭成员意识到彼此感情的融合以及家庭生活的连带性。这是家庭个案工作比较独特的地方，也是非常重要的技术。

二、家庭恳谈

家庭恳谈是一种群体工作，由社会工作者、心理医生和护士等人共同参与，服务对象是个案家庭的全体成员。家庭恳谈是一种非常重要的家庭社会工作方法。恳谈具体实施过程因个案的文化背景、心理特征不同而不同。家庭恳谈以心理学、社会学、行为学为理论依据，通过对全体家庭成员的恳谈和互动，可有效解决某个家庭成员心理或行为的适应问题，同时可促进家庭关系向和谐的方向发展。在家庭恳谈实施过程中，一方面，社会工作者会广泛、深入地寻求困扰案主的家庭因素，了解并评价家庭成员的互动反应关系及角色功能实施，改善成员间的不良适应；另一方面，社会工作者会协助其家庭成员认清问题所在，作出明智的选择，增强把握现实的能力。

三、社区工作

社区工作是以社区为对象开展社会工作的一种方法。其任务主要是了解社区的问题与需要，利用社区的人力、物力等资源，并争取社区外的配合、协作与支持，帮助社区及时解决所面临的困难与问题，促进社区福利事业的发展，使社区在社会发展中更好地发挥应有的作用。我国城市的居民委员会和农村的村民委员会是具有我国特色的社区工作组织。

社区工作方法在家庭社会工作中的运用主要体现在：通过社区营造、培养社区居民的归属感和认同感；通过社区居民参与家风家教宣传，激励社区居民大力弘扬中华优秀传统文化和社会主义家庭文明新风尚，引导他们遵纪守法、遵守公序良俗；通过树家风、促党风、强作风，把修身齐家落到实处。

四、家庭治疗

家庭治疗是以家庭为对象实施的团体心理治疗模式。家庭治疗将家庭作为整体，从系统、动态的视角看待家庭成员的心理问题，主要通过改变家庭成员围绕症状所展现出来的交往方式来达到解决问题的目的。家庭治疗包含两个假设：一是家庭中问题表现者症状的形成或维持缘于家庭成员之间的不良交往模式；二是改变家庭成员间的不良交往模式就会最终达到解除问题表现者症状的目的。

 案例分析

2020年10月6日，江西卫视《金牌调解》栏目的走基层活动走进赣州兴国县长冈乡，为当地村民带来了一场别样的"金牌调解"。据悉，双方当事人是仁塘村两兄弟，多年来，因兄弟二人不和导致两家关系恶化并矛盾不断。在了解实情的基础上，《金牌调解》栏目组的调解员对双方当事人晓之以理、动之以情，并向当地群众宣讲政策，宣传文明新风，经栏目组的多次调解，最后双方冰释前嫌，并当场相互表达了歉意。

2020年，江西卫视《金牌调解》栏目走出演播室，将调解现场放到了街道、乡村、基层法院、基层司法所等，旨在进一步深化"走转改"，在更大范围、更多领域、更高层面服务群众、宣讲政策、宣传文明新风。栏目选题范围拓宽到移风易俗、邻里矛盾、彩礼纠纷、赡养老人、山林土地纷争等。

问题：

为什么《金牌调解》会受到观众的欢迎？该栏目与家庭社会工作有哪些相似之处？

学习情境三

家庭治疗模式

理论学习目标
1. 掌握系统式家庭治疗的技巧。
2. 掌握结构式家庭治疗的技巧。
3. 掌握萨提亚家庭治疗的技巧。

实践学习目标
1. 运用结构式家庭治疗方法模拟进行一次治疗过程。
2. 进行萨提亚家庭治疗模式体验。

子情境一　系统式家庭治疗模式

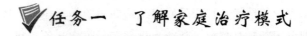
任务一　了解家庭治疗模式

任务体验

1. 临时组成 6 人体验小组。
2. 各小组通过阅读教材和资料，结合道具进行关于"系统"的展示。

S 任务分享

各小组分享对"系统"的理解。

T 任务总结

对该任务的目的和意义进行解释和澄清。

K 知识介绍

一、家庭治疗的历史

家庭治疗（Family Therapy）是集体治疗的一种特殊形式。现代心理治疗最初是以个别会谈的方式进行的，心理治疗师通过与来访者的个别接触来实施治疗，如精神分析疗法等。之后逐渐出现了集体心理治疗的方式，即每次接受治疗的不再是个人，而是一群就诊者，这就是集体治疗。这样一来，发挥治疗作用的除了治疗人员的专业精神和技巧以外，还有治疗小组这个集体。家庭治疗就是集体治疗的一种特殊形式，在家庭治疗中，治疗对象不是临时组织的接诊者集体，而是一个家庭。目前，家庭治疗已经成为继精神分析、行为治疗、人本主义心理治疗之后极有影响力的四大治疗流派之一。

家庭治疗产生于20世纪40年代后期，当时曾有几个有关家庭环境对精神分裂症的影响的大型研究。研究者为德国家庭治疗师默瑞·鲍文、德国人类学家格利高里·巴特森等，他们发现了不良家庭关系对精神分裂症的影响。这些研究对一些从事精神分析治疗的医生产生了影响，他们开始试行以案主的整个家庭作为心理干预的对象，并试图通过调整案主的家庭关系的方式来解决案主的个人心理问题。

1962年是家庭治疗发展史上具有里程碑意义的一年。这一年"家庭治疗"这一名称得到学术界正式确认。之后20多年的发展事实证明，家庭治疗对精神分裂症、情感性疾病、心身疾病、儿童青少年情绪和行为障碍以及婚姻问题都有疗效。目前，家庭治疗在北美、欧洲及拉丁美洲各国都颇具规模，从业人员众多，医疗业务兴旺，理论及临床研究都很活跃，围绕这一领域的专业杂志已达80多种。

二、家庭治疗在我国的发展

1988年，德国著名家庭治疗师斯迪林和弗里茨·西蒙在云南昆明通过"中德心理治疗讲习班"第一次将家庭治疗传入中国。之后的10年中，德中心理治疗研究院邀请德国专家和中国有经验的心理治疗师共举行了三期讲习班。1997—1999年，德中心理治疗研究院开始了一项为期三年的跨文化培训项目，目的是为中国培训多位高级心理治疗师，其中包括部分系统式家庭治疗师。近些年该研究院在昆明、上海、武汉等地建立了配备声像摄录系统的家庭治疗专用治疗室,在昆明和德国汉堡建立了资料库,其中收藏了大量有关家庭治疗的文字和影像文献。2000年后,纽约米纽庆家庭治疗中心的李维榕教授也在中国各地开办了结构式家庭治疗连续培训班。家庭治疗方兴未艾,已经逐渐成为中国心理治疗界越来越熟悉的理论和疗法。

萨提亚家庭治疗模式作为近年来比较受欢迎的家庭治疗模式之一,2003年由中国著名萨提亚家庭治疗专家、中国香港萨提亚中心创办人之一蔡敏莉首次引入中国内地。之后广州、北京、上海、成都等地相继开办了萨提亚模式个人成长及家庭治疗工作坊。2006年蔡敏莉分别与首都师范大学、北京师范大学和广州脑科医院联合开办萨提亚模式治疗师专业训练课程。广州电视台邀请蔡敏莉女士长年在心理节目《夜话》中担任治疗专家,获得业内人士的高度赞誉。蔡敏莉20多年的专业实践,为萨提亚模式在中国的发展做出了突出贡献。

任务二　了解系统式家庭治疗

任务体验

临时组成6人体验小组,每组举例或者通过角色扮演的方式说明"家庭治疗"与"心理咨询"的区别。

任务分享

各组分享对"家庭治疗"的理解。

任务总结

对该任务的目的和意义进行解释和澄清。

知识介绍

一、系统的含义

心理治疗师所说的"系统",是指社会系统(如夫妻、家庭、邻居、医患关系、小组、机构、照顾系统等)内各个成员之间的相互交流,也包括由这些交流所引发的生理心理过程（如思维、情感、激素分泌或疾病）。心理治疗中的系统式观察方法，是指从某成员与其他成员的关系出发来解释行为，而不是从个体的内在动因出发来解释其行为。照此理解，并无实在的系统。所谓系统，无非是观察者对某个现实领域的描述方式。系统式观察方法总要把个体行为与一种具体情境和整个观察框架联系在一起。这种情境不仅对理解行为非常重要，对评估某种干预（如心理治疗）的作用和副作用也同样重要。

理解系统要抓住系统具有的以下几个要素。

1. 循环

循环是指系统中某成员的行为既是其他成员行为的原因，也是其结果。单向的、直线性的因果描述（如"他酗酒，因为她拒绝了他"，或反过来，"她不理他，因为他贪杯"）只是人为地在循环中"打标点断句"而已。循环的关键在于现象之间是如何相互影响、互为条件的。

2. 交流

在系统中，首先应注意交流的方式，即信息在系统内的发出者和接收者之间如何传递。在此，应把内容（说什么，即信息）与关系（A 怎么看待 B 正好在此时恰恰把这件事单单告诉 C）区别开来。系统网络中的循环性交流随着时间的延长会形成一种反复出现的交流程式，会产生多余信息，观察者可以从中找到一种模式（内容不同，但交流形式却很相似），可从中归纳出一些规律（如每当孩子哭时，父亲总表现得很关切，而母亲则十分恼火；或每当母亲发火时，孩子便哭起来，父亲便去关照）。

3. 系统—环境界限

强调这个要点是为了使我们能界定什么属于系统，什么不属于系统。例如，暖气管道是一个封闭的系统，而公共汽车就不是一个系统。我们把家庭看成是一个开放的、发展的系统，是因为家庭有自己的历史，也有自己的未来，家庭具有"永存"的特性，这个系统的各个部分（家庭成员、生活场所等）是相对固定的，与外界有明显的界线。

二、系统理论对家庭治疗的认识

系统式家庭治疗是最早出现的家庭治疗模式，被视为现代家庭治疗的奠基石。其主要代表人物有奥地利心理学家阿尔弗雷德·阿德勒和美国儿童心理学家、精神科医生和教育家鲁道夫·德瑞克斯。

系统式家庭治疗从系统论的观点出发，将家庭看成一个系统，将家庭成员看成是系统的组成部分，并认为家庭中每个成员都有自己认识事物的模式，称为内在解释。内在解释决定一个人一贯的行为模式，反过来又受行为效果的作用和影响。换言之，一个人的内在解释与他的外在行为是相互作用、彼此影响的，其间的关系不是直线式的因果关系，而是反馈式的循环关系。而每个家庭成员的内在解释与外在行为又会在接受其他家庭成员影响的同时，反过来影响其他家庭成员，其间的关系同样是反馈式的循环关系，而不是直线式的因果关系。系统式家庭治疗学派认为，无论是正常行为，还是病态行为，都是这种反馈式循环关系层层作用的结果。这样，对任何病理过程就不在个人范围内、个体心理动力学角度寻找原因，而是从家庭结构里去探索。系统式家庭治疗强调摸清家庭内部的相互关系，并通过对整个家庭的干预来改变导致个人心理症状的家庭关系格局，使家庭产生新的冲突，并促使家庭成员通过重新自我组织，获得新的变化（感受、行为方面），产生新的规则和互动模式。

三、系统理论对家庭模式的描述

德国海德堡学派在研究家庭的过程中从不同角度发展出了两种描述家庭模式的概念：时间组织概念和关系现实概念。

1. 时间组织概念对家庭模式的描述

英国人类学家贝特森将信息论的思想引入家庭治疗中。他认为信息是一种造成差异的差异，即人只能把两信号之间的差异作为信息来感知。对这个差异的感知取决于一个恰当的时间间隔。这一时间间隔处于最大时间间隔阈值和最小时间间隔阈值之间，也就是一种中等程度的时间间隔。只有在这种恰当的时间间隔内，人们才可以通过"不同时性"感知和评价一个事件。只有被纳入一个时间的系列，一个事件才能成为一种有内在联系、有意义、能被理解的现象。人和人之间构成的生命系统及其交流往往是充满矛盾的。人们在时间的规定下进行交流时，可以产生下列两种矛盾或化解矛盾的交流方式。

（1）极端的异时性或非同步化时间组织。

在一个系统内，各种不同的交流内容或观点呈现超过最大时间间隔的差异现象，因此可以避免矛盾。该系统处于这样一种局面：在一段时间内只有矛盾的一个方面被评价、被体验，知觉的组织、叙述的组织，由于过大的时间间隔而失去了内在的联系和整合，因此矛盾被避免。例如，在这类家庭内部，完全相反的观点及不同的作用规则，由于出现在不同的时间段中，所以并未引起冲突。这种交流状态被称为系统的"不同时性分裂"。

躁狂-抑郁症患者的家庭就呈现出这种特征。从系统内各成员的个体角度看，矛盾倾向、矛盾判断的各方面在时间上被相互分离，以至于相关人员同样可以将自己、将别人或事件体验为矛盾消失的状态（父母和其他家庭成员有时可能会说："我们家有时一点争吵也没有，孩子们都很听话。"）。然而，往往正是因为缺乏正常的矛盾，家庭成员反而更易偏离正常的、文化所规定的情绪或行为范围。他们在数星期或数月之内完全卷入到一种生活状态，体验的要么是最好的情绪，要么是最坏的情绪，而且这种情绪体验完全与周围发生着的美好的或不好的事情无关。

（2）极端的共时性或同步化时间组织。

在一个系统内，各种不同的交流内容或观点未达到最小时间间隔同样可以避免矛盾，即最小时间间隔未被突破，不同话语、不同事件、不同评价之间的区别同样不能被感知，意义也未得到体现。不同的观点呈现极端的共时性，家庭成员的交流看上去像是纯粹偶然的表述，相互之间毫无关系。结果导致相互"失去联系"，这被称作"同时性分裂"。

精神分裂症患者的家庭往往呈现出这种特征。在这类家庭的交流中似乎存在一种"意义的烟雾"，各种相互无关联的表述简直无法达成交流互动，也就不能在交流互动的行动和意义方面体验系统内的协调一致性。家庭内的共识破裂，无矛盾的状态表现为一种怪诞的无冲突状态。治疗师在与这类家庭接触时一般会体验到很难与之达成共识的荒诞的感觉。临床精神医学常常把这种情况描述为接触不良。

2. 关系现实概念对家庭模式的描述

当我们观察一个家庭及这个家庭的成员相互间的交流行为一段时间后，便可以发现某种反复出现的行为序列。人们借助它来理解交流中没有被表达出来的信息，贝特森等称这些信息为"多余信息"，相当于"规则""模式"的意思。西蒙区别了两种规则，一种是关于如何描述事件的规则，另一种是关于在世界中如何行动的规则。后来人们把这两种规则合称为"关系现实"（或现实构造、现实构想）。家庭的关系现实有以下几种成分。

（1）关于家庭成员个人认同的构想。

这是指在多大程度上家庭成员将自己和别人看成是自主的，看成是自己始动性的和动机中心的；或者相反，在多大程度上家庭成员把自己看成是依附于其他家庭成员或被其他家庭成员束缚的。这些构想建立了某些个体行为的动力学。

（2）关于构造的稳定性的构想。

这是指在一个家庭中，各种规则或模式的严密性或松散性、可变性或不可变性。例如，各个家庭成员或一对夫妇共有的意识形态、规则、规矩，共有的习惯、范例（如父亲孝敬老人的行为、父母的美满婚姻）及其稳定性。

（3）系统内各成员的相互作用模式。

这是指家庭系统内各成员互动的特征。例如，某家庭中的父亲总是要求儿子按照他的观点、愿望行事，而儿子总是感到父亲权力欲太强，对他控制过严，自己没有自主权，从而对父亲发出的任何信息持对抗性回应。母亲经常说他们父子俩一说话就争吵。父亲觉得儿子不可理喻，认为"儿子有病了"。但儿子觉得父亲有问题，应当去看心理医生。该家庭的模式表现为"控制和反控制（或对抗）"。在这个家庭中，如果母亲在价值观上倾向于父亲，但又疼爱儿子，就会表现得犹豫不决，就可能在父子俩中间成为可利用的对象或易于被抛弃的筹码。母亲会成为一个没有自我、忙于平衡、整日愁容满面的人，有时可能还会产生一些心身症状，如失眠、心慌等。如果母亲疼爱儿子，又表现得强有力，则母子易于结成同盟，儿子就会表现为依赖母亲而对抗父亲。几经冲突后，父亲可能会放弃对儿子的期望而转为斥责、蔑视。这种三角关系会影响夫妻之间的理解和亲密。父亲可能会逐渐游离于家庭之外，让自己忙于工作或朋友之间的交往。可见，家庭的互动模式是"生产"病人的一个重要因素。

系统理论在心理治疗上可被理解成三点核心内容：① 总体大于部分之和；② 人们的操作、行为受其作用结果的反馈性调节；③ 造成差异的原因是信息的差异。例如，"三个女人一台戏"现象,她交谈时演成的这台"戏",就是她们谈论的内容和她们之间关系的互动模式。因此,各个部分(三个女人)构成总体时(女人和戏)大于部分之和。意思是一个家庭在不断的交流中,除了就事论事这些能意识到的内容外,还形成了不易被意识到的互动模式。多个个体构成人际系统靠的就是人与人之间反馈性的交流行为,所谓交流的"信息"就是不同的交流者之间在言语上制造的差异。

四、家庭系统的动力学模型

家庭动力学是一门研究家庭内部的心理过程、行为、沟通及家庭和外部环境间交互作用的学科。按照系统理论的观点,家庭系统的各部分以互动的方式交流,在时间的流程中,通过家庭发展的不同阶段,产生自己的历史故事、经验、规则、价值观、关系互动模式。观察和预测家庭的基本面貌通常要从下列七个维度来着手,每个维度有两极,采用十级评分。

(1) 关系现实:该维度的两极分别是软和硬,该维度描述的是家庭中各种规则、计划、观念、模式的可变性。"软性"是指家庭成员用来表达行为动机和愿望时观点不太明确、不坚定或不可靠。"硬性"是指在家庭中,极其僵化的观念和模式控制了每个成员和整个家庭,本来个人或家庭在整个的生命循环中,在不同的时期应有不同的变化和发展,但在这里很少有或没有交流或协商的余地。因此,在"硬性"的家庭中,家庭成员很少或不可能对某个行为既体验到自主性(发展主动和对自身负责),又对其他家庭成员表现出依附和亲近(对他来说这个自由是无法体验的,必然表现出经常性的矛盾)。

(2) 时间组织:该维度的两极分别是同步化和非同步化。

(3) 系统逻辑:该维度的两极分别是非此即彼和"既……又……"。家庭的关系现实的不同逻辑结构形成一条谱带。一端为"非此即彼"逻辑。根据这种逻辑,家庭成员将世界上的事物或道理描述成一对对矛盾,如不是对就是错,不是强就是弱等。另一端是多元的"既……又……"逻辑。根据这种逻辑,家庭成员很少或几乎不会对事物或道理作出针锋相对的完全区别,他们认为任何其他可能性都是可以想象的。

(4) 家庭内的个性化:该维度的两极分别是缺乏和显著,该维度主要用来描述家庭成员在多大程度上将自己和其他家庭成员看成是自主的,看成是自己始动性的和动机中心的。

(5) 关系控制企图:该维度的两极分别是严密和松散,该维度主要用来描述可变性和不可变性如何对家庭及其成员赋予或剥夺某些特征,这个世界在多大程度上是可预测和可操纵的。

(6) 访谈气氛:该维度的两极分别是沉闷、无聊和轻躁狂、随便。

(7) 疾病观念:该维度的两极分别是受害者和行为者。该维度主要用来描述病人是疾病的受害者、对此无能为力、深感疾病的严重、不可控制,经常感到有不良的预测和担忧;还是病人是主动行为者,疾病不过是他的一些念头、与别人稍有不同的动作(行动)。

以上七个维度是治疗师在会谈中观察家庭的一种描述性方式，也是治疗师在治疗过程中和随访时对家庭的变化的衡量指标。它能反映家庭的问题、症状和功能的变化与治疗机制的关系。治疗师可以通过对来访家庭的现实构成的量化来把握家庭的状况。

五、系统式家庭治疗的基本理念

系统式家庭治疗主要有以下三个基本理念。

（1）家庭是一个有边界的系统，它可以适应家庭成员的变化，促进家庭成员的成长，同时，为了让家庭正常运转，家庭成员应该共同努力实现家庭的功能。而夫妻、亲子、兄弟姐妹分别构成家庭系统中的子系统。

（2）家庭的边界应是半渗透的，以确保它的生存和对社会的适应。因为人在一生中会发生许多变化，如上学、落榜、结婚、生子、升迁、降职、退休等，每个变化都可能成为一个转折点，如果家庭不能适应这个变化，那么家庭成员就会出现这样或那样的问题。比如，孩子到了青春期，独立意识增强，很多事情都想自主完成，如果父母仍像过去那样包办代替，孩子就会出现逆反心理，并可能出现问题行为。

（3）家庭是一个可调节的自稳态系统，对外界和内部的改变，它有能力做出调整，以保持自身的稳定。当家庭内部的一部分元素发生改变时，另一部分也发生相应的改变，两者共同作用使家庭恢复稳定。这一过程叫作负反馈，负反馈可以使家庭系统的功能维持稳定并使家庭进行自适应。与负反馈相对应的是正反馈，是指当家庭内部发生一个小改变时，因为其他成员的互动作用，使这种改变扩大化甚至异常加剧。一般情况下，一个人做了某件事后，家庭成员的赞成或反对会强化或减弱他的类似行为。例如，一名12岁的女孩，她告诉家人她想和同学一起坐公共汽车去商店买新年礼物。如果她的家长仍像过去那样认为她尚小，没有大人陪伴会不安全，拒绝她的请求，那么她以后可能再也不会征求家人的意见，或者以后始终谨小慎微，缺乏独立精神，这就是正反馈。

任务三　系统式家庭治疗的策略和技术

I 任务体验

观看《心理访谈》节目的其中一期节目《儿子'复仇'记》，以小组为单位记录访谈中治疗师的提问。

S 任务分享

各组分享本组所记录下的治疗师的提问。

任务总结

总结案例中治疗师运用的提问技术。

知识介绍

一、系统式家庭治疗的治疗策略

（一）治疗作为扰动

在治疗情境中，治疗师面对的是一个家庭，干预的对象是家庭中被称为"问题"的系统。这个系统之所以持续存在，是因为各个部分在交流中形成了特有的规则和维持方式。"问题"也是有价值的，它是各成员贡献出来的，某种意义上也表达了各个成员的需求。出现问题可能说明原有的模式过于陈旧，已使人不能忍受。"问题"表达了改变的需求，或"问题"已改变了原有模式，或"问题"反映了家庭正在进入一个新的阶段，各成员必须进行适应。在不同的发展阶段，个体总是既要符合自己的新的发展方向，又要和原系统保持必要的联系以获得支持。系统总是要对个体的变化提供支持，同时要作出相应的调整。按照建构主义的观点，由于从一个系统到另一个系统不可能有直接的信息传递，故一个系统只能给另一个系统以促进信息形成的刺激。这种促进信息形成的刺激就是环境的改变，这些改变起干扰的作用，其作用对象是问题系统的各个部分。问题系统受到干扰产生新的信息，这些新的信息起着改变问题系统的操作模式的作用。因此，在治疗情景中，治疗师不需要确认任何东西，只需要挑动、刺激起适应改变的反应来。在治疗中，治疗师可以通过"循环提问"、各式各样的"症状处方"，或"中立"来达到治疗效果。这决定了治疗师扮演的是"游戏破坏者"的角色，他们不再作为"道德说教者"和"社会控制者"，与家庭共同玩"再加一把油"的无结局"游戏"。

（二）假设—中立—循环

1. 假设

这里的假设是指治疗师根据所掌握的家庭的信息提出的假设。这个假设既是治疗师对家庭进行探索的出发点，又是对这种探索是否合适、有效而进行的检验。假设实际上是指向新信息的路标。在会谈中，一方面，假设具有一种保障功能，使得治疗师在探索家庭关系模式的过程中有一个较为清晰的脉络；另一方面，假设也是对家庭系统发出的强烈刺激脉冲。

2. 中立

中立是指一种特殊的、实用的效应。在会谈中，中立从治疗师的总的态度提现出来，而不仅仅是治疗师的内在精神性理解。治疗师感兴趣于撩拨起反应，并从这些反应中得出推论，但又不作任何道德意义上的评价。有学者后来指出：中立其实是治疗师这一方面造成的一种好奇的状态。好奇引导治疗师探索和发现家庭成员的不同观点和行为，而不同的观点和行为又带来新的好奇。

3. 循环

循环是指治疗师的一种能力。治疗师能够让在连续的提问中得到的反馈引导自己，并努力得到家庭成员之间的关系的信息，也就是有关差异和变化的信息。在提问中，治疗师会请每一位家庭成员表达对自己与其他家庭成员之间关系的看法。治疗师的这种能力在系统式家庭治疗中能引起多样化的反应。

（三）情境化

按照系统论的观点，一个特定的行为只有在将其与其背景结合起来考虑的情况下，即赋予这个行为一个有意义的参照系时，才是可以理解的。这个背景取决于观察者。同样的事件或行为，由于不同的观察者所取背景不同，就具有了不同的意义。因此，治疗师要先探明与问题有关的那些背景因素，并在治疗中将这些因素综合考虑在内。例如，治疗师可以使用种种不同的技术，经由对"情景标记"的重新定义而将情境本身的意义加以改变。这种改变的后续影响可能是一个家庭互动过程的改变，或某个问题症状的改变。系统式家庭治疗是资源取向的治疗，常通过重新标记情境，来获得对症状意义的另一种理解。

二、治疗的场地、时间、内容安排及程序

系统式家庭治疗一般进行 2~10 次，每次 1.5~2 小时。相邻两次之间一般间隔 4~6 周，中间给家庭留出作业，给出其适应和调整的时间。

（一）治疗场地及附属设备

正规的治疗场所应该有治疗室、观察室、控制室、示教室，以及摄像、录像等设施。治疗室内一般应有座椅若干，舒适但不让来访者过度放松，椅子一般围绕一张小圆桌放置，不分主次。此外，一般还要备有供儿童坐的凳子和玩具。

（二）预约、登记

在进行正式治疗会谈前，被治疗者及其家庭要先和治疗机构接触，可以通过电话，也可以直接上门，但均由秘书来接待，治疗师基本上不露面。秘书要记录：来诊背景（如是别的医生转诊来的，还是自己来的）、对家庭治疗的了解程度、欲解决的问题等。此外，秘书还应记录对来访家庭的初步印象，然后双方约好首次会谈的时间。

（三）治疗小组的准备性讨论

绘制家谱图是预备性讨论的一项重要工作。在治疗前，来访家庭须填写家庭背景表及二系三代家谱，如父母二系三代人的健康情况、重要经历、受教育水平、婚姻状况、职业

状况、主要精神卫生问题等。根据了解的情况，治疗师要用通用符号、规则绘制一份家谱图，使重要的个人及家庭事件、问题、家庭动力学、家庭模式及家庭关系变得一目了然。接下来，治疗师将自己的想法提出来以供讨论，然后以假设的形式对这个家庭进行多角度的解释和描述，以便在与家庭的首次会谈中能有多种前进的道路，最后提出下一次会谈的大致目标、任务及可能的难点。

三、会谈技术

初次会谈时要特别注意每个人坐的位置，所预备的椅子一定要比来人多，使大家有选择的自由。人们坐的位置对治疗师来说是一个提示，治疗师可以依此初步判断谁和谁是同盟、谁和谁分裂等。典型的情况是父母诉说他们的孩子有问题。在介绍情况之前，治疗师要先和父母打招呼，然后再按年龄和其他家庭成员打招呼，以示尊重父母的权威。初次会谈中的相互介绍非常重要，有两个原因：一是可以向全家亮明治疗师的特点，减少治疗的神秘性和移情现象；二是可以间接地暗示家庭的问题不是唯一可谈的问题。因为治疗师是第一次和家庭会谈，对家庭而言，治疗师是外人，所以治疗师应给家庭一个机会，让他们去判断是否允许治疗师进入他们的家庭。治疗师需要在来访家庭将问题坦露之前，将自己先展示给此家庭。

（一）提问的技术

会谈中，提问的技术是治疗师运用的主要技术。

1. 循环性提问

循环性提问，即当着全家人的面轮流而且反复地请每一位家庭成员表达其对另外一个家庭成员行为的观察，或者对另外两个家庭成员之间关系的看法，以及一个人的行为与另外一个人的行为之间的关系。例如，"你妈妈心情不好的时候，你们家里的哪个人常常第一个去安慰她？""按照平时的经验推测，你认为家里哪个人对今天的会谈最感兴趣？"由于这类拐弯抹角的提问在被问者的回答与其他家庭成员对所提问题的想法之间形成了差异，可引起持续的比较和探索过程，因此极具启发性和暗示性，有人称之为"循环催眠"。

2. 差异性提问

在家庭中，由于某人生病，其他人自然会把注意力集中在症状上或消极方面，而忽略积极的方面。为了减少症状和扩展无症状的时间、行为和场所，使当事人认识到症状性行为的出现是有条件的，治疗师在提问时会特别注意提问例外的情况。例如，"孩子在谁面前很少或从来没有像那样暴怒过？""请您比较一下，您的孩子在哪些情况下容易烦躁不安？是您一句话重复说几次的时候，还是您放心让他去做的时候？""请你估计一下，你哥哥多大程度上（如几分之几）像个18岁的小伙子？多大程度上像个3岁的小宝宝？"

3. 前馈提问

前馈提问是一种未来取向的提问，它将病态或某种行为的积极赋义投射到将来。前馈提问也是一种资源取向提问，是针对当前临床上习以为常的缺陷取向（或病理取向）而提出来的。缺陷取向将某些人际意义的行为视为纯粹的障碍、病态，或是直线因果链上最后的个人性结局。这种认识有促进病态，使症状慢性化的可能性。资源取向却要求治疗师重新认识病理症状的功能意义及"病人"的健康资源。既往的诊治模式较少考虑行为与内心过程及家庭背景的关系，而资源取向却可以促进病人自立性的发展，挖掘其主动影响症状的责任能力，将个人和家庭引向积极健康的新的生活模式。前馈提问可以刺激家庭构想关于未来的人、事、行动计划等，可以诱导这些计划成为将会"自我应验的预言"；或者反过来，可以让有关人员设想在有诱发因素时如何使症状性行为再现，以便诱导出家庭对诱发性因素的预防性行为。例如，"请你想象一下，如果我们今天的会谈确实有效，你明天会是什么样子？你完全康复了又会是什么样子？""以你们对这个孩子的了解，你们估计他为了得到那些当病人的好处，会在什么时候有下一次发作？"这两个问题中，后一个问题可称为预防性提问。

4. 假设性提问

基于对家庭背景的了解，治疗师从多个角度提出让家庭成员意想不到的假设，然后在会谈中不断验证、修订假设，并逐步接近现实。治疗师通过假设给家庭照镜子，即提出看问题的多重角度，让当事人自己认识自己。这有助于家庭行为模式发生改变、家庭成员取得进步，也有助于当事人将病态行为与家庭里的人际关系联系起来。例如，"请你们二位设想一下，如果这孩子没有那些阵发性气喘症状，你们在两年前提起的离婚问题今天大概会发展到什么地步？""假如从现在开始，你妈妈不再去玩麻将，你爸爸发火的次数会更多呢，还是会少一些？"

5. 积极赋义

积极赋义是对当前的症状、系统从积极的方面重新进行描述，放弃挑剔、指责的态度，从而产生一种新的观点。这个观点从家庭困境所具有的积极方面出发，并将家庭困境作为一个与背景相关联的现象来加以重新定义。在重新定义的过程中传达了这样的信息：情景是相对的，一种现象的意义也是相对的，看问题的角度不同，意义就不同。因此，看待问题可以有多种角度，"横看成岭侧成峰。""塞翁失马，焉知非福"，就是众所周知的例子。又如，对口吃患者，治疗师可以说："这是用简洁的语言表达最安全的信息的最好形式。"

6. 软化症状和去诊断

这样做是为了将当事人从标签化的病态中解放出来，去除其病人的角色，从语言学叙事动词的角度将动词"是"（to be）改为"做"（to do）。例如，将"我是病人"改为"我表现得像个病人"，把"我的神经很衰弱"改为"他懒得动脑子"。这样做可以暗示症状并不是人格结构中不可动摇的成分,也不是器质性病变的后果,以让患者以为自己仍然对症状有影响力。例如,对神经性厌食的病人可以提问:"您是什么时候决定每天只吃两勺饭的?"对长期被当作"癫痫"诊治,而实际上是癔症的病人及其家人可以说:"我们今天宣布给你'摘帽'了,以后你再也不用担心那些禁忌,可以像其他人一样什么都可以做。我们把癫痫当作一顶帽子,你要是戴腻了,或者头长大了,嫌帽子小了,把它扔了就是。"

值得注意的是,与直接阐释相比,上述这些技术超越了平时人们所习惯了的直线式因果思维,遵循的是循环因果思维。直接阐释往往按事件的时间先后,对症状性行为按序列"A—B—C—D"作阶段性处理,人为地确定 A 是 B 的原因,B 是 C 的原因……但却忽略了行为常常同时发生,而且有反馈性联系,作用方向是双向甚至是多向的现实。循环因果思维体现了系统论和控制论的观点,有利于促进治疗师对观察对象的整体性理解。

(二) 布置作业的技术

布置作业是为了促使家庭在日常生活中也能继续发生某些变化。布置作业是系统式家庭治疗中极为重要的一环。

1. 悖论干预和症状处方

这是指家庭治疗师要求患者故意保持或"加重"症状性行为。例如,治疗师可对成天担心失眠的患者说:"睡不着觉的时候,请睁大眼睛盯着天花板上某个地方,舌头抵住上颚,然后命令自己坚决不睡觉。"对某些病人,治疗师可以布置一些令其抵制或反感的作业,例如,要求经常吵架的夫妻每周至少吵两次架,当吵架变成任务时,他们往往不愿去做,这样一来正好达到减少吵架次数的目的。与此相反,有些行为是合意的行为,而治疗师却故意不让患者去做,这样反而促使患者或其家人设法去做。例如,对因患有惊恐发作而不敢出门的人,治疗师可以故意要求他不能出门,这样做有时反而可以激起他出门锻炼的欲望和努力。

2. 单、双日作业

这是指建议患者在星期一、星期三、星期五(单日)和星期二、星期四、星期六(双日)作出截然相反的行为。例如,治疗师可以对患者说:"星期一、星期三、星期五你可以装小孩或病人,什么都需要帮助和满足,不然就发病给她(指妈妈)看;星期二、星期四、星期六你可以装大人,主动做作业、买菜、扫地,管理自己和家庭事务。星期天随你便,你若觉得当病人舒服,当小孩子好就继续当;若觉得当小孩子或病人没劲,就表现得像个成年人。随你便。"与此同时,治疗师可以要求其他家庭成员观察患者的两种行为各有什么好处。这类作业的作用是"醉翁之意不在酒",治疗师的主要目的是传达一种信息,一种言外之意,引起患者对原有退化和症状性行为的反思或领悟,并选择进步的方向。另外,面对冲突处境的人,如与父母情感纽带解离困难的青少年,其困惑常起于不能同时处理矛盾的信息。单、双日作业可以帮助他们辨别自己的心理需要,澄清矛盾,并学会用异时性的方式处理事态。

3. 记秘密红账

有些家庭习惯于翻旧账，治疗师将此戏称为"记黑账"或"说坏话"。记秘密红账是指治疗师要求家庭成员秘密记录患者的进步和良好表现，不准记坏表现和症状，下次会谈时由治疗师当众宣读。有时治疗师也可要求患者记录其他家庭成员的优点和进步。记秘密红账常有数量上的要求，如必须记满20条后才能预约下次会谈。这种作业主要针对家庭中常见的缺陷取向的现象，如家庭中有成员出现不合意行为表现后，其他人会有焦虑、沮丧、挑剔等负面情绪和态度。这种作业一方面可以促进其他家庭成员重新分配注意力，另一方面可以诱导患者作出合意的行为，使之有"立功受奖"的机会。不少家庭在接受此任务时会面露难色，甚至表示不可能写出那么多条来。对这样的家庭，治疗师要强调，正因为如此，他们才更应该做这个作业。

4. 角色互换

这是指让家庭成员定时（或因事而定）交换在家中的角色，最好具体到当前的事务中。例如，请喜欢挑剔的丈夫亲自下厨房做饭，请拖拉的儿子负责每天唤醒全家，请凡事皆要亲自干预的妻子像丈夫那样，过几天依赖别人或不管事的日子。

5. 水枪射击或弹橡皮筋

这是指让家庭成员以善意、戏谑的方式，直接对不合意的行为或关系进行干预。治疗师可让家庭成员准备玩具水枪或橡皮筋，当发现有人做出不合意行为时便瞄准行为者的眉心射击或弹击，即便是对权威的、不苟言笑的父亲或母亲也须执行。例如，治疗师可以告诉觉得妈妈很唠叨的孩子："你对妈妈一句话说10遍感到厌烦，但她有她的道理，而且一种习惯也不可能马上改掉。那么，你们可以尝试着这样做：你们可以先约定一个指标，如一天内同样的话你妈妈最多可以重复5遍，你得留意数着，如果超过这个限额，你就拿水枪射她或用橡皮筋弹她。反过来，如果你妈妈提醒了三遍，你还没有去做她提醒的事，她也要这样惩罚你。"这种干预看上去像是一道行为作业，但它的意义并不在于实际上做不做，而是在观念层面上给予冲击。通常，大多数家庭都不认真执行，他们在接受任务时往往会发出会心的笑声；少数家庭可能会尝试着做。这两种情况均能快速终止不合意的行为模式。

6. 定期发邮件或打电话

对居住在外地不容易来继续访谈的家庭，治疗师须注意维持治疗关系和干预效应。治疗师可以要求家庭成员定期发邮件或打电话汇报进步，尤其是对以前没有过的新行为。做法同记秘密红账。在打电话汇报时，家庭成员要拿出记录好的秘密红账，当众宣读、互相确认，治疗师在听到后要及时鼓励并布置新的作业。

四、积分悖论干预法

积分悖论干预法是中国心理治疗师傅文青教授在实践中形成的治疗技巧。在系统式家庭治疗中，积分悖论干预法不仅可用于家庭团体的治疗，在个别治疗中也有很好的效果。积分悖论干预法的思路是在治疗初期不但不设法消除症状，反而要主动诱发和加重症状，然后对诱发的症状进行评分，积累症状分数，最终达到消除症状的目的。

（一）操作程序和临床案例

一般治疗前治疗师先要简要介绍积分悖论干预法。例如，治疗师会告诉患者：用该法治疗与用其他方法治疗有所不同，一般人寻求治疗的目的都是消除症状，而该法在治疗初期不但不会设法消除症状、缓解痛苦，相反还要主动诱发症状、加重症状，经过一个过程最终消除症状。同时，治疗师也要指出该法最初会令患者觉得有些痛苦，但随着治疗的推进，痛苦会有所减轻。此外，治疗师可以教患者通过做一些放松动作来减轻痛苦。

1. 操作程序

（1）探索适宜治疗的核心症状（靶症状）。

治疗师通过深入的个别会谈获得对患者内心冲突的透彻理解，找准治疗的核心症状，如难以控制的强迫感、自我挫败式的思考方式、总觉得受外部或内部控制和威胁等。

（2）讲解操作原则。

治疗师告诉患者，采用积分悖论干预法就是要定时、定量主动诱发和体验症状，或者在现实情境中主动诱发症状，加重和扩大症状，假装或表演症状，操纵症状，并对诱发的症状进行评分，积累症状分数。

（3）现场指导患者诱发症状并进行评分，之后教会患者如何放松。

在治疗室内，治疗师可让患者沉思、回忆或想象5分钟或更长时间，试着诱发和体验症状。然后采用症状自评百分制法对症状体验进行评分。例如，心情平静、不感觉焦虑可评为0分，加重到极度紧张、恐慌或痛苦的程度可评为100分。注意，在主动诱发症状后，如果患者不能很快从痛苦中解脱出来，治疗师要教会患者采用"紧张—放松"技术来对抗和缓解不良感受。

（4）布置作业。

治疗师要求患者每天在固定时间主动诱发症状，或在现实情境中主动诱发症状，然后立刻对症状进行评分，每天1~3次，每次10~20分钟，每天得到一定量的症状分数，积累症状分数，力争使症状分数达到每天150~300分，每1~2周就诊一次。

2. 临床案例

小明，16岁，高一学生。主诉脑子里总有控制不住的念头，注意力不能集中，反复摆放书本、笔、水杯，放不好就不舒服，但控制不住自己不去做这些，自己都觉得很没意思，感觉很浪费时间并为此苦恼一年多。小明所在重点学校采取封闭式管理，以成绩排名作为学生的学号，小明对学习成绩非常在意，过分小心、迷信，成绩稍有降低就自责、苦恼，经常回忆自己学习中的差错，做过的题目也反复检查，总是把周围某些事情和学习成绩联系起来，以至于看到学习不好的同学都觉得晦气。

治疗师向小明介绍积分悖论干预法。

治疗师先让小明站到治疗室一侧默想5~10分钟，主动诱发强迫和焦虑的感受，使情绪紧张水平从开始前的"0分"上升到较高水平。结果小明诉说只是有点儿紧张感。治疗师只让小明回忆最恐惧、紧张、羞耻、难堪或失败的情景，特别是在学校时的紧张情景。此时，治疗师要注意观察小明的情绪性质和唤醒程度。10分钟后，小明自评分数达到了60分，称其找到了在学校的感觉。治疗师赞赏肯定了小明的勇敢和努力，嘱咐其按此法，回家后每天当作业完成治疗任务，记录所得症状分数，建议两周后再诊。结果治疗初期的几天，小明感到主动诱发症状时，念头增多，强迫感加重，有些失控的感觉，必须做些放松动作才能缓解痛苦，但7~8天后变得像是完成一种习惯性任务一样，症状体验变得有些苍白，记录的分数也越来越低。累积分数达到2000分后，小明感到心理变得自由，强迫念头和动作消失，6个月后随访时病情未复发。

（二）治疗原理

积分悖论干预法治疗有效的机制是什么？从表面上看，积分悖论干预法的技巧与行为治疗的饱和厌恶疗法、暴露疗法及森田疗法都有相似之处，与美国心理学家和教育家弗朗辛·夏皮罗提出的"眼动脱敏与重建"技术也有重合之处。眼动脱敏与重建的做法是努力回忆和再现创伤性体验，再通过转动眼球来消除内心的不良感受。显然，积分悖论干预法也含有脱敏、暴露的元素。但积分悖论干预法在操作上强调患者自己完成作业，独自诱发和操纵症状，使得患者进入一种自我主动"尝试"的治疗情境。操作细节上的不同意味着对病理心理的理解不同。积分悖论干预法"主动诱发和体验症状、加重并扩大症状、假装或表演症状，甚至操纵症状"的思路是一种反常的干预，患者之所以能迅速控制症状，是因为患者以前对待自己的病症过分认真、关注。治疗师故意引导其加重、扩大病态体验，达到使患者自己都觉得可笑的地步，从而使患者震撼功能不良系统，产生领悟，起到"刹车"的作用。该法的定时、定量积累症状分数的操作模式将治疗变成了积累分数的简单游戏，患者能通过不断获得分数，积累治疗效果和成就感。定时可使患者主动把症状收集到固定时间，使症状集中爆发。定量可使患者自由地把病态体验扩大或缩小，从而操纵症状。定量还能促使患者自觉地探索内部的各种体验，如追踪心理上的强迫感，从而发现某些强迫体验原来不过是内心的某些渴望或想象。据多数学生反映，分数对恐惧上学的学生有魔术般的吸引力。积累分数的评估过程具有使患者把症状痛苦"客体化"的效果，即治疗中患者以核心症状为线索，将注意力投向内部，去发动原本压抑或防御着的症状，在此过程中痛苦感受、困难情景成为被自我观察的"客体"，从而减少了对症状体验的交互性焦虑反应，同时恐惧感也得以宣泄，自我耐受力和自我效能感得到强化。

（三）临床适用范围、注意事项及禁忌

1. 临床适用范围

积分悖论干预法比较适用于解决大中小学生的各种心理问题。学生来访者的特点是时间很紧、治疗费有限，难以完成长期的治疗计划。所幸学生正值发展阶段，一般症状还不太成型。这种情况下如使用得当，积分悖论干预法常可收到戏剧般的疗效。对学习、竞争诱发的轻度强迫感，对人际关系和学校环境的过度紧张，对考试的恐惧，特别是对强迫思维、强迫意向等疗效显著。治疗过程中许多患者发现，主动诱发症状做到5～8天时，诱发症状将变得困难，症状的痛苦体验大大减轻，有些人虽然觉得仍有些症状，但在感觉上症状已不再困扰自己的生活了。

2. 注意事项

治疗师不可轻率地使用此法，应在充分会谈，对患者对内在冲突有了充分理解，找准适应证并建立好治疗关系后，再尝试使用此法。实施前要签订连续治疗的协议，以保证患者能及时得到指导和保护。治疗师要特别注意引导患者学会现场诱发症状和体验症状，使其意识到自己可以随意发动症状和体验症状。有些患者阻抗较大，难以诱发症状性体验，这要待通过会谈使心理防御松动时再行治疗；有些患者对症状耐受力差，或完成作业后不能从症状中恢复过来，治疗师应充分理解加重症状的痛苦，要教会患者采用"紧张—放松"技术来缓解不良感受。

3. 禁忌

（1）治疗师应特别注意对患有精神分裂症、易冲动和有过自伤行为的患者禁用积分悖论干预法。

（2）对严重抑郁症患者也要慎用此法，因为治疗师曾发现极个别患者在诱发和加重症状后，自杀意念增多。

（3）对与家人有严重对抗、冲突者要在建立良好的治疗关系，并在家人和医生监护下谨慎试用该法。

 案例分析

一位女士打电话向治疗师反映，她的儿子近一年来情绪多变，本来两个人在好好说话，但儿子会突然暴怒并殴打自己。近两周，她就被儿子打了4次，身上青一块紫一块的，儿子每次打完她都指着她的鼻子说是为了报复。

问题：

每6人为一个小组，分析该案例中治疗师可以运用哪些系统式家庭治疗策略和技术，并进行分享交流。

子情景二 叙事家庭治疗模式

任务一 认识叙事家庭治疗

任务体验

阅读以下案例：

某天早上，7岁的小明正准备让自己的父母像往常一样送自己去上学。但不知道什么原因，父母突然发生了争吵，并打了起来。眼看自己可能迟到且为了保护妈妈不被爸爸打，他捡起一块石头，打碎了自家的玻璃窗户。鉴于最近小明在学校经常不遵守秩序，甚至出现打架行为，以及这次又打碎了自家玻璃，小明爸妈认为小明有多动症，于是带他来到社会工作服务中心寻求帮助。

每4~6人为一个小组，分别扮演三口之家的成员和社会工作者，用叙事治疗原则让三口之家的成员从扮演的角色出发描述事情的经过，可以合理想象。一轮活动结束后，大家更换扮演的角色继续，直至每人都扮演过所有角色。大家试着理解叙事背后的赋意和家庭冲突中的话语权对家庭弱势成员的压力。

任务分享

不同的扮演者分享自己扮演不同角色时的感受，以及换位思考的感受。

任务总结

家庭成员中最弱势的一方往往难以获得话语权，他的善意往往容易被误解，他甚至会成为出气包。让家庭成员在公平、公开的状态下讨论一个家庭矛盾，协助家庭成员对问题达成共识，是叙事治疗的一项重要工作目标。

知识介绍

一、叙事治疗的概念

所谓叙事治疗，是指治疗师运用适当的方式，帮助案主找出个人故事中的遗漏片段，并引导案主与家庭成员一起重新构建一个所有家庭成员都能接受的新的完整故事，在这一过程中恢复家庭本该有的相互关爱和理解的状态，从而达到修复家庭功能的作用。

叙事治疗的创始人和代表人物是澳大利亚临床心理学家麦克·怀特和新西兰学者大卫·爱普斯顿。他们在20世纪80年代就提出了叙事治疗理论，20世纪90年代，他们的书籍在北美发行，从那时起叙事治疗开始大为流行。怀特和爱普斯顿在其代表作《故事、知识、权力——叙事治疗的力量》一书中，系统阐述了他们有关叙事治疗的观点和方法。

叙事治疗不仅被用于心理治疗领域，也在公共卫生领域、社会工作领域得到广泛应用。

二、叙事治疗的基本理念

人们习惯认为真理是"客观"存在的。因此，个人在宏叙事的框架下从属于"客观真理"和权威，而缺乏承认自我情绪和感受的能力，并通过构建问题化的个人故事来附和"客观真理"和权威，最终往往使得个人因为情绪和真实感受被压抑而产生心理问题。

而在后现代主义看来，现实世界并不是客观的，而是带有主观构建的，个体对世界的理解以个体语言体验为基础，语言在等级制度下并不反映"现实"，而是根据需要构建了一个"现实"故事。所以这个构建的"现实"故事一旦成为案主心里的礁石，就需要引导案主从自身真实感受和情绪的角度重新构建故事，重新对故事赋意，从而改变案主的认知和心理状态。

从后现代主义的角度看，任何人都不能独占"真理"，因此，社会工作者不能把"真理"和"客观"强加到案主身上，而应当重视案主自身的经验、观点、情绪和对个人生命故事建构背后的心理特征，社会工作者宜用一种"不知道"的姿态来与案主合作，帮助案主共同构建一个新的故事。

在这个新的故事中，社会工作者应帮助案主认识到在自己带有各种问题的主线故事中，有大量能够反映案主生命力量的支线故事。这些支线故事中包含了案主人性中的善良、努力、美好愿望，以及案主与家庭成员达成和解的期待等。社会工作者可将这些反映生命力量的支线故事从案主的认知中突出出来，帮助案主认识到自己生命的力量，并在尊重客观事实的基础上，引导案主重新构建一个附和案主生命力量的新故事，从而帮助案主摆脱对自己的负面认知，达到治疗效果。

三、叙事家庭治疗的逻辑过程

1. 问题外化

问题外化的核心逻辑就是"人不是问题，问题才是问题"。

在宏叙事背景下，案主一般都会将人和问题看成一个整体，许多案主会把问题归结于自己或他人本身，或人际关系本身。这种想法决定了他们解决问题的方向是针对人的，这样很可能使问题更加严重，甚至无法得到解决。

比如，案主觉得他自己有问题，因为自己和别人不一样而把自己当成"另类"看待，生活在痛苦中。这个时候要想发生改变会比较困难，因为个人既不能改变环境，又不能接受那个被问题化的自我，所以案主会处于两难境地。

问题外化本身就是一种治疗方式，问题外化需要削弱标签化的自我认知，减少个体对自己的责备和内疚。

社会工作者在获知案主的故事后，需要从后现代主义的视角将案主和问题进行分离。

2. 每个人都是自己的问题的主人

叙事家庭治疗的主角不是社会工作者，而是案主。社会工作者只是引导案主重构自己的生命故事的人，因为我们每个人都会遇到各种各样的困难，有的人生活在单亲家庭，有的人遭受家庭暴力，有的人身体不好，有的人从小自卑……人真的很不容易，要面对那么多的问题，但我们能够走到今天，一定是有各种解决问题的办法，所以每个人都是自己的问题的主人，是解决自己的问题的专家。所以，社会工作者需要随时提醒自己，不能用自己的认知和经验替代案主的认知和感受。

3. 放下主流文化的标尺

叙事治疗的创始人麦克·怀特认为：个人问题的形成，很大程度上与主流文化的压制有关。例如，主流文化往往这样定义一个人的成功：功课好、赚钱多、事业有成等。我们的很多问题都与主流文化用什么样的标尺来量我们有关。

主流文化中的叙事把个人纳入等级与集体，使得个人丧失了认同自己情绪和感受的能力。社会工作者只有放下主流文化的标尺，才能体会案主的生命故事，帮助案主寻找属于自己的生命力量。

4. 寻找较高自我认同的支线故事

当人们觉得自己有很多问题的时候，就会觉得自己是不好的，这叫"问题的自我认同"。

社会工作者需要协助案主在带着问题的主线故事中寻找反映案主生命力量的支线故事，这些支线故事透露着人性的善良、美好的愿望、个人的努力，以及案主与家庭成员达成和解的期待等。社会工作者应让案主看到自己人性中的光辉，并引导案主认识自己被压抑或忽视的情绪，以及这些情绪背后的各种环境和社会问题，带领案主承认现实的不完美，并找到自己可以努力的方向，为实现改变做好准备。

5. 重构具有生命力量的新故事

社会工作者应协助案主重构能够体现自己生命力量的新故事，让案主释放情绪，将人与问题区分开来，重新认同自我，获得解决问题的勇气。同时，社会工作者还应鼓励案主不断积累自信和应对问题的积极心理，使案主最终形成"积极上进且心态平和的自我"。

任务二 掌握叙事家庭治疗的方法和技巧

任务体验

请某位同学分享他的家庭故事，然后其他同学找出故事中的主线故事和支线故事。

任务分享

其他同学感受支线故事中个人生命的力量，并帮助分享的同学重塑他的家庭故事。

任务总结

寻找个人生命的力量，需要把问题和人剥离开，将问题外化，并解构主流文化对我们的影响。当个人能够看到自己的良善和接受人的不完美性时，困扰个人和家庭的许多不良认知及互动模式就会有所改变。在此基础上，社会工作者再加以引导就能够改善家庭关系。

知识介绍

一、叙事家庭治疗的基本方法

1. 针对个人的治疗方法

针对个人的叙事家庭治疗更接近于心理治疗，主要是针对案主个人的故事和感受，围绕案主的心理问题开展的。当然，叙事家庭治疗是家庭治疗的一种方式，而非单纯心理治疗，治疗过程中社会工作者还是应当尽可能地进入案主的家庭，了解更多案主的家庭背景，并结合其他家庭治疗方法，综合性地为案主服务。

如果案主出于各种原因，不愿意接受完整的家庭治疗服务，则社会工作者可以按照以下步骤去帮助案主。

(1) 倾听案主的家庭故事或个人故事，与案主一起对问题做出界定。社会工作者应使用适当的语言引导案主从问题标签中解脱出来，使案主将问题看作一个与自己分离的客体。例如，对于一名宿命论的不幸女孩儿，社会工作者可以提问："你所描述的这些不幸，和你本身有什么关系?"社会工作者要引导她说出自己的宿命论思想,并予以辩驳和引导。

(2) 社会工作者要引导案主将问题外化,并找出问题压迫案主的方式。社会工作者可使用隐喻和想象的方式,让案主假设问题是另一个人的,然后与案主一起探讨问题是怎样干扰、支配或使那个人失去信心的。社会工作者可询问案主问题对他产生的作用以及他的生活和人际关系受影响的程度,并进一步使问题外化。

(3) 社会工作者要努力发掘在哪些时候案主并未受问题的支配,或生活并未受到干扰,将问题与案主分开,并在治疗过程中不断引导案主强化问题与自己无关的理念。这样逐渐地,一种新的现实开始被创造出来,这个阶段社会工作者可提醒案主改变是可能的。

(4) 社会工作者找出过去的证据,证明案主有足够的能力好起来,可以应付和解决面临的问题和困扰,引导案主思考在上述能力之下未来将要过的生活。这样做的目的是促使案主将对自己和生活的新观点进一步具体化。

(5) 社会工作者会一直参与治疗过程,直到案主在生活中接受新的故事并对新故事产生认同感,直到案主开始用一种新的、更有能力的视角来看待自己。

2. 针对家庭的治疗方法

与针对个人的治疗相比,针对家庭的治疗将关注点从个体情绪和感受转移到了家庭成员对故事的认同和认知上。

由于家庭成员之间存在家庭权力结构、成员关系、家庭角色和分工等的不同,再加上家庭成员之间的年龄、认知水平方面的差异,很容易造成家庭成员对同一个家庭故事(事件)有认知差异。这种认知差异往往被家庭等级结构所掩盖,家庭地位高的成员往往以话语权压制的形式,代替家庭地位低的成员构建了符合家庭地位高的成员利益的家庭故事。

因此,针对家庭的叙事家庭治疗需要首先解决家庭故事客观性的问题,即找到所有家庭成员都能够接受的家庭故事。事实上,在实践中,当一个家庭能够构建出一个所有家庭成员都接受的家庭故事(事件)时,往往家庭问题也就已经得到了解决。所以,协助全体家庭成员共同构建家庭故事这一过程本身就是叙事家庭治疗的基本过程。

(1) 处理好家庭成员的情绪后,请一个家庭成员讲述造成家庭困扰的故事,注意不要理由,要故事。因为强势家庭成员的理由都是带有主观性和掩盖性的,会压制弱势家庭成员的话语权。社会工作者要主动打破家庭等级压制,帮助家庭成员还原真实的家庭故事。

(2) 让家庭故事中受到指责的成员重新讲述同一个家庭故事,需要注意不是表达意见,而是彻底地重述整个故事。只有在重述故事的过程中,弱势家庭成员才有机会表达自己眼中的故事。社会工作者需要循序渐进地引导弱势家庭成员讲出自己的认知和感受,并引导其他家庭成员试着理解和换位思考。

(3) 让其他家庭成员就故事本身发表补充意见,这时就可以加上理由和情绪了。社会工作者要帮助家庭成员在沟通中相互理解行为背后的原因,更好地达成谅解。

(4) 社会工作者可以结合其他家庭治疗理论,在沟通方式、家庭结构、家庭权力分配、家务分工、家庭个体成员的特殊需求等方面给出建议。

(5) 在家庭成员达成相互理解和谅解的前提下,社会工作者可以帮助家庭成员在平等和互爱的基础上一起重构一个家庭故事,突出支线故事里家庭成员的善良和美好愿望。

在完成叙事家庭治疗后,社会工作者还可以根据了解到的家庭其他方面的问题继续开展跟进服务。

二、叙事家庭治疗的技巧

1. 问话

"问话"技巧并不是利用经验,而是创造经验。

当社会工作者问话后案主以"我以前没想到这一点……"来回应时,就表明案主已经为自己创造了新经验。社会工作者要注意的是,自己的价值观往往会影响问话的方向,因此,要在互动的间歇提出询问,以引导出案主自己真正想拥有的经验。

2. 解构式问话

解构式问话可以帮助案主打开故事的包装,从不同角度来看同一个故事,并了解故事是如何建构出来的。

社会工作者可以通过解构式问话鼓励案主从更大的系统或是不同的时间来定位故事,以揭示故事的来历、背景和影响等。

3. 开启空间的问话

开启空间的问话可以用来建构独特的结果。接下来的问话可以作为共同建构故事的开端,以便引出另一个可能不同的故事。

4. 发展故事的问话

一旦空间开启到足以显示独特的结果,或者遇到案主比较喜欢的话题,就可以提出发展故事的问话,以引导故事的重构。

社会工作者可以引导案主将故事的过程和细节与时间的架构和关联、特殊的背景以及其他人串联起来,使故事得以在时空中扩展、填充、重新构造,从而变成一个新的故事。

5. 意义性问话

社会工作者根据发展故事的问话,引导案主进入一个新场景,从一个新视角考虑故事、自己和各种关系,同时鼓励案主思索并体验这样做的独特结果、较佳方向和故事的含义。

当案主为新意义命名时,就建构了故事的意义。

6. 故事的建构

"发展故事的问话"和"意义性问话"都是建构故事的问话。这些问话建立在独特的结果上,有助于引导案主运用独特的结果和喜欢的体验发展出不同的故事和意义。

7. 回响与强化

回响是指引导案主评估其经验和治疗效果(而不是让社会工作者来评估),鼓励案主分析事件是否有意义、怎样才能有意义、为什么有意义,并让案主判断治疗是否把他们带到有益的方向。

强化是指引导案主发展自己的新故事,探索和体会个人自主的力量,从而推动案主的情绪反应,使正面的情绪与案主的新计划联盟,让负面情绪与问题联盟,从而对抗问题、解决问题。

三、叙事家庭治疗的效果评估

让家庭成员获得新的观察家庭问题的视角是叙事家庭治疗的一个重要目标。这一目标是在叙事家庭治疗过程中通过家庭成员共同参与完成的。社会工作者不需要特别地去强调,而是在让家庭成员讲述故事并引导家庭成员通过重新构建的故事认识家庭的过程中完成的。

新的家庭故事一旦构建成功,就是帮助家庭把所谓的问题行为或个人外化了问题,从个人转移到家庭整体结构和互动中,从而也实现了去标签化。

并且,叙事家庭治疗让家庭成员,特别是所谓带有问题的家庭成员具有了平等的发言权。在构建新故事的过程中,家庭成员相互沟通真实情感和想法,最终达成谅解。这样可以降低家庭成员的压抑感,有利于恢复有效沟通、巩固情感关系,使家庭更加和睦。

社会工作者在对叙事家庭治疗效果进行评估时,应当围绕家庭故事,通过家庭成员对家庭故事讲述的前后变化,以及家庭成员自己对家庭问题认知改变的情况,结合心理学、社会学及家庭社会工作理论知识,以前后测的方式进行有效性评估。

 案例分析

观看《中国叙事疗法第一人李明博士叙事疗法公开课》,各学习小组讨论李老师讲述的案例中父母和孩子三人眼中的家庭关系,理解叙事背后的赋意和家庭冲突中的话语权对家庭弱势成员的压力。

问题:

分小组讨论父母对孩子指责的用意,以及孩子为何不愿辩解?结合本任务知识要点总结案例中治疗师是如何实现家庭循环提问的,以及家庭循环提问是如何使家庭关系得到修复的?

子情境三　结构式家庭治疗模式

任务一　了解结构式家庭治疗模式

任务体验

阅读以下案例：

小林最近成了班上的"有钱人"，她刚找爸爸要完钱买文具，又找妈妈要，总是可以毫不费力地要到双份零用钱，这让同学们十分羡慕。

班主任听说此事后，产生了疑惑，因为小林的家庭条件并不好，为何其父母突然这么大方了呢？带着疑问，班主任拨通了小林妈妈的电话。原来，小林的父母最近感情出现了危机，为了给孩子一个完整的家庭，两人决定暂不离婚。但小林的父母平时很少有直接的沟通，如什么时候该由谁缴纳水电费之类的事情，都是由小林在父母中间传话，而且父母对于小林的教育更是缺乏统一的观念和方式。

任务分享

大家交流分享小林能轻松地要到双份零用钱的原因，以及小林目前的家庭状况对其成长可能带来哪些影响。

任务总结

在小林家，因为小林的父母关系不好，缺乏直接沟通，从而让小林在其中钻了空子，可以两边要钱。父母的这种沟通方式以及他们各自为政的教育方式，会削弱父母在家庭中的权威，降低对子女教育的影响力，将导致孩子不服管教，甚至出现撒谎、欺骗等行为。

知识介绍

一、结构式家庭治疗模式的发展历史

结构式家庭治疗模式由米纽庆于20世纪60年代初创立。米纽庆当时在纽约一个贫民

窟工作，他发现贫民窟的孩子很多是来自破碎、缺乏组织的家庭，他们在拳头、暴力中长大，理性发展不足，对语言的内容并不真正关心。用当时盛行的心理分析疗法去帮助他们效果十分有限。米纽庆在观察中发现，解决这些孩子身上存在的问题，需要先了解他们的交往方式，再通过改变交往方式使他们获得新的体验、感受和行动，由此奠定了结构式家庭治疗模式的一个特点，就是注重交往的过程，而非谈话的内容。1965年，米纽庆转到费城儿童诊所工作，他在那里遇到的家庭很多是"过分组织"的。这些家庭多来自中产阶级，父母过分保护、关心、过问子女，使子女缺乏个人空间，从而出现消极抵抗或愤怒的抗衡行为。米纽庆往往需要协助这些家庭把角色、责任、权力、感情都分开，避免重叠与纠缠。

米纽庆和他的同事根据贫民窟和费城儿童诊所的工作经验，认为大多数的问题症状都是家庭结构有缺陷造成的，因此，治疗的重点是协助家庭调整刻板的关系形态，并重新定义关系。米纽庆的核心观点是，从家庭互动关系形态的角度最能够了解个体的问题所在，在家庭结构发生良性的改变后个体的问题才能够减轻或消除。

米纽庆在1974年出版的《家庭与家庭治疗》和1981年出版的《家庭治疗技巧》等书中，清楚地介绍了结构式家庭治疗的理论、技巧和方法。

二、结构式家庭治疗模式的理念

结构式家庭治疗是基于一些对家庭动力及其组织的假设而开展的，其目标不是直接去解决问题，而是改变家庭成员的交往方式，使家庭的功能得以发挥，由此解决困扰家庭的问题。结构式家庭治疗模式有如下几个主要理念。

（1）以家庭作为治疗的单位。

（2）相信个人的问题是家庭成员交往过程中的问题的反映。

（3）认为家庭功能发挥不良是因为家庭的结构不合理，所以通过改变家庭的结构与组织，可以使家庭的功能得到正常的发挥。

（4）不把个人行为问题作为治疗的焦点，而把改变家庭成员的交往方式作为治疗的焦点。

（5）治疗不采用直接的、单对单的谈话方式，而是多元化、多层次地介入家庭成员的交往过程中。

（6）注重此时此地的家庭状况，而不注重对家庭历史的回顾和对家庭问题成因的追溯。

三、结构式家庭治疗模式中的重要概念

要了解结构式家庭治疗模式，须先了解以下一些重要概念。

（一）家庭系统

家庭是一个系统，由家庭成员组成。在这个系统中，每个家庭成员有其特定的角色与

功能,他们彼此依赖、互相影响。作为整体的家庭有着超越单个家庭成员的结构,这个结构反映的是家庭成员的交往与关系,而不是单个家庭成员个体的特质。所以结构式家庭治疗认为,单独地了解每一个家庭成员,并不能达到对家庭的了解,只有通过观察家庭成员的具体交往过程,才能真正了解家庭成员的关系与相处方式,才能从整体上把握家庭的结构。

例如,有时我们看到妻子很紧张地对丈夫喋喋不休、叮嘱不断,而丈夫在一旁却一言不发。对此,我们可能觉得这位妻子唠叨、啰唆,令丈夫厌烦,所以丈夫逐渐变得被动。但从系统的角度看,丈夫的被动可能令妻子喋喋不休或是更加紧张,而妻子的紧张也可能形成丈夫的更加被动,因此,在系统内,成员是相互影响的,事情是互为因果的。

(二) 家庭结构

家庭结构是由家庭成员朝夕相处,慢慢形成的一些习惯和规则,这些规则约束、组织或指引家庭成员依照固定的方式去相处。社会工作者通过观察家庭的活动或观察家庭成员在治疗中的互动情形,可以了解家庭的结构。观察的重点是,看谁以什么样的方式对谁说些什么,结果是什么,是否有重复出现的家庭历程。特别重要的是,要观察家庭中的等级结构,思考其是否恰当。

1. 家庭结构的内容

家庭结构包括次系统、边界、角色和责任分工、权力架构四个方面。

(1) 次系统。

在家庭大系统中,因角色功能、代际等不同会形成较小的系统,我们称其为次系统,如夫妻次系统、亲子次系统等。通常,家庭系统由多个次系统组成,各个次系统有其自身的任务和功能,各个家庭成员会在不同的次系统里扮演不同的角色。

(2) 边界。

家庭作为一个系统有其边界,边界使家庭与周围的环境分隔开来。同时,家庭次系统也有边界,边界的存在决定了次系统内成员之间、次系统成员与其他成员之间的角色、分工与权利义务关系。如果家庭内没有边界,那么在分工上就会出现混乱,家庭就无法发挥正常的功能。而如果家庭内次系统的边界过分僵化,次系统间就完全隔离,家庭也将无法发挥正常的功能。因此,结构式家庭治疗模式很关心家庭内是否存在边界及边界的渗透性。

(3) 角色和责任分工。

每个家庭成员在家庭中都承担着特定的家庭角色,都有不同的责任与权利义务。当家庭遇到变故时,家庭成员须相互适应,重新分配角色,以确保家庭功能的正常发挥。

(4) 权力架构。

家庭的权力架构是指家庭中谁作决定,怎样作决定;谁是支配者,谁是被支配者等。家庭应当有清楚及称职的权力架构。

2. 家庭结构的特点

以上所说的家庭结构，通常有以下三个特点。

(1) 结构的互补性。

家庭成员的角色和行为多是互补的，如严父与慈母。通常，勤快的父母容易养育出懒惰的子女，懦弱的父母容易养育出骄横的子女，内向的丈夫易促成妻子的外向，等等。因此，当社会工作者见到某个家庭成员的行为时，往往可探查一下是谁造成他这个样子的。

(2) 结构的一般性与独特性。

约束个人行为的规则中有些是一般性的，适用于所有家庭，有些则是某个家庭所独有的。因此，社会工作者需要留心观察，敏锐地分辨，避免把个别家庭独特的地方误认为不正常。例如，有些家庭常称家中成员"笨蛋""傻瓜"，他们的意思可能是表示亲密，而非真的骂人。

(3) 结构与过程的关系。

家庭结构是一个抽象的概念，社会工作者不仅要留意家庭成员交往时谈话的内容，还要了解整个交往过程，只有这样才可以看出家庭成员之间的关系和行为动力，才能了解他们在现实生活中是怎样相处的。

3. 常见的病态家庭结构

家庭结构也有可能出现病态，这往往是造成家庭成员出现问题的原因。常见的病态家庭结构有如下几种。

(1) 纠缠与疏离。

若家庭各次系统的边界不清，该封闭的地方不封闭，该开放的地方不开放，久而久之，就会导致家庭角色、分工和权力混乱，使家庭成员出现问题。

(2) 联合对抗。

纠缠与疏离往往使家庭中某些成员结成同盟，而与其他成员相对疏远甚至对立。当发生冲突时，结成同盟的成员会不分青红皂白一味维护本同盟的成员，即联合对抗。

(3) 三角缠。

有时家人并不直接向对方表露敌意，而是借批评另一成员去打击"敌人"，好比"指桑骂槐"。

(4) 倒三角。

在核心家庭中，通常家中权力是掌握在父母手中。可是一些家庭因父母不和或性格软弱等，会出现子女支配父母的局面，即倒三角。

4. 功能正常的家庭与功能失调的家庭的区别

各种结构上的病态在功能正常的家庭中也是存在的，功能正常的家庭与功能失调的家庭有一些不同。例如，在现实生活中，所有的家庭都会面对很多压力和困扰，这是正常的，也是不可避免的。在处理压力的过程中，几乎所有的家庭都有功能失调或病态的结构出现。只是功能正常的家庭很快就能适应变化并重整他们的分工系统,重新进行权力分配,以使家庭能正常运作。而功能失调的家庭则在压力下因结构太僵硬,不能产生新的交往方式,只是重复使用已失调的交往方式,使病态的结构长期存在,从而导致家庭成员出现问题。

5. 家庭功能失调或病态家庭结构与家人出现问题的关系

结构式家庭治疗模式认为家庭成员出现问题与家庭的功能失调或病态结构有很大关系。这主要表现在以下三个方面。

(1) 家庭环境孕育出问题。例如,在纠缠的亲子次系统中长大的孩子,往往要付出更多的精力去应付病态的家庭结构,这会使得他们很少外出,在同辈中变得不合群、疏离,以及出现精力不集中等问题。

(2) 家庭鼓励某些成员持续地出现问题,这样就可以使家庭成员的注意力集中在某些成员的问题上,而不用去处理更危害家庭的其他问题。例如,孩子偷窃会把父母的注意力引到他身上,父母可能就不用因婚姻的问题而不停吵架。

(3) 家庭消极的支持问题。例如,母亲害怕儿子与自己疏离,而一味顺从儿子的意愿,拿钱支持他去打游戏。

 案例分析

小庆是一个6岁的男孩,正读小学一年级。他是班级里的"小霸王",经常欺负同学,在班里人缘极差,大家都不爱和他玩。老师屡次教育无效,建议由社会工作者介入协调处理。社会工作者接手后,了解到小庆与爸爸、妈妈和奶奶生活在一起,平时家里都是奶奶说了算。奶奶格外疼爱孙子,从不准小庆父母打骂他,甚至父母批评小庆时多说几句重话奶奶都要干涉。鉴于此,社会工作者邀请小庆和他的家人一起到会谈室参加辅导。

小庆的家人准时到达了会谈室,社会工作者请他们自己找座位坐下,结果,小庆的父母离得很远,中间坐着小庆的奶奶,小庆则由奶奶抱着。一开始,小庆还比较老实,没过几分钟,他就开始在奶奶怀里动来动去,后来干脆挣脱奶奶,在房间里乱跑,对于奶奶叫他坐好的指令毫不理会。对此,小庆的父母都不管不问。当社会工作者询问小庆年龄等问题时,小庆的奶奶都代为回答,而当社会工作者询问小庆妈妈有关其儿子学习、生活等问题时,小庆的奶奶也把话题抢过来。

社会工作者见状,要求小庆的父母坐在一起,并把小庆抱在身边,而让小庆的奶奶坐在离他们比较远的地方。社会工作者问小庆问题时,不准小庆奶奶插话,坚持让小庆自己回答。当社会工作者问小庆父母怎么看待小庆的行为,平时怎么教育小庆时,小庆奶奶虽抢着回答,但社会工作者都予以忽视,鼓励小庆父母自己表达看法和意见。

问题:

上述案例中的家庭出现了哪些问题?请运用结构式家庭治疗模式的相关理论进行分析。

任务二　掌握结构式家庭治疗的介入技巧和介入过程

任务体验

组建 5 人学习小组，在小组内，根据教师提供的某三口之家的案例，由 3 个人进行角色扮演，另 2 人做观察记录。

任务分享

由小组内 2 名观察员描述所看到的景象，并对该家庭的结构进行评估。

任务总结

家庭结构是很抽象的，难以通过语言的描述了解。因此，社会工作者可以通过邀请家庭重演某个生活片段或商议某件事来观察家庭成员平常的沟通过程和方式。

知识介绍

一、介入技巧

结构式家庭治疗是行动导向的，具有主动性、指导性等特点，其介入技巧有融入、家庭图示、情境扮演、辅导家庭中的互动关系、形成边界、边界重建、提供新的诠释框架等。下面主要介绍其中的三个介入技巧。

（一）家庭图示

家庭图示是指表示家庭结构的图。通过绘制家庭图示，社会工作者可以确认家庭边界的情况，如是僵化的、扩散的，还是畅通的，社会工作者还可以观察出家庭成员之间互动关系是处于纠缠状态还是疏离状态。

（二）情境扮演

情境扮演是指社会工作者要求家庭成员将家中的一些问题或冲突情境再演绎一遍，借此社会工作者可以观察家庭成员间的互动情形，进而评估家庭的结构。在这个过程中，社会工作者也可以阻止已经存在的互动形态，确认家庭适应不同互动形态的能力，并鼓励家庭成员尝试新的互动形态。在情境扮演过程中，社会工作者可以引导家庭成员发现并处理存在的问题，家庭结构就会向好的方向发展，这是仅仅通过讨论问题所达不到的效果。

（三）提供新的诠释框架

提供新的诠释框架是指社会工作者为家庭中的问题提供全新的、不同的诠释，并引导家庭成员用新的诠释框架探索现存的问题。这样可以使家庭成员从不同的角度去了解原先的问题。通过尝试建立新的诠释框架，家庭成员可以掌握家庭结构中导致个人问题的根本原因。这样一来，每位家庭成员都不必为某个问题担起全部的罪名，也不必为解决该问题担负全部的责任。

二、介入过程

结构式家庭治疗模式的介入过程包括连接、评估和介入三大环节，它们是同时进行的。

（一）连接

家庭的结构是结构式家庭治疗模式关注的核心内容，但结构并不能直接被观察到，而是在家庭成员的日常生活交往方式中表露出来的。因此，社会工作者需要进入家庭，连接家人，即社会工作者要进入案主家庭的现实环境中或把全体家庭成员邀请到会谈室，观察他们的言行与交往方式，以了解家庭的结构。

社会工作者在进入家庭，连接家人时可以有以下三种立场。

1. 贴近的立场

贴近的立场是指社会工作者像家庭中的一个成员，表达自己对家庭结构、联盟、规则的看法。社会工作者会代表个别家庭成员说出心里的感受与看法。由于社会工作者能打开天窗说亮话，因此可以迫使家庭成员直面问题，而不是回避问题，从而可以创造解决问题的机会。

2. 中间的立场

中间的立场是指社会工作者不以家庭的一个成员的身份出现，而以家庭问题的调查者和研究者的身份出现。因此，社会工作者可以保持中立，主动聆听，以了解家庭成员的看法、感受、关系等。

3. 远离的立场

远离的立场是指社会工作者以专家的身份出现，对家庭进行指导与治疗。在这一立场上，社会工作者可以像导演一样让家庭成员重演他们交往的过程或指导他们尝试用新的方式去沟通和交往。

在连接的过程中，社会工作者需要适应、接纳家庭的规则，同时，还应注重了解家庭成员的交往过程与互动关系,而不是关注家庭成员的谈话内容。

(二) 评估

评估的目的是在搜集资料的基础上对家庭的问题作一个判断,为进一步介入提供依据。

1. 评估内容

为了搜集足够的资料,了解整个家庭功能失调的地方,社会工作者需要对如下内容进行评估。

(1) 家庭的形态和结构。

社会工作者要了解家庭的形态,如家庭大小,家庭成员的受教育程度、工作性质、所处社会阶层,家庭的特有文化、价值观等。同时,社会工作者还需要了解家庭结构,如家庭内部的联盟、对峙情况,边界是否清楚,家庭成员对家庭的归属感,权力架构是否清楚,以及分工是否合理等。

(2) 家庭系统的弹性。

家庭系统的弹性是指家庭的适应与转变能力。例如,家庭遇到压力时能否适应并重组内部结构。通常,功能失调的家庭是缺乏弹性的。当家庭成员及外界情况不断变化时,有问题的家庭会固守原有的结构和交往方式,结果往往是给个体带来困扰。

(3) 家庭系统的回馈。

家庭系统的回馈是指家庭对个别成员的需要、感受、行为和思想的敏感程度。功能正常的家庭对家庭成员的问题很了解,关心并支持家庭成员,但也会给家庭成员足够的空间让他们自行决定和处理自己的问题。功能失调的家庭对家庭成员可能会过分冷漠,也可能会过分关心。

(4) 家庭生活的环境。

评估家庭时,社会工作者要了解家庭所处的环境,如地区、社会政治背景、习俗、社区文化,以及家庭所处的环境给家庭带来的压力或可以为解决家庭问题提供的资源等。

(5) 家庭生命周期。

家庭从形成到消亡,其结构、成员角色、权利义务等一直在发生变化。因此,社会工作者在判断家庭的结构与功能是否完善时必须对家庭的生命周期进行评估。

(6) 家庭成员的症状与家庭交往方式之间的关系。

结构式家庭治疗认为个别家庭成员出现问题是因为家庭功能失调或家庭成员采用不良的交往方式,所以不应过分关注个人的问题本身,而要考察个人问题与家庭交往方式之间的关系。由于家庭成员的交往是互补性的,家庭成员的问题通常是彼此造成的,因此,社会工作者需要找出功能失调家庭的家庭成员是怎样交往的,病症是怎样形成的,是谁的问题,出现问题后谁最受影响,谁最想改变,以及谁会在改变中得失最多等相关问题。

2. 评估步骤

评估通常包括以下几个步骤。

(1) 事前准备。

从家庭预约辅导开始，社会工作者就可以通过与家庭成员的电话联络、转介资料、医疗报告、登记表等初步了解家庭的情况及问题表现。社会工作者首先需要确认问题是否由生理因素引起，若是，则要先转介该案主到医生那里去治好生理疾病。

(2) 进入家庭、追查家庭成员的交往过程。

家庭结构是很抽象的，社会工作者在进入家庭时要细心聆听每个家庭成员所经历的情况，观察他们如何相处。社会工作者要时刻思考：谁是家庭的发言人？谁选中或默许他（他们）做发言人？家中谁是掌权者？当某家庭成员说话时，其他家庭成员在干什么？什么东西会导致问题的发生或使问题挥之不去？社会工作者要一步一步地分析，再把资料整合起来推敲家庭的结构。

(3) 了解家庭成员交往的实情及家庭系统的弹性。

社会工作者邀请家庭在他面前重演某个生活片段或商议某事，以观察家庭成员平常沟通的过程和方式。家庭成员的重演比语言的描述更清晰，社会工作者可以像导演一样让家庭成员用最自然的方式把问题生动地演出来。他还可以在旁边指导，看看他们是否可以改变演出的方法，从中评估家庭系统的弹性。

例如，在一次面谈中，家庭成员谈了不到两句就开始互相指责，社会工作者只要暂时不加制止，就可以了解他们交往的真相。随后，一方面，社会工作者可以站到儿子后面，让儿子试试"说服"母亲答应他的请求，强调用"说服"而非"顶撞"的方法；另一方面，社会工作者可以示意母亲停止历数往事，先听听孩子这次怎么说。像这样，社会工作者从旁边引导当事人改变沟通方式，看看他们是否有能力去调整自己，也给他们机会去体验不同的沟通方式及不同沟通方式所带来的效果。

(4) 找出优点。

家庭成员来到社会工作者面前，通常都会指出问题成员的诸多不是。社会工作者要协助家庭成员从另一个角度去看问题。例如，指出某家庭成员很聪明或充满创意，否则难以想出在半夜三更发出怪叫声去吵醒家人的方式。社会工作者引导家庭成员从不同角度看待问题，找出优点之余，还得留心家庭成员的反应、接纳程度，以便修正或增强改变的手法。

(5) 重新界定问题。

家庭通常把问题归咎于有症状的家庭成员，社会工作者最开始很难让他们改变这种看法，很难让他们承认症状是家庭成员交往方式导致的。社会工作者在评估家庭后，要把问题重新进行界定，把它从个人的层面推到家庭成员关系层面上去，使家庭成员明白出现问题的原因是环境而不是某个人。困境是大家造成的，家庭要想走出困境就需要全体家庭成员的共同努力，从而使家庭成员更齐心协力地去转变。

（三）介入

1. 改变家庭的看法

家庭一般认为问题的关键在于有症状的家庭成员，而社会工作者却认为问题出在家人的交往方式上。所以，社会工作者常用情境扮演的方法改变家庭的看法，让家庭认识到个别成员的问题与家庭交往方式之间的关系。

2. 改善家庭的结构

功能失调家庭的一个主要问题是某些家庭成员过分疏远或过于纠缠，从而影响了自己与其他家庭成员之间的关系及整个家庭功能的发挥，所以社会工作者应帮助家庭建立必要的边界或使边界不至于过分僵化。功能失调家庭的问题还在于权力掌握在某些人手中，而另一些人则常因此要做出一些牺牲。因此，必要时社会工作者可以引导家庭成员向现有家庭的权力结构发出挑战。

3. 挑战家庭错误的价值观和世界观

每个家庭都有它本身的期望、要求、价值观和世界观，但如果价值观和世界观出现了偏差，给家庭成员造成了困扰，社会工作者就有必要帮助家庭修正原有的价值观和世界观。

案例分析

明亮，22岁，患有强迫症，症状是反复地想问题，努力让一切都尽善尽美，一切都要在自己的掌握之中，经过多次治疗无效，最后走进了家庭治疗诊室。他从小由母亲带大，父亲工作很忙，即使管他也只是说教。明亮对父亲的说教与严厉不满，自己的愿望得不到满足，这种被控制的感觉，使他得了强迫症。

在开始的治疗中，明亮的母亲总说父亲不了解孩子，过分严厉，不体谅孩子的痛苦，总要"保护"孩子。明亮的父亲则总是不停地说教，侃侃而谈，完全不顾明亮有没有在听。父亲表面上很民主，但实际上很专制，没有给孩子充分的空间。母亲在对父亲失望之余，把全部精力都放到孩子身上，母子之间形成牢固的联盟。对父亲的说教，母亲同样有不满情绪，母亲变成孩子背后的支持力量。

当父亲主动与母亲交流时，母亲好像已经不太习惯和父亲面对面地交流，总是关注着明亮的一举一动，不太理会丈夫的意见。她认为丈夫不管孩子，不理解孩子。明亮既埋怨母亲没有给他成长的空间，又离不开母亲生活上的照顾，不得不与母亲纠缠在一起，但他已经意识到这是个问题，只是还不知该如何处理。

问题：

1. 以小组为单位，分析明亮的家庭结构，并绘制该家庭的家庭图谱。
2. 以小组为单位，运用结构式家庭治疗技术，为明亮的家庭拟订一个介入计划。

子情境四　萨提亚家庭治疗模式

任务一　理解萨提亚家庭治疗模式的信念体系和治疗目标

任务体验

1. 临时组成 6 人体验小组。
2. 围绕家庭治疗模式的信念体系，即对"人"的信念、对"应对"的信念、对"改变"的信念"进行讨论。
3. 在规定时间内，小组成员选出自己认为最经典的 5 条信念，最后每组选出组内公认最经典的 1 条信念。

任务分享

各组成员分享本组选出的最经典的信念，并分析选择该条信念的理由。

任务总结

对该任务的目的和意义进行解释和澄清。

知识介绍

美国家庭治疗师维琴尼亚·萨提亚是家庭治疗的创始人之一，她在自己近 50 年的临床经验中发展出了自己独有的家庭治疗模式，成为家庭治疗领域最具影响力的治疗师。1970 年，美国精神医学会列出 21 位最具影响力的治疗师，萨提亚是名单中唯一的女性，且居于首位。因为她的建树良多，她的两所母校（威斯康星大学和芝加哥大学），曾分别向她颁授荣誉博士学位及对人类杰出的贡献金质奖章。萨提亚于 1964 年出版了她的第一本书《联合家庭治疗》，该书被誉为家庭治疗的圣经，至今仍是美国各大相关科系的教科书。

一、人们如何感知世界

萨提亚家庭治疗模式有两个重要的理论基础：一是波兰裔美国哲学家阿尔弗雷德·科尔兹布斯基等提出的系统性的思考方式；二是以克尔凯戈尔和海德格尔等人为代表的积极存在主义理论。萨提亚认为，人类能够展示出积极的生命力量，这种力量可以将人们功能不良的应对方式转化为高自尊情境下的高水平自我关怀。

萨提亚认为，人们对世界的感知要么可以纳入等级模式，要么可以纳入成长模式。在等级模式中仅仅存在一种关系：一方处于劣势，另一方处于优势。这是一种支配—服务式的关系，几个世纪以来，这种模式被认为是正常的。成长模式则关注每一个个体的独特性，不论年龄、肤色、性别和健康状况，每个人都拥有平等的价值。

这两种模式决定着人们如何感知所处的世界。而人们究竟该如何看待所处的世界又可以通过四个方面加以评估，即怎样定义一段关系，怎样定义一个个体，怎样解释一个事件，以及对于改变抱有怎样的态度。表 3-1 列出了等级模式和成长模式是怎样从这四个方面影响人们对世界的感知的。

表 3-1 等级模式和成长模式对人们如何感知世界的影响

四个方面	等级模式	成长模式
对关系的定义	人们具有不平等的价值	人们具有平等的价值
	人们要么支配对方，要么服从对方	人与人之间的关系是平等的
	角色与地位常常与自我认同发生混淆	角色、地位与身份截然不同
	角色通常意味着优越感和权利，或是劣势地位和无能为力	角色仅仅意味着在某一时刻的某一段特殊关系中的作用
	等级观点意味着权势和服从	平等表现在：人际平等、彼此联系、个人兴趣，以及对相似性和差异性的接纳上
	人们拥有超越他人的力量，但是会感受到孤立、恐惧、愤怒、怨恨及不信任	人们感受到爱、自我拥有、对他人的尊重、表达的自由以及自我确认
对个体的定义	人们需要去服从和顺应那些"应该怎么做"的规定，以让自己在生理上和情感上存活下来，并被别人所接纳	每个人都是独特的，而且有能力通过来自内部的力量和自我确定来定义自己
	人们生来就具有邪恶的潜能	人们生来就具有精神基础和崇高性，而他们也证明了一种普遍存在的生命力量
	人们被期望能够像别人一样去思考、感受和行动，并通过竞争、评价、顺从和模仿来达到外部标准	整合与尊重、相似与差异，人们通过合作、观察和分享，发现了真正的彼此，从而欢喜雀跃
	人们忽视或是否认自己的感受和彼此间的差异	人们可以清晰、明白地表达自己的感受，并接纳彼此间的差异

续表

四个方面	等级模式	成长模式
对事件的解释	事件的发展是线性的，有因必有果	任何事件都是很多变量和事件叠加的结果
	做某件事情只存在唯一正确的方法，只有占据主导地位的人才知道这个方法是什么	每件事情往往都有许多种做法，人们可以利用自己的标准来选择恰当的方法
	人们否认自己的经历和体验，以便接受来自权威的看法	人们超越事情的表象来理解事情的本质和促成事情产生的因素
	诸如"它本来就是这样"和"这是清楚明了的"这样的想法，导致了操纵的产生，并封闭了原创性和发现精神	反复的思考和系统的方法（行动—反应—交互作用）将会导致实用性、新发现、信息、秩序和联结的产生
对改变的态度	要获得安全感就需要维持当前的状态	安全感来自在变化和发展过程中所获得的信心
	人们认为改变是不正常的和令人讨厌的。因此人们反对和排斥改变	人们认为改变是持续的、至关重要的和不可避免的，因此人们欢迎和期待改变
	熟悉的东西要比舒适的东西更具有价值，即便代价是痛苦的	人们将不舒服或痛苦看作需要改变的信号
	人们害怕未知的东西	进入未知的领域对于人们来说既是机遇也是挑战
	人们只用对和错来评判改变	人们为发现新的选择和资源而欢呼雀跃
	面对变化的未来时，人们会感到恐惧和焦虑	面对变化的未来时，人们会有兴奋、欢喜等感受

二、萨提亚家庭治疗模式的信念体系

萨提亚家庭治疗模式中存在着一些比较明确的信念和原则，这些信念和原则贯穿在所有萨提亚家庭治疗的过程和方法中。总体来说，萨提亚家庭治疗模式的信念体系包括三个部分：对"人"的信念、对"应对"的信念和对"改变"的信念。

（一）对"人"的信念

对"人"的信念主要包括以下几个方面。

(1) 人们都是同一生命力的明证。

(2) 人们因相同而有所联结，因相异而有所成长。

(3) 人性本善，人们需要找寻自己的宝藏，以便联结和确认自我价值。

(4) 感受是属于我们的，我们都拥有它们。

(5) 父母常重复在其成长过程中熟悉的模式，即使那些模式是功能不良的。

(6) 健康的人际关系建立在价值平等基础之上。

(7) 人类的历史发展规律是普遍性的，因此适用于一切情况、文化及环境。

(8) 大多数人在任何时候都尽其所能而为。

（二） 对"应对"的信念

对"应对"的信念主要包括以下几个方面。

（1）应对是自我价值层次的显现，自我价值越高，应对的方式就越具有整合性。

（2）问题（困难）本身不是问题，如何应对问题才是真正的问题。

（3）我们拥有一切所需的内在资源，以便成功地应对和成长。

（4）人们的应对通常是在痛苦经验中求生存的方式，而且这一点应该被承认。

（三） 对"改变"的信念

对"改变"的信念主要包括以下几个方面。

（1）改变是有可能的，即使外在的改变有限，内在的改变还是可能的。

（2）我们无法改变过去已发生的事件，但能改变那些事件对我们的影响。

（3）"希望"是"改变"最重要的成分。

（4）过程是"改变"的途径，故事内容形成情境，而"改变"就在那里发生。

（5）多数人倾向于选择他所熟悉的应对方式而非舒适的应对方式，尤其在压力之下。

（6）欣赏并接受"过去"，可以增加我们管理"现在"的能力。

（7）个人重新整合（统整）自己的一个目标就是在人性的层面而非角色的层面接受父母也是普通人，他们也会有过错。

（8）治疗重点需要放在健康、正向、积极的部分，而非病理、负面、消极的部分。

（9）治疗需向正向导向的目标迈进。

（10）症状是潜意识对问题的解决之道。社会工作者要核对现有的问题是如何成为案主的难题的，认真看待问题，但治疗工作却未必局限在此范围内。

三、萨提亚家庭治疗模式的治疗目标

萨提亚家庭治疗模式的一个清晰特点是当案主努力在生活中作出改变的时候，治疗师应与案主建立协作关系，以帮助案主建立提升生命价值的目标。治疗目标可以被概念化地理解为引导行为举动的希望和意图。简单来讲，萨提亚家庭治疗模式的治疗目标包括提升自尊、优化选择、更有责任感和身心更和谐四个方面。

（一） 提升案主的自我价值（提升自尊）

自我价值是一个人对自己价值的评判、信念或感受。社会工作者要协助案主多获得一些正向经验，以形成较高的自我价值。当一个人的自我价值不依赖别人的好意或者自我的成就甚至自我的一些正面经历时，他就可以更好地接纳自我，并将真正由内而外地提升自尊。

（二） 协助案主为自己作出选择（优化选择）

萨提亚鼓励人们在面对压力时考虑至少三种选择，这样才更有力量为自己作出选择。一个选择等于没有选择，两个选择会造成进退两难的处境，三个或更多的选择才允许有真正的选择。在作选择时，由于不同的外部选择并非总是存在的，因此，社会工作者必须先关注案主的内在资源和生命能量的增长。

（三）协助案主负责任（更有责任感）

萨提亚鼓励人们对自己的内在经历及外在行为更加负责任，认为感受、思想及期待都是属于个体的，个体可以驾驭它们，在经历中体验喜悦并做出选择。

（四）协助案主认识自己（身心更和谐）

萨提亚认为社会工作者应引导案主接触"自己"，体验对自己、他人、情境的接纳以及感受自己对自己的管理。这样的状态一般很难达到，但是通过治疗，案主可以与社会工作者共同体验到同等程度上的变化，获得内在与外在的一致和和谐。

 案例分析

自尊宣言：我就是我[①]

在这个世界上再也没有第二个我。我和某些人可能会有些许相似之处，但却没有一个人和我完全相同。我的一切都真真实实地属于我，因为这都是我自己的选择。

我拥有自己的一切：我的身体以及我的一切行为，我的头脑以及我的一切想法和观点，我的眼睛以及它们所看到的一切，我的所有感觉（愤怒、喜悦、沮丧、友爱、失望和激动等），我的嘴巴以及由它说出的一字一句（或友善亲切或粗鲁无礼，或对或错），我的声音（或粗犷或轻柔），还有我所有的行动，不论是对自己还是对别人。

我拥有我自己的想象、自己的梦想、自己的希望、自己的恐惧。

我的胜利和成功乃因为我，我的失败和错误也出于我。

因为我拥有自己的全部，我和自己亲如手足。我学习跟自己相处，爱惜自己，善待属于自己的一切。现在我可以为自己做一切了。

我知道，我的一些方面让我困惑，另外一些方面则使自己不解。但只要我仍然善待自己、爱惜自己，我就有勇气、有希望解开困惑和进一步认识自我。不管别人如何看我，不管以前我说了什么，做了什么，想了什么，感觉到了什么，一切都真真实实属于那时的我。

当我回想起自己的表现、言行、思想和感受，发现其中一部分已经不再适宜时，我会鼓起勇气去抛弃不适宜的部分，保存经证实适宜的部分，并创造新的以代替被抛弃的部分。

我要能够看、听、感觉、说、做。我能够生存，能融入群体，能有所贡献、有所作为，我能让我所处的世界、我周围的人和事因我的存在而井井有条。

我拥有自我，那么我就能自我管理。

我就是我，我自得其乐。

问题：

以个人为单位，找一个安静的环境，阅读本案例的内容并录音，然后播放并体会阅读后的感受。

[①] 约翰·贝曼. 萨提亚冥想：内在和谐、人际和睦与世界和平[M]. 钟谷兰，译. 北京：中国轻工业出版社，2009.

任务二　了解萨提亚家庭治疗的常用工具——生存姿态

任务体验

1. 请几名学生分别体验四种不良的生存姿态。
2. 全班同学根据自己惯有的生存姿态分为4个组，各小组坐在一起，然后各组讨论其所属生存姿态的特点。

任务分享

每组选出代表分享本组的讨论结果，并分享自己惯有的生存姿态给自己带来的感受和影响。

任务总结

总结萨提亚提出的四种不良生存姿态的特点。

知识介绍

婴儿经常通过微笑向照顾者表达自己的愉悦，通过哭闹引起照顾者的关注和安抚。婴儿感到疼痛时会哭泣，遇到讨厌的事物时会躲避，他们会尝试通过各种各样的行为来满足自己的需求。不久之后，婴儿就了解到怎样可以获得认同，怎样会遭到反对。生存姿态便是个体在家庭中为适应家庭规则，得到家人的关注和爱的过程中所形成的一种相对稳定的对外沟通方式。这种沟通方式往往是取悦他人、缓解压力的方法，也是自我保护的途径。生存姿态在一定程度上会迫使个体无视自己的真实感受，隐藏真实的自我，久而久之会使人产生愤怒、受伤害等负面情绪，亦会导致人的低自尊。萨提亚认为生存姿态可分为四大类：讨好型生存姿态、责备型生存姿态、超理智型生存姿态和打岔型生存姿态。这四大类生存姿态的表现特点各有不同，但共同点都是低自尊，渴望被爱和被接纳。萨提亚家庭治疗模式常常运用生存姿态对案主进行评估，以期了解案主的行为特点和资源系统。而萨提亚家庭治疗模式的治疗目标便是利用案主已有的资源系统帮助其获得更高的一致性，形成表里如一的沟通方式。

一、讨好型生存姿态

讨好型生存姿态的特点是在交往中漠视自己的感受，重视他人的情绪。讨好者常常以一种令人愉快的面目出现,因此在大部分的文化和家庭中得到高度的接纳。然而讨好与表里一致性地使他人愉快的尝试截然不同。讨好以牺牲自我为代价,它否定个人的自尊,并传递给人们一种信息,即我是不重要的。讨好者在处理压力时常常会告诉自己:"要想让自己活下去并且保持安宁,唯一的方式就是不顾自己的感受,对所有的事情表示顺从。"讨好型生存姿态的表现特征如表 3-2 所示。

表 3-2 讨好型生存姿态的表现特征

项目	表现特征
行为	道歉、屈服、依赖、恳求的眼神、过分讨好、过分雀跃
言语	"我不值一提。我不值得被爱。" "我决不能让他人生气。" "我不能拒绝他人。" "都是我的错。"
主要的情感	受伤、悲伤、焦虑、不满、被压抑的愤怒
自我概念	低自我价值感、缺乏自信、远离自我、聚焦于对自己的期待
资源	关怀他人、敏感、体贴

二、责备型生存姿态

责备型生存姿态是与讨好型生存姿态截然相反的生存姿态。责备型生存姿态的特点是绝不可以表现出"软弱",为了保护自己,需要不断指责其他人或环境。责备者关注自己的感受,也关注情境的需要,但藐视他人的感受,认为他人是不需要考虑的。相对于在讨好型生存姿态中的卑躬屈膝,指责他人时人们常会以大喊大叫的方式表达出自己的态度,例如:"如果不是因为你,我就不会陷入麻烦。"由于具有爆发性的特点,那些经常指责他人的人,也会时常断绝自己与其他人的亲密关系。责备者将大量的时间用于自我惩罚,不肯承认自己的脆弱,只有在单独一人的时候才哭泣。在责备他人的过程中,他们认定在生活中获得成功的唯一方式就是通过战斗扫清前进的道路。责备型生存姿态的表现特征如表3-3 所示。

表 3-3 责备型生存姿态的表现特征

项目	表现特征
行为	指责、咆哮、呵斥、愤怒、恐吓、批判、独裁、吹毛求疵、控制
言语	"这都是你的错!" "你到底在搞什么?" "你从来都没有做对过!" "要是你……就……" "我不可能有错。"
主要的情感	愤怒、挫折、不信任、不满、被压抑的受伤、害怕失去控制、孤单
自我概念	低自我价值感、不成功的、远离自我、缺乏控制、聚集于对他人的期待
资源	自我争取、有领导才能、有能量

三、超理智型生存姿态

具有超理智型生存姿态的人无视自己和他人的感受与价值,仅仅关注坏境和背景,并且力争通过数据和逻辑说明事实。这种生存姿态的显著特征就是保持非人性的客观。具有这种生存姿态的人行动时,既不允许自己关注自己的感受,也不允许他人关注自己的感受。这反映出这样一种社会准则:成熟意味着不去触碰、不去审视、不去感受,也不去抒发个人的情绪和感受。为了达到绝对的客观,具有超理智型生存姿态的人会将别人说过的话语重新整合,如将"我今天觉得很冷"重新整合为"今天天气很冷",这种做法将注意力从感受转移到了客观环境中。超理智型生存姿态的表现特征如表 3-4 所示。

表 3-4　超理智型生存姿态的表现特征

项目	表现特征
行为	僵硬而刻板的姿势、看起来冷淡、严肃且高人一等、喜欢提出建议、不带人性的客观、无聊、逻辑而客观、引用数据及抽象概念、冗长的解释
言语	"人一定要讲逻辑。" "事实是这样的……"
主要的情感	显露少许情绪、内心敏感、孤单、孤立、空虚、害怕失去控制
自我概念	低自我价值感、缺乏自信、远离自我、缺乏控制
资源	有才智、关注细节、善于解决问题

四、打岔型生存姿态

具有打岔型生存姿态的人似乎一秒也不能保持静止,他们企图将别人的注意力从正在讨论的话题上引开。打岔者不断变换想法,并且希望能够在同一时间做更多事情。对于打岔者而言,自我、他人以及互动的情境都不具任何价值。他们常常表现出充满欢乐、自主并快乐。正是因为这样,许多打岔行为得不到合理纠正,大家会认为打岔者是开心果,他乐意这样。事实上,打岔是应对压力的一种表现,持有这种表现习惯的人认为只有将有压力的话题转移开才能生存。打岔型生存姿态的表现特征如表 3-5 所示。

表 3-5　打岔型生存姿态的表现特征

项目	表现特征
行为	不合时宜的行为、多动、打断他人、争取得到别人的注意
言语	改变话题以分散注意力、不能专注于一个话题、避开有关个人或情绪上的话题、讲笑话、打断话题
主要的情感	显露少许真正的情绪、混乱、内心敏感、孤单
自我概念	低自我价值感、缺乏自信、没有归属感、感到失控
资源	幽默、自发性、创造力、有弹性

为了缓解长时间维持某种生存姿态所带来的痛苦,人们常常会转换自我的生存姿态。例如,为了缓解讨好别人所带来的痛苦,人们开始责备他人;为了缓解责备他人带来的内

疚感和无力感，人们又会试着做超理智型的应对。此外，在不同的情境中，人们也会采用不同的生存姿态，但在压力下沟通时，人们反而会更多地采用某一种生存姿态。虽然大部分人被深深地禁锢在这些生存姿态中，但是，只要有机会学会表里如一的表达，人们就能从四种生存姿态中解脱出来。

案例分析

在一个家庭中，孩子在学校犯了错，回家后妈妈先批评了他半天，爸爸又给他不停地讲道理。在父母的双重"攻击"下，这个孩子想要求助。他先向爸爸妈妈道歉，然后又去找奶奶撒娇（如帮奶奶捶背），请求奶奶帮忙。奶奶心疼孙子，就在一旁转移话题："唉，小孩子不懂事很正常，说两句就好了，你看他前几天不是很乖吗？他还帮我跑腿买酱油呢……"

问题：
案例中这个家庭的每个家庭成员分别具有怎样的生存姿态？

任务三　了解萨提亚家庭治疗的常用工具——冰山

任务体验

1. 请一名学生志愿者就所经历的一件负面事件在教师的带领下体验冰山访谈的过程。
2. 学生以 5 人为一组，每组给出 10 句案主的负面表达，再分别找到负面表达背后的正向资源。

任务分享

各组分享所找到的正向资源，并在全班展开讨论，然后为每种负面表达寻找更多的正向资源。

任务总结

对该任务的目的和意义进行解释和澄清。

K 知识介绍

萨提亚提到的四种生存姿态都是低自尊应对方式的表现，而社会工作者的目标之一就是帮助案主获得内外一致的体验，学习表里如一的表达。当我们决定作出表里一致的反应时，我们想到的不是控制他人的情绪，也不是保卫我们自己或忽视他人的存在。一致性意味着与他人建立直接的联系，展示真实的自己，既能考虑自己，又关心他人，同时也能充分站在当前情境的角度对问题作出反应。萨提亚认为可以通过多个层次帮助案主获得表里一致的表达方式。她用隐喻的手法将一个人的"自我"比喻成一座冰山（如图3-1所示）。我们能看到的只是表面很少的一部分——行为，而更大一部分的内在世界却藏在更深层次，不为他人所见。

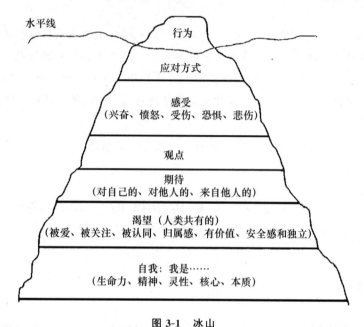

图3-1　冰山

冰山有七个不同的层次，社会工作者需要做的工作往往是透过案主的表面行为，通过例行性的询问，协助案主一起探索其内在的"冰山"，从而寻找影响案主"不一致"的根本原因，并帮助案主了解自我资源。需要注意的是，探索冰山并非线性的历程，而是系统性的历程，社会工作者聚焦于案主内在"冰山"的变化而非外显的行为。冰山可用于萨提亚家庭治疗的各个环节，评估案主问题、设定改变目标、帮助案主转化以及巩固案主的成长等都可以使用冰山来进行。

通过案主的行为方式，我们很容易发现其在使用哪一种生存姿态，要么讨好，要么责备，要么超理智，要么打岔，几种生存姿态混淆在一起也很常见。这些生存姿态往往伴随案主大量的负面心理感受。往下探察这些生存姿态带来的"感受"时，通常会发现有委屈、受伤、愤怒、恐惧、孤独等。此时，社会工作者要帮助案主明白接纳自己的真实感受是很重要的。再往下一层是"观点"，案主之所以有各种负面感受，是因为一些根深蒂固的观点，把这些观点清理出来，重新讨论，案主会有新的发现。"观点"往下是"期待"——对自己的期待、对他人的期待、他人对自己的期待。通过对期待的澄清可以将案主引向正向、积极的方向，使其从负面情绪中走出来。再往下探察是"渴望"，渴望包括被爱、被关注、被认同等。这些是人人都想要的东西，案主当然也不例外。在这一层，案主常常发现，这些生命中再正常不过的需求，已被自己长久地忽略。"冰山"的最下层是"自我"，是自己的生命力、精神、灵性等的体现。从这里，案主能够获得改变的能量和动力。经过对"冰山"的探索，所有的一切都呈现出来。接下来，轮到案主作决定：是继续原先那样的生活还是改变，改变的目标是什么。当清晰地看到自己身体无意识的表达（"冰山"最上面两层）给内心带来的糟糕状况（从"感受"到"期待"），同时发现自己真正想要的（渴望）以及蕴藏着无限资源（自我）的时候，案主作出改变的决定会更加容易。萨提亚的家庭治疗是改变性的治疗，只要改变案主"冰山"内在的某个层面，其他各层将会相应改变，这也是萨提亚所强调的系统性的转化。

A 案例分析

某日丈夫王勇升职加薪了，他兴冲冲地回到家，很高兴地对妻子说"老婆，我升为经理助理了！"妻子杨霞正在厨房忙碌着，听到后却很平淡地回了一句"当个经理助理有什么可得意的，你的同学好几个都当大老板了，你看看上次同学会上人家赵智强，都已经是文化局的局长了，还有……"王勇恶狠狠地打断杨霞，很生气且大声地说"那你去找那些人呀，我真后悔找你这么个嫌贫爱富的女人，当初我怎么会和你在一起？"杨霞也生气地说："你说这话啥意思，我就是想告诉你不要骄傲，你就说我嫌贫爱富，我要是嫌贫爱富我当初会跟你！"说着她就把锅一放，饭也不做了，回房间把门反锁了。

问题：
1. 杨霞和王勇的沟通方式属于哪种类型？
2. 角色扮演王勇和杨霞，并讨论两人各自的渴望和期待。
3. 如果用表里如一的沟通方式，这个场景中两人的对话应该是怎样的？

任务四 了解萨提亚家庭治疗的常用工具——家庭结构图

I 任务体验

请一名学生志愿者在教师的带领下绘制其原生家庭结构图。

S 任务分享

学生以5人为一组，讨论在绘制家庭结构图的过程中发现了什么，以及萨提亚家庭结构图与其他治疗流派的家庭图有哪些异同。

任务总结

对该任务的目的和意义进行解释和澄清。

知识介绍

一、家庭结构图的绘制说明

家庭结构图可以帮助案主重新审视自己的家庭，梳理自己想要改变的东西，并对家庭中的某些事实进行探讨。绘制家庭结构图主要包括两个阶段的工作：第一阶段是绘制事实上的现在，第二阶段是在第一阶段的基础上补充观点中的过去。

（一）第一阶段

社会工作者从案主的家庭开始，先收集事实上的信息，包括所有家庭成员或自案主出生至今在其家庭中同住的人，如父母、案主本人及其手足、已去世的家庭成员，以及案主成长过程中与其共同居住过的其他重要成员。

在萨提亚的家庭结构图中，圆圈代表女性，圆圈外加一个方形代表男性，家庭中的每个孩子按照出生时间次序排列在家庭结构图上。如果家庭中有人已去世，便在圆圈中画一个"×"，表示已不在现实家庭中了。然后为每位家庭成员标注以下基本信息。

1. 个人资料

个人资料包括：姓名、出生日期、出生地点、现在的年龄或去世时的年龄、职业、受教育程度、重大疾病、爱好及兴趣等。

2. 法律上的关系

法律上的关系包括：结婚或开始同居的日期、分居或离婚的日期（如已发生）、收养关系（如存在）、所经历的不同家庭（如果案主在成长过程中经历了两个或两个以上的家庭，那么都需要标注上）。

（二）第二阶段

社会工作者请案主回想过去，如其在18岁之前所体验的家庭，那可能与案主现在所体验的家庭不同，请案主回到当时的感受。在这个过程中，需要在家庭结构图上增加以下信息。

1. 针对每个人的关键的形容词

请案主按照儿时的体验和感受，给出形容家庭中每位家庭成员的几个关键的形容词，然后分别标注在家庭结构图的相应位置。

2. 家庭关系

请案主选取一个自己18岁之前发生的特定事件，可以是当时给家庭中每位成员都带来了很大压力的事件，然后请案主总结归纳出当时家庭成员之间的关系，并依照下列方式在家庭成员之间画上关系线。

(1) 粗而实的直线（▬▬▬▬▬），代表纠缠不清的关系；

(2) 曲折线（〜〜〜〜〜），代表风暴、冲突或憎恨的关系；

(3) 细而实的直线（——————），代表即使在压力之下也是普通的、接纳的、少冲突及正向的关系；

(4) 虚线（·············），代表疏离退缩的、负向的或冷淡的关系。

如果两个人之间不止有一种明显的关系，可同时画上第二种关系线。

3. 应对方式

请案主根据记忆，为每位家庭成员加上他们在压力之下的主要应对方式。如果除主要应对方式外，某成员在压力之下有另一种明显的次要应对方式，则将之加在主要应对方式之下。

补充完以上信息后，就可以得到一张完整的家庭结构图了。

二、家庭结构图的例图

这里以某家庭为例，该家庭事实上的现在的家庭结构图如图 3-2 所示。

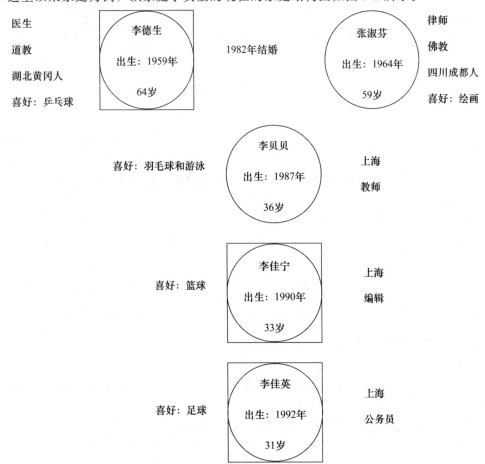

图 3-2　某家庭事实上的现在的家庭结构图

在图 3-2 的基础上补充了观点中的过去的该家庭的家庭结构图如图 3-3 所示。

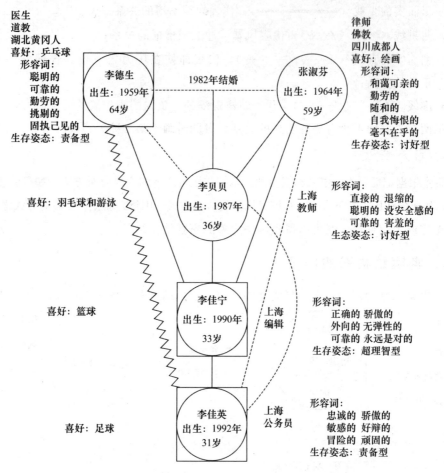

图 3-3　在图 3-2 的基础上补充了观点中的过去的该家庭的家庭结构图

A 案例分析

王慧的父亲王贵仁 60 岁，于不久前去世；母亲刘启英 59 岁；妹妹王小英 35 岁（一直未婚）。王慧今年 38 岁，与 40 岁的丈夫张伟离婚，二人育有一女，女儿叫张小月，今年 13 岁，离婚时女儿被判给了丈夫。

问题：

以小组为单位，结合本案例的内容，根据本任务中家庭结构图的绘制方法，绘制出王慧的家庭结构图。

任务五　了解萨提亚家庭治疗的其他工具

任务体验

在教师的引领下进行一次简短的冥想。

任务分享

每3人为一组，分享讨论冥想的体验及功能。

任务总结

对该任务的目的和意义进行解释和澄清。

知识介绍

一、冥想

萨提亚会利用各种方式帮助人们进入和使用自己的大脑右半球。冥想正是这些方法中的一个，在她的教学和工作坊中，她常常会以一个冥想作为开始，再以另一个冥想作为结束。冥想可以帮助参与者聚集能量、预习要开展的工作或者开放情感和直觉以及平息内部对话。

二、温度读取

在萨提亚帮助小组，成员通过改进沟通技巧的努力，让人们直接体验到他们的变化。萨提亚还开发了一个技术——温度读取。这是一种让小组成员分别从内部和外部来体验他们所处的环境，从而改变个体内部、两个人之间以及多个人之间"温度"的方法。这一技术直接聚焦于加工过程，内容包括以下五个方面（如图3-4所示）：

（1）欣赏和激动；

（2）忧虑、担心或迷惑；

（3）抱怨和可能的解决途径；

（4）新的信息；

（5）希望和梦想。

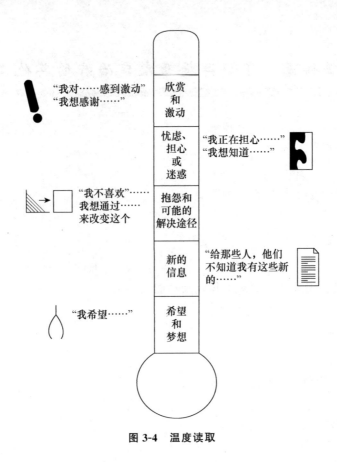

图 3-4 温度读取

温度读取技术可以帮助个体对自己和他人更具责任感。这一技术是响应某种需求而产生的。例如，在家庭中存在着共同分享许多欣赏、埋怨、迷惑、新的信息以及希望的潜能，温度读取给了每个人一个机会，在一个安全的情境中吐露自己满意和不满意的地方，它为人们提供了一个安全和信赖的氛围，让人们可以用表里如一的方式直接地沟通、确认，发出和接收信息。

（一）欣赏和激动

欣赏和激动是一个包容并鼓励家庭成员开启生活的积极方面的努力。这非常契合萨提亚家庭治疗模式的整体主旨：去寻找、承认并分享彼此的积极成分。它同样可以增加人与人之间的信任和亲密感，并帮助人们更具建设性地应对焦虑和问题。欣赏和激动可以帮助人们开始建立起合作的平台。在温度读取中，人们可以分享自己对他人的欣赏和自己的激动，尽可能地做到细节化和关注当前。要做到这一点，首先需要个体使用第一人称"我"来表达对家庭中其他成员的欣赏，远离"我喜欢你做的菜"这样的概括性语句，代之以更加具体的信息。例如："我喜欢你昨天烹饪的晚餐，特别是你做的那道鸡肉饭。"表达对别人的欣赏时，人们可以直接告诉对方，身体可以更靠近对方，并与对方保持目光接触。

（二）忧虑、担心或迷惑

成年人常常不敢表露自己的忧虑。为了掩饰自己的忧虑，父母常常会设法让孩子相信，成年人是无所不知的。

当人们无法处理自己对家庭成员的忧虑和担心时，往往会创造出一些可能的流言和假设。但是，如果人们能表达自己的忧虑，就可以澄清这些流言，打破相应的不确定性，并且更深入地了解自己、他人和世界。要做到坦然面对每个家庭成员的行为，人们需要表达出自己的忧虑、担心或迷惑，并提出恰当的、非责备性的问题。这些问题通常可以以"什么、怎样、何时、何地、可能还有、为什么"作为开头。这样可以帮助人们消除疑虑，为沟通创造出不具威胁性的环境，这对整个家庭的康乐和学习都是非常重要的。人们要尽量避免使用那些实际上表达出陈述意味的问题，如"×××晚上没有刷碗？"相对的，人们应尽量用第一人称"我"作陈述，并用问题来表达忧虑或困扰。没有得到解答的迷惑或担心常常会增强不安全感，并使低自尊得以维持。温度读取提供的结构性方法提前排除了这样的后果。

（三）抱怨和可能的解决途径

识别出问题的人通常会提供可能的解决途径。发现问题或发出抱怨之前，人们往往已经将当前的情景和以往的经历进行了比较。表达出抱怨可以提示人们存在潜在的愤怒感。当人们感到愤怒时，承认它是非常重要的。人们通过承认并表达出这种感受，可以成为愤怒这种情绪的主人，可以更好地应对和处理负面情绪。

（四）新的信息

新的信息往往会以多种形式出现，它也许是下周举办音乐会的通知，也许是打折商品的宣传。人们常常认为如果自己了解关于事件、约会以及优先选择等信息，那么其他人同样也应该知道，所以不需要再进行告知。而这往往会给沟通带来困难。

温度读取也会强调更多的个人信息，如新的决策、成就和活动等。分享这些信息可以帮助人们确保每个人都得到了相同的消息，并且在同等的理解程度上运作，没有人会感到自己被排除在外或是被人忽视。同时，被人聆听可以给人带来被认同的感觉，并提升其自尊。

（五）希望和梦想

人们可以分享希望和梦想，就像萨提亚常常说的"将我们的希望洒向整个宇宙"。萨提亚认为，一个没有用言语表达出来的希望几乎没有机会实现，一个被清晰说出的希望则有很多实现的机会。没有人能担保所有希望都可以实现，但是将自己的希望用言语表述出来后，家庭就可能将能量和资源直接调配到实现这些希望的方向，因此更有利于实现这些希望。

很多孩子可能觉得父母听到自己的希望时会不高兴，所以他们从小就在内心审查和评判着这些希望。允许人们谈论自己的希望和梦想，这本身就往往足以使人们从审查带来的不舒适感当中解脱出来。一旦人们能够以开放的态度面对机会和寻找资源，包括发现个人身上的价值和资源，也包括从外界寻找可利用的资源和支持，寻找资源也就成了人们实现梦想的一条途径。家庭中其他人常常会对个体的梦想产生兴趣，并且愿意帮助个体来实现其梦想。家庭成员通过支持其他家庭成员实现他们的希望和梦想，可使家庭生活变得更加丰富多彩。

案例分析

妻子在结婚一周年的那一天花费了大量的时间和心血准备了晚餐，并满心期待地等待丈夫回家。丈夫回家后，像往常一样，洗手吃饭。当丈夫吃了一块肉时，说道："这个肉硬了点儿。"妻子看了丈夫一眼，然后跑回卧室痛哭了起来。丈夫认为妻子不可理喻，继续吃自己的晚餐。

问题
1. 每2人为一个小组，画出该案例中妻子与丈夫各自内心的"冰山"。
2. 各组分享所画的冰山，大家就不同的冰山展开讨论。

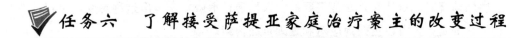

任务体验

学生每3人一组，其中两人面对面举高双手呈拱桥状，扮演树；另一人蹲在拱桥下，扮演松鼠。老师充当主持人，以说故事的形式发号指令。游戏中有三个指令：松鼠搬家、樵夫伐木、森林大火。主持人发出指令后，玩家要按指令重新组合，哪一人/一组最慢或未能完成重新组合的任务为输。

三个指令说明如下：

松鼠搬家：扮演松鼠的人需要移到另一棵"树上"。

樵夫伐木：扮演树的人需要与另一人组成一棵"新树"。

森林大火：所有玩家需要重新组成树和松鼠的组合。

（另外，也可以增加一些限制，以增加游戏的难度和趣味性，如规定某局数内不可与同一人组合等。）

S 任务分享

游戏结束后,请大家分享在游戏过程中有什么样的体验,以及游戏的难易程度如何,为什么。

T 任务总结

对该任务的目的和意义进行解释和澄清。

K 知识介绍

一旦社会工作者为改变的发生建立起一种接纳的、积极的环境,就可以帮助案主开始迎接改变了。不论动机如何,希望有所改变的人们总会经历一系列特定的阶段。根据萨提亚的理论,接受萨提亚家庭治疗的案主的改变过程主要包括以下六个阶段。

(1) 现状:在个人或系统的当前状态中,出现了对改变的需求。

(2) 引入一个外部因素:系统或个体明确地向外部——朋友、治疗师,或是系统之外的其他某个人表达改变的需要。

(3) 混乱:系统中的个体开始从原来的状态转变为一种不平衡的状态。

(4) 整合:新的学习内容被整合,新的状态开始发展。

(5) 实践:通过不断实践新的学习内容,新的状态得到强化。

(6) 新的状态:新的状态代表了一个功能更加良好的存在状态。

(一)阶段一:现状

当一个家庭系统正处于现状时,我们可以对它的动作方式作出预测。因为这个家庭系统已经建立起一套清晰的期望和反应方式,这些可以成为我们预测的依据。原有反应方式的不断重复会使家庭系统自身弊端得到强化,并且通过这种重复,家庭成员会渐渐觉得这些预期和反应方式是正确的,会变得对此习以为常。

由此,一个家庭的现状慢慢地渗透到日常的经历和体验当中,并产生强有力的生存姿态和信念。当家庭处在健康的平衡状态时,每一个家庭成员所贡献或付出的,一般会和他所得到的一样多。例如,当母亲因为工作而晚归时,她的丈夫或孩子将会准备晚餐。再如,当新生儿诞生时,家庭里稍大的孩子仍然会感到被爱和被需要,如果他们确实感到自己被取代了,那也只是在一个健康的平衡状态重建之前的很短时间内。

而在一个不健康的家庭系统当中,某些家庭成员可能不得不奉献出比他所得到的更多的东西,而且,往往也不会提出抗议或罢工。经过多年这样的生活,诸如愤怒、恐惧、未被满足的期望、缺乏亲密感以及有限的亲密关系等,会在相应家庭成员身上不断积累。当一个系统中的成员习惯性地以讨好、责备、超理智或打岔的姿态来应对问题时,就表明这个家庭系统是不健康的,也表明至少有一位家庭成员所付出的多于他所得到的。这就是为什么很多接受访谈的家庭成员都会告诉社会工作者,他比家里其他人承担了更多的家庭事务,这个系统是不公平的。

以功能不良的方式维持家庭的平衡将会继续原有的模式,直到某些相对急剧的事件发生。当某些事情发生时,最终系统中的某个人会出去寻求帮助。家庭成员也许会求助于朋友、宗教,也许会出现分居、药物滥用、实施暴力或患抑郁症等情况。在一个不健康的家庭系统中,当原有平衡突然瓦解,上述都是常见的选择和可能的反应。例如,当一个家庭系统中的痛苦到了无法让人忍受的程度时,一些家庭成员可能会尝试通过使用大量酒精来应对这一切。在经过一段酗酒的日子之后,酗酒就变成了新的问题。当这个家庭最终来进行咨询和接受治疗时,酒精滥用常常会成为关注的焦点,而最初的家庭问题则往往被掩盖起来。但是,在萨提亚的家庭治疗模式中,治疗任务是去寻找那些可以将人们带回到原始家庭危机中去的蛛丝马迹。

在改变过程的第一阶段,一个家庭的现状被破坏,社会工作者就会看到该家庭出现许多保护性模式。例如,当某家庭中的父亲沉湎于酒精当中的时候,社会工作者经常发现母亲会用一系列托词来对其丈夫的酗酒行为进行否认和辩解。在治疗过程中,这个家庭往往会将某个孩子的行为当作问题而提出来。一方面,这种做法转移了人们对于酗酒的关注;另一方面,这也将人们的注意从功能不良的家庭系统上引开了。

防御和阻抗等,对于大多数非健康家庭系统中的成员来说却是一种生存资源。萨提亚家庭治疗模式中有一个十分重要的理念,即人们可以在他们的知觉和理解范围内,做到他们可以做到的最好。理解这一点有助于社会工作者接纳人们的立场,并以此为起点,帮助他们从那里离开。

(二) 阶段二:引入一个外部因素

进入阶段二,就标志着会将一个外部因素,也就是那些以前并不在这个家庭系统中的人引入系统之中。这个来自外部的人需要被系统中绝大多数成员接受,因为在治疗的初期,建立一个可以产生改变的情境非常重要。

1. 保持接触

除了传递接纳、希望、可靠性及对改变的意识之外,萨提亚认为对表里如一的沟通方式进行示范也至关重要。

2. 检验预期

检验预期就是帮助人们探讨他们对于改变的态度和预期。人们往往期望另一个人可以发生改变,从而解决自身的问题。等级模式会认为这是人类进化过程中存在的一种与生俱来的权力斗争。那些以这种观点行事的人并不会讨论手头的问题,而只关心(并且争论)

谁对谁错、谁高谁低、谁是胜利者谁是失败者，以及谁才拥有告诉别人怎样去做的权力。

3. 检验改变中存在的障碍

有时候，仔细审视那些我们相信自己无法改变的情形，不论对于社会工作者自己还是对于案主都是有帮助的。这样做可以让人们看到自己前进的道路上究竟存在哪些障碍。萨提亚曾经治疗过一个名叫卡罗尔的试图减肥的妇女。卡罗尔在她的治疗时段里对于各种信息都持非常开放的态度，畅所欲言。她特别强调自己曾经寻求过所有改变体重的方法，但是没有一条是成功的。萨提亚最后问道："如果你真的减轻了体重，你认为自己有可能会遇到什么问题呢？"正是这个问题开启了卡罗尔治疗的新历程。

4. 将阻抗重构为尊严

阻抗是指即使人们感觉并不那么好，也会说自己一切正常。人们以这样一种方式来表现自己，而社会工作者的任务就是接纳他们，同时并不担心阻抗。毕竟，阻抗在过去曾经很好地服务于他们的生活。

例如，A说他想要有更多的伙伴，但每次别人靠近他时，他似乎都表现得很冷淡。一些人也许会认为他正在表现阻抗。萨提亚的方法是问他："我注意到B走向你，他的手伸向你时，你后退了。我想知道你是否注意到了这一点？"这样，无论A作出肯定回答还是否定回答，都可以用这种方式帮助他觉察自我，去探寻是什么让自己阻抗朋友的到来的。

（三）阶段三：混乱

当社会工作者成功地介入某个家庭之后，家庭系统渐渐开放，至少达到了可以仔细审视自身的程度。仅仅通过识别、承认和检验自身常规的预期和反应模式，这个家庭系统就可以开始它的改变过程，甚至不需要意识到这一点，家庭就脱离了它的现状（理所当然地遵循那些不成文的规则的状态），并冒险向一套新的动力系统转变。在这种情况下，混乱的状态也就不可避免地产生了。

混乱意味着家庭系统正在以某种人们无法预期的方式运行。对于很多家庭成员来说，如果不能预料到他们家庭的期望和反应方式，就意味着他们丧失了安全感和稳定性。他们正处于危险的边缘，有时可能会被毁灭的恐惧所麻痹。

1. 将恐惧和焦虑正常化

在治疗的早期，家庭成员也许会感到支撑整个家庭的基石正在他们的脚下晃动。他们感到自己正在失去控制，他们对于未知事物的恐惧也显得越来越突出。在这个时候，新的可能性对于整个家庭来说仍然并不十分明确。

通过中和案主的恐惧和焦虑，社会工作者可以将混乱的阶段正常化。社会工作者可以通过展示新事物——新的可能性出现的机会，来移除那些不允许对自我进行审视、感受和评论的禁忌。这样做可以帮助家庭成员变得开放，并使他们意识到他们自己的内部加工过程。社会工作者此时要保持表里如一，不要恐慌，并且要在家庭成员经历混乱阶段时，给予他们坚定的支持。

萨提亚认为，在案主最为混乱的时刻，一定要将他们紧紧锚定在现在。在这个阶段，只能制定那些10秒钟后就可以执行的决策。在混乱阶段作任何长期规划，都会产生与在暴怒状态下制定长期决策一样的效果。

在混乱阶段，案主的焦虑水平会达到最高。在敏锐地感受到自己脆弱的同时，他们也正在开始对安全进行探寻。这时候，人们最容易作出一些绝对化的批评，以及具有保护色彩的绝对化陈述，如"我永远也不会再和你说话了"或者"我发誓再也不会管你的任何事情"。当某个案主采取了上述这种应对方式的时候，萨提亚会倡议大家退后一步，冷静下来，并渐渐转向对个体感受的关注，进而探寻隐藏在这些爆发的情感下面的渴求和期望。

在这个阶段，萨提亚倡导社会工作者与案主进行适当的身体接触，如靠近案主，也可以触摸他们的手、肩膀或其他适合的部位。要使改变在最混乱的时候逐渐产生，社会工作者需要保持精神集中、稳扎稳打、积极关注，并且对整个过程有所掌控。否则，案主也许会退回到他们最初的不健康模式。如果他们这样做了，社会工作者需要引导他们再一次重新开始整个过程。

同样，社会工作者还需要保持身体的平衡和呼吸的均匀，带着尊严和希望接近案主家庭和治疗过程。如果社会工作者试图回避或忽视混乱，治疗可能会拖延数年，但情况却几乎没有任何深层的改变。一些社会工作者不愿意让案主体验到痛苦或焦虑，因此会允许甚至鼓励他们退回到旧的、他们熟悉的模式当中去。有时，社会工作者会感到惊慌失措，此时案主就会对他们失去信任，不再愿意继续参加以后的疗程。

混乱阶段恰恰是治愈的开始。案主从那些已经不再适合，或者代价太过高昂的立场或知觉中解脱了出来。他们会对自己和他人的知觉进行新的思考。只有处理好混乱阶段，社会工作者才能够帮助案主重新排列和建构他们的知觉和期望。

2. 陷入僵局

有时，社会工作者在治疗过程中可能会陷入僵局。这时社会工作者可能开始变得过分认同案主的进程，或是在某种程度上陷入与案主的关系中。导致发生这些情况的常常是社会工作者本人生命中那些未完成的部分，即社会工作者本人在家庭生活中遇到的没能解决的问题，如缺乏母亲的爱而又没能与母亲达成和解，潜意识里带有对母亲的不满。

3. 让家庭规则浮出水面

对于案主在原生家庭中学到的规则，萨提亚会在其中增加一些新的维度，以提高案主的自我价值感。例如，对"我永远也不可以与大人顶嘴"这样一条规则，萨提亚认为完全可以将其转变为一条包含更多选择和可能性的方案，例如，我在某些时候可以与大人顶嘴：① 当我想要表达自己感受的时候；② 当我感到自己正在被辱骂或虐待的时候；③ 当我感到自己一文不值的时候。

僵化的规则和低自我价值感常常会使家庭成员出现生理、情绪和认知症状。例如，某条家庭规则规定不能表达愤怒，那么成年以后，个体也许会不惜任何代价回避那些可能激发自己愤怒情绪的情景。而如果这种情况发展到极端，个体甚至可能会使用暴力来应对自己所有的愤怒感受。

家庭规则也有维持一个封闭的家庭系统运作的作用。萨提亚认为，一个封闭的家庭系统常常是由具有下述特点的家庭成员构成的：

（1）彼此警惕；

（2）具有敌意；

（3）感到无能为力，被控制，消极；

（4）观点和行为僵化；

（5）用冷漠的面孔对待彼此。

当家庭规则将一个家庭成员的自我价值感压迫到某种程度，以致他的生存成为问题的时候，可能就会出现极端状况。

4. 在混乱阶段为改变的发生创造情境

作为一个整体，即便是功能不良的家庭系统，通常也拥有一整套可预测的期望和行为模式。在每个家庭成员的应对模式下面，是他们未表达的内心世界的个体冰山。尽管每个家庭成员的应对风格各具特色，但当社会工作者看清每个家庭成员为了保持平衡所采取的行动时，就可以将重点放在产生改变的某些可能性上。

社会工作者往往会利用案主带入治疗的事件情节，帮助他们思考改变可能达到的范围。例如，如果社会工作者发现在一个家庭中，孩子们常常在饭后洗碗的时候发生争斗，那么也许可以将这一情况作为情境，对以下问题进行检验：

（1）权力斗争；

（2）父母间的冲突；

（3）缺少认同感；

（4）缺乏亲密感。

当然，还有很多其他的可能性以某种方式影响了这些孩子们的自尊。问题的重点在于，他们正在使用不当的行为来表达自己的需求。社会工作者可以使用这一内容帮助他们创建一个可供改变发生的情境。

重新认识并利用混乱阶段，是萨提亚为"改变过程"的概念化作出的最主要贡献。由于在这个阶段案主接纳了人们对于未知事物的恐惧、焦虑、不确定感和担忧，该阶段的意义就显得格外重大。另外，社会工作者可以用一种积极和富有创造性的方式来利用这些感受，并由此将家庭成员或家庭系统从功能不良的状态，引向一种崭新的、功能良好的状态。

（四）阶段四：整合

阶段四的内容包括：发展新的可能性、利用潜在的资源、整合各个部分，以及重新评估过去和现在的期望。在这个阶段，案主会接纳自己、其他家庭成员、生活经历、自我价值和未来的新知觉。只有放弃旧的应对方式，才可以接纳新的应对方式。如果案主从来没有探究过什么是自己想要的，那么就从这个阶段开始，打破长久的寂静，在决定如何感知和接受自己的同时，也探求自己希望别人如何知觉和接纳自己；要接管那些曾经自动化操作的东西，让自己的控制重新回到意识范围之内，并且渐渐开始对自我的内心过程承担更多的责任。

（五）阶段五：实践

在这个阶段，过去的模式仍然拥有强大的力量。案主要想维持并且实践自己的新选择，需要发展出强大的支持系统。如果案主能够很好地做到这一点，就可以在建立起健康的新状态的同时，获得一种更加着眼于现在的生命力量。

在这个阶段，社会工作者也许需要让案主将事情记录下来，可以在任何方便的地方，如在汽车里、冰箱门上、厨房、浴室等。社会工作者也可以鼓励案主利用其他方法来减少过去的模式对自己的影响。

（六）阶段六：新的状态

在这个阶段，案主达到了一种新的状态，一种更加健康的平衡。这让家庭成员和家庭系统的功能都更加完善，新的舒适感取代了过去的熟悉感。在这个阶段，关于系统如何运行的新的预期也发展了起来，新的自我形象和新的希望开始浮现，更多的自主性和创造性进一步显露出来。

在萨提亚的家庭治疗模式中，案主改变的过程包括上述六个阶段，每一个阶段都建立在前一个阶段的基础上，就像是在过去知识的基础上学习新知识一样。所有这些阶段都不是单一的，相反，它们是多面的、可重复的。

改变的过程将贯穿人的一生。而每当人们经历一遍这些阶段，下一次将会变得更容易、更快乐，也会被注入更多希望。也许终会有一天，个体在经历这些阶段的时候，都可以利用其自身的能量、资源，为自己提供环境、信任、冒险精神和支持系统，为自己带来实现更深层突破和进一步成长的机会。

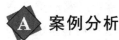

萨提亚家庭治疗的案例：

1951 年，我第一次成功地运用家庭治疗方法帮助了一个有精神分裂症患者的家庭。当我和该家庭中患了精神分裂症的女儿在一起时，关于现状的一些想法浮现在我的脑海。当这个女孩开始改变的时候，混乱的阶段开始了，她的母亲险些心脏病发作，她的父亲也方寸大乱，事情似乎已经到了无法控制的地步。当时我问自己："哦，天啊，我都做了些什么？"

问题：

为什么案例中的女孩开始改变时，整个家庭出现了混乱？如果你是一名社会工作者，接下来你会怎么做？

学习情境四

家庭过程辅导

理论学习目标
1. 了解一般家庭过程。
2. 了解家庭成立的过程及相关理论。
3. 了解婚姻解体的影响因素。

实践学习目标
1. 掌握家庭过程各阶段干预的重点。
2. 能够对家庭成立过程进行辅导。
3. 能够对婚姻解体过程进行辅导。

任务一　了解一般家庭过程及阶段任务

任务体验

1. 分组讨论各阶段家庭的主要任务及容易遭遇哪方面的家庭问题。
2. 讨论各阶段家庭具有哪些正向资源。

任务分享

每个小组选出一名代表发言,与其他组分享本组的讨论结果并进行交流。

任务总结

阐述该任务的目的和意义,强化对家庭过程中各阶段特点的理解。

知识介绍

本书教学情境二已介绍过家庭生命周期的相关知识,这里重点介绍一下我国对家庭生命周期不同阶段的划分。

我国的家庭具有网络化的特征,子家庭建立后虽然从母家庭分裂出来,但界线不清;子家庭的生命周期寓于母家庭之中,呈现出子系统与母系统交互发展的特点。

我国一般将家庭生命周期分为五个阶段:新婚期、育儿期、教育期、空巢期和孤老期。

一、新婚期

新婚期又称婚姻调整期,是指从结婚到第一个孩子出生之前的阶段。一般认为,婚姻关系中最严重的危机和情绪紧张发生在婚姻开始的前五年。刚结婚的配偶,激情过后面临的是新角色的扮演和适应,由一个人的生活变为两个人的生活,由恋人的关系变为夫妻的关系,如何适应双方在性格、生活习惯、价值观、婚姻期待、沟通方式、姻亲关系等方面的差异,发展两人都感到满足的新生活方式,是婚姻幸福的关键。一般而言,夫妻双方若能在婚姻的开始就对彼此各方面的差异有所认识并加以协调和适应的话,将为未来快乐、美满的婚姻生活打下良好的基础。具体而言,新婚期应当完成的任务包括如下几个方面。

(1)夫妻角色的认定,家庭责任的分配。

(2)发展互相满足的性关系,建立亲密的规范。

(3)家庭的预算与花费应当与家庭收入和经济状况相匹配。

(4)发展使双方都满足的沟通方式,学习如何以非冲突的方式表达自己的感受、需求和愿望。

(5)与生长家庭进行适度的感情分离,同时协商、发展平等、良好的姻亲关系。

(6)制订成熟满意的家庭计划,如对住房、生育问题的计划等。

(7)发展成熟且彼此都满意的工作观点和时间分配方式。

(8)日常生活(如娱乐方式、饮食习惯)中的互相适应。

(9)了解和尊重彼此的个人自由和特性,给彼此一定的自由空间。

二、育儿期

育儿期是指从第一个孩子出生到最后一个孩子上学这个时期。孩子的出生使得家庭这个系统发生了改变,使夫妻的角色发生转变,可能带来家庭危机。育儿期是婚姻生活的第一个危险期(所谓婚姻的"七年之痒"即落在这一时期)。父母婚姻状况平稳与否,将决定孩子是否能健康成长、顺利发展。所以,一般情况下,夫妻双方应当等到在心理上和物质上都有所准备后再生育子女。对夫妻双方而言,育儿期要完成的任务主要有以下几个方面。

(1) 适应父母的角色及职责的划分。

(2) 学习为人父母的各种技能。

(3) 建立家庭的规则。

(4) 适应因孩子的成长而失去隐私的生活。

(5) 保留夫妻两人独处和亲密的空间和时间。

(6) 教导孩子新的技能,如培养良好的饮食习惯,训练自我控制能力,建立自信和对周围环境的信任,学习合作和分担责任,建立性别认同(包括对同性父母的性认同及对异性父母角色的了解),发展健康的爱别人的能力,发展积极的态度和感情等。

三、教育期

教育期具体又可分为有学龄儿童期和有青少年子女期。

1. 有学龄儿童期

孩子上了小学后,就会渐渐减少对父母的感情依赖和生活依赖,适应学校的生活和更广泛的社会交往。所以,父母对孩子的管教方式也应做相应调整,父母要多关心孩子的适应能力和学业问题。具体而言,有学龄儿童的父母要完成的任务包括以下几个方面。

(1) 帮助孩子适应学校环境和规则。

(2) 鼓励孩子独立,支持孩子与同辈群体的交往。

(3) 向孩子介绍有关性的知识和健康的异性关系的发展原则。

(4) 促进孩子良性的发展,引导孩子建立是非善恶的标准。

(5) 在对孩子的管教态度、期望和要求上做到协调一致、分工合作。

(6) 接受孩子的特性和不完美。

2. 有青少年子女期

家里有处于青少年阶段的孩子常会使父母在管教上受到冲击,容易发生亲子冲突和青少年问题。从子女的角度来讲,青少年时期是一个从儿童跨入成人的过渡期,生理上的趋于成熟、性意识和性冲动的萌发、自我意识的强化、对独立和尊重的心理需求和心智发展的不成熟、职业取向的不确定等往往使他们处于一种不稳定的状态。青少年又常常面临许多问题的冲击和困扰,如对异性的强烈情感,对学业的矛盾心理,对父母经济上的、情感上的依赖，试图摆脱家庭控制、争取自由的行为，以及不稳定的情绪等。这些都需要父母去了解和体会，但父母往往不容易做到。父母人到中年，在事业、家庭生活和个人健康等方面，可能面临缺乏新目标的空虚和大势已去的慨叹，所以在这一时期孩子和父母都会存在许多困扰。这是一个特殊的时期，预防青少年问题、减少亲子冲突可以说是这个时期的主要问题。这一时期家庭的主要任务包括以下几个方面。

（1）父母应该认识和接受青少年有反抗的倾向，以及要父母给予明确规范的愿望，因此，父母对孩子既要给予一定的宽容和自由，又要有所限制。

（2）父母应该认识和鼓励孩子独立的愿望，并在孩子需要意见和帮助的时候才伸出援手。

（3）父母应该学习建设性地与孩子商讨问题，摈弃权威式的命令和强迫。

（4）父母要多培养孩子对家庭、对社会的责任感和自信心。

（5）父母要多鼓励和协助孩子在家庭以外发展良性的同辈关系。

（6）父母要多鼓励孩子学习与异性正常交往的方式，并明确告知孩子早恋、非婚同居等行为的伤害性后果。

（7）父母应当发展新的兴趣，创造夫妻、亲子之间共同活动的机会。

（8）父母要多向子女提供选择学校、专业、职业和事业、婚姻及做其他重要决定的建议，而不过分控制他们。

四、空巢期

空巢期是子女纷纷离家，家中只剩下夫妻两人共度时光的时期。空巢期家庭的主要危机是面临子女的独立和分离父母感到心理和生活上的压力。特别是那些婚姻基础较弱、关系不好的夫妻，他们常有被子女遗弃的感觉，希望拴住子女，从子女身上得到并维持无法从配偶那里得到的家庭之爱。当夫妻一方或双方想要拴住成年子女的时候，往往会使子女在潜意识里产生愧疚感或罪恶感，使子女成为不良夫妻关系的牺牲品。对于一般的家庭，若能接受子女与家庭的分离，并正确处理和调整子女离开后的夫妻生活，则有可能迎来婚姻的第二个蜜月期。空巢期家庭的主要任务有以下几个方面。

（1）父母乐见孩子的成熟并允许其离家。

（2）父母要发展自己的兴趣及夫妻双方共有的兴趣点，不要除了子女外无话可谈。

（3）父母可尝试新的生活方式，创造条件过自己一直想过而没能实现的生活。

（4）父母要处理自己更年期的情绪问题。

（5）父母要做好退休后经济上的安排，妥善使用退休金。

（6）父母要增加健身、休闲活动或社区活动，保持亲戚关系和邻里来往，保持对社会生活的参与。

（7）父母要逐渐适应公婆、岳父母和祖父母的角色。

（8）父母要保持适度的性生活。

（9）父母要在心理上做好死亡和可能失去配偶的准备。

五、孤老期

孤老期是夫妻不断衰老，甚至有一方死亡，家庭面临解体的时期。老来丧偶是人生最大的遭遇之一，活着的一方往往需要极大的勇气和智慧才能在心理上接受配偶的死亡，这一人生中压力极大的事件所带来的创伤需要很长的时间才能慢慢愈合。所以，这个时期的老年人在情绪上、生活上特别需要他人尤其是子女的支持和照顾。配偶死亡不仅断绝了夫妇长达数十年的婚姻情感关系，而且会使鳏夫（寡妇）产生孤独甚至恐惧的心理。如果调节不好，一方去世，另一方可能会很快随之而去。有研究表明，丧偶老年人在生活上会遇到多方面的困难，如经济收入减少、安全感减弱、家庭关系相处难度增加、角色适应难度增大、心理支持减少等。对于女性老年人来说，如果丈夫在世，一旦与子女发生冲突，丈夫尚可从中调解，也可充当情绪宣泄的对象。如果老伴去世，老年妇女与子女、儿媳发生矛盾后就容易积怨于心，长此以往对精神健康不利。对于男性老年人而言，一方面，他们中的多数一生主要专注于自己的事业，类似洗衣做饭之类的家务活儿则多半不会做，一旦老伴去世，生活起居上就会面临不少困难；另一方面，由于男性一贯扮演刚强角色，不容易像女性一样对外倾诉并从外界寻找心理支持，这对男性老年人的心理健康不利。空巢期家庭的任务包括如下几个方面。

（1）老年人要接受和适应身体的衰老。

（2）丧偶老年人要处理痛苦情绪的冲击，了解从夫妻两人变为孤独一人可能发生的变化，接受独居的事实并加以适应。

（3）丧偶老年人要尝试寻求新的友谊，保持与家人、亲戚和社区的接触，寻求新的生活意义。

（4）评估可能的经济境况和增加收入的可行方式。

（5）有合适的对象，丧偶老年人可以考虑再婚。

（6）子女要负起奉养和照顾老人的责任。

总之，处于生命周期不同阶段的家庭，面临着不同的任务和挑战，如果不能较好地完成任务和处理问题，将会给个人和家庭带来压力和危机。

了解家庭生命周期，有助于家庭成员应对可能遇到的危机和挑战，对家庭问题和危机保持警醒并做好计划和预防，使得个人和家庭都能顺应环境变化，从而得以成长。将家庭生命周期理论运用于家庭社会工作实践，有助于社会工作者在为家庭提供服务时与家庭一起讨论各阶段面对的不同生活内容，提醒和帮助家庭成员提升自我认知能力与婚姻生活能力。

随着当代各种不同形式家庭的出现，家庭生命周期理论正面临着挑战，如有的学者认为上文的划分方法不能适应多子女家庭、同性恋家庭、"丁克家庭"、单亲家庭、阶段重叠家庭、双亲死亡家庭和一些其他形式的家庭的情况。但是，上文所讲的家庭生命周期适于大多数一般家庭，用它来表述家庭发展的历程仍是非常有价值的。

案例分析

陈先生今年30岁，是某工厂的工人，家里有一个男孩和一个女孩。由于孩子出生后无人照顾，陈先生的妻子便辞职在家照顾孩子。去年陈先生一家贷款30万元买了房子，陈先生由于收入不高，所以被妻子逼着晚上做兼职，以便有额外的收入来补贴家用。夫妻时常会因为家庭琐事发生口角。由于陈先生忙于上班和做兼职，与孩子相处时间少，沟通也少，孩子们都相当怕陈先生。再加上陈先生感慨过去没有好好念书，以致学历低而只有微薄的收入，因此对孩子在学校的学习寄予很大的期望，也施加了相当大的压力。最近小学二年级的儿子考试有两门不及格，被陈先生狠狠地打了一顿，第二天没有去上课。妻子对这样的情况感到无助，于是向社会工作者寻求帮助。当社会工作者与陈先生联系时，陈先生也知道大概是什么事情，很快就表达了自己内心的痛苦和无力感。

问题：

案例中的家庭处于家庭生命周期的哪个阶段？需要重点处理好哪些关系？对案例中的情况，社会工作者应该如何介入？

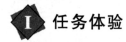

任务二　掌握家庭成立过程辅导的技术与方法

任务体验

1. 小组讨论：

每个学生用10句话描述爱情，并与同组其他同学交流，每个小组挑出组内具有共识的观点。

2. 角色扮演：

背景：失恋大学生小刘情绪十分低落，悲观绝望，学习和生活深受影响，于是向社会工作者寻求帮助。

学生分组，根据背景故事选择相关角色进行角色扮演。

任务分享

1. 各组选出代表分享本组的爱情观点和理由。
2. 各组分享角色扮演后的感受和体验。

任务总结

阐述该任务的目的和意义，对任务体验和任务分享情况进行点评。

知识介绍

一、恋爱

家庭的建立始于婚姻，婚姻源于两性的选择与结合。在现代社会，择偶过程与恋爱越来越密不可分，恋爱往往是婚姻的序幕。虽然不是每一对恋人都能走进婚姻的殿堂，但婚姻是恋爱的最好归宿。人们常说：有爱情没有婚姻是不幸的，有婚姻没有爱情是痛苦的。

恋爱是在性吸引基础上建立起来的相互认可的强烈情感联系，是异性间特殊的互动方式，以交流两性间相互爱慕的情感为主要目的。一般恋爱中的"异性"是指自然性别的异性，而广义恋爱中的"异性"既可能是自然性别的异性，也可能是社会性别的异性。美好而成功的恋爱是人们热切向往的，但是恋爱并不是一件简单的事情，它是一门艺术，也是一种能力。作为个体成长过程中经历的重要阶段，恋爱往往对个体的情绪控制、人格发展、价值观的形成等具有不可忽视的影响。有心理学家认为，恋爱是青春晚期和成年早期最重要的事件，只有经过了恋爱，人才会真正成熟起来。

（一）恋爱的阶段

一般来说，恋爱具有阶段性，恋爱主要包括以下几个阶段。

1. 爱情的萌发

恋爱的第一阶段是爱情的萌发。人们或者因一见钟情而萌发爱情，或者因长久相处的感情积累而萌发爱情。爱情的萌发往往带有一定的盲目性，这常使人困惑，分不清自己的情感和理由，更难以分辨对方的感觉和意向，既甜蜜又忐忑。爱情的萌发既可能是某一方的，也可能是双方的。当一方萌发了爱情并希望知道对方是否对自己也有相似的感情时，就进入了恋爱的第二个阶段——试探和表达。

2. 试探和表达

萌发爱情的一方，总是抱有从对方那里得到回馈和肯定的希望。因此，萌发爱情的人常常有意无意地以各种方式试探对方对自己的感情，以期得到回应。表达爱情是恋爱进程中关键的一环，表达爱情需要一定的勇气，也需要一定的技巧。有的人暗恋对方很长时间却不能与对方确立恋爱关系，就是因为不敢表达或不会表达爱情。应该说，这一阶段是最富有戏剧性和最需要付出智慧和勇气的时候。有的人用直接的方式来表达爱情，如写情书、送花、主动提出与对方约会、当面表达爱情等。也有人采取委婉的方式来试探，找理由接近对方,如借书、邀约一起参加集体活动、经常打电话、有意等候在对方经常出入的场合,或者请第三者向对方转达自己的爱意等。直接的方式好处在于可以给对方以触动,一般可以在短期内直接获得答案,或者使感情迅速升温。委婉的方式可以避免被直接拒绝的难堪,但是也可能使本来有意的双方互相猜疑,最后可能因一方失去耐心而错失良机。选择哪种方式因人而异,无所谓好坏。重要的是要表达出来,让对方能够感受到自己的诚挚和真情。表达爱情既不宜过于粗鲁,也不宜过于含糊,更不宜时间过长、迟疑不决。如果一味地单相思而不敢表达,则可能永远没有机会争取到幸福。如果表达方式不对,效果也可能适得其反。但不管怎样,最后的结果只有三种可能,要么进入正式的恋爱阶段,要么无功而返,要么需要继续努力。

3. 热恋

当彼此接受对方的爱慕时,双方就正式确立了恋人关系,进入热恋阶段。处于热恋阶段的双方感情比较强烈,并具有排他性。双方会尽量向对方展现自己的优点,尽情向对方倾诉自己的心思并渴望得到回应,而且往往会有意无意地忽略对方的缺点和双方的差异,总是能很快地在观点和行动上达成一致或和谐。处在热恋阶段的男女,其理智处于脆弱的地位,感情几乎支配了一切,他们难以看到对方的缺点,"情人眼里出西施"就是这一阶段的典型反映。两人在一起的时刻对处于热恋期的人来说是最快乐的时光,他们渴望能够永远卿卿我我厮守在一起,并希望听到对方山盟海誓的承诺。这一阶段恋人依依不舍的眷恋之情常常使他们忘记了时间和空间,即要求相处的时间更长,空间距离更短。热恋也是一个证实、发现、判断的时期。人们往往会在热恋时期证实自己在求爱阶段对恋人的一些理想化看法,发现另一些在求爱中并没有注意的优缺点,并根据对这些优缺点的综合印象作出感情是否延续的判断。热恋可能是人生中最甜蜜的一段时间,也是最缺乏理性的一段时间,但是热恋阶段持续的时间一般不会太长,在热情过后,恋爱就会进入平和、理性的阶段。

4. 平和恋爱期

经过热恋阶段感情的充分宣泄,双方的关系会稍稍松弛下来,回到比较冷静、平和的交往状态。前一个阶段的兴奋和激情,慢慢变得温和平静,有的人可能会因为失去新鲜感而烦躁不安。实际上这是平和恋爱期的正常表现,既是情绪从高潮回落的必经过程,也是双方关系走向巩固和稳定的标志。没了新鲜却有了默契,少了冲动却多了脚踏实地的相处,看见了缺点,却也开始了解真正的对方。此时,尽管双方还会希望给予对方好的印象,但已经逐渐开始率直真实地表露自己,并开始理智地相互观察,加深了解。这一时期,双方将会注意到两人之间的价值观是否一致、性格是否调和、习惯是否相容、家庭和客观条件是否支持等,开始考虑长久相处的一系列问题。随之一些小的分歧和争吵开始出现,如果双方在一些重要问题上不能达成一致,仍有分手的可能。当双方认为可以把恋爱关系稳固起来时,就会从恋爱转入婚姻阶段。当双方认为恋爱关系无法维持或一方认为对方不适合自己时，恋爱关系便会结束，双方就此分手。

5. 准备进入婚姻或分手

经过平和恋爱期之后，恋爱双方可能的结果就是准备进入婚姻或者分手。

如果经历了之前的阶段后，得到的是对感情的肯定判断，恋爱双方既爱慕对方的长处与优点，又能容忍对方的缺点与不足，彼此心灵契合、心平气和，恋爱就会慢慢发展到家庭角色扮演阶段。恋人从浪漫的迷雾落入现实，开始考虑柴米油盐、谋生途径。这种家庭角色扮演会为以后的婚姻生活打下基础，作出铺垫。

如果得到的是对感情的否定判断，那么恋爱双方便进入分手阶段。分手是许多人在恋爱中不得不面对的问题。一般来讲，分手往往是由一方先提出的，不管是什么原因导致分手，都会对双方特别是不愿分手的一方造成伤害。一般情况下，不希望分手的一方会尝试挽回，但是大多数情况下无法成功。当确认了不可能再挽回时，失恋者往往会在一段时间内痛苦、自责，陷入回忆而不能自拔，有的人甚至会作出比较极端的选择。这个时候，当事人就需要进行心理调适，要明白分手只代表一段感情的结束，不代表做人的失败和所有人生美好事情的结束。对于已经破裂的感情来说，最好的办法就是潇洒地跟它道别，不沉溺于痛苦，也不强留。失恋者可以给自己找一些事情做，把心里的创伤交给时间去治愈，相信以后会遇到更适合自己的人。

以上恋爱阶段的有无、长短是因人而异的。但是，从以后婚姻和家庭稳定的角度来说，恋爱双方还是应该尽可能经过平和恋爱期再谈婚论嫁。恋爱双方如果从热恋期直接进入婚姻，很可能会因缺乏深入了解和理性判断而出现严重的婚姻摩擦甚至离异。虽然爱上一个人可能不需要什么理由，但是对婚姻伴侣的选择还是要慎重，双方需要经过理性、充分的考量和相对长久的了解和磨合。

(二) 恋爱相关问题

1. 性

性是恋爱不可回避的话题。恋爱是释放性冲动的重要途径，性意识经过恋爱阶段才能逐渐完善。通过恋爱接触异性，人们不再感受到性带给人的压抑感和紧张感。

爱情包括情爱和性爱。性活动是两人之间的隐蔽事件，因此，恋爱双方会排斥第三者进入二人世界干预最亲密的恋爱关系。从某种角度来讲，恋爱来自生理冲动的基本需要，因此，恋人们往往会感觉到对爱情的激动兴奋和与对方发展更进一步密切关系的需求。冲动是性爱的特点，这种冲动使爱情充满活力，生机勃勃。热恋中的男女常为一些小事而高度兴奋，也具有比平时更高的创造热情。但冲动的不可遏止也会造成性欲的增强，如不加以克制就会引起性行为。

对于性的问题，恋爱中的人们需要事先有一个考虑和心理准备。"走稳每一步""真爱要等待"是那些希望走向幸福婚姻的恋人们应该把握的重要信念。否则，匆匆忙忙、过早地走完性接触的几个阶段，进入同居时期后，一旦发现对方不是合适的结婚对象，将对双方特别是女性造成极大的伤害。现代社会虽然对性持更加开放的态度，但是婚前性行为毕竟与贞操、怀孕、性病、自我价值判断、婚姻中的信任等联系在一起，从而使得问题变得复杂。因此，处于恋爱阶段的人们应尽量使性的接触与双方感情的进展和对对方的了解程度同步，并在该拒绝的时候态度坚决、语气委婉地拒绝。除此之外，还要了解一些有关性及与之相关的科学知识。

2. 早恋

早恋又称青春期恋爱，是指恋爱者尚未到合适的恋爱年龄而发生的恋爱行为，一般是指18岁以下的青少年之间发生的恋爱行为。在青少年阶段萌发过对异性爱慕之情的人很多，大多数都是暗恋、单恋，只有双方相互有好感，才能发展成早恋。青春期恋爱行为是青少年在性生理发育的基础上，心理转化为行为的实践。

早恋的副作用主要体现在以下四个方面。

（1）干扰恋爱者的知识学习。

早恋者一般正处于接受学校教育的最佳年龄，在陷入恋爱之后，往往无法集中精力学习知识（当然也有个别例外）。

（2）干扰恋爱者正常的心理发育。

对于早恋者而言，早恋是一个既充满欢喜又充满苦闷的过程。对对方的爱恋常常会引起早恋者的情绪变化，或者外界压力常常会使早恋者心理失衡，不和恋人在一起时，早恋者又常常坐卧不安，沉迷于幻想。情感的大起大落有时会导致早恋者心理发育畸形，如某些方面早熟、无法合群等。

（3）阻止早恋者社会化的正常进程。

青少年社会化的一个重要内容是同辈群体交往，通过这种交往，青少年可以积累社会交往经验。但有些早恋者可能会暂时中断与其他同辈群体的交往，而专注于与唯一的异性交往，这会阻止其社会化的正常进程。

（4）可能促成越轨行为。

① 青少年自我控制能力差，容易冲动，容易过早地发生两性关系，这会对双方的身心造成严重损害。

② 早恋者一般年轻气盛，对一些事件十分敏感，例如，面对一些让自己"吃醋"的行为，他们可能会恼羞成怒，冲动伤人，甚至发生违法犯罪行为。

还有的早恋者由于父母不支持，无法取得谈恋爱花销，会产生偷或抢的念头，甚至付诸行动，这也是早恋对社会造成的危害。

简单地反对早恋并不能避免早恋现象的发生。人是"感情动物"，尤其是处在朦胧感情意识阶段的青少年，他们对异性的好奇和亲切感是本能的。所以，对待早恋，关键是设法避免早恋带来的负面作用。

一般来说，处理青少年早恋问题应注意以下几点。

（1）鼓励异性青少年之间的正常交往。通过讨论问题、共同学习、共同开展健康的娱乐活动等方式让异性青少年有正常的交往，这样可以避免异性间的神秘感，并让青少年学会和多个异性交往，以避免他们过早专注于某个唯一的异性。为了防止早恋而禁止男女学生接触效果并不好，只能更加激起异性间的神秘感和吸引力。

（2）应区分一般相互好感与恋爱行为，不应当把友好的、一般性约会都认为是早恋而加以嘲笑和斥责。如果对异性青少年的交往"神经过敏"，反而会对其起到心理暗示作用，进而会促使早恋行为的发生。

（3）对确实已陷入早恋的青少年，要用引导和转移注意力等方式进行教育，而不能用强行拆散、公开嘲笑等方式进行压制。在了解了早恋的情况以后，教师或家长应以平等、真诚、信任的态度对待当事人，尊重其人格、感情和生活中的合理要求，尤其要理解其在青春期生理及心理的一系列变化及由此产生的各种现象和问题，耐心地做好疏导工作，引导当事人正视早恋，使其理解爱情并不是单纯的异性相吸，还包含高尚的情操和充实的精神生活；此外，还要让当事人认识到早恋的成功率极低，个人的理想、兴趣、志向的变化都会引起恋情的变化和发展，应把精力放在追求理想和实现人生价值上，而不宜过早恋爱，空耗精力，消磨时光。教师和家长可以鼓励早恋中的青少年积极参加各种活动，丰富精神生活，转移注意力。这一方面可以培养青少年的各种兴趣，另一方面也可以利用活动中健康宽松的男女交往环境，增加青少年对多个异性的了解，逐步培养青少年对异性的正确态度，把握交往分寸，锻炼理智分析和冷静控制情感的能力。

恋爱是人的权利，谁也没有理由剥夺他人的这种权利。只是因为早恋对青少年的身心健康有负面作用，所以社会不主张早恋。但青春期恋爱并非毫无益处，如能够满足青少年渴望接近异性的心理，缓解学习和生活的压力，培养勇气与承受挫折的能力，拥有情感的寄托；培养审美能力，提高情商，提高自信心等。所以，也有教育学家和青少年家长认为，早恋是青少年对男女关系的探索和学习，可以为将来的恋爱与婚姻做准备，不宜过分禁止或压制。

3. 单相思

所谓单相思，是指爱情指向单向，而不是互相爱慕的恋爱行为。单相思有两种类型：一种是一方对另一方怀有强烈的感情，而另一方对此毫不知晓；另一种是一方对另一方怀有强烈的感情，另一方知晓这种感情，但不愿发生感情交往。对于第一种类型的单相思，在交往中有感情的一方可尽可能地让另一方了解自己对其的情感，并在此基础上了解对方是否有与自己发生情感交往的倾向。如果有，那么单相思就可以转化为恋爱了；如果没有，那么单相思者应当理智地终止这种单向情感，以免自己受到更深的伤害。在这种单相思中，有感情的一方需要勇敢和主动，只有这样才有可能把爱情愿望变为现实。对于第二种单相思，有感情的一方最好的处理方式是放弃幻想，不再纠缠。恋爱是一种相互以感情为回报的互动活动，一方的感情付出如果得不到回报，这种付出就失去了意义。因此，单相思者应尽快从情感旋涡中走出来，以避免自己承受更大的痛苦，不应让一次爱情付出的失败毁掉自己一生的幸福。单相思者走出阴影后，仍会有机会寻找到如意的爱情。

4. 同性恋

同性恋是指自然性别相同的社会成员之间发生的爱慕行为，即一个人持久性地对同性产生情感和性的吸引。虽然同性恋现象在人类社会中早已存在，但是至今为止，它一直是一种在道德领域和法律领域备受争议的社会现象。长期以来，多数社会的主流价值观对同性恋行为采取反对的态度。20世纪70年代以前，同性恋行为一直被精神科医生归为一种精神疾病。自20世纪70年代以后，人们对同性恋的认识逐渐产生较大分歧。一方面，许多社会成员仍持反对同性恋行为的态度；另一方面，也有不少社会成员主张对同性恋行为采取宽容态度。

反对同性恋行为的主要理由如下。

① 同性恋行为违反自然法则。高级生命有机体的情感模式遵循的是"同性相斥，异性相吸"的规律，而同性恋行为则违反了自然界这一基本规律。

② 同性恋行为违反社会基本伦理要求。社会生存的前提是人口的繁衍，人口繁衍的前提是异性间的婚姻关系或两性关系。同性恋行为的直接后果是破坏了异性恋模式，间接后果是破坏了社会人口的正常繁衍。

③ 同性恋者是传播艾滋病的高危人群。研究发现，由于多种因素的影响，同性恋者特别是男同性恋者是传播艾滋病的高危人群，而艾滋病又是人类至今尚无能力彻底征服的疾病。

主张对同性恋行为采取宽容态度的主要理由如下。

① 同性恋是性取向的一种，虽然数量很少，但不能简单将其看作病态或非病态。

② 恋爱是一种个人权利，同性恋只是一种恋爱方式，它与异性恋一样，是个人的一种选择，社会没有理由禁止人们进行这种选择。

③ 社会对同性恋行为的反对会导致人们对同性恋者的歧视，这种歧视会使同性恋者产生心理压力和生活压力，这是不公平的。同性恋只是一种私人生活方式，人们不应当因其私人生活方式与大众不同就歧视他们。

对同性恋行为，无论是支持还是反对，人们都无法回避一个事实，那就是同性恋者在社会成员中已经占有一定比例。因此，开展对此类问题的研究是十分必要的。

（三）如何对待失恋

失恋是爱情的结束，是恋爱双方终结恋爱行为的过程。失恋意味着恋爱关系的终结，但是恋爱关系的终结并不一定导致失恋。从心理学角度看，冲击感阶段和烦躁不安的痛苦阶段是失恋者必须要面对和经历的，失恋会引起当事人的挫折反应和痛苦体验，对当事人而言，可能会是最严重的挫折之一。失恋分为主动型失恋和被动型失恋。前者是指恋爱中的一方主动中断恋爱关系而导致恋爱失败，后者则是指恋爱中的一方因对方率先中断恋爱关系而被迫中断恋爱关系。

1. 失恋后的可能表现

人在失恋后尤其是被动失恋后可能会在认知、情绪、行为、身体等方面有相应的表现，其中情绪问题比其他方面的表现要明显。

（1）认知失调。

失恋者对他人关于自己的评价及自我评价都会比较敏感。他们的自尊心受到打击，容易产生羞耻和嫉恨，自我评价降低，特别是在异性面前没有了自信，容易否认自身价值或对异性产生偏见。

（2）情绪偏差。

失恋者容易产生抑郁、孤独、悲观、绝望、焦虑、易激惹、敏感、苦恼等情绪体验，从而表现为情感冷漠、内心痛苦、思想颓废、情绪极度悲伤和绝望等。

（3）行为障碍。

失恋引起的一系列消极情绪反应如果得不到排解，就会导致心理失衡甚至引发不当行为。比如，急切另寻恋爱对象，报复以前的恋人；或者羞愧难当，陷入自卑，逃避现实、自我放纵，个别失恋者甚者还会做出一些极端行为。

（4）生理问题。

失恋者往往还会出现一些生理问题，如失眠、头晕、头痛、肠胃功能紊乱、乏力等。

2. 合理对待失恋

失恋对不同个体的意义不同，不同个体的承受能力也不同，因此，不同个体的失恋反应会有所差异。

如遇到失恋尤其是被动失恋的情况，失恋者应当学会尽快摆脱失恋的阴影，调整自己的心理状态，避免沉湎于失恋痛苦中不能自拔。对待失恋可以从以下几个方面着手。

（1）理性看待失恋。

首先，失恋者要认识到恋爱总是存在两种结局：成功或失败，失恋是恋爱中的一个正常事件，面对一个正常的恋爱结局，不必过于伤心、留恋。其次，失恋者要认识到失恋并不一定是一件不幸的事，相反，许多时候失恋对于个人生活是有益的。当一个恋爱者认为对方并不爱自己或自己已不再爱对方时，勉强维持恋爱关系只会让双方感受更大的痛苦，及时中断恋爱关系可以使双方得到解脱。最后，失恋也是人生中重要的生活经历，可以帮助失恋者走向成熟，总结经验和教训，会使失恋者下次恋爱的成功率更大。

（2）建立合理的自我心理防卫机制。

心理防卫是指当个体处在挫折与冲突的紧张情境时，心理活动中具有的自觉或不自觉地解除烦恼、减轻内心不安、恢复情绪平衡与稳定的一种适应性倾向。对待失恋不妨尝试采用以下心理防卫机制。

① 合理利用酸葡萄心理。

吃不到葡萄就说葡萄酸往往是指个体遭受挫折或无法实现自己的目标时，使用有利于自己的理由来为自己辩解，以隐瞒真实感受和动机，从而使自己得到解脱的一种心理防卫机制。失恋者可以为自己找一个理由，使自己从失恋的痛苦中解脱出来，也可以通过降低对方在自己心目中的位置，来冲淡内心的痛苦和沮丧。比如，用一些调侃性话语（如"天涯何处无芳草，何必单恋一枝花""走自己的路，让他/她后悔去吧"）来安慰自己，这样可以起到平衡挫折心理的作用。

② 积极发挥升华的作用。

这是指个体把被压抑的不符合社会要求的原始冲动或欲望，用符合社会要求的方式表达出来。当遭遇爱情挫折时，人们会本能地产生一种破坏性的攻击欲望，这种攻击欲望可能指向他人，也可能指向自己。而这种攻击欲望是难以为社会道德和社会规范所容忍的。在这时，如果失恋者能将这种欲望以一种崇高的、有利于社会和本人的方式表达出来，就有可能大大缓解个体的痛苦情绪。比如，恋爱受挫时，失恋者可以将时间和精力投入到学习、写作、绘画等事情当中去，以抒发自己被压抑的情感。

③ 利他。

这是指失恋后，失恋者采取一种行为，不仅能缓解自己的情绪，又有利于他人，同时能赢得社会赞许。失恋之后，失恋者要明白，既然"覆水难收"，何必折磨自己又纠缠对方呢？也可以试着站在对方的角度和立场上考虑一下。虽然失去了爱情，如若处理得当，或许双方还可以建立起友情。

④ 恰当使用幽默。

幽默是一种较为成熟的心理防卫机制。当处于失恋的境地时，失恋者或许可以用幽默的语言或行动来表达被压抑的情绪，这对降低挫折情绪有积极的意义。

⑤ 顺其自然。

这是指失恋者要认清情感活动的规律，接受令人厌恶的情绪，接受自己可能出现的各种想法和念头，接受已经发生的现实；应该直面现实，在承受痛苦的过程中磨砺自己，在接受现实的同时，用最有效的办法去补救，将代价和痛苦降至最低。

二、择偶

择偶是指社会成员选择配偶的行为，它以婚姻为目标。作为婚姻制度的一个环节，择偶比较容易受到外部影响，同时在一定程度上体现了当事人的喜好和意志。择偶是人生的重大事件，因为这决定了一个人将和另外一个异性建立起一个新的家庭，这个家庭的和谐稳定状况不仅对夫妻双方的婚姻关系是否幸福有直接影响，而且直接决定了家庭作为一个社会的细胞是否能够积极发挥其功能，进一步关系到社会的稳定。

虽然择偶与恋爱有着相似性的一面，但是择偶与恋爱从本质上讲又是不同的。择偶是一种社会性行为，而恋爱是一种个人性行为；择偶是一种动机复杂的理性行为，而恋爱则是动机单纯的情感行为。择偶是恋爱的一种结局，但择偶不一定要以恋爱为前提。当然，恋爱与择偶在很多时候是重合的，尤其是在现代社会。

（一）择偶的相关理论

择偶观是指人们在挑选配偶过程中所持有的价值判断和态度倾向，它是人们婚姻意愿的一种体现，从一定意义上说也是现实社会价值观念的一个缩影。总的来说，我们可以从两个角度来解释择偶行为：一是从个人角度，二是从社会文化角度。

（1）从个人角度解释择偶行为。

从个人角度对择偶行为的解释主要包括生物学解释和心理学解释两个方面。生物学解释认为，人们之所以择偶，是因为受人的生理本能的驱使，因此，人的择偶行为是一种由遗传形成的先天性的行为。心理学解释则主要包括父母偶像理论和需要互补理论等。父母偶像理论是弗洛伊德及其追随者根据精神分析法研究得来的。该理论认为，作为儿童时期恋母情结或者恋父情结的延续，人们长大之后总是倾向于寻找与自己父母类似的人结婚。例如，儿子成年之后可能会选择与自己母亲气质相似的女子作为妻子，女儿成年后可能会选择与自己父亲气质相似的男人作为丈夫。美国社会学家温奇提出的需要互补理论认为，人们倾向于选择那些能满足自己内在心理需要的人作为自己的配偶。有学者更进一步提出，所谓的互补更多地表现在性格、气质和生理特征方面，这些方面具有互补性特征的异性往往更容易相互吸引。

（2）从社会文化角度解释择偶行为。

从社会文化角度对择偶行为的解释则比较注重社会因素（如职业、经济地位、家庭背景等）对择偶行为的影响。从社会文化的角度来看择偶，可以发现人们在择偶中并不是自由的，而是深受社会规范的控制和影响，选择谁做配偶其实并不是个人的自由选择，虽然有时候看似是个人的自主决定。

关于人们为什么要择偶，在择偶中倾向于选择什么样的人，择偶过程受哪些因素的影响等，研究者们从不同的角度提出了自己的观点。

1. 同类匹配理论

同类匹配理论认为，无论是男性还是女性，择偶时多倾向于选择与自己的年龄、受教育程度、种族、宗教信仰、居住地、价值观、社会阶层，以及角色认同等相近或类似的异性为配偶。其中，价值观的相近对人们择偶行为的影响尤为重要。共同的价值观使得人们在心理上更容易接近，也更容易互相吸引。在择偶过程中，价值观相近可以促进双方感情的满足，加强彼此的沟通，双方会有更多的共同语言。具有相近价值观的人往往具有共同或者相似的社会文化背景，这样，传统择偶规则"门当户对"的合理性就可以得到解释。虽然同类匹配理论尚有争议，但研究者们基本上都同意，同质因素在择偶过程中具有很大影响力，特别是习惯、家庭背景和价值取向方面的相似对于择偶和以后婚姻生活的顺利与否具有重要意义。

2. 社会交换理论

社会交换理论倾向于把择偶看成一种交易行为。该理论认为，人们是否被某一特定的异性吸引，是由该异性所能提供的资源决定的。持这种观点的学者认为所谓的经济理性不仅存在于市场关系和人们的经济行为当中，也存在于包括友谊、爱情和婚姻在内的几乎所有的社会互动行为之中。择偶本身也是一个理性选择的过程。例如，有的男性用较高的社会经济地位去获取美丽女性的芳心，有的女性则通过嫁给比自己条件优越的男性来改变自己的经济地位等。这种交换如果能得到双方的长期认可，往往也可以维持稳定、和谐的婚姻生活。

3. 择偶梯度理论

择偶梯度理论认为，男性倾向于选择社会地位、受教育程度、职业阶层、薪金收入等与自己相当或比自己低的女性作为自己的配偶；而女性则倾向于选择社会地位、受教育程度、职业阶层、薪金收入等比自己高或与自己相当的男性作为自己的配偶。这就是婚配模式中的"男高女低"模式。尽管男性由于其较高的社会经济地位在婚姻选择中一般处于优势，女性却也可以依靠自己的资本（美貌、持家能力强等）实现向上流动。这一理论的形成与社会对男女社会性别的建构导致的男尊女卑现象有着密切的关系。

4. 序列理论

也有的学者试图把前面几种解释择偶行为的理论解释综合起来，序列理论就是这种尝试之一。美国心理学家克尔科霍夫和戴维斯提出的"过滤"理论认为，在择偶的早期，双方类似的宗教信仰、受教育程度和父亲的职业等因素发挥着主导作用。随着双方关系的深入发展，价值观一致对人们择偶行为的影响越来越大。这个理论表明，人们在择偶和交往过程中，前后的预期并不始终一致，而会发生变化。美国心理学家博尔顿更是把择偶看成一种发展的过程，他认为，也许人们不仅应当根据形成互动情景的变项来研究择偶，而且应当根据关系形成的过程和某种社会环境中个体间交易达成的过程来研究择偶，后者决定了关系的走向，并影响了进入婚姻时的承诺。美国学者默斯登则提出，择偶序列包括"刺激—价值—角色"三个阶段。在刺激阶段，一方的人格气质会吸引另一方，使得彼此产生一种好感。如果双方想进一步交往，即进入"价值"阶段。在这个阶段，双方在交谈过程中会对双方在生活、政治、宗教信仰、对性的态度以及男性和女性在社会和家庭中所扮演的角色等的观念进行比较。如果他们了解到彼此具有很多类似的价值取向，那么就会进一步交往。不过，由于言语表达并不能体现一个人的真实情况，因此有必要观察对方在现实生活中的实际表现，这就是"角色"阶段。这时候，双方不仅要彼此信任，而且要评估对方的缺点，并将其与自己的相容度进行比较。经过多方面的权衡后，人们就可以决定是否进入婚姻阶段。

（二）影响择偶的因素

人们的择偶行为实际上受到多种因素的影响和制约。这里主要介绍个人因素、家庭因素、社会规范和风俗习惯，以及地域因素对择偶行为的影响。

1. 个人因素

在择偶过程中，个人因素会对择偶行为产生最直接的影响。

(1) 生理条件。

影响择偶行为的生理条件主要包括年龄、相貌、身高、身材、健康状况等。就年龄因素而言，中国的婚姻传统一般是男比女大，但女比男大的情况也有，民间曾流传着"女大三，抱金砖"的说法。在当今的择偶行为中，男比女大依然普遍。相貌、身高、身材也一直是人们在择偶过程中较为关注的因素。在两性交往中，个体的外表形象是引起异性好感和爱慕之情的重要因素。一般情况下，男性在择偶过程中更加关注女性的容貌和身材，女性对男性容貌的关注度相对较弱，她们往往对男性的身高有一定要求。除了年龄、相貌、身材等，人们在择偶时对对方的健康状况也很重视。

(2) 除生理条件之外的个体属性和能力。

除生理条件之外的个体属性和能力主要包括性格、人品、文化水平、职业、经济收入、爱好等。双方性格如何，人品怎样，与婚姻成败有非常直接的关系。因此，人们在择偶过程中也比较注重这些方面。人们通过择偶行为调查发现，与家庭生活密切相关的个性品质是最受关注的点。在考虑个性、人品等个体主观因素的同时，人们在择偶过程中越来越关注学历、职业等，同时依然看重住房、收入、积蓄等显性的经济实力。

2. 家庭因素

尽管个人因素对于择偶行为具有重要且直接的影响，但择偶历来不是轻松的、纯属个人的自由选择。

在当代青年的择偶行为中，"门当户对"的观念仍然起着重要作用，只不过它的内涵被赋予了新的时代特色：除了依然强调家庭的社会经济地位外，人们越来越关注文化上的"门当户对"，即双方在生活习惯、思维方式、价值观、兴趣爱好等思想观念方面的相似性。而一个人的文化素养、气质修养与家庭环境的熏陶和父母的影响分不开。因此，家庭因素也是影响青年人择偶行为的重要因素。当代青年虽然在择偶过程中拥有了自主权，但是在择偶时依然会受到父母和亲友的影响。如果父母和亲友普遍持赞同态度，那么双方当事人结合的可能性就更高。

3. 社会规范和风俗习惯

缔结婚约是一种社会行为，而以婚姻为目标的择偶行为也是如此。一个人到底选择什么样的人作为自己的人生伴侣受社会规范和风俗习惯的影响和制约。在一定的社会历史时期，个人的偏好也罢，家庭的标准也罢，都存在相当大的稳定性和一致性，这实际是对时代特征的反映。在现实生活中，人们的择偶行为往往是一定的法律规范、伦理观念、风俗习惯等综合作用的产物。每个社会都有一套婚姻制度，这其中就包括择偶的各种社会规范和风俗习惯，它们会规范或限制人们择偶的范围、方式与行为，并对违反常规的择偶行为形成巨大压力。例如，我国就有"同姓不婚"的古训，娶妻避其同姓，便是择偶排斥血亲的反映。现代社会虽然不再绝对限制同姓婚姻，但依然有诸如禁止近亲婚配等法律规定。风俗习惯的力量很强大，例如，有的地方把婚姻看作是一种命中注定的安排，因此，在择偶的时候要祈求神灵的保佑，而且希望得到祖先的许可和保护。再如，在中国传统社会，择偶时人们不仅要考虑对方的家庭背景、外貌、性格气质、受教育程度、职业等因素，还会考虑对方的生肖、生辰八字等。随着社会的发展，择偶的社会规范和风俗习惯也在不断发生变化，总的来看，人们在择偶时的自由度在不断扩大。

4. 地域因素

由于各地自然资源、风俗民情和经济发展的不平衡，地域因素对人们的择偶行为也有一定的影响。例如，经济相对富裕的农村的姑娘都不愿远嫁，尤其不愿嫁到经济条件差的地方。实际上这一现象不仅存在于乡村，也同样存在于城市中。

择偶的动机和标准并不是固定的，会随着社会变迁而发生变化，也会随着人们所处生命周期的阶段不同而发生变化。例如，在青年时代，人们往往追求完美且较为理想化，在择偶时因机遇或条件限制，没能遇上理想的意中人，等自己年龄越来越大时，人们会逐渐调整期望，降低标准，更加务实。通过多年婚姻生活实践之后，人们可能有新的感悟并对原先的择偶标准进行反思，然后会变得更切合实际。

三、结婚

（一）婚前准备

婚前准备是指结婚之前男女双方进行的相关准备。广义的婚前准备包括择偶和恋爱的过程等，而狭义的婚前准备仅仅是指男女双方从确定要结婚直至正式结婚之前所做的准备工作。这里介绍的是狭义的婚前准备。

从浪漫的恋爱进入现实的婚姻，对男女双方而言都是一个重要的节点，当事人需要在许多方面做好准备。婚前准备对结婚过程和婚后的夫妻婚姻生活有着非常重要的影响。

总的来看，婚前准备主要包括心理准备、知识准备、物质准备和法律准备四个方面。其中，心理准备是指双方应在心理上对婚后的生活变化（如双方婚后个人生活空间的变化、生活内容的变化、人际关系的变化、角色的变化等）有一个大致的预期，以便做好适应性调整。如果是再婚，还要对处理与继子女的关系有一个预估。婚前的知识准备主要是指学习处理家务和婚姻生活问题的方法，如生理知识的准备（怎样形成和谐的性生活和良性的两性交往）、家政的安排（如何使得家庭这个社会经济单位健康稳定地运转）等。婚前的物质准备是建立一个新的家庭所必不可少的物质基础，包括住房、基本的家用电器、日常生活必需品等。法律准备则是现代社会越来越看重的一个步骤。人们越来越意识到，婚姻是一种契约关系，通过签订婚姻契约，双方可以在婚姻生活中维护自身的合法权益。

具体来看，婚前准备可以着重从以下几个方面着手。

1. 审视双方的性格、习惯及兴趣

性格不合、生活习惯不同、兴趣与爱好不相近，都可能成为婚姻关系的绊脚石。恋爱阶段，在浪漫温柔的情感面纱下，男女双方会尽量掩饰自己的各种缺点，也常会忽视自己与对方的各种差异,认为爱情可以超越一切。然而,从"恋人"到"夫妻"是一个很大的跨越,其中的反差是巨大的。如果婚前的期望值太高,婚后失望的概率就会很大。所以,在双方正式决定要结婚之前,应该认真、平静、理性地权衡对方是否真正适合自己。

2. 学习有效沟通

婚姻生活中夫妻发生冲突,往往起因于双方缺乏沟通或者不能有效沟通。在恋爱阶段,当发现对方在性格、习惯、兴趣爱好和为人处世的方式等方面与自己有不同之处时,人们总是认为或希望对方婚后能够发生改变。事实上,有时候要求对方改变是比较困难的,当对方也有如此预期时,最终可能会导致双方互不相让、难以沟通。建立有效的沟通方式有助于减少婚姻生活中的不稳定因素。首先,双方都应该认识到人不会十全十美,夫妻之间的差异是客观存在的,由此而引发矛盾和冲突也是不可避免的。这样,双方才能够正视眼前面临的婚姻问题。在此前提下,向对方坦诚提出自己的观点,并尝试站在对方的角度来看问题,来了解和接纳对方,互相让步,共同制定出一个双方都可以接受的折中目标,从而减少冲突。有效的沟通是开诚布公的。在有效的沟通中,双方能耐心聆听对方的观点、意见,也愿意坦诚表达自己的观点,倾诉自己内心的感受。当双方发生冲突时,切不可陷入"冷战"。同时,应尽量站在对方的立场来看待彼此的感受,调整自己的行为。结婚前,双方经常把有关自己的各方面经历、感受与对方进行交流,不仅能增进对彼此生活状况的了解,而且能让彼此真切感受到亲密和尊重。

3. 学习处理冲突

男女在恋爱阶段出现意见不合时,大多会迁就了事,或者一方主动退让以免伤及感情。结婚之后,共处的时间变多,需要共同决定的事情多了,产生摩擦和冲突的机会也自然大为增加。因此,婚前要学会以建设性的态度来处理纷争,不要在冲突中强行斗出胜负,而应争取双方能够就争议的事情达成一致。有效的处理冲突的方法是双方尽量平和、清楚地说明各自的观点、想法和感受,站在对方的角度去体会各自的立场,并尝试以互谅互让的态度来寻求一致。建设性地排解争执,不但可以使双方更深入地相互了解,而且可以使双方在争执中体会到彼此真挚的爱。

4. 了解彼此对婚姻的期望

应该承认,择偶本身是一个复杂的理性选择行为。尽管如此,我们仍然必须意识到哪些是婚姻生活中永恒的因素,哪些是可能消失的因素。在决定举行婚礼之前,男女双方都应该问自己:结婚的动机是什么?是为了单纯的感情,还是被对方的相貌、人品、能力、钱财或者社会经济地位所吸引?自己对婚姻的实际期望值是多少?自己和对方分别想在婚姻中得到什么?如果双方是基于互相爱慕,想勠力同心去组建一个美好的家庭,并愿意为此同甘共苦,那么未来的婚姻生活满意度就会较高。

5. 认识夫妻角色及分工

很多婚姻之所以会出现危机,常常是家庭职能发挥上出现了障碍。"男耕女织""男主外、女在内"是中国传统的夫妻角色分工。这种分工模式仍然被现代社会的许多家庭所认可。婚姻生活总是涉及许多的琐事,如经济收入及分配、打理家务、照顾老人和子女等。而从夫妻关系的角度来看,则涉及夫妻权力或者权威分配的问题。其实并没有一个可以通用的角色分工模式可供借鉴,传统的不一定就是封建的,现代的也未必就是好的。最好的方式是根据各自家庭的实际情况,采取适合自己的角色分工模式。例如,如果妻子在赚钱养家方面比丈夫更有优势,就不应强求"男主外、女主内"的分工模式。夫妻在结婚之前应该对彼此的优势、能力等有正确的评估,对婚后的角色分工达成一个大致的默契,这样可减少婚后的争执和冲突。

6. 性和生育计划安排

准备结婚的男女应了解一些相关的性知识,包括异性的性器官组织、情欲反应、受孕和避孕的知识与方法等。这是和谐快乐性生活的前提。性生活与生育密切相关。随意的怀孕和堕胎不仅危及女性的身心健康,也直接影响到夫妻的感情。因此,结婚前男女双方可事先对未来的生育有所计划和安排,男女双方婚前最好在这些方面达成基本的共识。

7. 家庭财务预算安排

家庭是一个经济单位,结婚前男女双方应该对未来的生活进行财务预算和安排。其中包括新婚住房安排、结婚费用,也包括结婚之后的家庭经济管理模式。类似这样的计划最好是由夫妻双方共同协商,在婚前初步达成一致。

8. 重视双方的姻亲关系

婚姻绝非夫妻两人的事情,婚姻的重要功能之一就是扩展人际关系和社会支持网络。因婚姻而产生的姻亲关系是我国社会一种重要的社会资源。准备结婚的男女双方对此问题应该有一定的了解和认识,并可在婚前对婚后将要涉及的姻亲关系进行协商,作出规划和安排。其中会牵涉到一些非常细节的安排,包括如何赡养双方父母、如何对待长辈以及各种"人情"计划等。一方面,夫妻二人要以平等的态度来对待双方的父母和亲戚;另一方面,由于不同地区的社会习俗差异很大,来自不同地区的夫妻两人由此而出现的争议也较多。在这点上,男女双方要把握"入乡随俗"的分寸和原则,尊重彼此对待姻亲关系的习俗,切不可用自己的习惯和标准去强求自己的配偶。类似的方式也可以运用于对待双方的朋友群体上。

9. 做好其他具体准备工作

除上面列出的几个方面外,婚前准备还包括涉及双方的一些事务性工作。其中比较重要的有下列工作:① 婚前健康检查。虽然中国现行规定婚检自愿执行,但是从以后婚姻生活和生育子女的健康角度考虑,准备结婚的新人还是应该进行婚前体检,以获得一个适应未来生活的指导,以及如何注意体内潜藏的不利因素对生活的影响。② 双方父母的沟通。婚姻不仅是一男一女的结合,还是双方家庭之间的联姻。婚前应安排双方父母有所接触和沟通,以化解分歧,协助将要成立的家庭做好家庭计划等。③ 做好婚礼的诸项计划和安排。如举行婚礼的时间、地点、规模、邀请的人员、婚礼的程序安排、婚礼需要的物品、组织人员、婚房的装修和布置等,这些都要做好计划和安排。

(二) 结婚的规范

现代社会的结婚规范包括法律规范和社会习俗两部分。这两部分相互配合,共同制约着社会成员的结婚行为和过程。法律规范带有强制性,社会习俗则具有软约束力。一般来说,结婚包括两个层面的含义,即法律层面和习俗层面。法律层面的结婚是指男女双方按照法律的规定确立夫妻关系的过程;而习俗层面的婚姻则是指男女双方按照传统的社会习俗确立婚姻关系的过程。这两个层面的结婚可以重合,也可以不重合。

1. 结婚的法律条件与程序

《中华人民共和国民法典》(以下简称《民法典》)中《第五编 婚姻家庭》有如下规定。

结婚应当男女双方完全自愿,禁止任何一方对另一方加以强迫,禁止任何组织或者个人加以干涉。

结婚年龄,男不得早于二十二周岁,女不得早于二十周岁。

直系血亲或者三代以内的旁系血亲禁止结婚。

要求结婚的男女双方应当亲自到婚姻登记机关申请结婚登记。符合本法规定的,予以登记,发给结婚证。完成结婚登记,即确立婚姻关系。未办理结婚登记的,应当补办登记。

登记结婚后,按照男女双方约定,女方可以成为男方家庭的成员,男方可以成为女方家庭的成员。

一方患有重大疾病的,应当在结婚登记前如实告知另一方。

只有在办理结婚登记以后,婚姻关系才具有法律效力,受到国家的承认和保护。进行登记是结婚必经的法定程序,也是结婚唯一的法定程序。实行婚姻登记制度,是严格执行《民法典》,保护婚姻关系的需要,同时可以提高当事人的法治观念,有利于减少纠纷,维护安定团结,保护当事人的合法权益。

2. 结婚的习俗

婚姻一般都要经过嫁娶仪式,结婚习俗也皆是围绕着嫁娶仪式展开的。我国自从周代开始,就已经形成了一套较为完整的结婚习俗,即"六礼"。六礼即纳采、问名、纳吉、纳征、请期、亲迎,最早见于《礼记·昏义》,是指从议婚至完婚过程中的六种礼节,实际也是婚礼的六个阶段,以后各代大多沿袭周礼,但名目和内容有所变化。

现在我国各地的结婚习俗不尽相同,但基本都围绕"六礼"展开。六礼的演变形式颇多,但其要义是在结婚之前有"订婚"过程。因此,如果要简单归纳传统结婚礼仪的组成,就是"订婚"和"结婚"两大步骤。所有的社会习俗都没有脱出"订婚"和"结婚"两大步骤的框架。各种习俗只是在订婚习俗和婚礼习俗上有些具体区别。

在现代社会，尽管法律意义上的结婚与习俗意义上的结婚发生了分离，但是对于大多数人来说，举行婚礼是结婚必不可少的形式。婚礼带给新人成家的喜悦，在收获祝福的同时，也让他们更加明了即将要扮演的角色，以及角色赋予的权利、义务与责任。许多家庭会力求使婚礼办得隆重、体面和喜庆，这主要是希望新人婚后的生活能美满、幸福。

随着社会的不断变迁，与传统的"六礼"相比，现代结婚习俗大大简化，很多习俗只保留了形式，其内容已今非昔比，而且体现了个性自由、男女平等的时代风尚。当代社会兴起了各种形式的婚礼，如带有宗教仪式的婚礼、公证结婚、旅游结婚、集体婚礼等，至于采取哪种形式，主要取决于新人的想法，以及与双方家长的沟通和协商。

案例分析

案主："我和我老公属于闪婚，刚开始觉得他很成熟、稳重，我很崇拜他，于是我们就结婚了。可是现在结婚一年了，我觉得我们根本没有共同爱好和共同语言，而且我感觉他对我很冷淡。我觉得很压抑、很难受，没有了快乐，我的身体状况也不好了，我感觉自己就好像被抛弃了一样。我该怎么办呢？"

问题：
为什么会出现案例中的情况？择偶应该考虑哪些因素？

✔ 任务三　掌握婚姻解体过程辅导的技术与方法

任务体验

1. 每 6 人为一组，各小组在组内展开辩论：
论点一，婚姻危机是由大事件导致的；
论点二，婚姻危机是由小事件日积月累导致的。
2. 分组讨论婚外恋或家庭暴力的危害，以及干预思路与技巧。

S 任务分享

1. 各组分享本组辩论过程和结果。
2. 各组对分组讨论的结果进行总结，并选出代表在班里进行分享和交流。

 任务总结

阐述该任务的目的和意义,对任务体验和分享交流效果进行点评。

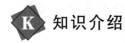 知识介绍

一、婚姻问题和婚姻调试

(一) 婚姻压力、婚姻冲突和婚姻危机

1. 婚姻压力

婚姻问题多半源于婚姻或家庭的压力,如处理不好,很容易导致婚姻冲突和危机。在家庭生活的不同阶段,人们面临着不同的压力源(如表4-1所示)。

表4-1 家庭生活不同阶段的不同压力源

家庭生活的不同阶段	压力源
建立婚姻关系	1. 如何获得配偶的接纳 2. 如何获得配偶家人的接纳 3. 如何处理自己与生长家庭间的关系 4. 昔日朋友的干扰
生育第一个子女	1. 如何接纳家中的新成员 2. 女性将可能失去与工作伙伴之间的友谊
孩子上学	1. 面对孩子由家庭进入学校的压力 2. 如何接纳孩子的老师、朋友、同学
配偶的工作发生变化	1. 如何面对外部环境对家庭的冲击 2. 处理因工作变动而引起的搬家问题 3. 面对事业或调职对家庭的影响
子女青春期及离家	1. 如何面对子女青春期的各种问题 2. 子女学业、感情、事业问题对父母的影响 3. 如何接纳子女的异性朋友
家庭中加入其他成员	如何照顾领养的孩子或前夫(前妻)的子女
父母过世	如何面对父母过世带来的痛苦
失去配偶	1. 如何面对配偶过世或离婚带来的痛苦 2. 处理新的家庭及人际关系
再婚	1. 如何被新配偶接纳 2. 如何被新配偶的家人接纳 3. 如何处理与原有家人和亲友之间的关系
单身	1. 如何与生长家庭中的家人维持和谐关系 2. 如何被朋友、同事接纳

资料来源:彭怀真. 婚姻与家庭 [M]. 台北:巨流图书公司,1996:157.

通过表4-1我们可以看到,家庭生活的不同阶段有不同的压力源,期望压力不存在是

不现实的。组建家庭之后,夫妻双方应该就各个阶段的角色、责任、情感等方面的变化进行适应和调整,在遭遇大的压力事件时,夫妻双方应齐心协力,共同努力,化解冲突,以保持婚姻的生命力。

2. 婚姻冲突和婚姻危机

婚姻冲突和婚姻危机都是不良的婚姻关系。婚姻冲突是指夫妻双方存在对立或不一致,在利益、需求、计划和愿望上经常发生冲突,导致夫妻感情处于明显的、持续的不良状态。婚姻危机则是指夫妻各自的情趣与需求特别尖锐地对立,夫妻持互不容忍甚至敌对的立场,无法达成让步与妥协,并影响到家庭生活的重要方面,夫妻感情濒临破裂,家庭面临解体的危险。危机意味着冲突严重,当前矛盾对婚姻造成了较大的破坏,使用常规方法不能应对,需要进行变革,否则无法继续正常的婚姻家庭生活。

导致婚姻冲突的因素有很多,如夫妻性格不合、婚前了解不够、生活习惯差异、争夺家庭权力及资源、第三者介入、经济压力与纠纷、事业压力、子女教育上的分歧、偏差行为(如酗酒、赌博等不良行为)、性生活不和谐、长期分居、观念差异、亲属关系处理问题、家庭角色错位等。

导致婚姻危机的常见因素有婚外恋、家庭暴力等,这些行为的后果往往恶劣、严重,给婚姻带来无法弥补的创伤和致命的打击。此外,日常生活中日积月累的矛盾(如家务劳动分工、子女教育问题、不良生活习惯、婆媳矛盾等)也常常是婚姻危机的导火索,不能将其视为小问题而忽视掉,而应该及时妥善地应对和解决,这样才能使婚姻之树常青。

(二) 婚姻调试

婚姻生活中压力和冲突是不可避免的,婚姻需要双方不断努力磨合才会幸福。夫妻应该在互相信任的基础上树立危机意识和变化意识,不断去了解对方的想法和期望,接纳和适应彼此的改变。一般来说,婚姻调适主要包括以下几个方面。

1. 重视磨合期的调整和适应

一般夫妻新婚之后都会经历一个婚姻磨合期,这个磨合期少则几个月,多则三五年。婚前与婚后、"理想"和"现实"的巨大反差,主要是在婚姻磨合期体现出来的。在婚姻磨合期,新婚夫妇要经历各方面(如生活空间和内容的变化、家务的安排、经济收入的分配、双方各自的亲属卷入、家庭与事业需要兼顾等)的调整和适应。磨合期是夫妻离婚的第一个高发期,平稳度过磨合期,对构建良好的夫妻关系起着非常重要的作用。夫妻双方的互相协商、宽容、妥协和开诚布公的态度有助于平稳顺利地度过磨合期。

2. 保持爱情之树常青

很多度过甜蜜浪漫恋爱期的恋人,在结婚后却发现,原本浪漫的爱情很快就被各种争吵和冲突所取代。结婚之后因忙于工作、照顾子女和处理家庭事务等,夫妻双方的感情交流和沟通逐渐变少,久而久之共同语言也越来越少,感情因而出现裂痕。这些夫妻没有意识到，爱情是一棵需要不断浇水施肥才能保持常青的大树，呵护感情、营造新颖浪漫的爱情生活是一生的任务。保持爱情之树常青的具体方法有很多，如携带子女一起出去旅游，体验合家团聚的天伦之乐；留出只属于夫妻两人的空间和时间；重新回到婚前约会恋爱的场所，回忆当初热恋的美好时光；在一些特别的日子送礼物给对方，给对方一个惊喜等。与此同时，双方要经常关心对方的事业发展，寻求共同的兴趣爱好，订立共同的生活目标，让彼此都感受到这是一个真正"志同道合"的家庭。总而言之，夫妻双方应该注意爱的艺术和技巧，呵护、充实自己的婚姻生活。

3. 构建良性的家庭沟通模式

善于沟通的夫妻大都能够把握一个原则，即赞赏对方的优点，感激对方的付出，哪怕是微不足道的付出。而那些沟通不善的夫妻却与此相反：尽管配偶为整个家庭付出了很多，自己却视而不见，甚至认为配偶的付出是理所当然的，更有甚者还会"变本加厉"地索取。这种处事方式无疑将伤害夫妻之间的感情。人无完人，所以也没有十全十美的伴侣，爱一个人不仅要欣赏对方的优点，也要接纳对方的缺点。当夫妻双方开始承认和接受对方有缺点这样一个不可回避的事实时，彼此才可能平和地进行沟通，进而采取更积极的行动。良性的家庭沟通模式应当是以维持夫妻关系为目的，以相互宽容为基础，以适当批评为手段，并且批评的方式一定要婉转适当，使对方能够接受，不适当的批评将会使对方产生强烈的逆反心理，不仅无助于纠正对方的缺点，甚至会伤害夫妻的感情。

4. 调整婚姻期望值

婚姻期望值的高低对是否发生婚姻危机有较大的影响。不少夫妻结婚之后发现，婚姻生活越来越乏味。发生这种情况的原因很复杂，其中一点与人们对婚姻的预期有关。在婚前，人们对婚姻的预期更多是情感方面的。结婚后，人们对婚姻的期望则更多是功利性的，人们不但习惯于拿婚前的"理想"来比照，而且还要和周围人的婚姻生活进行比较。其结果便是，"理想"与"现实"之间产生巨大差距，主观判断上也认为自己的婚姻质量不如别人，从而产生极大的失落感。实际上，很多人对自己的婚姻生活不满意，很重要的一个原因是对婚姻生活的认识和期望存在误区。有的夫妻发生冲突，就是认为自己的物质生活水平不如别人。人们对婚姻满意度的评价是一种主观判断，与客观状况并不总是一致的。物质生活水平高的夫妻，对婚姻的满意度不一定高；反之亦然。在现实生活中，有这样的经验观点：人们大都希望与配偶"同甘共苦"，而事实往往是，有的夫妻能够"共苦"但不能"同甘"，而有的夫妻则能够"同甘"但不能"共苦"。之所以出现这种情况，与夫妻各自对婚姻的预期有直接关系。人们应该根据家庭生活环境的变化适时调整自己的婚姻预期。

5. 构建诚信的夫妻关系

很多夫妻的矛盾和冲突，往往起源于双方互不诚实、互不信任。虽然夫妻双方都知道"勠力同心""同舟共济"是维持婚姻关系的根本原则，然而现实婚姻生活中要真正做到这些并不容易。夫妻之间不诚实守信的表现是多方面的，经济上的、感情上的、行为上的，都可能存在。如果夫妻间互不信任，长此以往，将会严重损害夫妻间的感情。因为一旦一方发现另一方隐瞒了某些事实，很可能采取类似的"报复"措施，双方可能由此陷入恶性循环，最终严重损害夫妻间的信任关系。即便有时隐瞒真相的出发点是好的，这种做法也并非长久之计。如果在婚姻生活中为了某些特殊的原因确实不得不隐瞒对方，那么最好是等事情过了之后，再寻找一个合适的时机，向对方坦诚表白，并解释这样做的原因，以获得对方的理解。反之，如果一方发现配偶对自己有隐瞒行为，也不要急着下定论，而应该先弄清对方这样做的真正目的和原因。如果对方是出于善意或者不是故意的，则应该采取理解的态度，在表示自己理解对方做法的同时，提出委婉的批评，希望对方下次坦诚相告。

二、离婚

（一）离婚现象

20世纪80年代之前，国内离婚的人很少，人们甚至觉得离婚是一件羞耻的事情。但随着经济的发展和社会自由度的增加，婚姻自由成了普遍观念，离婚也逐渐被人们接受。民政部发布的《2021年民政事业发展统计公报》显示，2021年全年依法办理结婚登记764.6万对，比2020年下降6.1%。结婚率为5.4‰，比2020年下降0.4个千分点。依法办理离婚手续283.9万对，比2020年下降34.6%。这是在出台了离婚冷静期的规定后的数据，如果不是离婚冷静期的作用，离婚人数可能会比统计数据更多。

（二）离婚的原因

离婚的原因是多种多样的，可以分别从宏观和微观两个层面分析。

从宏观层面看，导致离婚的因素主要有以下几个。

（1）大量女性进入劳动力市场，获得了经济上的独立，不必再依赖丈夫生活，有能力和机会去选择更适合自己的配偶。

（2）随着工业化和城市化步伐的加快，传统的初级社会关系（如家族、邻里等）日益淡化，非正式控制手段对婚姻关系的约束与调适作用降低，曾经在熟人社会备受压力的离婚行为，在当代社会中变得更容易。

（3）随着改革开放不断深化，人们的婚姻道德观念发生变化，离婚行为受社会道德约束的力度减弱。

（4）大量社会成员流动频繁，夫妻两地分居的情况十分常见，使夫妻感情疏远。

（5）传统社会由家庭承担的各种重要功能在当代社会逐渐外移或者淡化，夫妻共同的责任与义务随之减少，从而导致维系婚姻家庭关系的传统纽带变得松弛甚至消失。

从微观层面看，导致离婚的因素主要有：婚外恋、性格不合、经济问题、亲属关系问题、性生活失调、家务矛盾、家庭暴力、两地分居等。具体包括以下一些因素。

(1) 恋爱的时间过短（双方彼此不够了解）。

(2) 几乎没有什么共同语言（因为相似的爱好是维持婚姻的一个纽带）。

(3) 结婚时太年轻（受教育程度低、收入低或不够成熟）。

(4) 民族、信仰、所处社会阶层、年龄、价值观差异（扩大配偶间的鸿沟）。

(5) 有同居史（有打破社会规范的经历）。

(6) 结过婚（没有对离婚的恐惧）。

(7) 没有子女（缺乏维持婚姻的理由）。

(8) 受教育程度低（收入低、压力大）。

(9) 住在都市（更大的匿名性，更少的社会制约）。

(10) 父母有离婚的经历（与修复关系相比，由于受父母经历影响，更倾向于选择离婚）。

(11) 缺乏沟通技巧（难以解决婚姻中的矛盾和冲突）。

(12) 丈夫失业（丈夫缺乏妻子的尊重，缺乏自尊）。

(13) 配偶或孩子有精神疾病，或有一方在坐牢。

(14) 孩子有严重疾病（引起精神紧张、财务紧张、时间紧张、夫妻感情紧张）。

(15) 配偶的自尊心不强（更强的嫉妒心，缺少爱与被爱的能力）。

(三) 离婚的影响和辅导

1. 离婚的影响

离婚会给男女双方及其子女以及社会都带来影响，这种影响可能是消极的，也可能是积极的。也就是说，离婚可能具有负功能，也可能具有正功能。

(1) 离婚对男女双方的影响。

① 离婚对男女双方的消极影响。

离婚对男女双方的消极影响主要有以下几个方面。

A. 精神创伤。对于大多数离婚的人而言，离婚是难以忘怀的大事件，离婚经历会给当事人造成难以愈合的精神创伤。对异性失去信任、对婚姻产生失败感、压抑、产生罪恶感、缺乏自信和孤独等，都是离婚后可能产生的问题。离婚者的自杀率、精神病发生率也比未离婚者高。

B. 生活质量下降和经济困难。离婚使一个家庭分裂成两个家庭，规模经济效益下降，原有家庭中的生活照料也由于另一半的离开而发生变化，导致生活水准降低。离婚还有可能导致经济困难，这也直接造成了养育孩子的困难。

C. 住房困难。离婚后一方要离开夫妻曾经共住的住房，所以离开的一方会有一定的住房压力。

D. 责任变大。主要是抚养孩子一方的责任变大。

E. 社会舆论压力。尽管当代社会对离婚现象已经比较宽容，但离婚后依然可能遭受社会舆论压力。

F. 对工作造成影响。离婚会对当事人身心带来不利后果，进而会影响其工作。

② 离婚对男女双方的积极影响。

离婚对男女双方的积极影响主要有以下几个方面。

A. 对于一些难以挽救的婚姻，离婚后当事人的生活满意度会提高。

B. 及时解除名存实亡的婚姻，有可能避免家庭悲剧的发生。

C. 离婚前的责怪和谩骂在离婚后不复存在，因此离婚后当事人可以恢复平静的生活。

D. 当事人重新拥有了自由，对自身的价值也有了新的认识。

E. 离婚者有机会开始新的婚姻生活。

（2）离婚对孩子的影响。

① 离婚对孩子的消极影响。

A. 对于孩子来说，父母离婚使得家庭原本具有的社会化、情绪支持、物质照顾等社会职能大为削弱甚至丧失，即使父母后来再婚，也很难替代原有家庭的职能。

B. 离婚可能导致物质条件和生活照料水平降低，不利于孩子健康成长。

C. 父母离婚后，孩子有可能产生强烈的自卑感、被遗弃感和怨恨感等，可能导致严重的性格缺陷。

D. 孩子正常的学习生活容易受到干扰等。

② 离婚对孩子的积极影响。

A. 在一个经常发生争吵、互相敌对的家庭里，孩子的心理也会受到损害，因此，这种情况下父母离婚可能给孩子带来更好的成长环境。

B. 不少孩子在家庭变故的挫折经历中成长、成熟。

（3）离婚对社会的影响。

婚姻稳定是社会稳定和家庭幸福的重要标志之一，许多家庭的不安定因素会波及社会，影响社会稳定。离婚不仅仅是单个家庭的事情，高离婚率会带来巨大的、长期的社会成本，如福利负担加重、高犯罪率、低毕业率和司法消耗的增加等。另外，离婚观念和离婚行为对社会风气的负面影响也不容低估。当然，从积极方面来看，离婚也反映了人们自由观念、自我意识和法治观念的加强，以及对婚姻质量的重视。

2. 离婚辅导

离婚辅导大致可以分为离婚之前的辅导和离婚之后的辅导。对于婚姻濒临破裂的家庭，可以采取多种方法介入，帮助当事人应对危机和调适家庭关系，尽量修复出现裂痕的夫妻感情，避免离婚的结局出现。对于已经离婚的当事人，应该侧重对其进行心理疏导，并链接资源提供支持，帮助其顺利度过离婚后最艰难的阶段。

离婚辅导可以使用多种方法，下面主要介绍个案工作方法、小组工作方法、社区工作方法和家庭治疗。

(1) 个案工作方法。

① 危机干预。

当婚姻发生危机时，如不及时调适，可能导致夫妻关系紧张乃至婚姻破裂。当案主的家庭生活发生显著的、急迫的事件而导致婚姻亮起红灯的时候，社会工作者可及时介入。危机干预的重点是与案主共同解决冲突，最大限度缓解矛盾，帮助案主渡过当前危机。在危机干预过程中，社会工作者可以通过支持和鼓励，不断地向案主输入希望，使案主恢复自信并能自主地去处理问题。在一些紧急事件（如因离婚导致的自杀倾向）的处理上危机干预常常发挥着非常重要的作用。

② 心理辅导。

对于处在婚姻危机中的夫妻，社会工作者应帮助其认识到离婚不是一件简单的事，它涉及种种后果，只有在对这些后果作出充分评估之后再作决定，才能将离婚后的创伤降到最低。在进行离婚之前的辅导时，社会工作者可以让案主重新回顾过去婚姻中的美好阶段，唤起往日的美好回忆，对自己现在的行为、期望和要求进行反思，思考离婚可能带来的影响，调整认知和行为，作出理性决策。

婚姻一旦破裂，夫妻双方都会承受各种压力。许多遭遇离婚的当事人，不仅在生活上可能陷入困境，而且在心理上也可能会出现失衡的情况。尤其是在离婚初期，心理的伤害是显而易见的。有的人离婚之后出现性格偏执、对生活失去信心、自暴自弃等情况，有人甚至有自杀倾向，或者产生报复心理。由于受到这些负面认知和情绪的影响，有的人会出现失眠、食欲缺乏、体重减轻等生理症状。遇到这些情况，社会工作者要鼓励案主进行自我心理调适，勇敢面对逆境，努力调整自己。虽然离婚的心灵创伤不能在短期内愈合，但社会工作者应尽量帮助案主挖掘抵抗逆境的潜能，帮助其慢慢掌控自己的生活。同时，社会工作者应告知案主离婚具有的正面效应，帮助其摆脱传统思想的束缚，重新面对生活，或者选择更合适的伴侣，组建新的家庭。

③ 链接社会资源。

对于因夫妻中的一方尤其是女性没有独立的经济来源而导致家庭危机的情况，社会工作者可以链接社会资源，寻求支持，以帮助当事人参加职业技能培训，寻找就业机会，实现经济独立。针对离婚后单亲家庭出现的经济困难，社会工作者可以寻求相关福利机构和社会组织的帮助，以解决单亲家庭迫切需要解决的物质问题。另外，支持不仅仅体现在物质方面，社会工作者也可以链接各种资源为当事人提供知识支持和精神支持。例如，对于面临家庭暴力的女性，可以向她们宣传法律知识，鼓励她们采取法律途径维权，同时鼓励她们寻求妇联等机构的保护，维护自身权益。

(2) 小组工作方法。

除了个案工作方法外，小组工作方法也可以用在离婚辅导中。小组工作中组员的经历往往比较类似，因此组员的近距离接触能为彼此提供心理慰藉，组员之间更容易产生共鸣。通过参加小组活动，组员可以分享各自的婚姻家庭经验、与伴侣的关系处理经验、育儿经验、与其他家庭成员交流的经验等。在小组中与其他组员的接触有助于激发人们的潜能，提高解决问题的能力，促进自身更好地解决婚姻问题。成员间的互助合作，也有助于缓解家庭紧张。

（3）社区工作方法。

对离婚的辅导可以在更宏观的层面实现。社区工作方法有很多，如开展主题社区活动。参加社区组织的家庭活动有助于丰富人们的婚姻生活，增加家庭的凝聚力，从而提高婚姻的稳定性和幸福感。也可以开展婚姻家庭教育，帮助人们了解婚姻责任，婚姻不同阶段易产生的问题及相关的生理、心理、法律知识和调适方式等，从而使人们正确地看待和处理婚姻中出现的矛盾与冲突，理智地面对婚姻。还可以在社区进行各种形式的宣传，宣传婚姻道德观念，帮人们摆脱思想禁锢，树立高尚的道德情操，减轻在婚姻危机中背负的舆论压力，为应对婚姻危机创造良好的外部环境。同时，可以督促家庭成员作为社区的一员承担相应的社会责任，尽量处理好家庭危机，构建和谐社区，从而促进社会的良性运行和协调发展。

（4）家庭治疗。

家庭治疗以家庭整体为对象进行干预，协助家庭正确对待和处理矛盾，以发挥健康的家庭功能。家庭治疗不着重于家庭成员个人的内在心理构造与状态的分析，而将焦点放在家庭成员的互动关系上，这对于婚姻家庭关系的调适往往有很好的效果。家庭治疗有不同的模式，社会工作者可以根据婚姻关系的不同特点和危机状况，采取合适的家庭治疗模式进行干预。

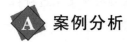

32岁的赵珊和丈夫李波结婚已经10年了，家中有个酗酒的父亲，还有两个未成年的孩子。在10年的婚姻生活中，丈夫李波维持一份工作最长的时间是18个月。他会和同事争吵，然后一走了之。他对工作产生挫折感，常常停滞几周甚至几个月没有工作，把时间花在睡觉、看电视或健身上。李波几乎在生活的所有层面上都是一个不负责任的人，他不愿意维持一份固定的工作，不愿意帮助妻子做家务，不帮忙教育孩子，只做自己想做的事情。李波对自己的父亲有着很深的愤怒，他把对父亲的愤怒都发泄在同事身上，因而无法保有一份稳定的工作，并已经深陷沮丧中。李波说他感觉不到赵珊的爱，他觉得自己不配得到她的爱，知道自己对赵珊未能尽丈夫之责，也不明白为什么赵珊还跟他在一起。酗酒的父亲总是批评贬低李波的一切努力。婚后这10年，赵珊不得不独立承担家庭中的财务以及所有其他生活方面的担子。她饱受困扰，不知道自己还能忍受多久。如果丈夫不愿意改变，她觉得她将来唯一的选择就是离婚。

问题：

（1）案例中的家庭存在哪些问题？原因是什么？

（2）作为社会工作者，你认为应该如何干预？

学习情境五

家庭关系辅导

理论学习目标
1. 了解夫妻关系的特征。
2. 了解亲子关系的类型和特征。
3. 了解婚外恋产生的原因及婚外恋的辅导理论。
4. 了解婚姻暴力的形式和特点。

实践学习目标
1. 掌握婚外恋辅导的技术和方法。
2. 掌握婚姻暴力的防治和辅导方法。
3. 掌握亲子关系辅导的技术和方法。

子情境一　夫妻关系辅导

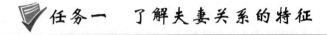

任务一　了解夫妻关系的特征

任务体验

自由组成 2 人体验小组,相互分享自己父母之间的关系特征。

任务分享

各小组分享交流本组对夫妻关系特征的认识和感想。

任务总结

对该任务的目的和意义进行解释和澄清。

知识介绍

所谓夫妻关系,是指男女双方通过合法的结婚手续,在性生活、社会生活和经济等方面过着共同生活的关系。婚姻是家庭的基础和起点。夫妻关系是家庭中最核心的关系。在明代的典籍《幼学琼林·夫妇》中就有"孤阴则不生,独阳则不长,故天地配以阴阳"的说法,这侧面反映出了夫妻关系的重要性。德国著名心理治疗大师伯特·海灵格在其《家庭系统排列》一书中,也表示家庭关系中夫妻关系才是核心关系,其他关系(如亲子关系等)都应该排在夫妻关系之后。

一、现代社会夫妻关系的主要特征

现代社会,家庭结构简单化、男女平等、出生率低、儿童教育和家务劳动社会化、妇女广泛就业、家庭生活水平提高,这一系列因素对家庭中的夫妻关系产生了重要影响。现代社会夫妻关系主要具有以下特征。

(一)男女双方以公认的形式结合为两性关系

夫妻关系是一种特别的亲密关系。虽然性生活只是夫妻关系的一部分,但是没有性生活的夫妻关系显然是不正常的。从人的一般关系看,性生活是最亲密的肉体接触。有这种关系的男女因亲密性而构成特别的关系,由于双方以身相许,男欢女悦,从而产生一种人与人之间的信任感。这种信任感对双方在生活上的亲密关系有促进作用,同时有助于促使夫妇间形成推心置腹的相互依赖关系。即便这种肉体上的接触缺乏人格的或精神上的爱,它至少也能使双方产生生物性的亲密感。如果夫妇在精神上互相敬爱,同时又保持经常的肉体接触,那么,他们相互间便会自然地产生纯朴真挚的亲密感。

(二)夫妻在经济、社会和生活中是一个整体

夫妻关系是爱情关系、性关系、经济关系、社会关系和法律关系的统一体。家庭实际上是一个小的经济单位,经济关系是夫妻之间的重要关系。男女结婚成家,就要解决吃饭、穿衣、住房、赡老抚幼等一系列的生活问题,就需要用夫妻共同的收入来支持家庭的

各种开销,夫妻之间的经济关系由此而生。夫妻关系同时也是一定的物质社会关系和一定的思想社会关系的结合。作为社会关系的特定形式,夫妻关系与社会诸关系有着密切的内在联系,它依存于一定的社会结构,具有一定的社会内容。

(三)夫妻是平等关系

夫妻双方在家庭内部是平等关系,夫妻各自保持思想和经济的独立,共同分担家庭义务。

(四)夫妻关系是其他关系的基础

养儿育女是夫妻的共同工作。孩子的出生会使夫妻关系发生巨大的变化,也许在夫妻双方分别体验了养儿育女的甘苦后,夫妻关系才能完善起来。需要注意的是,强调夫妻关系的第一位,不是说其他关系不重要,不等于不尊老爱幼。家庭中的其他关系也非常重要,但不是第一位的。一方面,亲子关系、婆媳关系等家庭关系均是夫妻关系派生出来的,没有夫妻关系,也就不存在其他这些关系。另一方面,良好的夫妻关系是建立其他关系的基础。夫妻相爱,孩子才会在爱的家庭中长大,并从父母的关系中明白什么是爱;夫妻相爱,彼此才会基于对对方的爱而去爱对方的家人。

二、当代中国社会的夫妻关系

在当代中国,核心家庭占了非常大的比例,夫妻关系开始成为家庭关系的轴心。同时,在夫妻关系中,夫权渐渐衰落,夫妻对爱情的需求提高,婚姻生活中的精神共鸣越来越被重视。具体而言,当代中国社会的夫妻关系主要呈现出以下几个特征。

(1)夫妻关系是家庭关系的轴心,家庭的实权主要掌握在作为家庭轴心的夫妻手中。

(2)从家庭权力分配形式看,主从型夫妻关系居少数,夫妻共同掌握家庭事务决定权的夫妻关系占主导地位。

(3)夫妻更重视情感交流与沟通,婚姻的生育职能被弱化,性爱的意义突出,夫妻在家庭决策和家务分配中逐渐脱离角色隔离倾向,并希望形成理想的伴侣式婚姻关系。

(4)夫妻冲突与离异数量增加。在离婚原因中,婚外恋、性格不合、感情不和、经济纠纷和性生活不和谐是主要原因。

任务二　婚外恋辅导

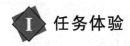

临时组成6人体验小组,结合具体案例讨论婚外恋产生的原因。

S 任务分享

各组分享本组讨论和总结的婚外恋形成的根本原因。

T 任务总结

对该任务的目的和意义进行解释和澄清。

K 知识介绍

一、婚外恋概述

(一) 婚外恋的含义

婚外恋又称婚外情,是指有妇之夫、有夫之妇与配偶外的第三者发生婚外恋情或自愿性的性关系的行为。只涉及感情而没有性行为的婚外恋称为精神上的外遇或精神上的婚外恋,属于精神上的不忠。在现实中,绝大多数情况是在感情和性两方面的越轨同时发生,因为感情与性往往是密不可分的。家庭社会工作主要关注的是后者。

婚外恋的高危人群为:有婚前性行为者;结婚许久,有婚姻倦怠感者;性生活质量差者;一方或双方认为婚姻质量差者;较独立者。一般来说,最容易发生婚外恋的危险期分别是婚后3~8年和11~19年这两个阶段。

(二) 婚外恋的原因

1. 内在原因

在婚外恋方面,男性和女性在心理和行为方式上存在巨大差异。男性出现婚外恋往往跟性爱有关,而女性则主要是出于感情方面的原因。男性喜欢寻求新鲜感和两性生活的刺激变化,特别是在身心压力大时,他们希望能在婚姻中和婚姻之外找回自信和心理满足,希望有善解人意的异性给予自己安慰和鼓励,希望在异性那里找到成就感,证明自己的魅力。女性出现婚外恋往往是丈夫不能满足自己的感情需求,当她们感受到其他异性对自己的真诚体贴和浪漫爱情时,往往会将感情从婚内转移到婚外。

2. 外在原因

婚外恋的外在原因包括:① 一方或双方缺乏对婚姻和家庭的责任感,并喜欢刺激的生活;② 夫妻聚少离多,一方或双方感到寂寞无助;③ 社交圈中外遇比率高,长期耳濡目染,进而模仿;④ 对婚姻长期有不满足感,内心长期想要有婚外情;⑤ 夫妻性生活缺乏或长期不协调，性需求得不到满足；⑥ 和以往的恋人存在特殊的友谊，旧情复燃；⑦ 婚姻生活沉闷或双方无话可谈，想寻求浪漫；⑧ 男性在家庭生活中得不到温暖和重视，没有成就感；⑨ 工作压力大，正值人生的过渡期和危机期。

总之，婚外恋的原因有很多，但夫妻关系存在问题是主要诱因。婚姻基础不牢、夫妻之间互相缺少关爱、不注意日常沟通和感情培养、个人需求长期得不到满足等因素给婚外恋提供了可乘之机，在外界因素的诱导下，婚姻很容易出现危机。

二、婚外恋的辅导理论

如美国精神分析学家波恩所说，任何一个家庭都是一个系统，每个家庭成员都有一个要扮演的角色，他们彼此相互联结，同时要遵守一些规则。波恩认为这种联结使家庭成员在发挥作用时离不开其他成员。家庭系统理论认为，一个成员行为的改变源于其他成员行为的改变以及二者的相互作用。婚外恋就是这样一种夫妻双方相互作用和改变的体现。婚外恋中未出轨的一方可能是造成出轨一方出轨的原因。这一理论能帮助人们动态地看待婚外恋这一现象，而非把它当成是出轨一方的个人行为。

在治疗过程中，通过借助家庭系统理论的干预模型，社会工作者可以看到出轨的真正原因，并可以准确定位要干预的对象及干预任务。我们知道，当问题的诱因消失后，婚外恋问题很可能就相应地解决了。在多数案例中，帮助案主找到问题的诱因是治愈过程的重要转折点。有时候案主自己也不清楚问题的诱因，有时候案主可能知道诱因是什么，但不相信会有任何改变，所以除了帮助案主找到婚外恋的诱因外，将促成改变的信心植入案主的信念系统中也很关键。婚姻关系中很重要的一点是情感的联结。情感联结的缺失也被认为是发生婚外恋的一个很重要的原因。渴求情感联结是一部分人在婚姻外选择第三者的原因。因此在治疗过程中还应当帮助夫妻重建他们之间的情感联结。

从系统的观点来看，婚外恋是一个由案主夫妻双方和第三者组成的三角关系，除了这三个核心人物之外，还可能涉及子女、其他家人等。所以婚外恋辅导可以围绕这些人进行，核心是案主夫妻双方。对于婚外恋，当事人往往情绪大于理性，在认识和态度上受到情绪的控制，以致不能理性地认清婚外恋辅导这件事，更不能以理性的方式来处理问题。因此在婚外恋辅导过程中，社会工作者一方面要帮助当事人恢复理性，使之能够有意识地摒弃那些非理性的认识；另一方面要疏导情绪，给当事人以支持，同时针对夫妻感情问题进行家庭辅导或夫妻辅导。一般来说，希望维持目前婚姻的夫妻占大多数，所以社会工作者应首先进行调解，以帮助案主改善夫妻关系为最主要的工作。但是，对于那些和好无望，离异才是最好的解脱的家庭，社会工作者也应该尊重当事人双方的选择，对他们进行离婚辅导，帮助案主妥善处理离婚过程中的各种问题，顺利渡过离婚这一关。特别需要注意的是，社会工作者在辅导过程中，不能以道德判断来代替理性辅导。

三、婚外恋辅导

（一）对婚外恋者的辅导

婚外恋者最常见的问题就是由婚外恋引发的心理压力和与之相关的问题。女性有婚外恋后所承受的精神压力和矛盾心理往往比男性大，更容易出现失眠、焦虑、内疚、不安等现象，所以寻求心理治疗和婚姻帮助的大多是女性。站在辅导者的立场，社会工作者应提醒婚外恋者各种可能的结果和压力，帮助其认清和面对自己真实的情感以及各种非理性认识和不切实际的幻想，同时，还应帮助其寻找合适的方法来宣泄消极的情绪和过重的心理负担，使其勇于面对婚外恋带来的可能后果。对于男性婚外恋者，社会工作者应帮助他们认清哪些对自己是最重要的，鼓励他们勇于舍弃对自己来说不重要的一方，选择对自己最重要的一方——或者是家庭或者是情人，两者必择其一。否则，夹在三角恋中，整个家庭和自己都将深受其害。在作出选择后，婚外恋者要对自己的配偶和情人诚恳地检讨自己的错误，解释自己的决定，争取获得谅解，并处理好后续相关事宜。

（二）对婚外恋者配偶的辅导

作为受到严重伤害的一方，婚外恋者的配偶不可避免地会有一些不理性认知和情绪。作为辅导者，社会工作者首先要引导其看清问题，引导他们从自怨自艾、失败沮丧、愤怒激励的情绪中走出来，然后分析问题并寻找原因和解决的办法。首先，社会工作者要引导当事人冷静处理，控制情绪，避免吵闹，改变疑神疑鬼或是兴师问罪的心态，停止无休止的求证、监视和吵闹不休的行为。其次，要明确自己的态度，积极与对方进行沟通，以解决问题，并寻求专业协助及亲友的支持，如果还想挽留，想维持目前的婚姻关系，可从改变自己和改善夫妻关系入手增加自己的吸引力，积极改善夫妻关系。

 案例分析

刘辉曾是一家工厂的科长，同科室的张洋是一名已婚女性，她非常漂亮，可以说是厂里的"一朵花"。后来，张洋想调动工作岗位，便向刘辉展开"温柔"攻势，刘辉无法抵挡诱惑，便与张洋发生了婚外恋关系。他们的婚外恋成了全厂职工茶余饭后的笑料。很快，刘辉的爱人林立也听到了传闻，她责问丈夫，但刘辉矢口否认，还信誓旦旦地表示："我们是一对好夫妻，我这辈子是不会和你分开的。"之后，他又以权力压制和恐吓那位传话给林立的职工，吓得人家再也不敢说什么了。

后来，刘辉调到郊区一家分厂任厂长，林立以为自己再也不用担心丈夫和张洋有染了，因为距离远了。可是，令她没想到的是，张洋不仅没有收敛，反而又开始经常请假调休，紧追刘辉天南海北地出差、游玩，两人还在外租房同居。不久，他们的奸情被张洋的丈夫胡连觉察，他愤怒无比，不仅痛打了他们，还威胁逼迫刘辉立下一份荒唐的"君子协议":不仅要赔偿他的损失,还要替他们买房子,终身抚养他老婆和儿子。刘辉为了保全面子和地位,只能吞下苦果。近十年来,刘辉一次又一次以张洋的名义开设公司,拼命地拉客户替他们赚钱,先后为张洋买下了两套商品房,还购置了大量的衣物、首饰。可这些仍然满足不了张洋的私欲,为了完全掌握刘辉的经济情况,她一次又一次地阻挠刘辉回家看望女儿,还偷配了刘辉保险柜的钥匙和写字桌抽屉的钥匙,趁其出差就溜到办公室里,打开保险柜和抽屉,查看是否藏钱。

最初,林立没有觉得丈夫有异常行为,总以为工厂远在郊区,一两周不回家很正常,再说,丈夫也已经保证过,同张洋一刀两断了,也表示他们夫妻不会分手。心地善良、痴情不变的林立怎么也想不到,自己的丈夫已经牢牢被情妇控制,似乎有一种难言羞愧的复杂心理,偶尔回家一次就闷头抽烟,接连几根不停地抽,人也消瘦憔悴了不少。问他,他说生意上的事情很忙,也很烦,还说他经常去外地讨债,所以不能常回家,要林立好好照顾女儿,希望女儿能考上名牌大学。刘辉种种反常的行为使林立产生了怀疑,经多次打听,她终于查清了丈夫的行踪和事情真相。丈夫十多年来的欺骗和背叛让她痛不欲生。经历一番思想斗争,她最终决定与丈夫离婚。离婚后,刘辉陷入无尽的悔意中,他无时无刻不在自责,也受到了来自各方的压力,朋友们纷纷指责他是冷血动物,竟然抛妻弃女去养另外一个非亲非故的家庭!面对家庭的破裂和朋友的谴责,刘辉的良心一天也无法安宁。

问题:

根据上述案例情况,分组讨论如何设计介入方案。

任务三　婚姻暴力辅导

I 任务体验

随机组成6人体验小组,针对中国现代家庭婚姻暴力案例进行讨论,分析家庭社会工作在婚姻暴力辅导方面的方法。

S 任务分享

各组分享交流本组的讨论结果。

T 任务总结

对该任务的目的和意义进行解释。

知识介绍

一、婚姻暴力的含义

婚姻暴力是婚姻中夫妻之间的暴力行为,它是家庭暴力的主要形式,是狭义的家庭暴力。具体而言,婚姻暴力是指婚姻中的一方对另一方实施的一种强制的行为形态,包括身体上的攻击或威胁,同时也伴随着其他各种形态的控制行为。一般而言,婚姻暴力包括表达性暴力和工具性暴力两种。表达性暴力以向配偶宣泄消极情绪为主要目的,工具性暴力则以控制对方或逼对方就范为目的。不论哪一种婚姻暴力,结果都会令受害人在身体上、心理上和智能上受到不同程度的伤害。

二、婚姻暴力的形式

婚姻暴力的具体表现形式是多样的,大致可以分为三类:身体暴力,即所有对身体的攻击行为;精神暴力,即威胁恐吓、恶意诽谤、辱骂等精神上的伤害行为;性暴力,即故意攻击性器官,强迫发生性关系、性接触等行为。从性质上看,婚姻暴力行为侵害了夫妻中一方受法律保护的人身权利,一般属于民事违法行为,若其中情节严重,触犯刑法的,则属于犯罪行为。

三、婚姻暴力的特点

婚姻暴力具有隐蔽性高、再发率高、危害严重等特点。

在中国传统的家庭观念中,家庭事务属于个人的私事,具有隐秘性,外来力量不便干预。不少人认为"家丑不可外扬",夫妻是"床头打架床尾和",于是把婚姻暴力掩盖起来。这都给婚姻暴力的隐蔽性和反复性提供了社会背景,助长了婚姻暴力的发生,以至于不少婚姻暴力反复发生,家人习以为常,其他人见怪不怪。

婚姻暴力对受害人的身体和心理造成了直接的伤害。长期遭受婚姻暴力的当事人,除了肉体上受到伤害,心理上也受到很大的创伤甚至出现心理扭曲。很多妇女在遭到丈夫的暴力侵害后出现自杀念想或产生攻击性行为。婚姻暴力侵犯了人权,侵犯了人人应该享有的基本尊严、平等、自由和发展的权利。

长期的婚姻暴力无疑将长期伤害夫妻的感情,可能最终导致夫妻因感情破裂而离婚。很多妇女受到丈夫的长期暴力侵害后,会选择出走、寻找婚外感情寄托、以暴制暴、报复甚至杀害丈夫等行为。这些行为对女性和家庭的危害非常严重。

四、婚姻暴力的防治和辅导

(一)建立良好的专业关系,界定案主的问题

社会工作者应以诚恳的态度倾听案主诉说,理解案主的反应,接纳案主的所作所为,

与案主建立合作性伙伴关系，并以民主的方式探讨解决问题的方向和方法，帮助案主形成对问题严峻性的认定。社会工作者与危机状态下的案主接触时，要向其传达协助意愿和能力，通过关心、耐心、帮助性态度等与案主建立专业关系，并且协助案主处理情绪问题。介入时要把焦点放在案主目前的感受上，对案主的梦魇、恐惧、无力感、紧张及侵入性思考、罪恶感、焦虑、哀伤等负面情绪进行疏导，注意案主认知上的非理性信念陈述，初步界定案主的问题。

（二）开始阶段的危机评估

危机评估是处理婚姻暴力的重要一环，危机评估的内容包括受害人安全评估（对施暴者带来的安全问题作出评估和判断）、受害人心理状况评估、暴力评估（对施暴者的暴力历史和严重程度作出评估和判断）、婚姻暴力产生机制评估、危机因素评估、应对策略评估。作为一个资料搜集和分析的过程，评估的目的是使社会工作者在了解受虐待配偶和其他家庭成员可能遭受或再遭受虐待或暴力的概率、受伤害的程度的基础上，对婚姻暴力个案制定出恰当的介入程序和保护措施，从而避免或减少施暴者对配偶或其他家庭成员带来的危害。

（三）对婚姻暴力的社会工作辅导

在防治婚姻暴力的过程中，对施暴者和受害人的心理辅导是一个重要的方面。在婚姻暴力中，无论是施暴者还是受害人，对暴力行为都有不正确的归因，并会在事后出现自责、自憎、沮丧或恐惧等情绪，因此，双方都需要接受心理辅导和治疗。很多施暴者本身就有缺陷，如人格扭曲、心理变态等，有的施暴者有偏差行为，如赌博、吸毒、酗酒等。这些人需要接受心理辅导和矫正，以尽量消除心理的暴力因素。

根据危机介入的原则，在暴力危机尚未解除之前，社会工作者不宜先选取婚姻关系作为介入重点，而应以减除暴力危机、保障安全作为优先关注及介入的重点。因此，在辅导的初期阶段，社会工作者承担着保护者的角色，需要根据受害人的安全、受害人的心理状况、危机评估结果来确定受害人与施暴者未来相处的危机级别，并制订相应的安全计划或安排安全居所，适时向妇女保护中心、家庭危机支持中心、社会保障系统、紧急经济援助机构、儿童照顾或托管服务中心、法律援助机构、司法部门等寻求援助。必要时，社会工作者还可以通过跨专业的协助，保障受害人及其子女的人身安全。如果受害人需要使用医疗服务，社会工作者可主动转介，并经常与医生联系，了解受害人的受伤情况，以作跟进。危机解除之后，社会工作者才适宜采用以婚姻辅导、家庭辅导或治疗为主的介入模式。

"整合干预法"是缓解婚姻暴力的有效工具。其基本原则是根据婚姻暴力产生的不同机制，围绕社会工作的辅导内容，采取情绪治疗、认知治疗、行为治疗等不同的干预方法，并通过微观社会工作和宏观社会工作，协助个人对危机的情境反应和处理日常问题的能力发生长期的改变。对治疗效果不明显的压力创伤后遗症者、有严重心理情绪问题的施暴者，社会工作者可以将其转介到临床心理学家和精神科医生处接受治疗。

（四）充当受害人和社会支持网络之间的桥梁

社会工作者要为受害人争取应有的社会支持或根据情况转介到其他机构，并教会受害人如何求助，鼓励受害人主动向有关的家庭资源和社会支持网络求助。社会工作者要引导受害人增强个人权利的观念，学习应对暴力的技巧，鼓励受害人争取自己的权利，提升自我价值感，必要时可拿起法律武器来保护自己的权益。

（五）结束和追踪

在危机介入的结案阶段，社会工作者要与案主作最后的会谈，以检视整个服务过程（哪些任务或目标已完成，案主有什么改变或是否有新的对应行为模式，个人和社会资源的联结如何，案主未来的计划如何等）。社会工作者可作"事先的引导"，即协助案主预估未来可能发生的暴力危机，并制定可行的应对策略。结案后社会工作者应继续表达对案主的关心，需要时可以和案主约定在某一特定的时间见面或电话联系，以便评估案主的进步情况。

总之，婚姻暴力的问题牵涉复杂的个人心理、家人互动及文化观念，介入工作要求社会工作者具备相应的知识、技巧和能力。例如，社会工作者要具备与婚姻暴力有关的基本知识，熟悉与婚姻暴力及虐待有关的法律条文、执行程序及如何与执法机构、法律援助机构合作等相关知识。在不同介入阶段，社会工作者要熟练使用社会心理模式的支持性技巧、情绪疏通技巧、人际沟通分析技巧。社会工作者还应具备判别危险程度的能力、选取合适的介入模式的能力、对情绪的认识及处理能力等。总之，在整个介入过程中，社会工作者都应以积极的态度帮助处在危机状态中的案主，使其可以达到一种新的平衡状态。

案例分析

三年前，李琳对从没有见过面的小吴一见钟情，她不仅喜欢他的帅气，更喜欢他身上那种与众不同的气质。第一次见面，李琳便对小吴表白，两人很快坠入爱河。小吴受过高等教育，为人拘谨内向，彬彬有礼。李琳的父母也很喜欢小吴。有一天，李琳的父母去海南旅游，小吴来与李琳幽会，耳鬓厮磨之际，小吴突然向李琳施加暴力，撕破了她的衣裤，强行非礼。李琳惊慌中害怕惊动邻居，成为丑闻，只好含羞忍受。小吴的粗鲁行为令李琳羞愤至极，她向小吴宣布绝交。小吴长跪不起，向李琳道歉。两人的感情反复半年有余，李琳终于与小吴结婚。但婚后她已经"性"趣全无，平日里两人连话都很少说。每次房帏之事，她都有被强暴的受辱感。她想离婚，可小吴每次都以"自杀谢罪"来表示自己的决心，但每次亲热时他又控制不住，故伎重演，实施暴力。李琳既害怕事态扩大影响自己的声誉，又怕别人知道了小吴的毛病毁了他的一生，只好忍耐着。但是忍耐并没有换来小吴的改变,在夫妻生活上,小吴反而变本加厉,不顺意时,便破口大骂,还强调自己的行为是男人在婚姻中的权利。李琳若坚持拒绝,小吴就会拳脚相向。如此婚姻生活,让李琳身心受创却有口难言,她想要结束这段婚姻却找不出让人信服的正当理由,毕竟丈夫是自己找的,说他是个性虐待狂,又有谁信呢?

问题:

分组分析案例中的关系,并讨论治疗和介入方案。

子情境二　亲子关系辅导

任务一　了解亲子关系的特征

任务体验

邻近3人一组,阅读以下背景资料。

美国威斯康星大学著名的动物心理学家哈洛设计了别具一格的婴猴研究。他将婴猴与母猴隔离,并用两种假母猴(一个是由金属丝构成的圆筒,称"金属母猴";另一个是在圆筒外面盖上一层柔软的绒布,称"布母猴")代替真母猴。哈洛发现,尽管只有金属母猴提供奶,婴猴还是会选择紧紧地搂着绒布做的"母亲",很少会和金属丝做的"母亲"在一起。当遭遇惊吓时,婴猴把布母猴当作母亲寻求安慰;当探索新的刺激物时,婴猴把布母猴当作行动基地;当恐惧的刺激物(如敲鼓的玩具熊)出现时,婴猴会跑回到布母猴那里;当新奇的刺激物出现时,婴猴会逐渐地冒险去探索,但在进一步探索前会回到布母猴那里。

哈洛及其同事通过进一步研究发现,这些婴猴对假母亲的强烈依恋对于促进它们健康的社会性发展是不够的。但被与母猴隔离时间长的婴猴,不论是由金属母猴抚养还是由布母猴抚养,都会产生心理上的失调。与由母猴抚养并与其他婴猴在一起游戏的婴猴相比,这些婴猴表现出许多异常的行为模式,如自己咬自己,表现害怕的怪相,喜欢独自蜷缩在角落里,还有许多刻板的动作。后来有学者又追踪研究了这些婴猴"社交"能力发展的情况,发现这些婴猴在青年和成年时期仍不能进行正常社交,在性成熟时缺乏交配能力,对自己生育的婴猴也不会给予照料。

🅢 任务分享

各组分享交流读完以上背景资料后的感想。

🅣 任务总结

总结"依恋"关系对婴猴的身心发展和社交能力发展的重要性；总结在人类社会中，良好亲子关系的建立对儿童的健康发育和成长的重要性。

🅚 知识介绍

亲子关系即父母子女关系，在法律上是指父母和子女之间的权利、义务关系。父母和子女是血缘最近的直系血亲，是家庭关系的重要组成部分。

一、亲子关系的类型

根据不同的标准，可以把亲子关系分为不同的类型。

（一）根据父母的教养方式来分

根据父母教养方式的不同，可以把亲子关系分为以下三种类型。

1. 专制型

在专制型亲子关系中，父母通常认为：孩子是我的，我有随意对待孩子的权利。他们通常把自己的价值观强加给孩子，不给孩子选择的自由，信奉"棍棒之下出孝子"的信条，对孩子的教育过分严格，稍不顺心或孩子的行为不符合自己的愿望时，就对孩子进行责罚。在这种亲子关系中成长的孩子容易形成自卑、懦弱、冷漠、消极、恐惧（或焦虑）、敌意（或残忍）等心理，容易发生不能克制的逆反、倔强、攻击和冲动行为，甚至作出父母意料不到的事。

专制型亲子关系还有另外一种表现形式，即父母为孩子提供过度的关爱和保护，什么事情都包办，孩子的自主权受到限制，逐渐养成过分依赖父母的习惯，一旦离开父母，孩子易产生分离焦虑，如拒绝入园，拒绝上小学，进而形成儿童退缩行为。父母过度保护还会导致孩子以自我为中心，自私自利，很难适应集体生活，易产生挫折感以及对立、自卑、仇视、嫉恨等心理，甚至会采取攻击报复行为，或因人际关系紧张造成情绪问题等。

2. 放任型

在放任型亲子关系中，父母对孩子的行为与学习不感兴趣，也不关心，很少去管孩子，这类父母往往在孩子小时候将孩子交给保姆或祖父母，上学后交给老师，长大后交给社会。这类父母存在着典型的角色问题,他们或性格内向,或缺乏权威意识和责任感,或社交能力差。在这种亲子关系中成长的孩子往往没有责任心,行为放纵,容易形成一些不良的个性与态度,会影响学业。根据研究,大多数越轨行为与这类父母有关:母亲对孩子管教过松或前后不一致,父母对孩子缺乏感情,听任其自由活动而不予指导和约束,家庭缺乏亲密性等。实际上,亲子间的正常接触和交流是缓解青少年恐惧、焦虑和不安的精神良药,能给孩子带来安全感、信赖感、温馨感,对子女的心理健康和健全性格的形成具有非常重要的作用。

放任型亲子关系也有另外一种表现形式,即父母对子女过分地溺爱和宽容。在这种亲子关系中成长的孩子容易形成放纵骄横、自私自利的个性,形成嫉恨的心理,对自己的社会责任模糊不清,在欲望不能满足时做不到应有的忍耐。其结果往往是,不合理的需求、欲望不断增加,无法适应社会生活,以自我为中心,自控力差,道德观念薄弱,缺乏行为准则和规范,事事依赖成人;与人交往产生挫折后,易产生对立、仇视情绪,从而发生侵犯行为。

3. 民主型

在民主型亲子关系中,父母不打骂孩子,对孩子的行为更多的是欣赏、协助和引导,对于孩子在成长或学习过程中发生的问题,父母更多的是采取帮助与鼓励的方法,并合理地担当起监护人的责任,使孩子从父母的行为与教育中获得知识、明白事理。在民主型亲子关系中,父母尊重子女的愿望,但不会没有原则。父母常常采取聊天、讨论等平等的方式解决有争议的问题,给予孩子独立的空间。在这种亲子关系中成长孩子往往更加独立、和善,更容易融入社会。

(二) 根据亲子间地位和沟通形式来分

根据亲子间地位和沟通形式的不同,可以将亲子关系分为以下六种类型。

1. 养育型

在养育型亲子关系中,父母主要负责养育子女,而很少或从不教育子女。在这种亲子关系中,有的父母将自己的全部精力都用于照顾子女的生活,即解决子女的温饱问题。他们没有更多的时间去教育子女,他们甚至认为养育子女是他们的责任,教育子女则是学校的任务。例如,很多父母将注意力集中在孩子的饮食上,只知道改善孩子的生活条件,却很少关心孩子的心理品质,很少考虑孩子的教育问题,导致家庭与学校缺乏沟通与合作,使学校教育的效果大打折扣。

2. 私有财产型

在私有财产型亲子关系中,父母将子女作为自己的私有财产,认为自己可以对其任意操作,可以凭自己的意见和情绪任意对待子女,如随意批评、指责子女,或指挥、命令子女。这类父母认为孩子是自己的,孩子的一切都得听自己的。他们不考虑子女的意见,不考虑子女的情感。子女的任何反抗都会使他们出现强烈的愤怒行为，子女对父母只能服从。在这种亲子关系中成长的孩子失去了独立和个性，成为被动服从的机器。

3. 反向型

在一般亲子关系中，父母处于主导地位，决定着这种关系发生的方向。但是，在反向型亲子关系中，父母多依赖子女，子女处于支配地位，父母处于从属地位，所有的决定几乎都依赖子女作出。这类亲子关系中的父母往往有强烈的依赖性，或在能力上有明显的缺陷。但是，由于子女的社会阅历很浅，思维也很不成熟，因此，很容易出现判断失误的情况，这必然会给家庭带来很多问题。

4. 冲突型

在冲突型亲子关系中，亲子间常常出现明显的冲突，父母攻击子女，子女反击父母。这种攻击主要表现在以下几个方面：① 身体攻击：父母体罚子女，子女攻击父母；② 言语攻击：父母用强烈的言语责骂子女，子女也用同样的方式对待父母；③ 心理攻击：父母用冷落、讽刺以及心理折磨的方式对待子女，子女则对父母表现出很明显的逆反行为，通过自己的行为表现来激怒父母，甚至通过犯罪等极端行为来报复父母。

5. 泛爱型

在独生子女家庭中，泛爱型亲子关系比较常见。泛爱型亲子关系的表现主要有：① 过度保护：父母对子女作较多的限制，如不让子女外出，不让子女和他人交往，不让子女独立地从事一些力所能及的活动等。结果是子女容易胆小怕事，甚至出现抑郁症状。② 完全赞赏：不论子女作出什么行为，父母一味地进行赞赏，很少对其作出是非评价。结果是子女无法形成是非观和价值观。这不仅不利于子女良好个性品质的形成，而且容易导致子女蛮不讲理，甚至表现出强烈的攻击性等特点。

6. 亚平等型

亲子关系本来就是一种不平等的人际关系，亲子行为是一种不平等的人际行为。如果亲子之间表现出完全平等的关系，亲子之间就会出现明显的问题，实际上，完全平等的亲子关系也是无法存在的。子女的依赖性较强，而且子女必然表现出对父母的依赖，如果父母无法使他们依赖，那么他们就会有不安全感，心理就容易出现问题。

亚平等型亲子关系是一种较有利于子女心理健康的良好关系。在这种亲子关系中，亲子双方互相信任、互相支持，能进行顺畅、全面的沟通。在这种亲子关系的影响下，父母和子女之间积极对话，和谐相处，出现问题的时候能以积极、可行的方法解决，使家庭教育朝着更加积极的方向发展。

二、亲子关系的特征

亲子关系主要具有以下特征。

(一) 不可选择性

亲子关系是有血统相继承的社会关系，对任何人来说，妻子、丈夫是可以选择的，但具有血缘关系的父母与子女之间的关系是不可以选择的。父母只要生有儿女，就不能回避与子女的亲子关系。亲子关系从父母孕育子女开始就已经存在，即使后来过继或领养都无法改变这种亲子关系的存在。

(二) 永久性

亲子关系一旦产生就是永远，是任何外来力量都无法改变的。亲子关系不像夫妻关系那样可以通过离婚来解除，即使父母双方离婚，在离婚后父母双方都有义务抚养子女。亲子关系的永久性还体现在，即使到了生命的终结，亲子关系依旧存在。

(三) 亲密性

亲子之间有着其他任何关系都无法代替的天然血缘关系，父母在养育子女的过程中，极大地满足了为人父母的情感需求。父母与子女之间的亲情是子女成长和与人交往的最基本的情感。亲子关系不管是在精神上还是在情感中都体现着亲密性。

(四) 权利义务的特殊性

父母与子女之间的权利义务关系表现为父母对子女的教育与抚养和子女对父母的赡养，这种权利和义务是双向的。亲子关系与其他社会关系不一样，不是可有可无的，也不是可以随意放弃的。在亲子关系中，这种权利和义务的对应，不仅需要道德的约束，有时也需要相应法律的约束。

(五) 阶段性

亲子关系会随着子女年龄的变化而出现不同的阶段性特征。子女处于婴幼儿时期的亲子关系是直接的，是由父母给予子女关怀，子女非常依赖父母，尤其是母亲，他们渴望得到母亲的称赞与关心，害怕被母亲拒绝。到了子女小学阶段（儿童时期），由于活动空间扩大，子女对社会环境及学校的适应问题应运而生，他们认同的对象由父母扩大到教师、同学，以及接触到的其他人，在这个阶段的亲子关系中，父母对子女的行为或加以限制或加以接纳，但重要的依附关系的种种特征仍保持十分稳定。到了中学、大学阶段（青年时期），子女逐渐从儿童走向成人，心理上逐渐向家庭之外发展，确立与同伴的和谐关系，寻找自己认为有意义的职业，渴望摆脱他人的束缚，有时会与父母发生冲突，如果处理得好，子女能理解父母的苦心与想法，对父母的感情又可恢复到儿童时期那样浓厚。因为各阶段亲子关系表现出不同的特征，所以，父母要根据亲子关系所处的具体阶段决定其态度和行为方式，这对处理好亲子关系十分重要。

三、亲子关系的发展

亲子关系是子女与父母之间建立的一种人际关系。它是在家庭生活中逐渐形成并发展起来的。

(一) 早期依恋及其对儿童社会性发展的影响

婴儿大约在6个月以后与父母渐渐建立起一种稳定的亲子关系，即对父母形成了一种依恋。依恋是儿童与其父母之间的一种感情联系、纽带或持久关系，是一种内在的心理状态或情感状态。依恋促进了父母与子女之间的亲密感。依恋一旦形成，儿童就非常愿意接触依恋对象，喜欢与他们一起玩乐、做游戏。更为重要的是，依恋对象能给儿童提供一种安全感。儿童在疲倦或紧张时会靠近依恋对象，并且在感情上表现出更大的宽慰，与依恋对象在一起时儿童会表现出愉悦和轻松。

英国心理学家鲍尔比在长期的研究中发现，在教养院和孤儿院长大的儿童经常表现出各种各样的情绪障碍或问题，包括不能和别人建立亲密持久的人际关系。在鲍尔比看来，这些儿童似乎不爱别人，因为在其早期生活中，他们失去了对母亲形成牢固的依恋关系的机会。鲍尔比通过一系列调查研究总结出：在个体成长和发展过程中，与亲近的人分离会使个体在不同程度上产生情绪上的问题；早期生活，尤其是婴幼儿期的母子分离会给儿童的心理健康带来极大的危害；母子联结破裂或未建立正常依恋关系，不仅会使个体在儿童期容易出现种种情绪障碍，不能很好地与他人相处，而且将对个体整个人生的顺利发展产生不良影响，尤其在人际关系、情绪及社会生活适应上将给个体造成难以弥补的损失。

随着年龄的增长和认知水平的日益提高，小学时期个体对父母的依恋行为可能随着年龄的增长而逐渐减少，可能被其他关系补充。但依恋贯穿人的一生，几乎没有人不受早期依恋关系的影响。早期依恋关系对个体行为的影响及对个体人际关系发展的影响可归纳为以下几点。

(1) 安全的依恋有助于培养儿童对自己、对父母、对同伴、对世界的信任感和积极的探索能力，能为儿童社会性发展奠定良好的基础。

(2) 父母的爱对子女来说是非常必要的，但要把握好度，父母要采取合理的教养方式，要遵循适度性原则。正确的教养方式应是合理的控制和理智的爱。积极的教养态度及行为一般包括关怀、爱护、温暖、理解等，这有利于儿童的健康成长和顺利发展；而消极的教养态度及行为一般包括拒绝、分歧、矛盾、溺爱、体罚、威胁等。所以，应尽量避免儿童由于缺乏父爱或母爱所受到的伤害，也应避免对儿童无条件和过度的爱而导致的消极影响。

(3) 父母应创造条件让儿童去与他人交往，防止儿童过度依恋父母，应尽量让儿童在与同伴及其他人的交往中学习新的技能，享受合作的乐趣，体验成功的欢乐，进而提高儿童的社会适应能力。

(二) 儿童小学阶段的亲子关系

随着儿童年龄的增长，父母与子女之间的亲子关系在不断发生着变化。随着年龄的增长，儿童越来越多地自己做出决策。美国心理学家麦克斯白提出了亲子关系发生变化的三阶段模式。

第一阶段：父母控制（6岁以前），大部分重要决定由父母作出。

第二阶段：共同控制（6~12岁），这个阶段父母主要有三个主要的职责：一是在一定距离里监督和引导儿童的行为；二是有效地利用与儿童直接交流的时间；三是加强儿童的自我监督行为（如解释行为标准，说明如何减少危害）和让儿童知道何时寻求父母的指导。

第三阶段：儿童控制（12岁以上），这个阶段儿童自己逐渐作出更多的重要决定。

上小学时儿童与父母的关系处在共同控制阶段。小学阶段儿童的人际交往逐渐丰富起来，与同伴的交往也明显增多，与父母的关系从依赖开始走向自主，从对成人权威的完全信服逐渐开始表现出富有批判性的怀疑和思考。但小学阶段儿童与父母仍然保持着亲密的关系，他们对父母仍然怀有深厚的依恋的感情，与父母的关系在其发展中仍起着重要的作用。父母对儿童的温情、鼓励、支持、期望、倾听及对儿童多讲道理、少用惩罚等行为，都对儿童的社会性发展起着至关重要的促进作用；父母具有较强的社会交往能力，并且关心儿童的社会交往，让儿童参与家庭中某些事情的决策，为他们提供交往的机会等都会促进儿童社会交往能力的发展；父母可通过榜样作用、强化和约束等引导儿童形成被社会所接受的行为方式，发展儿童的亲社会行为；父母参与学校活动的程度和水平、父母与儿童交往的质量、父母的期望和观念等都与儿童的认知发展水平及学业成绩存在密切关系。

与此同时，父母对儿童的发展也具有消极影响。亲子之间也存在非安全型的依恋关系，如父母拒绝儿童、对儿童反应的敏感性较低等，都会导致儿童在行为及情感发展方面出现问题，如出现攻击行为、反社会行为等。

总之，父母主要通过自己的教养观念、教养方式和教养行为来影响儿童的社会性发展，特别是影响儿童一般能力、社会交往能力、亲社会行为及学业成绩的发展。对小学阶段的儿童，父母具体可通过教导、强化、榜样、慰藉等对其社会性产生影响。父母要妥善处理这一阶段的亲子关系，不仅要理解和关心儿童，而且要在教育儿童的过程中努力做到宽严有度。

四、亲子关系对子女的影响

亲子关系对婴幼儿的行为发展具有十分重要的意义。心理学家研究发现，婴幼儿如因双亲死亡或父母无力抚养而失去父母的爱，会出现智力功能低下，甚至严重的精神困扰等问题。如果婴幼儿与母亲分离时间不超过3个月，则重新在一起后亲子关系容易建立，婴幼儿的发展也很快可以恢复；如果分离5个月以上，则亲子关系会受到很大影响，与同龄婴幼儿相比，母子分离的婴幼儿各方面有继续衰退的倾向。可见，婴幼儿期的亲子互动过程已为亲子关系奠定基础，对婴幼儿的语言发展、人格形成以及社会人际关系等将产生极其重要的影响。

（一）对语言发展的影响

语言是人与人之间情感与思想交流的工具。儿童学习语言，通常首先接触的是母亲，然后是家人，再然后是小伙伴。一般建议人们在丰富的语言环境中培养孩子的语言能力。0～3岁是人的一生中学习语言最迅速、最关键的时期。有人将0～3岁婴幼儿早期语言发展分为发音、理解、表达三个阶段。发音阶段又可分为三个阶段：第一阶段为0～3个月，属于简单发音阶段，以啼哭为主；第二阶段为4～8个月，属于连续发音阶段，以发出连续的依依咕咕声为主；第三阶段为9～12个月，处于学话阶段，也是发音最关键的阶段，婴儿在这个阶段开始模仿大人的发音。这几个阶段婴幼儿主要靠与父母，特别是与母亲的语言交流习得语言，如果失去正常的语言刺激和语言交流环境，婴幼儿就会出现语言与智力严重缺陷等问题。例如，在兽群中长大的"兽孩"即使后期回到人类社会，也都没能掌握人类的语言。研究人员发现，婴幼儿语言能力发展有很大差别，主要是由于学习机会多少的不同，很少是由于智力差别。

亲子语言互动不仅能促进婴幼儿语言的健康发展，通过语言发展，也能促进婴幼儿认知能力的发展，包括感知力、观察力、注意力、记忆力、想象力等。因此，父母要为孩子创设良好的语言环境，多给孩子提供与父母交流的机会，同时要注意语言的示范与指导。

（二）对人格形成的影响

心理学家认为，影响人格形成的因素是非常复杂的，除遗传因素外，还有环境因素与社会因素等。环境因素中，家庭环境对个体人格的影响远远超过其他环境，在出生后的第一年，如果婴儿没有得到正常的母爱，得不到情感上的满足，将来他对周围世界，尤其是对社会环境的基本态度就会受到影响，对周围的人和环境容易产生怀疑心理。而对人和环境的基本信任是形成健康个性品质的基础。研究发现，个体在婴儿时期所受到的情感上的伤害比以后任何时期所受到的伤害对未来人格发展的影响都严重。一些孤儿由于没有得到父母的照顾，缺乏亲子间的感觉刺激，情绪反应不丰富，表情呆板，有时还会出现一些怪癖。如果家庭中父母喜怒无常或多愁善感，家中缺乏温馨和谐的气氛，就会使孩子发生情绪困扰，如紧张易怒，甚至口吃；如果父母失和、家庭破碎，孩子往往容易产生神经官能症和少年犯罪倾向。

（三）对社会人际关系的影响

子女在良好的亲子关系中能感受到安全、信任和温馨，这是其良好情绪发展的必备条件，也是奠定其今后与他人良好关系的基础。如果亲子关系不和谐或子女常被家长冷酷对待，子女会缺乏安全感，对周围环境持怀疑态度，容易胆小、自卑、孤独，不愿探索新鲜事物，不愿与别人接触，或者以攻击行为发泄自己的情绪，不懂得爱，也不会去爱别人。这样的孩子长大后不易信任他人，易产生和他人相处困难的情形，当然也不易和他人建立和谐的关系。大量事实充分表明，缺乏母爱的孩子无论在情感方面还是在社会人际关系方面都得不到较好的发展。

在亲子活动中,母亲是个体婴幼儿期的重要人物。婴幼儿的身体健康和心理发展都是以母亲的抚育为核心的,亲子互动使母婴之间发展起相互的依恋,这对婴幼儿以后社会情感的发展起着促进作用。心理学家研究发现,婴幼儿的依恋和安全感首先是通过皮肤接触获得的。皮肤接触包括对婴幼儿的亲吻、抚摸以及抱和背等动作。这是自然的接触和情感的交流。在母亲的抚育下,婴幼儿获得安全感,这能促使他们茁壮成长,并使他们富有宽广的胸怀,懂得爱别人。有人把母亲与婴幼儿的接触比喻成婴幼儿重要的心灵营养液。当然,母亲在与婴幼儿接触过程中要有良好的心境,如果以充满爱意的心情呵护婴幼儿,就会给婴幼儿带来愉快和安全感;如果情绪不好,心烦意乱,母亲的心理压力和焦虑就会有意无意传递给婴幼儿,使他们在早期交往中就有不安全的感受。亲子关系良好,父母与子女间相互信任、相处和谐,子女会慢慢懂得人类生存的各种方式,父母的行为也会渐渐成为子女的榜样。日本品川孝子先生说:子女与家长的关系是他们一生转变的关键,也是他们将来踏入社会,基本待人接物的依据。因此,父母关心自己的孩子,别忘了重视自己与孩子的关系。

总之,良好的亲子关系不仅有助于父母教育子女,也有助于父母为子女树立行为的榜样,使子女可从中学习与他人合作的态度和行为,这对他们今后建立良好的社会人际关系有很大的帮助。

五、《成人依恋量表》及案例

(一)《成人依恋量表》(修订版)简介

成人依恋是指成人对其童年早期的依恋经验的回忆和再现。同时,成人依恋也是成人当前对其童年依恋经验的评价。

成人人际关系的发展和完善与其早期依恋经验有关。童年的依恋经验会在个体成长的过程中,促使个体形成内部独有的心理工作模式或心理表征。如果在个体成长过程中,亲子互动关系没有改变,它会影响个体成年后亲密关系的建立、人际社会功能的表达和人格特质的形成。

《成人依恋量表》(Adult Attachment Scale,AAS)由美国心理学家柯林斯和瑞德于1990年开发出来,1996年柯林斯对其进行了修订,现已成为重要的成人依恋测评工具,适用于成人亲密关系、伴侣关系的评定。

为适应中国人的习惯,吴薇莉等于2003年对《成人依恋量表》进行了本土化修订。这里为大家介绍的便是适合中国人使用的《成人依恋量表》(修订版)(AAS-R)。

该量表为自评量表,包括三个分量表,分别为"亲近分量表""依赖分量表""焦虑分量表"。每个分量表由六个条目组成,依据测试者的符合程度,采用五分制。实际使用时,三个分量表往往合并在一起,所有项目被打乱顺序混放在一个表中。

（二）量表

成人依恋量表（修订版）

姓名：_____ 性别：_____ 年龄：_____

文化程度：_____ 婚姻：_____ 职业：_____

请阅读表5-1中的语句，衡量你对感情关系的感受程度。请考虑你的所有关系（过去的和现在的），并回答相关题目。如果你从来没有卷入情感关系中，请按你认为的自己情感会是怎样的来回答。

回答方式：请在每一项右侧与你感受一致的分数旁边画"√"。

表5-1 成人依恋量表（修订版）

项目	完全不符合	较不符合	不能确定	比较符合	完全符合
1. 我发现与人亲近比较容易	1	2	3	4	5
2. 我发现要我去依赖别人很困难	1	2	3	4	5
3. 我时常担心情侣并不真正爱我	1	2	3	4	5
4. 我发现别人并不愿意像我希望的那样亲近我	1	2	3	4	5
5. 能依赖别人让我感到很舒服	1	2	3	4	5
6. 我不在乎别人太亲近我	1	2	3	4	5
7. 我发现当我需要别人帮助时，没人会帮我	1	2	3	4	5
8. 和别人亲近使我感到有些不舒服	1	2	3	4	5
9. 我时常担心情侣不想和我待在一起	1	2	3	4	5
10. 当我对别人表达我的情感时，我害怕他们与我的感觉会不一样	1	2	3	4	5
11. 我时常怀疑情侣是否真正关心我	1	2	3	4	5
12. 我对与别人建立亲密的关系感到很舒服	1	2	3	4	5
13. 当有人在情感上太亲近我时，我感到不舒服	1	2	3	4	5
14. 我知道当我需要别人帮助时，总有人会帮助我	1	2	3	4	5
15. 我想与别人亲近，但担心自己会受到伤害	1	2	3	4	5
16. 我发现我很难完全信赖别人	1	2	3	4	5
17. 情侣想要与我在情感上更亲近一些，这使我感到不舒服	1	2	3	4	5
18. 我不能肯定，在我需要时，总找得到可以依赖的人	1	2	3	4	5

（三）测试结果计算

（1）第2、7、8、13、16、17、18项为反向计分题，统计时，应先进行反向计分转换，即将这些项目的分数1分与5分互换，2分与4分互换，3分不变。

（2）计算三个分量表及一个复合维度的分数：

① 亲近分量表得分＝（T1＋T6＋T8＋T12＋T13＋T17）÷6；

② 依赖分量表得分＝（T2＋T5＋T7＋T14＋T16＋T18）÷6；

③ 焦虑分量表得分＝（T3＋T4＋T9＋T10＋T11＋T15）÷6；

④ 亲近依赖复合维度得分＝（亲近量表总分＋依赖量表总分）÷12。

(四)分数解读

《成人依恋量表》主要用于评估成人的依恋类型,比较个体在亲近依赖复合维度和焦虑分量表的得分,进而可以将被测者划分为四种依恋类型(如表 5-2 所示)。

表 5-2 四种依恋类型

安全型	先占型	拒绝型	恐惧型
复合维度得分＞3,且焦虑分量表得分＜3	复合维度得分＞3,且焦虑分量表得分＞3	复合维度得分＜3,且焦虑分量表得分＜3	复合维度得分＜3,且焦虑分量表得分＞3

(五)应用举例

案例:黄某,女,33岁,某公司职员,本科学历。自述难以与异性建立亲密关系。往往在一段关系开始时很自然、愉快。但是当两人关系到一定程度时,黄某就会有一种莫名的恐惧感,想要逃离此亲密关系并有意地疏远对方,最后导致一段关系无疾而终。这样的情况在多段情感关系中重复出现,黄某希望知道缘由,并得到社会工作者的帮助。

根据黄某的状况,为了解她在亲密关系中更细致的情况,社会工作者用《成人依恋量表》(修订版)对其进行了测试,并对测试结果进行了分析。黄某的《成人依恋量表》(修订版)测试结果如表 5-3 所示。

表 5-3 黄某的《成人依恋量表》(修订版)测试结果

项目	完全不符合	较不符合	不能确定	比较符合	完全符合
1. 我发现与人亲近比较容易	1	2√	3	4	5
2. 我发现要我去依赖别人很困难	1	2√	3	4	5
3. 我时常担心情侣并不真正爱我	1	2	3√	4	5
4. 我发现别人并不愿意像我希望的那样亲近我	1	2	3	4√	5
5. 能依赖别人让我感到很舒服	1	2	3√	4	5
6. 我不在乎别人太亲近我	1√	2	3	4	5
7. 我发现当我需要别人帮助时,没人会帮我	1	2	3	4√	5
8. 和别人亲近使我感到有些不舒服	1	2	3	4√	5
9. 我时常担心情侣不想和我待在一起	1	2	3√	4	5
10. 当我对别人表达我的情感时,我害怕他们与我的感觉会不一样	1	2	3	4√	5
11. 我时常怀疑情侣是否真正关心我	1	2	3√	4	5
12. 我对与别人建立亲密的关系感到很舒服	1	2√	3	4	5
13. 当有人在情感上太亲近我时,我感到不舒服	1	2	3	4√	5
14. 我知道当我需要别人帮助时,总有人会帮助我	1	2	3√	4	5
15. 我想与别人亲近,但担心自己会受到伤害	1	2	3	4√	5
16. 我发现我很难完全信赖别人	1	2	3	4	5√
17. 情侣想要与我在情感上更亲近一些,这使我感到不舒服	1	2	3	4	5√
18. 我不能肯定,在我需要时,总找得到可以依赖的人	1	2	3	4√	5

根据黄某的量表填写结果，进行如下计算。

（1）对2、7、8、13、16、17、18项进行反向计分转换，转换后的结果为：

T2：4分，

T7：2分，

T8：2分，

T13：2分，

T16：1分，

T17：1分，

T18：2分。

（2）计算三个分量表及一个复合维度的分数。

亲近分量表得分 =（T1＋T6＋T8＋T12＋T13＋T17）÷6
　　　　　　　　 =（2＋1＋2＋2＋2＋1）÷6＝1.67

依赖分量表得分 =（T2＋T5＋T7＋T14＋T16＋T18）÷6
　　　　　　　　 =（4＋3＋2＋3＋1＋2）÷6＝2.5

焦虑分量表得分 =（T3＋T4＋T9＋T10＋T11＋T15）÷6
　　　　　　　　 =（3＋4＋3＋4＋3＋4）÷6＝3.50

亲近依赖复合维度得分 =（亲近量表总分＋依赖量表总分）÷12
　　　　　　　　　　　 =（10＋15）÷12＝2.08

根据以上计算结果，对照表5-2，得出黄某的依恋类型属于恐惧型。测试结果与黄某的自我描述相符。黄某的亲近分量表得分为1.67，说明黄某害怕与人过于亲近，希望与他人保持一定的距离；依赖分量表得分为2.5，说明黄某一定程度上想要依赖对方，若有依赖对象，她并不排斥。正因为一方面想要有依赖的对象，一方面又害怕与对方过于亲近，于是形成了黄某的心理冲突。这表现在现实中就是既想找一个对象，又害怕与之过于亲密，故处于矛盾挣扎之境地，这也在焦虑分量表得分3.5中得到印证。

总体来说，黄某对亲密关系的态度是恐惧型。由于成年期的亲密关系建立往往是早年依恋关系的再现，因此，社会工作者可以精神分析技术为主对黄某进行心理辅导。

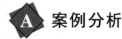

案例分析

4年前，小天妈妈生下了小天。那时，小天妈妈和小天爸爸的工作都非常忙，小天妈妈是一家国企的人事主管，小天爸爸自己经营一家公司。因此，他们都把事业当作第一位的事情。刚生下小天不到半年，夫妻两人商量后决定请一位有经验的保姆来照看小天。保姆是朋友介绍的，50多岁，来自乡下，人很老实，而且照顾孩子的经验也很丰富。由于不能生育，保姆至今也没有孩子，因此，她特别喜欢小孩。

小天6个月大的时候断了母乳，保姆开始给她喂奶粉。虽然保姆识字不多，但小天仍然非常喜欢听她讲故事。出去买东西时,别人经常把小天误当成是保姆的亲孙女。有人问小天最大的理想是什么,她总是说要赚钱给奶奶养老(奶奶是她对保姆的称呼)。保姆听了,总是笑得合不拢嘴。一眨眼,小天快上幼儿园了。这天,小天妈妈和小天爸爸商量后把保姆辞退了。早上,小天醒来发现"奶奶"不在了,她又哭又闹,谁的话也不听,给她吃东西,她把碗摔得老远。看着哭了一整天的女儿,夫妻俩没办法,只好又把保姆接了回来。这件事以后,小天妈妈发现女儿对自己越来越疏远,如果自己想抱她,她会躲开跑到保姆的怀里。她想,可能是自己平时忙于工作,疏忽了照顾女儿才会这样。为了改善和女儿的关系,她常常抽空带小天出去玩,给小天买她爱吃的东西,可每次买给小天的东西,她都要留一份,说是回去给"奶奶"吃。看到女儿和保姆的关系比和自己还亲密,小天妈妈心里很不是滋味,毕竟自己才应该是女儿最亲近的人啊。

问题:

根据案例情况,分组讨论在儿童成长过程中,亲子关系的重要性及应该如何培养良好的亲子关系。

任务二　掌握亲子关系辅导的技术和方法

任务体验

邻近3人一组,阅读以下背景资料。

"宝贝,宝贝,我是你的大树,一生陪你看日出……"这首《爸爸去哪儿》的主题歌,唱出了家长们的心声,陪孩子慢慢长大,是最美好的事。

爸爸负责赚钱养家,妈妈负责带孩子;爸爸是严厉的代名词,妈妈是慈爱的代名词。这是传统中国家庭的教养模式。而《爸爸去哪儿》这档节目的热播,使得人们重新关注爸爸在家庭教育中的角色定位和重要性。

中国青少年研究中心曾公布过一份对孩子们的调查,在被问到"心情不好时,谁最能理解、安慰你"时,仅有10%的孩子选择了爸爸;在被问到"空闲时间,你和谁在一起的时间最长"时,仅有6.9%的孩子选择了爸爸;在被问到"谁最尊重你,让你感到很自信"时,仅有15.5%的孩子选择了爸爸;在被问到"内心的秘密,你最愿意告诉谁"时,仅有8.5%的孩子选择了爸爸。该调查结果显示,一半以上的家庭中存在父教缺失的情况,在这些家庭中妈妈是子女教育的绝对主角。

哈佛大学一项关于爸爸在孩子成长中作用的研究显示,一个人要发展两方面的能力,一方面是与亲密性有关的能力,一方面是与独立性有关的能力,妈妈的天然优势是培养孩子的亲密性能力,而爸爸的天然优势是培养孩子的独立性和责任感。另外,大量研究都显示，如果父教缺失，孩子的独立性和责任感就较差，退缩行为也比较多。

不过现在更糟糕的现象是，爸爸妈妈都"不在家"。忙碌的工作使得一般家庭朝九晚五的基本生活都得不到很好的保障，父母回家后孩子已经睡觉，早晨父母上班时孩子还没有起床，这成了常事。即便是工作之余和孩子在一起，父母也早就身心疲惫，更不用说用心关注孩子的心灵成长了。

而且，我国实行计划生育政策以来，大量独生子女已进入婚育年龄，有的已为人父母，由他们生育的第二代独生子女被称为"独二代"。相关调查显示，超过70%的年轻父母"只生不养"，抚养孩子的重任基本由家中的老人承担。超过80%的"独一代"父母表示，目前社会竞争激烈，工作压力大，自己每天都疲于奔命，根本没时间考虑带孩子的事情，更没时间陪伴孩子。

1. 各组分享交流读完以上背景资料后的感想。
2. 各组讨论并总结亲子关系的重要性，以及如何增进亲子关系。

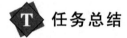

对该任务的目的和意义进行解释和澄清。

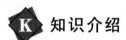

亲子关系的问题有几种情况，最常见的是亲子在不同发展阶段上的适应困难。也就是说，有些父母与子女在某阶段可以相互适应，但到了另一阶段则无法和谐相处。譬如，有些父母能好好照顾和抚养幼小的婴儿，但觉得难以管教到处乱跑的幼儿；有些父母能应付非常粘人的子女，但无法与青春期独立自主意识不断增强的子女和谐相处。有时亲子关系的问题来自父母对子女特殊或过分的期待。有些父母将自己无法做到的事情或无法实现的愿望转移到子女身上，希望他们来完成，这往往使子女难以接受。

良好的亲子关系是子女身心健康发展的重要条件。当案主的亲子关系出现问题时，社会工作者可对其进行亲子关系辅导。社会工作者可引导家长努力做到以下几点。

一、尊重孩子

尊重孩子，首先要保护孩子幼小的心灵，不要在外人面前数落孩子的不是，说孩子的缺点。

其次，要尊重孩子那些在父母看来很可笑的想法、问题、收藏的东西等，耐心地回答孩子的问题，不要应付性地用"嗯""哦"回答孩子。敏感的孩子知道父母心不在焉地回答他的问题时，会觉得自己自讨没趣，以后就不会再问父母问题了。更严重的是，孩子会怀疑父母是不是不爱他了，不然为什么对自己不理不睬的。他会觉得自己已经被遗忘了、被冷落了。久而久之，为了引起父母的注意，有些孩子就会变得顽皮捣蛋，会想办法寻找爱和安全感；有的孩子则会变得冷漠、孤僻、更加敏感。

最后，尊重孩子还要学会蹲下来倾听孩子的话。父母通过这种方式来了解孩子的感受，是非常有价值的一种方式。不论孩子诉说的问题是大还是小，父母都应尽可能蹲下来倾听并作出回答。蹲下来倾听孩子的话，有助于与孩子建立平等的关系，赢得孩子的信任，这样孩子才愿意把所有的事都告诉父母。而对于父母来讲，了解孩子头脑里想的是什么，也是一件很重要的事情。因此，当孩子有倾诉或交谈的欲望时，做父母的要尽可能地蹲下来听他倾诉或与他交谈，这样孩子就不会失望，他可以感受到自己对父母是多么重要，因此，就会把更多的心里话告诉父母。

二、无条件地接纳和爱孩子

父母要让孩子知道："我爱你是因为你就是你，而不是因为你做了什么或满足了我对你的期望等。"这种庄重、坦诚并且始终如一的爱，会让孩子获得更多的安全感，打好生命的地基。

然而，很多家长却以孩子为荣（为耻），要求孩子光宗耀祖，孩子没出息则觉得没面子。在这种情况下，孩子从出生开始，就担负起为父母争光、实现父母梦想的重担，他们自身的需求往往被忽视。加之现代社会在飞速发展变化中，有些父母对当今社会变迁可能感觉无所适从，对自己的生活缺少把握，父母的这种状态在生活中会有所表现，父母的担忧和焦虑也会传递给孩子，有些家长还会把这些内心恐惧投射到孩子身上，生怕由于自己努力不到位而耽误了孩子。所以，很多家长忘记了关注孩子身心健康发展到底需要什么，而将精力更多地投入到鞭策孩子在滚滚潮流当中"不掉队"。

一个人生存下去的动力源于内心对自身存在价值的确认。这种确认来源于父母对孩子无条件的爱和接纳，来源于良好的亲子关系，而不是"你乖乖听话，成绩好，给我挣面子我才爱你"。有条件的爱会令孩子缺乏安全感和自信心，一旦孩子感觉没办法达到父母的期望，就可能会认为自己的存在毫无价值。有些孩子会感觉自己是父母的累赘，甚至会用死亡来寻求解脱。

三、非批判的态度

在许多家庭中，一旦孩子说错了什么或是做错了什么，父母立刻摆出一副严厉的样子并对孩子指手画脚，同时带有无礼甚至是侮辱性的批评语言。结果不但没有让孩子心服口服地接受批评，反而引起孩子的反感和顶撞。当孩子出现错误时，父母的批评对孩子通常是没有益处的，相反，它还能导致怨恨和反感。而更糟的是，如果孩子经常受到批评，他就学会了谴责自己和别人,学会了怀疑自己的价值,轻视别人的价值。所以,当孩子做了不好的事情时,做父母的最重要的不是批评或教训孩子,而应该首先处理事情,父母应该给孩子更多的指导,而不是批评。

四、允许孩子按自己的速度发展

无论是孩子的生理发展还是心理发展,都是一个自然的进程,有其自身的发展规律。在教育孩子的过程中,如果违背了孩子身心发展的内在规律,往往会事与愿违,不仅达不到父母的预期效果,还会影响孩子的正常发展。在学龄前儿童的教育中,表现得较为普遍的就是父母缺乏等待孩子自然成长的耐心。许多年轻父母迫不及待地要求幼小的孩子学这学那,过早地让孩子投入所谓的"学习"环境之中,把识字、练拼音、计数、学外语当成早期教育的全部内容。父母这种片面的认识和盲目的举动,背离了孩子的自然发展规律,会加重孩子的认知负担和心理负担,因此,往往会产生不良后果。

同时,由于受遗传因素和成长环境的影响,不同孩子间存在着一定的发展差异,这并不奇怪。可有些家长总喜欢拿自己的孩子与别人的孩子比。当自己的孩子比别人的孩子优秀时,父母就沾沾自喜,反之就不停地数落、讽刺、挖苦孩子,这样很容易使孩子消沉、迷惘。孩子由于年龄小,见识少,他们往往以父母、他人对自己的态度和评价来评价自己,过多的批评、责骂容易使年幼的孩子迷失自我。其实,每一个孩子的身心发展特点都各不相同,父母不能用别的孩子的长处来抹杀自己孩子的自信,也不能因孩子某方面的欠缺而否定他的一切,更不能照搬别的孩子的成功经验来培养自己的孩子。父母要有足够的勇气承认并正视孩子间的差异,要怀着沉稳的心态耐心引导孩子,允许孩子按自己的速度发展。

五、父母态度要一致

中国有句古话叫"严父慈母",即父亲和母亲在教育孩子方面,一个唱红脸,一个唱白脸,很多家庭至今还沿袭着这一传统。其实这对孩子的成长是不利的,因为这样可能会使孩子无所适从,不知到底该听谁的。有时可能会导致孩子犯错后所想的不是如何去认识和改正错误,而是积极去寻求一种庇护,寻求精神的"避难所",有些孩子甚至会变得肆无忌惮、为所欲为。所以,在教育子女时,父母一定要旗帜鲜明,保持高度一致,形成"统一战线",共同努力,让孩子形成正确的价值观,向着正确的方向发展,即便犯了错误,也能正视错误并努力改正。

 案例分析

6岁的圆圆是幼儿园里的小童星,她不仅歌唱得好,舞跳得好,而且钢琴也弹得非常好。可又有谁知道这是圆圆牺牲了童年的快乐而换来的。圆圆的妈妈是小学里的音乐老师，她一直有一个梦想，那就是希望把女儿培养成钢琴家。在女儿3岁的时候，她和丈夫节衣缩食用一年的工资买了一架昂贵的钢琴。自从钢琴搬到家里后，圆圆就再没能像其他小朋友那样快乐地玩耍过。清晨6点，妈妈就要把圆圆从床上叫醒开始练琴，还没睡醒的圆圆往往弹着弹着就趴在琴上睡着了。晚上吃完晚饭，妈妈又带着圆圆坐到了钢琴旁，一练就是两个小时。周末，圆圆的练琴时间比平时更长。妈妈在这件事情上可以说是倾注了全部的心血，她不惜花高价从音乐学院请来专业教师给圆圆上课，而且自己一有空就坐下来，要圆圆把学到的东西弹给她听。看着女儿的琴技不断提高，妈妈十分欣慰。可是圆圆毕竟是个孩子，她非常羡慕别的小朋友能看自己想看的动画片，玩自己喜欢玩的游戏。时间一长，她开始厌恶起弹钢琴来，任凭妈妈如何讲道理她都听不进去。妈妈非常生气，有两次还打了她。从此以后，圆圆对钢琴从厌恶变成憎恨。为了逃避学钢琴，她常常装病。一天，圆圆趁妈妈不在家，拿起一杯开水往钢琴键盘上浇去，边浇边狠狠地说道："烫死你！烫死你！"她想，如果钢琴坏了，自己今后就再也不用练琴了。

问题：
结合本案例分析讨论当前社会背景下如何实现亲子关系的良性发展。

学习情境六

特殊家庭辅导

理论学习目标

1. 了解单亲家庭、重组家庭、空巢家庭的概念,以及这三种特殊家庭所面临的问题。
2. 掌握对单亲家庭、重组家庭、空巢家庭开展社会工作的方式方法。

实践学习目标

掌握对单亲家庭、重组家庭、空巢家庭的介入途径,能有效开展对单亲家庭、重组家庭和空巢家庭的辅导。

所谓特殊家庭,在此指非主流或非传统的家庭结构。当前中国主流的家庭结构有核心家庭、主干家庭两种。非主流的家庭结构包括单亲家庭、重组家庭、空巢家庭、丁克家庭、单身家庭、隔代家庭等。本章主要对近年来比较典型、影响范围较广的单亲家庭、重组家庭和空巢家庭的辅导进行介绍。

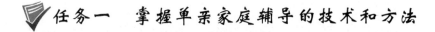

任务一　掌握单亲家庭辅导的技术和方法

任务体验

推选 2 名男生和 2 名女生进行角色扮演。其中男生甲扮演小政,男生乙扮演小政的同学小宝,女生甲扮演小政的妈妈,女生乙扮演小政的同桌贝贝,4 名同学在教师的指导下积极策划,向全班同学展现如下的故事情境。

小政是一名小学四年级学生，他的父母离异多年，现在他与妈妈一起生活。小政长得英俊，性格活泼，但行为习惯不好。他脾气暴躁，喜欢我行我素，精力旺盛，自尊心过强，上课东张西望，不遵守纪律。小政的妈妈工作忙，对孩子的事情虽有关心，但方法不当，小政犯错时就狠狠打一顿，教育收效甚微。小政逐渐养成了一些坏习惯，同学们也不太喜欢跟他玩。

提示：4名同学可以设计一些生活化的场景，具体展现小政及其家庭所面临的情景。比如，小政养成了一些坏习惯，可以用他抢同桌贝贝东西或者与同学小宝上课打闹等场景展现，以及请扮演小政妈妈的同学以独白的形式表达自己在孩子教育方面的内心困扰等。

任务分享

1. 请扮演者分享自己的感受，包括当"演员"的感受，以及猜测"剧中人"的可能感受。
2. 其他同学观看情景扮演后分组讨论小政家庭面临的问题。
3. 各组分享交流讨论结果，并一起总结单亲家庭容易面临哪些问题。

任务总结

对该任务的目的和意义进行解释和澄清。

知识介绍

一、单亲家庭及其分类

单亲家庭，是指由父母中的一方与其未成年子女所组成的家庭结构类型。造成这种家庭结构类型的原因有：配偶死亡、离婚、未婚生育或者配偶入狱等。

根据不同的标准，可将单亲家庭分为不同的类型。

（一）根据单亲家庭的形成原因进行分类

根据单亲家庭的形成原因，可以将其分为丧偶式单亲家庭、离异式单亲家庭、未婚式单亲家庭、分居式单亲家庭和失踪式单亲家庭等。

1. 丧偶式单亲家庭

丧偶式单亲家庭是指家庭内部父亲或母亲一方去世，另一方与未成年子女共同生活的家庭。1949年以前，丧偶式单亲家庭是我国单亲家庭的主要类型。现在随着科学技术的发展及医疗卫生水平的不断提高，中国人口的平均寿命普遍延长，丧偶式单亲家庭在单亲家庭中所占的比重逐渐降低，但仍是单亲家庭的主要形式之一。

2. 离异式单亲家庭

离异式单亲家庭是指家庭中夫妻双方通过法定程序解除婚约,由父亲或母亲一方与未成年子女共同生活的家庭。20世纪90年代以来,我国离婚登记人数呈现逐年持续上升态势。目前,离婚人数增多是造成我国单亲家庭的最主要原因。

3. 未婚式单亲家庭

未婚式单亲家庭是指未婚男女未办理结婚手续而同居,所生子女与父亲或母亲一方共同生活的家庭。

4. 分居式单亲家庭

分居式单亲家庭是指家庭中夫妻双方仍保留夫妻名分,在一定程度上保留夫妻的权利和义务,但夫妻两人没有居住在一起,子女与其中一人共同生活的家庭。一种分居是由于夫妻感情不和而采取的主动分居,另一种分居是由于夫妻不在同一个城市工作,或者一方入狱等长期分居造成的被动式分居。

5. 失踪式单亲家庭

失踪式单亲家庭是指家庭中夫妻双方未办理法律上的离婚手续,一方不明原因长期失踪,子女与另一方共同生活的家庭。

(二) 根据家庭成员对未成年子女的抚养方式进行分类

根据家庭成员对未成年子女的抚养方式,可将单亲家庭分为母亲抚养式单亲家庭、父亲抚养式单亲家庭、祖父母抚养式单亲家庭、外祖父母抚养式单亲家庭、其他亲属抚养式单亲家庭。我国的单亲家庭多为母亲抚养式单亲家庭。

二、单亲家庭面临的问题

如果说一个完整的(父母都在)的家庭拥有"双保险"的话,单亲家庭就只有"单保险"了。换而言之,单亲家庭抵御风险的能力更弱,一旦"单保险"失灵,很可能意味着一个家庭的完全破裂。虽然单亲家庭的形成原因各不相同,但是单亲家庭大都面临着相同的问题。单亲家庭主要面临以下几个方面的问题。

(一) 经济上的压力

单亲家庭面临的问题首先是经济上的,单亲家庭中,由于单身父(母)亲一人单独支撑一个家庭的开销,因此可能出现经济紧张的情况,这必然会影响到家庭生活的质量以及孩子的教育投资。特别是母亲抚养式单亲家庭,女性多数在就业领域处于劣势地位,多数母亲的收入偏低,这往往使她们在维持家庭生活方面遇到困难,有时甚至连子女的基本教育费用都难以支付。我国城镇享受居民低保的家庭中,有相当一部分是单亲家庭。

(二) 心理及情感上的压力

单亲家庭面临的心理及情感上的压力也是多方面的。一方面,经济上的压力导致的长期生活紧张，容易使单亲家长心理压力加剧；另一方面，由于缺少另一半，单亲家长会常感到彷徨、无助，在情感方面也倍感孤独，生理需求和情感需要都得不到满足。

（三）子女的社会化问题

在一个健全的家庭中，子女的社会化是由不同的家庭成员、不同的角色来完成的。在家庭中，男性与女性的作用是不同的：男性更多地发挥着指导性和榜样性的作用，而女性给予子女的则更多的是日常的照顾与关怀。女孩会受父亲角色所易于表现的冒险、进取、独立性强等特征影响；男孩也会受母亲角色所易于表现的富有同情心、温柔、依赖性强等特征熏陶。双亲家庭是儿童个性健康成长的天然土壤，每个家庭成员都是孩子社会化过程中的最好参照。

单亲家庭由于父（母）性别角色缺失，不利于子女性别角色的形成。同时，离异家庭中的子女往往会对异性产生不信任感，在与异性交往中也常常缺乏安全感，有的甚至对异性有抗拒、敌意的倾向，这对其以后的婚姻生活会产生不良影响。比如，父亲因婚外情与母亲离婚，有可能会使家庭中的女孩产生男人不可靠的观念，以致对长大后的恋爱、结婚产生抗拒情绪。

此外，家庭担负着子女的道德、行为的社会化任务，家庭氛围和父母的关系直接影响着子女的行为标准。不少单亲家庭的父（母）亲往往与子女的沟通较少，疏于对孩子的管教，亲子关系紧张，一些孩子得不到家庭的温暖，沉迷于网络，或者结识社会上的不良少年等，导致发生社会越轨行为的数量增加。

（四）子女教育问题

抚养和教育子女，是每一对父母都必须承担的道德责任和法律义务。在单亲家庭中，由于家庭结构不完整，家庭中由夫妻关系、亲子关系这两种基本关系所组成的家庭"三脚架"的倒塌使家庭职能被削弱，从而使子女处于一种较差的教育环境之中。

单亲家庭的子女教育通常有以下几种类型。

1. 溺爱型

单身父（母）亲因其子女失去或缺少母（父）爱而有一种愧疚心理，为了弥补，便对子女过分地宠爱、娇惯，而不能正常地给予教育。

2. 嫌弃、厌恶型

有的单身父（母）亲将与自己生活在一起的子女视为累赘或包袱，对其漠不关心，养而不教，甚至对其进行打骂或歧视。

3. 无暇顾及型

这是单亲家庭中子女教育遇到的普遍性问题。单身父（母）亲，一人承担抚育子女的责任与任务，既有繁忙的职业责任，又要承担沉重的家务，既当爹，又当妈，常感心力交瘁，力不从心，无暇对子女进行关心和教育。

随着单亲家庭的日益普遍，单亲家庭所面临的困境和问题也越来越引起社会的高度关注和重视。

三、对单亲家庭的辅导

（一）对单亲家庭辅导的三个基本视角

对单亲家庭进行辅导主要有以下三个基本视角。

1．福利、服务、保护和增权

对单亲家庭开展辅导的第一个视角就是要对单亲家庭提供福利性的物质帮助，为单亲父（母）和子女提供生活、心理、信息以及发展等方面的服务，保护单亲家庭在社会参与、就业、合法收入等方面的权利，通过外部干预和帮助增强单亲家庭成员的社会生存与竞争能力。

2．干预和解决问题

干预是指社会工作者为系统地改变单亲家庭及其社会环境状况而与其发生的互动行为。干预是按照社会工作的价值观、依据一定的知识、采用相应技巧进行的，它是一种影响而不是控制。解决问题是指社会工作者发现案主的问题与需求，探索满足其需求并帮助和引导其解决问题的过程。

3．分门别类服务与综合服务

分门别类服务是指社会工作者运用不同的技巧、方法解决不同的问题。单亲家庭中子女抚养模式不同，所遇到的问题就不同，社会工作者所运用的技巧、方法自然也不同。综合服务则是指社会工作者综合地把握单亲家庭遇到的各种问题，采用综合方法与技巧帮助和引导案主解决复杂问题。在实际工作中这两种模式常常交替使用。

（二）对单亲家庭辅导的三个层面

对单亲家庭进行辅导具体包括宏观、中观、微观三个层面。

1．宏观层面

在宏观层面，社会工作者可以从社会环境（如社会政策）入手帮助社会上有相似问题的群体解决相关问题。对于单亲家庭，社会工作者可以从以下方面开展工作。

（1）通过媒体倡导正确看待单亲家庭。

社会工作者可通过媒体倡导社会公众摈弃世俗偏见，正确看待单亲家庭及其遇到的问题，消除对单亲家庭的歧视。例如，社会工作者可设法引导公众给予单亲家庭尤其是单亲家庭子女更多的理解和适当的关爱，对单亲家庭群体伸出援助之手，尽量帮助他们解决工作、生活中的实际问题，为单亲家庭及其子女的健康发展和成长创造良好的外部条件。

（2）为单亲家庭争取更多的政策性支持。

社会工作者可大力呼吁教育、民政、妇联等部门关注单亲家庭，可积极参与教育、劳动等有关部门组织开展的调研,通过深入调查和分析,掌握单亲家庭生存状况等有关数据,争取在社会立法与社会政策制定层面(如低保、困难补助、子女教育、再就业、医疗救助等方面),为单亲家庭争取更多权益,帮助单亲家庭改善生存环境,维护单亲家庭子女的合法权益。

(3)动员社会力量为单亲家庭提供帮助。

社会工作者还可以积极动员社会力量为单亲家庭提供帮助。例如,发起设立单亲家庭贫困基金,对特困单亲家庭实行定期的经济援助,以及成立相应的社会组织,设立单亲家庭服务热线等,为单亲家庭提供各种各样的帮助(如心理咨询)。

2. 中观层面

在中观层面,社会工作者可以对单亲家庭所处的直接外界环境进行干预和调节,一般包括学校和社区两个层面。

(1)学校层面。

单亲家庭子女大多数处于学龄阶段,他们每天除了在家中,其余最多的时间就是在学校,因此学校是他们继家庭之外的主要社会化场所。现实生活中多数单亲家庭的家长由于各种原因,不能与校方进行很好的联系和沟通。社会工作者可以帮他们架起与学校沟通的桥梁,使家长与学校之间能够有效地配合,形成"家长—社会工作者—学校"三位一体的沟通模式,共同协作关注并解决单亲家庭子女的教育问题。

具体来讲,社会工作者可以与学校教师密切配合,了解班里单亲家庭学生的学习情况、家庭状况,帮助教师建立单亲家庭学生档案,对在学习和生活上有困难的单亲家庭学生给予更多的关注。同时,可以通过问卷调查、心理测量等方法,帮助教师对单亲家庭学生进行分类管理,对有严重心理问题的单亲家庭学生进行心理辅导,帮助其消除因家庭变故而产生的心理困惑、自卑感和无助感,减轻心理压力,使其能够健康快乐地学习和生活。在必要的情况下,社会工作者可以帮助学生采取回归家庭治疗的方式。

此外,社会工作者也可以在了解单亲家庭情况的基础上,根据不同单亲家庭的情况,设计具体的单亲家庭亲子教育辅导方案。例如,可以采取团体工作的方法,针对单亲家庭子女教育问题及人际关系等方面的难题,聘请有关方面专家为相关家庭开展专题讲座;还可开展单亲家庭小组工作,如建立单亲家庭互动小组、单亲家庭成长小组等。在小组活动中,单亲家庭的家长能够结识更多与其有同样或者相似经历的朋友,通过交流、分享教育子女的经验,他们可以互相提供情绪上的支持。如果条件允许,家长与子女可以共同参加小组活动,这样可以增进亲子互动,有助于改善亲子关系。

(2)社区层面。

社区是家庭生活的重要外界环境之一,也是对单亲家庭开展辅导的重要突破口。具体来说,从社区层面对单亲家庭开展辅导可以从以下五个方面着手。

① 解决单亲家庭子女的日常照顾问题。

由于单亲家庭人员较少,家长往往又忙于工作,对子女的日常照顾及上学、放学接送成为一件困难的事情。社会工作者可以发起在社区开设儿童日托（寄养）中心，提供儿童暂时托管服务，为那些经济上比较困难的单亲家庭提供减免费用的服务。同时，社会工作者还可以聘请社区内的退休教师或志愿者为放学后无人管理的单亲家庭子女进行学业辅导，如果条件允许，还可以提供就餐场所及餐饮服务。

② 帮助单亲家庭家长改善生存环境。

对于经济困难的单亲家庭，社会工作者可以协同社区，通过政府和有关机构为单亲家庭家长解决就业问题，为他们介绍工作。对于一些文化水平较低又没有一技之长的家长，可以介绍他们到民政部门登记并参加职业培训，以促使他们掌握技术，找到合适的工作。对于特别困难又无劳动能力的单亲家庭，社会工作者可以联系当地的民政部门，与居委会、街道办一起帮助他们申请低保，也可以发动社会上的爱心人士出资建立贫困单亲家庭专项基金，在一定程度上帮助贫困单亲家庭渡过难关。

③ 开展单亲家庭家长家务训练。

单亲家庭家长大多是女性，但是近年来单亲家庭男性家长的数量也在逐渐增加。单亲家庭男性家长同样也面临着子女教育和日常家务劳动的问题，而且多数男性家长欠缺家务劳动方法和技巧，所以社会工作者可以发动社区力量对这些单亲家庭家长进行简单培训，如进行基本的家务料理、烹饪技术等方面的培训。

④ 扩大单亲家庭的社会支持网络。

社会工作者可以广泛发动民间资源，对相关资源进行整合分类，组成单亲家庭教育服务队、单亲家庭法律信息咨询服务队等，帮助单亲家庭维护权利，增强单亲家庭的社会适应能力。

⑤ 为单亲家庭家长再婚提供机会。

社会工作者与社区人员可以通过开展单亲家庭家长联谊、单亲家庭家长教育交流等活动，使单亲家庭家长能经常与社会保持联系，帮助单亲家庭家长走出封闭的环境，使他们在扩大人际交往的同时，获得更多结识合适的异性、组建家庭的机会。社会工作者也可以联系妇联、街道、婚介等部门主动为单亲家庭家长牵线搭桥，帮助单亲家庭家长再次组建幸福的家庭。

3. 微观层面

微观层面也是社会工作者对特殊家庭开展辅导工作的主要方面。在微观层面，社会工作者可从家庭和个人两个方面开展对单亲家庭的辅导。

（1）从家庭方面介入。

社会工作者可直接介入单亲家庭之中，帮助他们解决问题，恢复其社会功能，增强其社会适应及获取资源的能力。具体来说，包括以下四个方面。

① 调整单亲家庭家长的心态。

单亲家庭自我调适的关键在于家长。单亲家庭家长首先要面对现实，树立自立自强的意识。面对来自生活和社会的压力。单亲家庭家长要调整自己的情绪和状态，不要一味地怨天尤人，更不要将婚姻中的阴影带给子女，要努力用乐观积极的态度为子女营造良好的家庭环境。此外，如果条件允许，建议单亲家庭家长选择再婚，因为家长担心自己再婚会使子女受苦而放弃追求新的婚姻的做法不一定对子女的心理和生理发展有利。

② 协调好单亲家庭内外的关系。

社会工作者可以运用会谈技巧和感情介入的原则，帮助单亲家庭协调好内外关系。首先，协助离异家庭处理在位家长与不在位家长之间的关系，两位家长在对子女的教育问题上采取何种教育方式，必须达成一致。其次，要调整双方的亲戚及朋友之间的关系，不要因为夫妻离异而相互仇视对方或对方的亲属，更不能将家庭矛盾转嫁给子女，一切应以子女利益为出发点，给子女一定的民主权利，允许子女根据自己的意愿选择与父母中的哪一方同住。最后，不在位家长同样要承担起养育未成年子女的责任，虽然不能住在一起天天见面，但是可以通过书信、网络或电话等方式随时与子女保持联系，了解子女的情况，也可以定期看望子女。通过这些工作，可在一定程度上缓解冷淡、紧张的家庭气氛，为子女的成长营造良好的氛围。

③ 拓宽单亲家庭成员的社会交往面。

单亲家庭应不断扩大社会交往面，寻求更广阔的社会支持群体，可多与亲戚、朋友、同事来往，家长可经常带孩子出去，参加"单亲家庭俱乐部"等活动。单亲家庭成员如果遇到困难，可以寻求专业社会工作者或心理医生等的帮助。

④ 对单亲家庭子女进行双性教育。

单亲家庭在注意培养良好的亲子关系的同时，也不能忽视子女的角色培养，必要的话，可以为单亲家庭子女安排男（女）性教育指导员。在以女性为抚养者的单亲家庭中，可安排一名男性教育指导员或教师，在以男性为抚养者的单亲家庭中，可安排一名女性教育指导员或教师。这种双性教育方式有助于单亲家庭子女获取在抚养者那里学不到的东西，进而可以弥补单亲家庭因角色缺失及角色不足给子女带来的不良影响。

（2）从个人方面介入。

针对单亲家庭及其子女，社会工作者也可以采取一对一的个别介入方式，由浅入深地与案主建立服务关系，在保持价值中立、友好沟通的前提下，了解单亲家庭的具体问题，进行压力评估，然后提出具体的计划和方案。对存在心理困扰或心理问题并无法排解和宣泄的单亲家庭的家长或子女，可按照适度的感情介入、尊重、接纳和支持的原则，为其提供个别心理辅导，帮助其发掘和运用自身的资源，恢复和增强个人和家庭的社会功能，面对现实，找回自信。

（三）对单亲家庭进行辅导时应遵循的原则

社会工作者在对单亲家庭进行辅导时，应注意遵循以下两个原则。

1. 要灵活运用社会工作的方法、技巧

社会工作有三种具体工作方法：个案工作方法、小组工作方法和社区工作方法，在运用的过程中要准确、恰当。例如，在了解单亲家庭及其子女问题时，常常需要用个案工作方法，因为每个家庭和每个孩子的问题各不相同，而且当事人个人的家庭状况往往不愿让其他人知道。个案工作更易于社会工作者建立起与家庭和孩子间亲密的专业关系，易于发现问题并了解问题的真正原因。而在促进单亲家庭子女成长、增强单亲家庭成员综合能力时，则宜运用小组工作方法，这样有助于当事人进一步认识自己、了解他人，获得相互信任和支持，重拾自信。社会工作者在对单亲家庭进行辅导时还应熟练运用社会工作的相关技巧，因为单亲家庭成员往往比一般人群有更高的敏感性和戒备心理。与单亲家庭父（母）亲交谈时要以情相动、以理服人；与单亲家庭子女交往时一定要以朋友的姿态出现，要多进行启发引导，切忌批评说教。

2. 要严格遵守社会工作的基本准则

接纳他人、非批判性、个性化、保密、案主自觉等都是社会工作者必须自觉遵守的准则，也是区分专业社会工作者与其他工作人员的主要标准。例如，对有不良行为的单亲家庭子女，社会工作者在对其进行辅导时不能简单地以自己的标准对其进行批评，而应尽量了解其行为背后的原因，然后从当事人的角度多加引导。

案例分析

大龙，10岁，小学五年级，父母因父亲有婚外情而离婚。父母离婚后大龙和母亲一起生活，他们住在租来的房子里。父亲是某工厂的工人，与大龙他们在同一个城市居住，但很少来看大龙。大龙母亲的身体不是很好，知识水平较低，在酒店当清洁工，收入不高，两个人的生活比较艰辛。大龙的祖父、祖母已经过世，外祖父、外祖母在老家居住，身体也不太好。大龙在家附近的一所公立学校读书。他的学习成绩较差，各科考试经常不及格，此外，大龙还有打架、捣乱和偷窃行为，在同学眼中是一个"坏学生"，但是班主任还是很关心大龙。大龙母亲也知道大龙在学校的大致表现，但感觉心有余而力不足。

问题：

每6人为一个小组，分析讨论社会工作者该如何帮助大龙，然后各组推选代表在全班分享本组的讨论结果。

 任务二 掌握重组家庭辅导的技术和方法

任务体验

观看电视剧《家有儿女》第一集。

主人公夏东海曾跟随前妻到美国陪读、工作，离婚后带着小儿子夏雨回国发展，并与国内长大的女儿夏雪团聚，后与某医院的护士长刘梅结婚。刘梅也曾离异，并带有一子刘星。

初到新家的夏雪因为怕受继母的气，先给继母刘梅来了个下马威：不但对刘梅为她准备的接风宴挑三拣四，而且提出约法三章，甚至故意找"狂野男孩"扮其男友与父母叫板。同样，夏东海与继子刘星的关系也面临着严峻挑战……

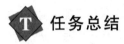

分小组讨论重组家庭主要面临哪些问题与挑战，并从家庭社会工作角度谈谈社会工作者应该怎样开展辅导。

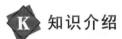

各小组派代表在全班分享本组的讨论结果，最后大家一起对各组分享的内容进行归纳和总结。

知识介绍

一、重组家庭简介

重组家庭也称再婚家庭，是指配偶的双方或一方曾有过婚姻经历，而后双方重新组成的家庭。

在中国古代，重组家庭往往由原配偶中的一方死亡，另一方"续弦"或"再嫁"而来。而在现代社会，再婚者已是一个拥有相当数量的群体，而且这一群体可能有继续扩大之势。这是因为现代婚姻制度和人们的家庭观念发生了变化，再婚者的来源除了丧偶者，离婚者越来越多。

二、重组家庭面临的挑战

人们在初婚家庭中遇到的烦恼在重组家庭中也都会遇到：生活起居、锅碗瓢盆、生活的平凡和琐碎、夫妇间因性格的差异产生的冲突……重组家庭还有它的特殊性，与初婚家庭相比，重组家庭还面临着以下挑战。

（一）挥之不去的过去

重组家庭与初婚家庭最大的一个不同，是他们进入当下这个婚姻时，一方或双方带着自己的"婚史"。再次开始的婚姻故事，不是在白纸上描画的；重新开始的生活，也总受着过去经历的影响。重组家庭的所谓特殊矛盾，便是这挥之不去的过去，它影响着重组家庭的生活，也影响着再婚者对情感关系、亲子关系、财产关系和婚姻冲突的处理方式。

重组家庭中的夫妻关系往往比初婚时更微妙。一方面，不管以往的婚姻是幸福还是不幸福，再婚者心中都有一个心结，有一个去不掉的比较参数，特别是在不愉快时，他们更喜欢用过去配偶的优点和现在配偶的缺点比较。另一方面，在重组家庭中，因为一方或双方有过婚史，容易导致重组家庭中配偶之间心理关系复杂化。比如：一位先生再婚后明知妻子对他很好，但仍担心妻子心里还装着前夫，总以种种方式加以试探，甚至连妻子与前夫生有两个儿子都嫉妒，说："你就是对他好，不然你怎么会给他生了两个儿子？"类似这样对配偶过去生活的介意，甚至嫉妒，使不少再婚夫妇觉得他们之间始终夹着其他人，影响着他们当下的生活。

（二）家庭关系的复杂化

重组家庭的家庭关系往往更加复杂。因为再婚，当事人面对的家庭关系可能要成倍地增加。有的重组家庭夫妇双方都是再婚，而有的则仅一方是再婚，另一方是初婚。在后者中，初婚一方对继父母的角色往往有一个艰难的适应过程。如若适应不良，会对婚姻造成巨大伤害。例如，有一对再婚夫妇，初婚的妻子一开始拒绝接受丈夫和前妻所生的孩子，给丈夫和孩子造成很大的伤害，后来她在心理上逐渐接受了这个孩子，但之前的伤痕却是永久性的，以致这个重组家庭再次破裂。在重组家庭中，不仅继父（母）要面对没有血缘关系的继子女并要学会和他相处。更棘手的是，孩子并非完全被动，即使他（她）保持沉默，也有接受、不接受继父（母）的问题。对新的家庭，孩子有是成为建设者还是破坏者的选择。

重组家庭中继子女关系带来的问题主要有以下几个。

（1）夫妻之间相互猜忌。在有继子女的重组家庭中，夫妻双方可能会怀疑对方偏向自己的子女，如怀疑对方"私赠"自己子女财物。

（2）潜在的情感竞争和心理的失衡。在有继子女的重组家庭中，夫妻双方可能会感到自己不管怎样对对方好，在对方心里他（她）的孩子还是占第一位的。

（3）继子女的直接介入影响到再婚夫妻感情。例如，成年子女为争夺财产而排斥继父（母），也有未成年的子女因痛恨继母（父）占据了她亲生父（母）亲的位置，故意插在父（母）亲和继母（父）的生活之中，破坏他们的关系。

（4）继子女之间相互的猜疑、斗气。

重组家庭还会遇到其他复杂的关系。例如，A 先生丧偶后虽然再婚了，但跟儿子以及前妻家的亲属还有联系，这往往引起 A 先生和现任妻子的矛盾，因为对现任妻子来说，她不仅要和与她无关的人礼尚往来，丈夫前岳母家还像"影子部队"一样，影响到她在这个家的地位。每年寒暑假孩子都要回他姥姥家，孩子姥姥家的人会有种种对她的议论和抱怨，如抱怨她对孩子照顾不周等。所以现任妻子觉得不是和 A 先生一个人结婚（仅仅带一个孩子也就算了),而是和他过去的许多关系纠缠到一起。其实,对每一个进入重组家庭的人,关系的复杂化都是题中应有之意。接受一个有婚史的人,就得准备和他(她)的过去和平地相处,包括和他(她)过去的关系网相连接。

(三) 敏感性和脆弱性

重组家庭的关系往往比一般家庭更敏感、更脆弱,更容易破裂。重组家庭有两个"雷区":一是对方的前配偶,二是对方与其前配偶生的孩子。很多人再婚时已有自己和前配偶生的孩子,这些孩子常常成为引发家庭矛盾的敏感点。那些一进入新的家庭就要给别人的孩子当继父(母)的人,心理自然不轻松。他们深知,和继子女关系的好坏,不仅影响再婚后的婚姻生活,也影响自己的社会形象。在重组家庭中,前一个"雷区"一般可以避开,第二个"雷区"却绕不过去。当事人往往得通过超量的感情投资,才能与孩子建立起信任关系,逐渐拆除情感上的篱障,建立比较和谐的家庭关系。重组家庭就像一个易碎品,不加以特殊的呵护就会破碎。

此外,再婚后当事人还需要对生活习惯进行一些调整,以使重组家庭的家庭生活更加和谐和顺利。

三、对重组家庭的辅导

对重组家庭开展辅导,同样可以从宏观、中观、微观三个层面来进行。

(一) 宏观层面

从宏观层面而言,要积极倡导社会公众摒弃世俗偏见,正确看待重组家庭的问题,消除对其的歧视;要营造良好的社会氛围,为重组家庭正常生活、子女健康成长创造条件。

(二) 中观层面

从中观层面而言,如果重组家庭涉及继父母与继子女问题,且继子女还处于学龄阶段,那么学校层面的干预就非常重要。现实生活中,若家长由于各种原因不能与校方取得很好的联系,社会工作者可帮忙架起学校与家长之间的桥梁,使家长与学校能够有效地沟通和配合,形成"家长—社会工作者—学校"三位一体的沟通模式,共同关注重组家庭子女的教育问题。

中观层面可以开展的工作主要包括以下两点。

1. 有针对性地开展个案工作

社会工作者与学校教师密切配合,了解班里学生的学习情况、家庭状况,建立重组家庭子女档案,对在学习和生活上有困难的重组家庭子女给予更多的关注。同时,可以通过问卷调查、心理测量等方法,对重组家庭子女进行分类管理,对有严重心理问题的重组家庭子女重点进行心理辅导,帮助其消除因家庭变故而产生的心理困惑、自卑感和无助感,减轻其心理压力，使其能够健康快乐地学习和生活。

2. 开展重组家庭亲子教育辅导

社会工作者可以通过家长了解学生在家的情况，也可以通过学生了解家庭的基本情况，然后根据不同重组家庭的不同情况，为其设计具体的辅导方案。社会工作者也可以采取团体工作的方法，针对重组家庭子女教育问题及人际关系等方面的难题，聘请有关方面专家开展专题讲座。此外，社会工作者还可以开展重组家庭小组工作。例如，开展重组家庭互动小组、重组家庭成长小组等。在小组中，人们可以结识与自己有同样或者相似经历的同龄人，通过交流分享各自的经验，可以互相提供情绪上的支持，也有助于增进重组家庭的亲子关系，提高家庭成员的应对能力。

（三）微观层面

从微观层面而言，重组家庭中家庭成员的自我心理调适非常重要，因此，可从以下几个方面进行辅导。

1. 再婚者再婚之前的自我调整

再婚者在寻找新的婚姻伴侣及准备结婚之前，首先要调整好自己的心态。再婚者过去的经历总是会在其心里留下痕迹，所以一个人选择再婚，必须首先让自己的心理恢复平静。辅导时要告诉再婚者尽量不要把自己过去的婚姻生活经历和感受带到新的婚姻之中，再婚者应明白：新的婚姻是一个新的开始，不能对自己的过去念念不忘，更不能拿自己现在的配偶与前配偶进行比较，否则将有可能导致婚姻失败。

2. 新婚者的自我适应

如果一个未婚者和一个有离婚经历的人结婚，那么他（她）应该在婚前做好各方面的考虑。其中两个方面尤其重要：一是如何面对配偶过去的感情经历；二是如何妥善对待配偶与其前配偶所生的子女。初婚者对配偶过去的婚姻，要有充分的预期，有关的问题包括：如果配偶难以忘记旧情该怎么办？如果配偶与其前配偶旧情复燃怎么办？如何对待配偶与其前配偶的各种物品（如家用物品甚至包括他们过去的照片等）？如何对待配偶基于前段婚姻所建构的人际关系？等等。类似这些问题，初婚者都要有心理准备。

同样，一个有过婚姻史的人，在决定和一个没有结过婚的异性结婚之前，也要对一些问题有充分的考虑和心理准备。有关问题包括：对方真的不在意自己过去的婚姻史吗？对方能善待自己的子女吗？对方可能会对自己哪些方面比较在意？在结婚之前，是否需要做一些预防性的计划或安排？自己该如何降低前一次婚姻给对方造成的潜在的或直接的影响？

3. 如何扮演好继父母的角色

很多重组家庭发生矛盾，往往是由于子女因素导致。由于继父母与继子女没有血缘关系，其间的隔阂自然是不可避免的。重组家庭中，最难处理的是继父母与继子女的亲子关系调适和继子女的社会化问题。很多再婚者在决定结婚之前，总是想当然地认为自己能够很快获得继子女的爱和情感。而这往往是一种一厢情愿的设想罢了，事实往往比他们的想象复杂得多。

首先再婚的夫妇要进行沟通，达成共识。特别是如果夫妇双方都带有各自的亲生子女来到这个新组建的家庭的时候，彼此更应约定对所有子女要一视同仁，不应该厚此薄彼。在平常的家庭生活中，应该寻求一种良性的沟通方式，继父母要多听听继子女的想法和心声，鼓励他们表达对新家庭的期待，包括对继父或者继母的企盼，这样有助于彼此相互了解。同时，利用节假日、子女的生日、父母的结婚纪念日等时间，可多举行一些不拘形式的家庭小聚会，如全家野餐、游玩，或者一起参观博物馆、听音乐会等，这有助于增进亲子感情，有助于培养一种和谐美满的家庭团体意识。

有研究者针对如何扮演好继父母角色，提出了如下建议。

（1）不要奢望取代孩子心目中的生父/生母的地位，不要试图让孩子忘记生父/生母，要知道，亲子之间的血缘关系是很难割舍的。继父母应该凡事尽力而为，不要在继子女面前自抬身价，或者数落其生父/生母的不是，不求继子女有什么立即的回报，应当鼓励或者暗示他们和自己的生父/生母多加接近。

（2）不要刻意营造全家和谐的假象。很多父（母）为了构建一个良好的家庭关系，常常采用督促甚至威胁、利诱亲生子女的方式，让自己的子女和继母（父）保持良好的关系。殊不知，这样可能欲速则不达，甚至适得其反。

（3）不要希望立即改变亲子关系。子女在进入重组家庭的时候，已经经历了很多的情感挫折，因此，继父母想一下子改变亲子关系是不切实际的。重组家庭中良好亲子关系的形成需要一个比较长的过程。

（4）不要一切顺其自然。有的继父母认为，应该让子女自然成长，于是对继子女的事情很少过问。但这样有时会使继子女以为继父母对自己漠不关心，从而滋生出更多的敌意。

社会工作者在对重组家庭开展个案工作时，要先了解重组家庭的情况。针对重组家庭及其子女，可采取一对一的个别介入方式。对存在心理困扰和心理问题，并无法排解和宣泄的家长及子女，可通过个案会谈和直接咨询的方法和专业技术，减轻当事人的心理压力，协助重组家庭成员改善生活环境，并帮助他们发掘和运用自身的资源，恢复和增强个人和家庭的社会功能。工作中，社会工作者要对案主保持价值中立，所有工作要在友好沟通的前提下进行，由浅入深地与案主建立服务关系。

总之，与初婚家庭相比，再婚家庭中人际关系更复杂。因此，社会工作者在对重组家庭进行辅导时，要付出更多的爱心、宽容和谅解。

案例分析

小范是一名初中二年级学生，星期一返校时，因为自己的衣服在家忘记洗了，父亲发现后就打电话狠狠地责骂了她一顿。小范觉得委屈，上课时情绪低落，心不在焉，还产生了轻生的念头。

社会工作者了解到小范的基本情况是：小范的亲生父母在小范小的时候就感情不和，经常吵架。小范的父亲只有初中文化水平，性格暴躁，但对女儿却是疼爱有加，小范的母亲脾气比较急，后两人离婚了。父母离婚后小范随父亲生活。小范的父亲为弥补孩子，对小范百依百顺，父女俩相处非常融洽。父亲后来重组家庭，继母带来一个女儿，比小范大7岁，现在某名牌大学读大三。自从继母来了之后，一切都好像变了。

社会工作者通过与小范本人、其班主任以及同学交流，发现小范表现出的问题有：① 性格内向，不爱和人交流，很自卑；② 对继母怀有敌意，处处与继母对着干；③ 生活不独立，比较依赖父亲；④ 自尊心较强，但对学习没什么兴趣；⑤ 情绪不稳定，有自残行为，有自杀倾向。

社会工作者走访了小范的家庭，与小范的各位家庭成员进行了交流。

1. 与小范父亲交流获得的信息

小范的父亲离婚后独自一人带着小范生活，对小范感觉歉疚，就用双倍的爱来补偿小范。他现在的妻子带来一个女儿，很孝顺、很懂事，生活自理能力也比较强。在现任妻子来之前，小范过惯了"饭来张口、衣来伸手"的生活。现任妻子来之后，小范的父亲觉得应该着力培养小范的生活自理能力，于是他的教育态度发生了巨大转变，这让小范感觉很突然，一时无法适应。

2. 与小范继母交流获得的信息

小范的继母发现小范的生活习惯不好，生活自理能力较差，于是想改变小范的不良习惯。继母的心理比较矛盾：她想管，但小范非常逆反，处处与她针锋相对；但若不管，又觉得对不起自己的良心，也承受不了舆论的压力。

3. 与小范亲生母亲交流获得的信息

小范的亲生母亲自从离婚后，一直想念小范，但前夫不允许孩子来看望她，所以她对前夫极有怨言。她担心孩子会忘了她，所以经常在与小范的短信聊天中问父亲、继母对她好不好，唯恐孩子受到伤害。她担心继母虐待小范，每次小范偷偷到她那儿，她总是对小范非常溺爱，甚至包办一切。

问题：

请根据案例内容，每6人为一个小组开展讨论，分析小范的家庭存在的问题，并提出针对性的辅导方案，然后在全班分享。

任务三　掌握空巢家庭辅导的技术和方法

I 任务体验

每2人一组进行"盲人"游戏。其中一人扮演"盲人",游戏的第一个环节"盲人"尝试不借助外物通过设有障碍物的通道,完成后请"盲人"分享感受;游戏的第二个环节:由另一人扮演"拐杖",帮助"盲人"完成同样的操作,帮助过程中两人可以有语言交流,完成后请"盲人"和"拐杖"分别分享自己的感受。

S 任务分享

阅读下面这个故事:

传说女妖斯芬克司盘踞于交通要道,常用一个古怪的问题为难路人,答不出和答不对者都会被她吃掉。她的问题是:"什么东西,早晨四条腿,中午两条腿,黄昏三条腿?"结果有数不清的路人因猜不出答案而惨遭不幸。一次,俄狄浦斯路过,他准确地猜出谜底是"人"。人刚出生时手脚并用在地上爬,因此"早晨"是"四条腿";长大后双腿健步如飞,因此"中午"是"两条腿";老年时步履蹒跚要拄拐杖,因此"黄昏"是"三条腿"。他猜出了答案,女妖羞愧交加,跳下山崖摔死了。

人"早晨四条腿,中午两条腿,黄昏三条腿",这说明,人不是时刻都是强壮的,人也有脆弱的时候。

每6人一组,讨论并分享这个故事说明的道理,教师对大家的分享进行总结。

T 任务总结

根据分享和教师的引导,体会当子女羽翼丰满远离父母,父母年老体弱独自在家时的感受,以及父母晚年可能面临的困难,探讨可能的帮助途径。

K 知识介绍

一、空巢家庭及其形成原因

空巢家庭是指一个家庭中,子女长大离开原生家庭独立居住之后,由留下的中年夫妇或老年夫妇所组成的家庭。这种情形正如小鸟羽翼丰满,展翅高飞离开巢穴,剩下孤独、寂寞的老鸟独守空巢一样。

在发达国家,"空巢家庭"出现得较早,现在已十分普遍。在中国,2020年第七次全国人口普查数据显示,全国共有家庭户494157423户,平均每个家庭户的人口为2.62人,比2010年第六次全国人口普查的3.10人减少0.48人。家庭的小型化趋势,意味着中国家庭养老能力继续减退。这提示我们,老人尤其是空巢老人的养老问题进一步摆在了全社会的面前。

中国空巢家庭迅速增多的原因是多方面的,归纳起来,主要有以下几点。

1. 人口老龄化日趋突出

随着人们生活水平的提升和医疗技术的提高,老年人的预期寿命大幅提高。而中国实行计划生育政策这些年来,出生人口与之前相比有所降低,这也导致了老龄人口占社会总人口比例的增加。根据联合国教科文组织的规定,一个国家(或一个地区)的60岁以上人口占该国家(或地区)人口总数的10%以上,或65岁以上人口占该国家(或地区)人口总数的7%以上,那么,该国家(或地区)就进入了老龄化社会。2020年我国第七次全国人口普查数据显示,全国人口中,60岁及以上人口为264018766人,占18.70%,其中,65岁及以上人口为190635280人,占13.50%。与2010年第六次全国人口普查相比,60岁及以上人口的比重上升5.44个百分点,65岁及以上人口的比重上升4.63个百分点。

2. 社会流动频繁

在现代化建设过程中,人们工作变动日益频繁,人口流动和迁移加速,再加上目前社会上就业压力较大,职业竞争比较激烈,为了生存,不管是农村还是城市,人们一般主要选择的是职业,其次是居住地,这助推了空巢家庭的增多。

3. 价值观的多元化

随着社会转型加快,代沟越来越突出。物质生活水平提高后,人们对精神生活有了更高的追求,老少两代人都要求有独立的活动空间和更多的自由,传统的大家庭居住方式已经越来越不适应人们的需求,小家庭被普遍接受。一旦子女长大成家,就导致了空巢家庭的产生。

总而言之,人口老龄化与家庭结构的演变等多方因素促成了中国空巢家庭的大幅增加。空巢家庭将成为21世纪中国城市及许多农村地区老年人家庭的主要形式,空巢家庭引发的问题值得全社会共同关注。

二、空巢家庭存在的问题

在以往的多子女家庭中,空巢期多在夫妻晚年到来。而今独生子女家庭子女离家的时间越来越早。三口之家,孩子是维系家庭的重要因素,孩子与父母的分离,使许多父母难以适应,甚至引发夫妻情感危机。对单身的父(母)而言,子女远离,其在生活上和情感上面临的问题就会更加突出。

（一）经济问题

有些空巢家庭的老人没有退休金或退休金很少，农村老人的养老补助金往往也不多，这就造成空巢老人经济上很紧张。在独生子女家庭中，由于子女数量减少，相对而言经济上的抗风险系数就更低了。

（二）心理问题

空巢老人普遍都有一种"空巢感"。"空巢感"也就是孤独感，但这种孤独感里又增添了思念、自怜和无助等复杂的情感体验。有"空巢感"的老人大都心情抑郁，惆怅孤寂，行为退缩。他们中许多人深居简出，很少与社会交往。究其原因，一是对离退休后的生活变化不适应，从工作岗位上退下来后感到冷清、寂寞。二是对子女情感依赖性强，有"养儿防老"的传统思想，及至认为老年正需要依靠子女的时候，子女却不在身边，不由得心头涌起孤苦伶仃、自卑、自怜等消极情感。三是有些老人可能由于本身性格方面的原因，对生活兴趣索然，缺乏独立自主、振奋精神、重新设计晚年美好生活的信心和勇气。

（三）疾病问题

空巢家庭的老人，生了病以后会感到特别无助。当一位老人生病时另一位尚可陪同就医和照顾，但当夫妇两人都生病时，这种无助感就会更强烈。那些单身空巢老人在生病时，困难更突出。

（四）生活照料问题

随着年龄增大，老年人的身体日渐衰弱，空巢家庭的老人就会面临缺少照料的问题。单身空巢老人对此忧虑最大，因为随着年龄的增加和精力的衰退，将来总有一天难以独立地照料自己，到了这一天怎么办？一旦生活中发生意外又该怎么办？

三、对空巢家庭的辅导

"老吾老以及人之老"，空巢家庭问题，需要个人、家庭、亲属、社区和社会的共同关注，以构建完善的空巢家庭社会救助和支持系统。

（一）为空巢家庭提供政策上的支持

1. 加强老年人社会保障体系建设

宏观方面，首先要加强医疗保障和养老保障体系建设，以解决空巢老人医疗费用和养老费用问题。同时，应不断完善老年人社会救助制度，对无社会保险及退休金的城市及农村贫困空巢老人，要将其纳入社会救助的行列，定期发放补助金，以满足他们维持基本生活的需求。

2. 制定有利于家庭养老政策健康发展的配套政策

要加大对偏远落后地区医疗卫生方面的资金投入，以完善村级、乡级医疗服务机构的设施,加强对基层医务人员的培训。也可以建立医疗服务队,定期或不定期地到偏远落后地区为老年人看病体检。国家、集体、个人可以共同投资,建立起多形式、多层次、多类别的养老服务体系。要广泛吸收民间资金,建立养老保障专项资金,增加对贫困老年人的资金投入。对于独生子女家庭的空巢贫困老人,要在政策上给予一定的照顾。

3. 大力倡导敬老、爱老的光荣传统

可通过大众传媒,在社会上广泛宣扬敬老、爱老的光荣传统,树立尊老模范,同时要谴责虐待和遗弃老人的不道德行为。要宣扬家庭养老,强化家庭的精神养老功能。社会工作者可以利用节假日开展针对空巢家庭子女的团体活动,强化空巢家庭子女的赡养观念,鼓励和引导他们在物质上和精神上给予父母更大的支持,要设法使他们明白,即使不能每天和父母生活在一起,也可以通过电话、网络等现代通信工具经常与父母交流沟通,以减少老人的孤独和寂寞感。

(二) 整合社区资源,建立社会支持网络

社区是家庭的延伸,也是具备社会生活的各种功能的有机整体,具有承上启下的作用。老年人一般都难离故土,愿意在自己曾生活过的、比较熟悉的环境中生活。地缘上与街坊邻居互助结合,也是养老的最好选择。所以,中观层面,可将群众作为基础,广泛调动群众的积极性,在社区中形成良好的助老氛围。同时要加快社区经济发展及社区养老的社会化服务建设,为空巢老人构建社区服务网络。

(1) 开展社区调查,了解空巢老人情况,根据存在的问题及需求健全空巢老人信息档案。社会工作者可定期到空巢家庭走访,了解家中情况,随时关注有可能因健康或社会因素而产生的任何危险,必要时可安排提供社区的其他服务项目。

(2) 可以根据实际情况,从社区层面提供老人日间托管服务和居家服务等。老人日间托管服务是指社区提供临时休息及就餐场所,老人白天可以来日托中心。居家服务的对象主要是那些无法自理的、行动不便的空巢老人,对这些老人,社区可以提供上门服务,在收费上可以采用免费和低收费两种方式。服务者主要是志愿者或政府雇佣人员。社区可以招募社区内、社会上的年轻人以及身体健康的老年人参加志愿服务,也可采取服务储蓄方式进行激励。近些年出现了一些新的形式,如由政府出资,组织社区内的大龄下岗女职工经过培训后,以家庭服务员的身份走进独居高龄空巢老人家庭,照顾老人的日常起居,这样既解决了空巢老人的照护问题,也创造了就业机会。

(3) 建立老年人医疗卫生照顾体系。由于老年人是医疗疾病高发群体,因此在社区建立老年人医疗卫生照顾体系是非常有必要的。可以在社区开设医疗门诊,成立老年人紧急医疗救护队。当空巢老人遭遇危急情形时,可以通过紧急呼叫系统及时反映给社区,这样紧急医疗救护队就可以在第一时间赶赴现场进行救护,必要时应及时转介给有关医疗机构进行救治。有条件的社区可以开设家庭病床,由社区医护人员主动到行动不便的空巢老人家中为其提供医疗服务,还可以聘请有关专家开展老年人健康知识讲座,定期或不定期地为老年人提供健康资讯，以预防和减少老年人疾病的发生。

（4）开通专业化的老年心理咨询和服务热线，及时帮助空巢老人排解心理压力，帮助他们乐观地面对现实，走出空巢的困惑，并转变认知，从而达到自我调节的目的。针对一些特殊情况，如老年人抑郁症、恐惧症等，要采取专业的治疗方法和手段，帮助老年人恢复自身功能。同时，还可以提供法律方面的咨询、援助和调节，帮助空巢老人维护其合法权益。

（5）在社区内增设老年人休闲、娱乐、健身及教育之类的场所和活动设施，根据老年人的需求，开展形式多样的文化娱乐活动，以丰富老年人的业余生活，为老年人提供社会互动的机会和场地。老年人有机会聚在一起参加各种活动，扩大社交范围，有利于他们建立和谐的人际关系。在参加活动的过程中，老年人之间可以相互支持，从而不再那么孤单寂寞。有条件和兴趣的老年人也可以进入老年大学，继续学习新知识，丰富、完善自己的老年生活。

（三）开展空巢家庭老年小组工作

社会工作者可以运用小组工作方法，对空巢家庭的老人开展小组工作，以提高空巢老人的生活质量，使他们正确面对"空巢"导致的空虚、无助、焦虑等心理问题，扩大他们的服务支援群体，使他们能够恢复自己的社会功能，增强活动能力，从而改善生活状况。

就空巢老人所面临的具体问题，可以针对不同情况开展不同类型的小组活动。比如，对认知能力不足的空巢老人，可以成立现实辨认小组、缅怀往事小组及动机激发小组；对功能失调（如焦虑及有抑郁症倾向）的空巢老人，可开展治疗性小组、教育性小组；对于高龄且生活较困难的空巢老人，可开展支持性小组；对于身心功能较好的空巢老人，可开展社交康乐小组、任务型小组等。另外，对于志愿服务于老年人的群体，可以开展老年人服务小组、护老小组等。

（四）开展空巢家庭个案工作

社会工作者可采取个案工作的方式，走进空巢家庭直接与老人交流，为其提供帮助。在个案工作中，社会工作者要先与老人建立信任关系，这是最基本的。在会谈的过程中要有耐心，并且要积极地倾听和回应老人的交谈内容，对每一位空巢老人，要坚持个别化原则，对任何状况的老人都要表示尊重，特别是对一些贫困、独居、多病的空巢老人，要运用同理心，取得老人的信赖，这样才能更好地了解空巢老人面临的问题。要坚持"助人自助"的原则，在"案主自决"的前提下为不同需求、不同处境的空巢老人设计不同的、合理的晚年生活计划。对于一些有特殊困难的空巢家庭，可与之建立长效的服务机制，通过专业手段，链接社会资源，协同解决问题，以帮助每一位空巢老人减轻心理上的压力和生活上的困境，使他们能够幸福愉快地度过晚年生活。

解决空巢老人面临的问题不仅是家庭的责任，也是整个社会的责任。人们要打破代际养老的局限性，将家庭养老扩展到整个社会，形成一种"老吾老以及人之老，幼吾幼以及人之幼"的思想观念，逐步建立起以政府为后盾、以家庭为基点、以法律为准绳、以社区为依托、以社会工作者为纽带的空巢家庭养老支持网络。

案例分析

刘奶奶，今年68岁，是一名退休工人，丧偶、独居。她身体状况欠佳，患有高血压、糖尿病，生活基本可以自理，但走动不是特别方便。刘奶奶经济状况尚可，三年前老伴去世，于是她开始一个人生活。她有一儿一女，女儿在外地工作，儿子在同一个城市居住，偶尔带儿媳和孙子回来看望她。刘奶奶和老伴感情很好，她舍不得离开和老伴一起生活的地方，就连家里的摆设也一直是三年前老伴在时的模样。她不想改变，并说这样就会感觉老伴还在身边。儿子想让刘奶奶搬过去与他们一起住，儿媳妇不愿意，两人经常为这事吵架。最近儿媳和孙子都很少来看望刘奶奶，刘奶奶心里很难过，她一般很少出门活动，饮食、生活也都很简单。在社会工作者和刘奶奶交流时，刘奶奶说自从老伴走后，她觉得生活很孤单，再加上身体病痛多，她越发觉得生活没什么意思了。

问题：

每6人一组，分析刘奶奶面临的具体问题，讨论针对刘奶奶的问题可以从哪些方面开展社会工作。

学习情境七

家庭社会工作相关法律法规

理论学习目标
1. 掌握与婚姻家庭相关的法律法规。
2. 掌握与家庭暴力相关的法律法规。
3. 掌握与继承相关的法律法规。

实践学习目标
1. 能灵活运用与婚姻家庭相关的法律法规,帮助案主协调家庭关系。
2. 能灵活运用与家庭暴力和继承相关的法律法规,帮助案主维护自身权益。

任务一 掌握与婚姻家庭相关的法律法规

 任务体验

临时组成6人体验小组,阅读以下背景材料。

李某(男)与张某(女)于2019年3月11日在北京市海淀区民政局登记结婚。张某2019年2月25日至3月9日在航天中心医院住院就诊,出院时医院诊断其肺部感染,Ⅱ型呼吸衰竭,陈旧性脑梗死(大面积),四肢肌力0~1级,症状性癫痫,痴呆状态,混合型失语……出院后居住在北京×××养老服务有限公司。据该公司工作人员陈述,张某2019年3月11日全天没有出门,其身体状况也不允许其出门,2019年3月14日,张某去世。后法院查明,是李某的表妹与李某一起到海淀区民政局办理的李某与张某的结婚登记。在处理张某的遗产时,张某的妹妹与李某发生纠纷,后张某的妹妹将海淀区民政局告上法庭,要求撤销李某与张某的婚姻登记。

在规定的时间内,每小组分析讨论以上案例。

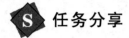

任务分享

各组成员总结本组的讨论结果并在班里分享。

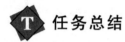

任务总结

教师对该任务的目的和意义进行解释和说明,然后引导大家学习《民法典》的婚姻家庭编。

知识介绍

《民法典》于2020年5月28日第十三届全国人民代表大会第三次会议表决通过,自2021年1月1日起施行。其中,《第五编 婚姻家庭》对《中华人民共和国婚姻法》《中华人民共和国继承法》和《中华人民共和国收养法》的内容进行了有修改的编纂,修改的目的主要是回应近年来婚姻家庭领域的一些新变化,回应社会发展,并将之前最高人民法院审理婚姻家庭案件的一些司法解释吸收进《民法典》。《民法典》的婚姻家庭编是调整人们因婚姻、家庭产生的民事关系的基本法律规范,是人们正确处理婚姻家庭关系的基本法律准则和行动指南。它适用于所有公民,是关系到千家万户、男女老少社会家庭生活的重要法律。其基本原则是实行婚姻自由、一夫一妻、男女平等的社会主义婚姻制度,保护妇女、儿童和老人的合法权益。婚姻家庭领域的法律还有《中华人民共和国反家庭暴力法》(以下简称《反家庭暴力法》)、《中华人民共和国老年人权益保障法》和《中华人民共和国未成年人保护法》。作为重要的法律规范,这些法律和《民法典》一起调整着我国的婚姻家庭关系。国务院制定的《婚姻登记条例》,以及2020年12月,最高人民法院发布的《最高人民法院关于适用〈中华人民共和国民法典〉婚姻家庭编的解释(一)》(以下简称《婚姻家庭编的解释(一)》)和《最高人民法院关于适用〈中华人民共和国民法典〉继承编的解释(一)》(以下简称《继承编的解释(一)》),与《民法典》同步施行。本书所介绍的结婚、家庭关系、离婚、收养和继承的法律规定以《民法典》婚姻家庭编和继承编的规定为主要依据,另外,本书还将重点介绍《反家庭暴力法》的主要规定。

一、结婚的必备条件

(一) 结婚应当男女双方完全自愿,禁止任何一方对另一方加以强迫,禁止任何组织或者个人加以干涉

双方完全自愿是指当事人双方建立婚姻关系的意思表示真实一致。基于婚姻自由、人格独立和意思自治原则,各国法律均将男女双方的合意作为结婚的必备条件。《民法典》第一千零四十六条规定:结婚应当男女双方完全自愿,禁止任何一方对另一方加以强迫,禁止任何组织或者个人加以干涉。此规定表明,结婚是婚姻当事人双方的法律行为,双方自愿是婚姻结合的首要条件。法律排斥当事人一方对另一方的强迫,排斥包括当事人父母在内的任何个人或者任何组织的包办或干涉。尽管法律并不排除当事人的父母或其他人给予当事人意见和建议,但是,是否缔结婚姻应由当事人自行决定。由此,公民的结婚自由权得到切实的保障。婚姻必须产生于双方的同意,即两个相互吻合的自由意志。双方完全自愿由两个相互区别的因素组成:其一是"意识因素",或称"智力因素",即结婚行为必须是自觉行为,当事人应知道自己行为的意义;其二是"意志因素",即结婚必须是自愿行为。双方完全自愿具有以下特征:① 双方完全自愿必须是无条件的,附加于结婚合意的条件被视为"无条件"或者说无效力。② 双方完全自愿必须是人身性的,即是结婚当事人自己的自由意志,不承认"父母之命,媒妁之言"。③ 双方完全自愿必须是自主的和完整的,即结婚的意思表示不是产生于胁迫、欺诈、错误等。④ 双方完全自愿必须是"当时的",即结婚合意之意思表示必须是在婚姻缔结时做出的。

(二) 必须到法定的结婚年龄

婚姻的自然属性和社会属性要求,结婚的条件之一是达到一定的年龄,因为只有这样,当事人才具备适合的生理条件和心理条件,才能履行夫妻义务,并承担家庭和社会责任。所以,尽管法律赋予每个公民结婚的权利,但并非所有公民都可以成为婚姻法律关系的主体,只有达到法律规定的结婚年龄的人,才享有结婚的权利。

法定婚龄的确定,一方面要考虑自然因素,另一方面要考虑社会因素。因此,各国关于法定婚龄的规定有所不同。我国《民法典》第一千零四十七条规定:结婚年龄,男不得早于二十二周岁,女不得早于二十周岁。这一年龄规定不是必婚年龄,也不是最佳婚龄,而是结婚的最低年龄,是划分违法婚姻与合法婚姻的年龄界限,只有达到了法定婚龄才能结婚,否则就是违法。

(三) 实行一夫一妻制

一夫一妻制是指一种两两配对,每个个体只拥有单一配偶的关系。在中国,一夫一妻是指一名男性与一名女性结为夫妻的婚姻制度,是双方同时只有一名配偶的婚姻制度。《民法典》第一千零四十一条第一款和第二款规定:婚姻家庭受国家保护。实行婚姻自由、

一夫一妻、男女平等的婚姻制度。

二、结婚禁止的条件

《民法典》第一千零四十八条规定：直系血亲或者三代以内的旁系血亲禁止结婚。直系血亲是指具有直接血缘关系的最亲近的亲属，如父母子女，祖父母、外祖父母与孙子女、外孙子女等；旁系血亲是指具有间接血缘关系的亲属。三代以内的旁系血亲是指同源于祖父母、外祖父母的三代以内的亲属。它包括以下几种：

（1）兄弟姐妹，包括全血缘的兄弟姐妹和半血缘（同父异母或同母异父）的兄弟姐妹，不包括并无血缘关系的异父异母兄弟姐妹。

（2）伯、叔与侄女，姑与侄子，舅与甥女、姨与甥。他们是同源于祖父母或外祖父母的不同辈分的三代旁系血亲。

（3）堂兄弟姐妹和表兄弟姐妹。他们是同源于祖父母或外祖父母的相同辈分的三代旁系血亲。

禁止一定血亲通婚，是古今中外各国婚姻立法的通例。其根据主要有两个方面：一是伦理道德的要求。各国禁止结婚的血亲范围不同，往往与伦理道德，特别是风俗习惯有关。二是基于优生学、遗传学原理。血缘关系近的男女结婚，易将生理上和精神上的疾病或缺陷遗传给子女后代，有害于民族的健康和人类的发展。

三、婚姻的无效和可撤销

（一）婚姻的无效

婚姻的无效是指形式上已经缔结的婚姻，因为未达到法律关于结婚的积极条件或者具有法律规定的禁止结婚的情况，这不在于对当事人权益的影响，而主要在于对国家维护的婚姻家庭制度有重大影响，因此法律对此类婚姻做出否定性评价。

《民法典》第一千零五十一条规定，有下列情形之一的，婚姻无效：① 重婚；② 有禁止结婚的亲属关系；③ 未到法定婚龄。

（二）婚姻的可撤销

婚姻的可撤销是指形式上已经缔结的婚姻，因为未达到法律关于结婚的积极条件或者具有法律规定的禁止结婚的情况，这对国家维护的婚姻家庭制度不产生重大影响，主要对当事人的婚姻权益有影响，因此法律对此类婚姻做出否定性评价，将实现否定性评价的决定权交由相关当事人来行使。

《民法典》规定的可撤销婚姻有胁迫婚姻和疾病婚姻两种情形，这两种婚姻主要违背了婚姻当事人一方的结婚意愿，但当事人的结婚意愿是其主观的意思，因此法律规定这样的婚姻可以撤销，同时将撤销权交由被违背意愿一方行使。同时，为了维护社会婚姻家庭关系的确定性，又对撤销权的行使规定了一年的除斥期间。《民法典》第一千零五十二条规定：因胁迫结婚的，受胁迫的一方可以向人民法院请求撤销婚姻。请求撤销婚姻的，应当自胁迫行为终止之日起一年内提出。被非法限制人身自由的当事人请求撤销婚姻的，应当自恢复人身自由之日起一年内提出。胁迫是指行为人以给另一方当事人或者其近亲属的生命、身体健康、名誉、财产等方面造成损害为要挟，迫使另一方当事人违背真实意愿结婚的情况。《民法典》第一千零五十三条规定：一方患有重大疾病的，应当在结婚登记前如实告知另一方；不如实告知的，另一方可以向人民法院请求撤销婚姻。请求撤销婚姻的，应当自知道或者应当知道撤销事由之日起一年内提出。

（三）婚姻无效和可撤销的申请程序及法律后果

《婚姻家庭编的解释（一）》第九条规定：有权依据民法典第一千零五十一条规定向人民法院就已办理结婚登记的婚姻请求确认婚姻无效的主体，包括婚姻当事人及利害关系人。其中，利害关系人包括：以重婚为由的，为当事人的近亲属及基层组织；以未到法定婚龄为由的，为未到法定婚龄者的近亲属；以有禁止结婚的亲属关系为由的，为当事人的近亲属。

《婚姻家庭编的解释（一）》第十条和第十一条规定：法定的无效婚姻情形在提起诉讼时已经消失的，人民法院不予支持。人民法院受理请求确认婚姻无效案件后，原告申请撤诉的，不予准许。对婚姻效力的审理不适用调解，应当依法作出判决。涉及财产分割和子女抚养的，可以调解。调解达成协议的，另行制作调解书；未达成调解协议的，应当一并作出判决。

《婚姻家庭编的解释（一）》第十四条和第十五条规定：夫妻一方或者双方死亡后，生存一方或者利害关系人依据民法典第一千零五十一条的规定请求确认婚姻无效的，人民法院应当受理。利害关系人依据民法典第一千零五十一条的规定，请求人民法院确认婚姻无效的，利害关系人为原告，婚姻关系当事人双方为被告。夫妻一方死亡的，生存一方为被告。

可撤销婚姻的撤销权并非婚姻的任一方当事人均享有，受胁迫结婚的享有撤销权的为受胁迫的一方婚姻关系当事人，因隐瞒疾病结婚的享有撤销权的为被隐瞒的一方婚姻关系当事人。处理可撤销婚姻的机关为人民法院，婚姻登记机关无权受理。一年的期间自起算点确定后没有延长或中止的情况，若超过了一年的撤销权行使期间，当事人的撤销权消灭，该婚姻即取得与合法婚姻相同的效力。此种情况下当事人若想解除婚姻，应按照离婚程序办理。

《民法典》第一千零五十四条规定：无效的或者被撤销的婚姻自始没有法律约束力，当事人不具有夫妻的权利和义务。自始无效，是指无效的或者被撤销的婚姻在依法被确认无效或被撤销时，才确定该婚姻自始不受法律保护。无效的或者被撤销的婚姻当事人的关系实质为同居关系，同居期间所得的财产，由当事人协议处理；协议不成的，由人民法院根据照顾无过错方的原则判决。对重婚导致的无效婚姻的财产处理，不得侵害合法婚姻当事人的财产权益。人民法院在审理重婚导致的无效婚姻案件时，涉及财产处理的，应当准许合法婚姻当事人作为有独立请求权的第三人参加诉讼。被宣告无效的或者被撤销的婚姻当事人所生的子女，适用《民法典》关于父母子女的规定。婚姻无效或者被撤销的，无过错方有权请求损害赔偿。

四、结婚登记

《婚姻登记条例》于 2003 年 7 月 30 日国务院第 16 次常务会议通过，自 2003 年 10 月 1 日起施行，目前仍是婚姻登记的有效行政法规。制定该条例的目的是规范婚姻登记工作，保障婚姻自由、一夫一妻、男女平等的婚姻制度的实施，保护婚姻当事人的合法权益。

(一) 结婚登记的机关

《婚姻登记条例》第二条规定：内地居民办理婚姻登记的机关是县级人民政府民政部门或者乡（镇）人民政府，省、自治区、直辖市人民政府可以按照便民原则确定农村居民办理婚姻登记的具体机关。

《婚姻登记条例》第四条规定：内地居民结婚，男女双方应当共同到一方当事人常住户口所在地的婚姻登记机关办理结婚登记。

(二) 结婚登记程序

申请结婚的男女双方必须亲自到婚姻登记机关提出结婚申请，不得由他人代理。

《结婚登记条例》第五条规定：办理结婚登记的内地居民应当出具下列证件和证明材料：

① 本人的户口簿、身份证；

② 本人无配偶以及与对方当事人没有直系血亲和三代以内旁系血亲关系的签字声明。

办理结婚登记的香港居民、澳门居民、台湾居民应当出具下列证件和证明材料：

① 本人的有效通行证、身份证；

② 经居住地公证机构公证的本人无配偶以及与对方当事人没有直系血亲和三代以内旁系血亲关系的声明。

办理结婚登记的华侨应当出具下列证件和证明材料：

① 本人的有效护照；

② 居住国公证机构或者有权机关出具的、经中华人民共和国驻该国使（领）馆认证的本人无配偶以及与对方当事人没有直系血亲和三代以内旁系血亲关系的证明，或者中华人民共和国驻该国使（领）馆出具的本人无配偶以及与对方当事人没有直系血亲和三代以内旁系血亲关系的证明。

办理结婚登记的外国人应当出具下列证件和证明材料：

① 本人的有效护照或者其他有效的国际旅行证件；

② 所在国公证机构或者有权机关出具的、经中华人民共和国驻该国使（领）馆认证或者该国驻华使（领）馆认证的本人无配偶的证明，或者所在国驻华使（领）馆出具的本人无配偶的证明。

申请结婚的当事人应如实向婚姻登记机关提供上述证件和证明材料，不得隐瞒真实情况。

（三）审查

婚姻登记机关应当依法对申请人的结婚申请材料进行审核和查证。除查验当事人提交的证件和证明材料是否齐全和符合规定之外，还应该对申请当事人是否符合法律规定的结婚条件进行审核。

（四）决定

《婚姻登记条例》第七条规定：婚姻登记机关应当对结婚登记当事人出具的证件、证明材料进行审查并询问相关情况。对当事人符合结婚条件的，应当当场予以登记，发给结婚证；对当事人不符合结婚条件不予登记的，应当向当事人说明理由。

《婚姻登记条例》第六条规定：办理结婚登记的当事人有下列情形之一的，婚姻登记机关不予登记：

① 未到法定结婚年龄的；
② 非双方自愿的；
③ 一方或者双方已有配偶的；
④ 属于直系血亲或者三代以内旁系血亲的；
⑤ 患有医学上认为不应当结婚的疾病的。

五、家庭关系的规定

（一）夫妻关系

夫妻关系包括夫妻人身关系和夫妻财产关系，夫妻财产关系是从属于夫妻人身关系的。

1. 夫妻人身关系

夫妻人身关系是指基于夫妻身份发生的本身不具有直接经济内容的关系。《民法典》第一千零五十五至一千零五十八条对夫妻人身关系做了如下规定：

① 夫妻在婚姻家庭中地位平等。
② 姓名权，夫妻双方都有各自使用自己姓名的权利。
③ 夫妻双方都有参加生产、工作、学习和社会活动的自由，一方不得对另一方加以限制或者干涉。
④ 夫妻双方平等享有对未成年子女抚养、教育和保护的权利，共同承担对未成年子女抚养、教育和保护的义务。

2. 夫妻财产关系

(1) 夫妻双方有相互抚养的义务。

《民法典》第一千零五十九条规定：夫妻有互相扶养的义务。需要抚养的一方，在另一方不履行扶养义务时，有要求其付给扶养费的权利。

(2) 夫妻之间的财产关系。

《民法典》规定了夫妻婚后所得夫妻共同所有和个人所有的财产范围，并允许夫妻双方采用约定的方式约定婚姻关系存续期间以及婚前财产的归属。

① 法定的财产归属。

夫妻婚后所得在没有作出有效约定的情况下以《民法典》的相关规定来确定夫妻共同所有和个人所有的财产范围。

A. 夫妻共同财产的范围。

《民法典》第一千零六十二条规定，夫妻在婚姻关系存续期间所得的下列财产，为夫妻的共同财产，归夫妻共同所有：

第一，工资、奖金、劳务报酬；

第二，生产、经营、投资的收益；

第三，知识产权的收益；

第四，继承或者受赠的财产，但是第一千零六十三条第三项规定的除外；

第五，其他应当归共同所有的财产。

B. 夫妻个人财产的范围。

《民法典》第一千零六十三条规定，下列财产为夫妻一方的个人财产：

第一，一方的婚前财产；

第二，一方因受到人身损害获得的赔偿或者补偿；

第三，遗嘱或者赠与合同中确定只归一方的财产；

第四，一方专用的生活用品；

第五，其他应当归一方的财产。

② 约定的财产归属。

《民法典》第一千零六十五条规定：男女双方可以约定婚姻关系存续期间所得的财产以及婚前财产归各自所有、共同所有或者部分各自所有、部分共同所有。约定应当采用书面形式。没有约定或者约定不明确的，适用本法第一千零六十二条、第一千零六十三条的规定。

夫妻对婚姻关系存续期间所得的财产以及婚前财产的约定，对双方具有约束力。

夫妻对婚姻关系存续期间所得的财产约定归各自所有，夫或者妻一方对外所负的债务，相对人知道该约定的，以夫或者妻一方的个人财产清偿。

(3) 夫妻之间有相互继承遗产的权利。

《民法典》第一千一百二十七条对法定继承的顺序做了具体的规定，确定配偶为第一顺序的继承人之一。夫妻互为配偶，基于婚姻关系而产生相互继承权。

对夫妻之间相互继承权的理解和适用应当注意以下问题。

① 夫妻间继承权的先决条件是婚姻关系合法存在，即夫妻身份现实合法存续。继承法上的配偶专指在被继承人死亡时与之尚存婚姻关系的人，如果在继承开始前双方已经离婚或婚姻关系宣告无效，继承权即不存在。

② 夫妻互为第一顺序法定继承人，享有同等的继承权。除《民法典》规定的丧失继承权和限制遗产分割份额的情形外，任何人不得以任何借口剥夺、干涉或妨碍生存配偶对继承权的享有和行使。

③ 夫妻相互继承遗产时，应当先对夫妻共同财产进行分割，然后再继承，以防止将夫共同财产作为遗产继承，侵犯生存一方的合法权益。

④ 夫妻间的继承权因结婚而发生，因离婚而消灭。一方在离婚诉讼过程中死亡，另一方仍享有配偶继承权。

⑤ 夫妻登记结婚后尚未同居或同居时间很短时，配偶一方死亡的，应承认另一方享有继承权。对遗产份额的划分，可以根据婚姻存续时间的长短和尽义务的多少，酌情处理。

（4）婚姻关系存续期间夫妻共同财产的分割。

婚姻关系存续期间因某种原因或者婚姻当事人的某种考量或者离婚牵涉的人身财产及子女问题，程序繁杂，在一定情形出现时，婚姻关系的一方当事人可以不选择离婚，直接向人民法院请求分割共同财产。《民法典》第一千零六十六条规定，婚姻关系存续期间，有下列情形之一的，夫妻一方可以向人民法院请求分割夫妻共同财产。

① 一方有隐藏、转移、变卖、毁损、挥霍夫妻共同财产或者伪造夫妻共同债务等严重损害夫妻共同财产利益的行为；

② 一方负有法定扶养义务的人患重大疾病需要医治，另一方不同意支付相关医疗费用。

（二）亲子关系

亲子关系又称父母子女关系，是家庭关系的重要组成部分。《民法典》规定的父母子女关系有两大类：第一类是自然血亲的父母子女关系，包括婚生的父母子女关系及非婚生的父母子女关系；第二类是法律拟制的父母子女关系，包括养父母子女关系及形成抚养教育关系的继父母子女关系。

1. 父母子女的权利义务关系

（1）抚养与赡养的权利义务关系。

《民法典》第一千零六十七条规定：父母不履行抚养义务的，未成年子女或者不能独立生活的成年子女，有要求父母给付扶养费的权利。成年子女不履行赡养义务的，缺乏劳动能力或者生活困难的父母，有要求成年子女给付赡养费的权利。抚养义务主要是父母对子女所负的主要义务，目的是保障子女的生存和健康成长。赡养义务是成年子女对缺乏劳动能力或者生活困难的父母的一种生活支持义务，既包括物质上的支持，也包括精神上的慰藉。

（2）父母对未成年子女的教育、保护权利与义务。

《民法典》第一千零六十八条规定：父母有教育、保护未成年子女的权利和义务。未成年子女造成他人损害的，父母应当依法承担民事责任。教育主要是指父母对子女在思想道德上的培养。保护是指父母对未成年子女的人身、财产和其他合法权益进行保护，防止和排除外界非法侵害。基于父母和子女的情感，这种教育和保护具有权利和义务的双重属性，在相关法律法规中又有着"亲权"和"监护权"的称谓。《中华人民共和国未成年人保护法》第一百零八条规定，父母不依法履行监护职责或者严重侵犯被监护的未成年人合法权益的，人民法院可以根据有关人员或者单位的申请，依法作出人身安全保护令或者撤销监护人资格。被撤销监护人资格的父母应当依法继续负担抚养费用。

（3）父母子女之间有相互继承遗产的权利。

《民法典》第一千零七十条规定：父母和子女有相互继承遗产的权利。按照《民法典》继承编的规定，子女和父母互为第一顺序继承人，相互享有继承权。

（4）子女应尊重父母的婚姻权利。

《民法典》第一千零六十九条规定：子女应当尊重父母的婚姻权利，不得干涉父母离婚、再婚以及婚后的生活。子女对父母的赡养义务，不因父母的婚姻关系变化而终止。父母享有婚姻自由，无论是离婚或者再婚，子女不得干涉。

2. 非婚生的父母子女、养父母子女和继父母子女之间的权利义务关系

《民法典》第一千零七十一条规定：非婚生子女享有与婚生子女同等的权利，任何组织或者个人不得加以危害和歧视。不直接抚养非婚生子女的生父或者生母，应当负担未成年子女或者不能独立生活的成年子女的扶养费。

《民法典》第一千零七十二条规定：继父母与继子女间，不得虐待或者歧视。继父或者继母和受其抚养教育的继子女间的权利义务关系，适用本法关于父母子女关系的规定。也就是说继父或者继母和受其抚养教育的继子女之间的权利义务关系与婚生父母子女关系的权利义务相同。

3. 血缘亲子关系的确认与否认

（1）确认或否认的主体。

《民法典》第一千零七十三条规定：对亲子关系有异议且有正当理由的，父或者母可以向人民法院提起诉讼，请求确认或者否认亲子关系。对亲子关系有异议且有正当理由的，成年子女可以向人民法院提起诉讼，请求确认亲子关系。

提起亲子关系确认或否认诉讼的权利主体为父或者母，成年子女本人只能是提起亲子关系确认之诉的权利主体。这是法律为稳定亲子关系所作的安排，子女成年后，不论是否

为血缘的亲子关系，父或母均已经对成年子女完成了抚养教育的义务，子女应该履行对父母的赡养义务。

（2）提起确认或否认亲子关系之诉的证据要求。

《民法典》第一千零七十三条规定：对亲子关系有异议且有正当理由的，父或者母可以向人民法院提起之诉，请求确认或者否认亲子关系。这里的正当理由需要相应的证据来证明。《婚姻家庭编的解释（一）》第三十九条规定：父或者母向人民法院起诉请求否认亲子关系，并已提供必要证据予以证明，另一方没有相反证据又拒绝做亲子鉴定的，人民法院可以认定否认亲子关系一方的主张成立。父或者母以及成年子女起诉请求确认亲子关系，并提供必要证据予以证明，另一方没有相反证据又拒绝做亲子鉴定的，人民法院可以认定确认亲子关系一方的主张成立。《婚姻家庭编的解释（一）》第四十条规定：婚姻关系存续期间，夫妻双方一致同意进行人工授精，所生子女应视为婚生子女，父母子女间的权利义务关系适用民法典的有关规定。

六、离婚的条件及要求

（一）登记离婚

登记离婚也叫协议离婚，是指自愿离婚的夫妻，在对子女抚养、财产及债务等事项处理协商一致的情况下，双方通过行政程序解除婚姻关系的行为。

《民法典》第一千零七十六至一千零七十八条规定：夫妻双方自愿离婚的，应当签订书面离婚协议，并亲自到婚姻登记机关申请离婚登记。离婚协议应当载明双方自愿离婚的意思表示和对子女抚养、财产以及债务处理等事项协商一致的意见。自婚姻登记机关收到离婚登记申请之日起三十日内，任何一方不愿意离婚的，可以向婚姻登记机关撤回离婚登记申请。这个三十日就是离婚冷静期，冷静期期限届满后三十日内，双方应当亲自到婚姻登记机关申请发给离婚证；未申请的，视为撤回离婚登记申请。婚姻登记机关查明双方确实是自愿离婚，并已经对子女抚养、财产以及债务处理等事项协商一致的，予以登记，发给离婚证。

（二）诉讼离婚

诉讼离婚是与协议离婚相对应的，是指夫妻双方就是否离婚，或者财产的分割、债务的分担、子女的抚养等问题无法达成一致的意见，而向人民法院起诉，由人民法院调解或判决而解除其婚姻关系的一种离婚制度。

《民法典》第一千零七十九条规定：夫妻一方要求离婚的，可以由有关组织进行调解或者直接向人民法院提起离婚诉讼。人民法院审理离婚案件，应当进行调解；如果感情确已破裂，调解无效的，应当准予离婚。有下列情形之一，调解无效的，应当准予离婚：

（1）重婚或者与他人同居；

（2）实施家庭暴力或者虐待、遗弃家庭成员；

(3) 有赌博、吸毒等恶习屡教不改；

(4) 因感情不和分居满二年；

(5) 其他导致夫妻感情破裂的情形。

一方被宣告失踪，另一方提起离婚诉讼的，应当准予离婚。经人民法院判决不准离婚后，双方又分居满一年，一方再次提起离婚诉讼的，应当准予离婚。

(三) 离婚的生效

《民法典》第一千零八十条规定：完成离婚登记，或者离婚判决书、调解书生效，即解除婚姻关系。诉讼中调解离婚或者判决离婚的，当事人不需要去民政局要求发给离婚证，生效的离婚调解书或者离婚判决书与民政局制作的离婚证作用相同，是证明离婚的有效法律文件。

(四) 关于诉讼离婚的两项特别规定

《民法典》第一千零八十一和一千零八十二条规定：现役军人的配偶要求离婚，应当征得军人同意，但是军人一方有重大过错的除外。女方在怀孕期间、分娩后一年内或者终止妊娠后六个月内，男方不得提出离婚；但是，女方提出离婚或者人民法院认为确有必要受理男方离婚请求的除外。

(五) 诉讼离婚子女的抚养问题

根据《民法典》和《婚姻家庭编的解释（一）》的规定，父母与子女间的关系，不因父母离婚而消除。离婚后，子女无论由父或者母直接抚养，仍是父母双方的子女。离婚后，父母对于子女仍有抚养、教育、保护的权利和义务。离婚后，不满两周岁的子女，以由母亲直接抚养为原则。母亲有下列情形之一，父亲请求直接抚养的，人民法院应予支持：

(1) 患有久治不愈的传染性疾病或者其他严重疾病，子女不宜与其共同生活；

(2) 有抚养条件不尽抚养义务，而父亲要求子女随其生活；

(3) 因其他原因，子女确不宜随母亲生活。

父母双方协议不满两周岁子女由父亲直接抚养，并对子女健康成长无不利影响的，人民法院应予支持。

已满两周岁的子女，父母双方对抚养问题协议不成的，由人民法院根据双方的具体情况，按照最有利于未成年子女的原则判决。对已满两周岁的未成年子女，父母均要求直接抚养，一方有下列情形之一的，可予优先考虑：

(1) 已做绝育手术或者因其他原因丧失生育能力；

(2) 子女随其生活时间较长，改变生活环境对子女健康成长明显不利；

(3) 无其他子女，而另一方有其他子女；

(4) 子女随其生活，对子女成长有利，而另一方患有久治不愈的传染性疾病或者其他严重疾病，或者有其他不利于子女身心健康的情形，不宜与子女共同生活。

子女已满八周岁的，应当尊重其真实意愿。离婚后，子女由一方直接抚养的，另一方应当负担部分或者全部抚养费。负担费用的多少和期限的长短，由双方协议；协议不成的，由人民法院判决。协议或者判决，不妨碍子女在必要时向父母任何一方提出超过协议或者判决原定数额的合理要求。行使探望权利的方式、时间由当事人协议；协议不成的，由人民法院判决。父或者母探望子女，不利于子女身心健康的，由人民法院依法中止探望；中止的事由消失后，应当恢复探望。

父母抚养子女的条件基本相同，双方均要求直接抚养子女，但子女单独随祖父母或者外祖父母共同生活多年，且祖父母或者外祖父母要求并且有能力帮助子女照顾孙子女或者外孙子女的，可以作为父或者母直接抚养子女的优先条件予以考虑。在有利于保护子女利益的前提下，父母双方协议轮流直接抚养子女的，人民法院应予支持。

抚养费的数额，可以根据子女的实际需要、父母双方的负担能力和当地的实际生活水平确定。有固定收入的，抚养费一般可以按其月总收入的百分之二十至三十的比例给付。负担两个以上子女抚养费的，比例可以适当提高，但一般不得超过月总收入的百分之五十。无固定收入的，抚养费的数额可以依据当年总收入或者同行业平均收入，参照上述比例确定。有特殊情况的，可以适当提高或者降低上述比例。抚养费应当定期给付，有条件的可以一次性给付。父母一方无经济收入或者下落不明的，可以用其财物折抵抚养费。父母双方可以协议由一方直接抚养子女并由直接抚养方负担子女全部抚养费。但是，直接抚养方的抚养能力明显不能保障子女所需费用，影响子女健康成长的，人民法院不予支持。抚养费的给付期限，一般至子女十八周岁为止。十六周岁以上不满十八周岁，以其劳动收入为主要生活来源，并能维持当地一般生活水平的，父母可以停止给付抚养费。生父与继母离婚或者生母与继父离婚时，对曾受其抚养教育的继子女，继父或者继母不同意继续抚养的，仍应由生父或者生母抚养。

离婚后，父母一方要求变更子女抚养关系的，或者子女要求增加抚养费的，应当另行提起诉讼。具有下列情形之一，父母一方要求变更子女抚养关系的，人民法院应予支持：

(1) 与子女共同生活的一方因患严重疾病或者因伤残无力继续抚养子女；

(2) 与子女共同生活的一方不尽抚养义务或有虐待子女行为，或者其与子女共同生活对子女身心健康确有不利影响；

(3) 已满八周岁的子女，愿随另一方生活，该方又有抚养能力；

(4) 有其他正当理由需要变更。

父母双方协议变更子女抚养关系的，人民法院应予支持。

具有下列情形之一，子女要求有负担能力的父或者母增加抚养费的，人民法院应予支持：

(1) 原定抚养费数额不足以维持当地实际生活水平；

(2) 因子女患病、上学，实际需要已超过原定数额；

(3) 有其他正当理由应当增加。

父母不得因子女变更姓氏而拒付子女抚养费。父或者母擅自将子女姓氏改为继母或继父姓氏而引起纠纷的,应当责令恢复原姓氏。

在离婚诉讼期间,双方均拒绝抚养子女的,可以先行裁定暂由一方抚养。

对拒不履行或者妨害他人履行生效判决、裁定、调解书中有关子女抚养义务的当事人或者其他人,人民法院可依照民事诉讼法的规定采取强制措施。

(六) 离婚的权利救助

离婚时,如果一方生活困难,有负担能力的另一方应当给予适当帮助。具体办法由双方协议;协议不成的,由人民法院判决。

(七) 诉讼离婚时的财产分割

离婚时,夫妻的共同财产由双方协议处理;协议不成的,由人民法院根据财产的具体情况,按照照顾子女、女方和无过错方权益的原则判决。对夫或者妻在家庭土地承包经营中享有的权益等,应当依法予以保护。离婚时,夫妻共同债务应当共同偿还。共同财产不足清偿或者财产归各自所有的,由双方协议清偿;协议不成的,由人民法院判决。

(八) 离婚经济补偿

夫妻一方因抚育子女、照料老年人、协助另一方工作等负担较多义务的,离婚时有权向另一方请求补偿,另一方应当给予补偿。具体办法由双方协议;协议不成的,由人民法院判决。

(九) 离婚损害赔偿

因一方重婚,与他人同居,实施家庭暴力,虐待、遗弃家庭成员或其他重大过错导致离婚的,无过错方有权请求损害赔偿。

承担损害赔偿责任的主体,为离婚诉讼当事人中无过错方的配偶。人民法院判决不准离婚的案件,对于当事人基于前述原因提出的损害赔偿请求,不予支持。在婚姻关系存续期间,当事人不起诉离婚而单独依据《民法典》第一千零九十一条规定①提起损害赔偿请求的,人民法院不予受理。人民法院受理离婚案件时,应当将《民法典》第一千零九十一条等规定中当事人的有关权利义务,书面告知当事人。在适用《民法典》第一千零九十一条时,应当区分以下不同情况:

---

① 《民法典》第一千零九十一条:有下列情形之一,导致离婚的,无过错方有权请求损害赔偿:
(一) 重婚;
(二) 与他人同居;
(三) 实施家庭暴力;
(四) 虐待、遗弃家庭成员;
(五) 有其他重大过错。

(1) 符合《民法典》第一千零九十一条规定的无过错方作为原告基于该条规定向人民法院提起损害赔偿请求的，必须在离婚诉讼的同时提出。

(2) 符合《民法典》第一千零九十一条规定的无过错方作为被告的离婚诉讼案件，如果被告不同意离婚也不基于该条规定提起损害赔偿请求的，可以就此单独提起诉讼。

(3) 无过错方作为被告的离婚诉讼案件，一审时被告未基于《民法典》第一千零九十一条规定提出损害赔偿请求，二审期间提出的，人民法院应当进行调解；调解不成的，告知当事人另行起诉。双方当事人同意由第二审人民法院一并审理的，第二审人民法院可以一并裁判。

当事人在婚姻登记机关办理离婚登记手续后，以《民法典》第一千零九十一条规定为由向人民法院提出损害赔偿请求的，人民法院应当受理。但当事人在协议离婚时已经明确表示放弃该项请求的，人民法院不予支持。夫妻双方均有《民法典》第一千零九十一条规定的过错情形，一方或者双方向对方提出离婚损害赔偿请求的，人民法院不予支持。

(十) 离婚后的财产分割

离婚后，一方以尚有夫妻共同财产未处理为由向人民法院起诉请求分割的，经审查该财产确属离婚时未涉及的夫妻共同财产，人民法院应当依法予以分割。当事人向人民法院提起诉讼，请求再次分割夫妻共同财产的诉讼时效期间为三年，从当事人发现之日起计算。

案例分析

××县××镇陈某与××镇刘某自由恋爱，2008年登记结婚，两个孩子分别在2009年和2012年降生。2013年8月4日，陈某在上海一公司工作期间，从高处坠落摔伤，被送往上海市××总医院治疗，由于伤势过重，陈某一直呈植物人生存状态。

陈某在医院住院治疗期间，刘某既要照顾丈夫，还要抚养两个年幼的孩子，娘家人眼看治疗无望，多次劝说刘某放弃陈某另找人家，但刘某不离不弃，始终照顾陈某治疗。陈某的家人被感动并主动提出让陈某与刘某离婚，但刘某难以割舍对陈某的感情，始终没有答应。

2014年3月12日，陈某的父亲经与家人商议以陈某法定代理人的身份向法院起诉要求与刘某离婚。在法庭上，刘某对陈某父亲的法定代理人的资格不予认可，陈某的父亲无奈只得申请撤诉。2014年4月10日，陈某的父母再次向法院起诉，要求变更监护关系，被法院以未经有关组织指定监护人为由终结了案件审理。

2014年6月1日，陈某所在的村委会指定陈某的父亲为陈某的第一监护人，陈某的父亲又以陈某法定代理人的身份向法院起诉要求与刘某离婚。××县××法庭受理后，审判人员与人民调解员召集双方家长、所在村委会干部进行调解，并最终达成一致意见。最终，刘某同意与陈某离婚。

问题：

根据《民法典》的规定，分析案例中陈某的父亲是否可以代替儿子向儿媳提出离婚，并说明法律依据。

任务二　掌握《反家庭暴力法》的相关规定

任务体验

1. 临时组成6人体验小组。
2. 分析讨论现在社会上家庭暴力的情况，举几个典型的例子。
3. 在规定的时间内，每小组对举出的例子进行讨论。

任务分享

各组分享本组最后的讨论结果，并分析家庭暴力的原因。

任务总结

教师组织学生结合自己所学的知识谈谈如何应对家庭暴力。

知识介绍

《反家庭暴力法》由中华人民共和国第十二届全国人民代表大会常务委员会第十八次会议于2015年12月27日通过，自2016年3月1日起施行。该法是为了预防和制止家庭暴力，保护家庭成员的合法权益，维护平等、和睦、文明的家庭关系，促进家庭和谐、社会稳定而制定的。该法明确了国家禁止任何形式的家庭暴力，家庭成员之间应当互相帮助，互相关爱，和睦相处，履行家庭义务。反家庭暴力是国家、社会和每个家庭的共同责任。规定了家庭暴力的范围、预防和处置，以及在预防和处置家庭暴力问题中国家机关、社会机构的职责和相应的处置程序，对维护婚姻家庭的和谐是一大进步，《反家庭暴力法》规定，县级以上人民政府有关部门、司法机关、人民团体、社会组织、居民委员会、村民委员会、企业事业单位，应当依照本法和有关法律规定，做好反家庭暴力工作。各级人民政府应当对反家庭暴力工作给予必要的经费保障。

但目前的立法也存在各机关工作协调机制缺乏，相关措施的执行具体机制不够细致科学，实施层面对家庭暴力停留在传统认识上、不够重视等问题。

一、家庭暴力的认定

家庭暴力分为身体暴力和精神暴力两种。《反家庭暴力法》规定：本法所称家庭暴力，是指家庭成员之间以殴打、捆绑、残害、限制人身自由以及经常性谩骂、恐吓等方式实施的身体、精神等侵害行为。同时还规定家庭成员以外共同生活的人之间实施的暴力行为，参照本法规定执行。

反家庭暴力工作应遵循预防为主，教育、矫治与惩处相结合原则。反家庭暴力工作应当尊重受害人真实意愿，保护当事人隐私。未成年人、老年人、残疾人、孕期和哺乳期的妇女、重病患者遭受家庭暴力的，应当给予特殊保护。

二、家庭暴力的处置

根据《反家庭暴力法》的规定，发生家庭暴力后，家庭暴力受害人及其法定代理人、近亲属可以根据家庭暴力的不同情况，选择向不同机关、机构或组织投诉、反映或者求助。

（1）可以向加害人或者受害人所在单位、居民委员会、村民委员会、妇女联合会等单位投诉、反映或者求助。有关单位接到家庭暴力投诉、反映或者求助后，应当给予帮助、处理。

（2）可以向公安机关报案或者依法向人民法院起诉。

（3）单位、个人发现正在发生的家庭暴力行为，有权及时劝阻。

三、反家庭暴力的具体制度

（一）强制报告制度

《反家庭暴力法》第十四条规定：学校、幼儿园、医疗机构、居民委员会、村民委员会、社会工作服务机构、救助管理机构、福利机构及其工作人员在工作中发现无民事行为能力人、限制民事行为能力人遭受或者疑似遭受家庭暴力的，应当及时向公安机关报案。

未成年人由于受亲情影响和本身能力所限，在发生家庭暴力后，极少对施暴人的家庭暴力行为进行报案。强制报告制度的出台，是及时发现未成年人受到家庭暴力、为其提供保护的关键途径。强制报告制度不是针对所有家庭暴力，而是针对某些特定人群，即无民事行为能力人或限制民事行为能力人的。强制报告制度不仅要求对遭受家庭暴力的无民事行为能力人或限制民事行为能力人的情形向公安机关报案，对疑似遭受家庭暴力的情况也要向公安机关报案。只要报告人是出于保护受害人权益的正当目的，即使报告有误，也不能追究其法律责任。

家庭暴力的受害人大多是在家庭中居于弱势地位的妇女、儿童、残疾人或老年人等，加害人有时就是受害人的法定代理人。因此，为加强对家庭暴力受害人的保护，将"近亲属"纳入家庭暴力投诉、反映和求助的主体，这对制止家庭暴力具有非常现实的意义。

强制报告制度需要相关机构的工作人员对家庭暴力问题具有工作的敏感性，在遇到家暴问题时正确及时履行职责。

（二）家庭暴力的告诫制度

家庭暴力的告诫制度是指公安机关对家庭暴力情节较轻，依法不给予治安管理处罚的加害人出具书面告诫书，告诫书应当包括加害人的身份信息、家庭暴力的事实陈述、禁止加害人实施家庭暴力等内容，并且严正说明如果施暴人违反了告诫书的规定再次施暴，将严加惩处。

《反家庭暴力法》规定：公安机关接到家庭暴力报案后应当及时出警，制止家庭暴力，按照有关规定调查取证，协助受害人就医、鉴定伤情。无民事行为能力人、限制民事行为能力人因家庭暴力身体受到严重伤害、面临人身安全威胁或者处于无人照料等危险状态的，公安机关应当通知并协助民政部门将其安置到临时庇护场所、救助管理机构或者福利机构。家庭暴力情节较轻，依法不给予治安管理处罚的，由公安机关对加害人给予批评教育或者出具告诫书。

公安机关应当将告诫书送交加害人、受害人，并通知居民委员会、村民委员会。居民委员会、村民委员会、公安派出所应当对收到告诫书的加害人、受害人进行查访，监督加害人不再实施家庭暴力。

（三）人身安全保护令

人身安全保护令是人民法院为了保护家庭暴力受害人及其子女和特定亲属的人身安全而做出的，限制家庭暴力施暴者接触受害人及其子女和特定亲属的一种民事强制措施。

1. 人身安全保护令的申请

当事人因遭受家庭暴力或者面临家庭暴力的现实危险，向人民法院申请人身安全保护令的，人民法院应当受理。当事人是无民事行为能力人、限制民事行为能力人，或者因受到强制、威吓等原因无法申请人身安全保护令的，其近亲属、公安机关、妇女联合会、居民委员会、村民委员会、救助管理机构可以代为申请。

申请人身安全保护令应当以书面方式提出；书面申请确有困难的，可以口头申请，由人民法院记入笔录。

2. 人身安全保护令案件的管辖法院

人身安全保护令案件由申请人或者被申请人居住地、家庭暴力发生地的基层人民法院管辖。

3. 人身安全保护令的作出条件

人身安全保护令由人民法院以裁定形式作出。作出人身安全保护令应当具备下列条件：

(1) 有明确的被申请人;

(2) 有具体的请求;

(3) 有遭受家庭暴力或者面临家庭暴力现实危险的情形。

以上三条内容也是申请人写人身安全保护令申请书的内容要求。

4. 人身安全保护令的作出期限

人民法院受理申请后,应当在七十二小时内作出人身安全保护令或者驳回申请;情况紧急的,应当在二十四小时内作出。

5. 人身安全保护令的措施及效力

《反家庭暴力法》规定,人身安全保护令可以包括下列措施:

(1) 禁止被申请人实施家庭暴力;

(2) 禁止被申请人骚扰、跟踪、接触申请人及其相关近亲属;

(3) 责令被申请人迁出申请人住所;

(4) 保护申请人人身安全的其他措施。

人身安全保护令的有效期不超过六个月,自作出之日起生效。人身安全保护令失效前,人民法院可以根据申请人的申请撤销、变更或者延长。

申请人对驳回申请不服或者被申请人对人身安全保护令不服的,可以自裁定生效之日起五日内向作出裁定的人民法院申请复议一次。人民法院依法作出人身安全保护令的,复议期间不停止人身安全保护令的执行。

人民法院作出人身安全保护令后,应当送达申请人、被申请人、公安机关以及居民委员会、村民委员会等有关组织。人身安全保护令由人民法院执行,公安机关以及居民委员会、村民委员会等应当协助执行。

监护人实施家庭暴力严重侵害被监护人合法权益的,人民法院可以根据被监护人的近亲属、居民委员会、村民委员会、县级人民政府民政部门等有关人员或者单位的申请,依法撤销其监护人资格,另行指定监护人。被撤销监护人资格的加害人,应当继续负担相应的赡养、扶养、抚养费用。

(四) 法律援助和救助制度

法律援助机构应当依法为家庭暴力受害人提供法律援助。人民法院应当依法对家庭暴力受害人缓收、减收或者免收诉讼费用。县级或者设区的市级人民政府可以单独或者依托救助管理机构设立临时庇护场所,为家庭暴力受害人提供临时生活帮助。工会、共产主义青年团、妇女联合会、残疾人联合会、居民委员会、村民委员会等应当对实施家庭暴力的加害人进行法治教育,必要时可以对加害人、受害人进行心理辅导。

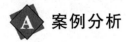 案例分析

××市××区××镇的陈某和丈夫刘某结婚已经22年了,可是,面对日渐长大的两

个孩子，近日，陈某却下定决心要跟刘某解除婚姻关系。4月20日凌晨，刘某和几个邻居打完牌，正准备休息，突然对坐在旁边的陈某一顿拳打脚踢。这顿暴打使得陈某遍体鳞伤。不过，她的忍气吞声并没有让刘某停止施暴，打完之后，刘某似乎觉得还不够解气，竟然用事先准备好的绳子对陈某进行了捆绑，然后跑去厨房，把平时做菜用的油烧开，开始对陈某实施毫无人性的虐待。很快，陈某在丈夫刘某的折磨下晕了过去，而刘某则在作案后逃之夭夭。当日凌晨5点，逐渐苏醒的陈某忍着剧痛，费了好大力气才将绳子解开，向隔壁邻居求助并报警。

刘某为何要对自己的妻子施暴？原来这一切都源自刘某对陈某的猜疑。刘某一直以来都怀疑妻子有外遇，但又苦于找不到证据，因此，对妻子早就心存芥蒂。为了发泄心中的积郁，除了家暴之外，刘某还向周围邻居发传单散播妻子"出轨"的谣言。面对这段痛苦的婚姻，陈某早在多年前就曾向刘某提出过离婚，但都因为对方的恐吓而打消了念头。

就在4月20日丈夫对自己施暴出逃之后，闻讯从上海赶回来的儿子在更换家具时，无意间竟然发现了刘某藏匿在柜子中的惊天秘密——一张他与其他女人所生孩子的亲子鉴定书，突如其来的双重打击更让陈某痛不欲生。

这份由××司法鉴定中心出具的亲子鉴定书证实，刘某为高氏男孩的生物学父亲。这也就意味着，在家人完全不知情的情况下，刘某不仅背叛了妻子，甚至还养了一个"私生子"。由于刘某疑心较重，一方面担心妻子对自己不忠，另一方面来自第三者经济上的压力也比较大，久而久之，刘某患上了较为严重的抑郁症。而此次对妻子陈某实施的伤害，则很有可能是他抑郁症症状的具体体现。

问题

以小组为单位，分析该案例中的妻子应该怎么做才能维护自己的合法权益？并进行分享。

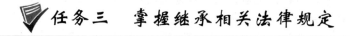

任务三　掌握继承相关法律规定

Ⅰ 任务体验

1. 临时组成6人体验小组。
2. 小组成员分享身边关于遗产纠纷的事件。
3. 小组成员在规定时间内分别写出自己所了解或是身边的人解决遗产纠纷的具体办法。

任务分享

各成员将关于遗产继承的处理办法汇总,分析各个办法的使用情况以及可能出现的问题与解决办法。

任务总结

教师对该任务的目的和意义进行解释和澄清。

知识介绍

继承是指自然人死亡之后其遗留的个人合法财产依照法律的直接规定或者有效遗嘱无偿转移给其近亲属所有的法律制度。根据继承人继承遗产的方式不同,可将继承分为法定继承和遗嘱继承。国家保护自然人的继承权,继承从被继承人死亡时开始。

一、法定继承

法定继承是指在没有遗赠扶养协议和遗嘱或者遗嘱无效的情况下,继承人根据法律确定的继承人范围、继承顺序以及遗产分配的原则取得被继承人遗产的继承方式。

(一)法定继承人的范围和顺序

法定继承人是依据法律规定继承被继承人遗产的人。《民法典》规定的法定继承人范围有第一顺序的配偶、子女、父母和第二顺序的兄弟姐妹、祖父母、外祖父母。丧偶儿媳对公婆,丧偶女婿对岳父母,尽了主要赡养义务的,作为第一顺序继承人。继承开始后,由第一顺序继承人继承,第二顺序继承人不继承;没有第一顺序继承人继承的,由第二顺序继承人继承。

这里的配偶是指被继承人死亡时与其有合法婚姻关系的人。子女包括婚生子女、非婚生子女、养子女和有扶养关系的继子女。父母包括生父母、养父母和有扶养关系的继父母。兄弟姐妹包括同父母的兄弟姐妹、同父异母或者同母异父的兄弟姐妹、养兄弟姐妹、有扶养关系的继兄弟姐妹。

(二)代位继承和转继承

被继承人的子女先于被继承人死亡的,由被继承人的子女的直系晚辈血亲代位继承,晚辈直系血亲没有辈份的限制。被继承人的兄弟姐妹先于被继承人死亡的,由被继承人的兄弟姐妹的子女代位继承。代位继承人一般只能继承被代位继承人有权继承的遗产份额。

二、遗嘱继承和遗赠

遗嘱是指遗嘱人生前在法律允许的范围内,按照法律规定的方式对其遗产或其他事务所作的个人处分,并于遗嘱人死亡时发生效力的嘱咐。自然人可以立遗嘱处分个人财产,并可以指定遗嘱执行人;可以立遗嘱将个人财产赠与国家、集体或者法定继承人以外的组织或个人。

遗嘱继承是指按照遗嘱人生前所留下的符合法律规定的合法遗嘱的内容要求,确定被继承人的继承人及各继承人应继承遗产的份额的继承方式。遗嘱继承优先于法定继承。

遗赠是指遗嘱人在遗嘱中指明自己去世后将自己的个人财产赠与国家、集体或者法定继承人以外的人的行为。

(一)遗嘱继承和遗赠的特征

遗嘱继承和遗赠的适用前提是被继承人生前立有合法有效的遗嘱和被继承人死亡。遗嘱直接体现着被继承人或遗赠人的遗愿。遗嘱继承人和法定继承人的范围相同,但遗嘱继承不受法定继承顺序和应继份额的限制。受遗赠人是法定继承人以外的组织或个人。在遗嘱有效的情况下,遗嘱继承和遗赠的效力优于法定继承的效力。

(二)遗嘱的有效要件

遗嘱的有效要件包括形式要件和实质要件。遗嘱有效的形式要件是指遗嘱的形式符合法律的规定。遗嘱的形式若不符合法律的规定,则遗嘱无效。下面所说的遗嘱有效要件,仅指遗嘱有效的实质要件。

1. 遗嘱人须有遗嘱能力

遗嘱能力是指自然人依法享有的设立遗嘱,依法自由处分其财产的行为能力。遗嘱为单方民事法律行为,遗嘱人立遗嘱时必须具有完全民事行为能力。无民事行为能力人或者限制民事行为能力人所立的遗嘱,即使其本人后来具有完全民事行为能力,仍属无效遗嘱。遗嘱人立遗嘱时具有完全民事行为能力,后来成为无民事行为能力人或者限制民事行为能力人的,不影响遗嘱的效力。

2. 遗嘱须是遗嘱人的真实意思表示

遗嘱必须是遗嘱人处分其财产的真实的意思表示,因为意思表示真实是民事行为有效的必要条件。遗嘱是否为遗嘱人的真实意思表示,原则上应以遗嘱人最后于遗嘱中作出的意思表示为准。受胁迫、欺骗所立的遗嘱无效,伪造的遗嘱无效,遗嘱被篡改的,篡改的内容无效。

3. 遗嘱应当为缺乏劳动能力又没有生活来源的继承人保留必要的遗产份额

《民法典》第一千一百四十一条规定:遗嘱应当为缺乏劳动能力又没有生活来源的继承人保留必要的遗产份额。这一规定属于强行性规定。《继承编的解释(一)》第二十五条规定，遗嘱人未保留缺乏劳动能力又没有生活来源的继承人的遗产份额，遗产处理时，应当为该继承人留下必要的遗产，所剩余的部分，才可参照遗嘱确定的分配原则处理。继承人是否缺乏劳动能力又没有生活来源，应当按遗嘱生效时该继承人的具体情况确定。

4. 遗嘱中所处分的财产须为遗嘱人的个人财产

遗嘱是遗嘱人处分其个人财产的民事行为，只能就遗嘱人个人的合法财产作出处置。遗嘱人以遗嘱处分了属于国家、集体或者他人所有的财产的，遗嘱的该部分内容无效。

5. 遗嘱不违反社会公共利益和社会公德

违反社会公共利益和社会公德的民事行为无效。遗嘱若损害了社会公共利益或者其内容违反社会公德，则遗嘱无效。

(三) 遗嘱的类型及有效的形式要件

根据《民法典》的规定，遗嘱包括如下六种。

1. 自书遗嘱

自书遗嘱必须由遗嘱人亲笔书写、签名，注明年、月、日。自书遗嘱不需要见证人在场见证即具有法律效力。自书遗嘱可按照下列程序订立：

(1) 遗嘱人亲自书写遗嘱全文，这样既可以真实表达遗嘱人的意志，又可防止他人伪造、篡改、添加遗嘱内容。

(2) 遗嘱人在自己书写的遗嘱上写明书写的年、月、日和地点。订立遗嘱的时间对遗嘱的效力有一定的影响，如不同书面遗嘱内容相矛盾时，应以时间在后的书面遗嘱为准。同时，订立遗嘱的时间有时也可证明遗嘱内容的真伪。

(3) 遗嘱人亲笔签名。

(4) 自书遗嘱如需涂改、增删，应当在涂改、增删内容的旁边注明涂改、增删的字数，且遗嘱人应在涂改、增删处另行签名。

《继承编的解释（一）》第二十七条规定：自然人在遗书中涉及死后个人财产处分的内容，确为死者的真实意思表示，有本人签名并注明了年、月、日，又无相反证据的，可以按自书遗嘱对待。

2. 代书遗嘱

代书遗嘱是指因遗嘱人不能书写而委托他人代为书写的遗嘱。《民法典》第一千一百三十五条规定：代书遗嘱应当有两个以上见证人在场见证，由其中一人代书，并由遗嘱人、代书人和其他见证人签名，注明年、月、日。注意，见证人和代书人必须同时在现场见证遗嘱人表达遗嘱的内容，如果作为代书人的见证人和另一位见证人在不同的时间或者地点分别见证则不符合代书遗嘱的有效要件。《民法典》第一千一百四十条规定，下列人员不能作为遗嘱见证人：

(1) 无民事行为能力人、限制民事行为能力人以及其他不具有见证能力的人；

(2) 继承人、受遗赠人；

(3) 与继承人、受遗赠人有利害关系的人。

同时，《继承编的解释（一）》第二十四条规定：继承人、受遗赠人的债权人、债务人，共同经营的合伙人，也应当视为与继承人、受遗赠人有利害关系，不能作为遗嘱的见证人。

3. 打印遗嘱

打印遗嘱是《民法典》新增的一种遗嘱类型，因为近年来由于计算机的普及，出现了大量的打印形式的遗嘱。《民法典》第一千一百三十六条规定：打印遗嘱应当有两个以上见证人在场见证，遗嘱人和见证人应当在遗嘱每一页签名，注明年、月、日。注意，法律要求在遗嘱的每一页签名，因此，建议遗嘱注明共几页，然后遗嘱人和见证人在每一页签名按手印，这样不容易被篡改。

打印遗嘱对见证人的要求同代书遗嘱。

4. 录音录像遗嘱

录音录像遗嘱是指遗嘱人用录音录像的形式制作的自己口述的遗嘱。为防止录音录像遗嘱被人篡改或录制假遗嘱，《民法典》第一千一百三十七条规定：以录音录像形式设立的遗嘱，应当有两个以上见证人在场见证。遗嘱人和见证人应当在录音录像中记录其姓名或者肖像，以及年、月、日。

录音录像遗嘱对见证人的要求同代书遗嘱。

5. 口头遗嘱

《民法典》第一千一百三十八条规定：遗嘱人在危急情况下，可以立口头遗嘱。口头遗嘱应当有两个以上见证人在场见证。危急情况解除后，遗嘱人能够用书面或者录音形式立遗嘱的，所立的口头遗嘱无效。由于口头遗嘱有易被篡改和伪造，以及在遗嘱人死后无法查证的缺点，所以《民法典》对口头遗嘱作了以上限制性规定。

6. 公证遗嘱

公证遗嘱由遗嘱人经公证机构办理。办理遗嘱公证需要遗嘱人亲自到其户籍所在地的公证机关申请办理，不能委托他人代理。如果遗嘱人因病或其他特殊原因不能亲自到公证机关办理遗嘱公证，可要求公证机关派公证员前往遗嘱人所在地办理。

（四）遗嘱的撤回和变更

遗嘱人可以撤回、变更自己所立的遗嘱。立遗嘱后，遗嘱人实施与遗嘱内容相反的民事法律行为的，视为对遗嘱相关内容的撤回。立有数份遗嘱，内容相抵触的，以最后的遗嘱为准。

只要具备该种形式的遗嘱的有效要件，公证遗嘱和其他形式遗嘱同时存在且内容相抵触的情况下，仍然是以时间在后的为有效遗嘱。

三、遗产的处理

（一）继承的开始

《民法典》第一千一百二十一条第一款规定：继承从被继承人死亡时开始。这个时间是确定遗产范围、继承人范围的时间条件，被继承人死亡包括自然死亡和宣告死亡。

1. 自然死亡的时间认定

在实践中，如果自然人在医院死亡的，应以死亡证上记载的时间为准；没有医院证明的，以户籍簿上登记的死亡时间为准。

2. 宣告死亡的时间认定

公民下落不明满四年，或者发生意外事故，从事故发生之日起失踪满两年，利害关系人可申请人民法院宣告该公民死亡。死亡时间以人民法院的宣告判决为依据确定。

相互有继承关系的数人在同一事件中死亡，难以确定死亡时间的，推定没有其他继承人的人先死亡。都有其他继承人，辈份不同的，推定长辈先死亡；辈份相同的，推定同时死亡，相互不发生继承。

（二）继承和遗赠的接受和放弃

《民法典》第一千一百二十四条规定：继承开始后，继承人放弃继承权的，应当在遗产处理前，以书面形式作出放弃继承的表示；没有表示的，视为接受继承。受遗赠人应当在知道受遗赠后六十日内，作出接受或者放弃受遗赠的表示；到期没有表示的，视为放弃遗赠。

这也就是说，继承的接受可以采用默示的方式，遗赠的接受必须采用明示的方式；继承的放弃必须采用书面的明示方式，遗赠的放弃则可以采用默示的方式。

（三）继承权和受遗赠权的丧失

《民法典》第一千一百二十五条规定：继承人、受遗赠人有下列情形之一的，丧失继承权：

（1）故意杀害被继承人的；

（2）为争夺遗产而杀害其他继承人；

（3）遗弃被继承人、或者虐待被继承人情节严重；

（4）伪造、篡改、隐匿或者销毁遗嘱，情节严重；

（5）以欺诈、胁迫手段迫使或者妨碍被继承人设立、变更或者撤回遗嘱，情节严重。

继承人有上述第三至第五条所列行为，但确有悔改表现，被继承人表示宽恕或者事后在遗嘱中将其列为继承人的，该继承人不丧失继承权。

虐待被继承人情节严重，可以从实施虐待行为的时间、手段、后果和社会影响等方面认定。虐待被继承人情节严重的，不论是否追究刑事责任，均可确认其丧失继承权。继承人故意杀害被继承人的，不论是既遂还是未遂，均应当确认其丧失继承权。

继承人伪造、篡改、隐匿或者销毁遗嘱，侵害了缺乏劳动能力又无生活来源的继承人的利益，并造成其生活困难的，应当认定为"情节严重"的情形。

（四）遗产的处理

1. 遗产管理人制度

（1）遗产管理人的概念。

遗产管理人就是自然人死亡后对其财产进行清理、保存、管理和分配的人，并在管理过程中防止遗产遭受转移、隐藏、侵占、变卖等侵害行为。关于遗产管理人的确定与产生，《民法典》第一千一百四十五条规定：继承开始后，遗嘱执行人为遗产管理人；没有遗嘱执行人的，继承人应当及时推选遗产管理人；继承人未推选的，由继承人共同担任遗产管理人；没有继承人或者继承人均放弃继承的，由被继承人生前住所地的民政部门或者村民委员会担任遗产管理人。对于遗产管理人的确定有争议的，利害关系人可以向人民法院申请指定遗产管理人。

法律概念里除了遗产管理人，还有遗产保管人、遗嘱执行人。主要区别在于，遗产保管人仅对遗产尽到合理保存义务即可，遗产管理人除了保管遗产外，还须承担其他诸多职责。而遗嘱执行人有权执行遗嘱人所订立的遗嘱，其义务是使遗嘱内容得以实现。因此遗嘱执行人只适用于遗嘱继承，而遗产管理人除可以适用遗嘱继承外，还适用法定继承、无人继承遗产等其他情形。

（2）遗产管理人的职责。

遗产管理人确定后，应依法开始履行自己的职责。《民法典》第一千一百四十七条规定，遗产管理人应当履行下列职责：

① 清理遗产并制作遗产清单；

② 向继承人报告遗产情况；

③ 采取必要措施防止遗产毁损、灭失；

④ 处理被继承人的债权债务；

⑤ 按照遗嘱或者依照法律规定分割遗产；

⑥ 实施与管理遗产有关的其他必要行为。

设立遗产管理人的目的就是要保护遗产的安全和完整，保护继承人的合法权利，保护被继承人之债权人的合法权益。因此，遗产管理人的职责是该制度中最核心的内容。

（3）遗产管理人未尽职责的民事责任。

《民法典》第一千一百四十八条规定：遗产管理人应当依法履行职责，因故意或者重大过失造成继承人、受遗赠人、债权人损害的，应当承担民事责任。由此可见，遗产管理人承担民事责任的前提有两个：一是违反法定职责，造成继承人、受遗赠人、债权人损害；二是存在故意或者重大过失。根据上述条文的构成要件可以看出，遗产管理人承担的民事责任属于侵权责任,而非违约责任。因此,遗产管理人侵权时,继承人、受遗赠人或债权人有权请求遗产管理人承担损害赔偿责任。

(4) 遗产管理人的报酬取得权。

《民法典》第一千一百四十九条规定:遗产管理人可以依照法律规定或者按照约定获得报酬。具体的报酬可以在被继承人生前设立遗嘱时,与遗产管理人在遗嘱中进行约定。法定继承情况下,可以由全体继承人和被推选的遗产管理人约定。

2. 遗产的分割

在分割遗产时,各继承人除严格按照《民法典》规定的男女平等,养老育幼,优先照顾缺乏劳动能力和没有生活来源的继承人的利益,提倡互谅互让、和睦团结的精神外,还必须遵循以下原则。

(1) 遗嘱继承优先于法定继承的原则。

《民法典》第一千一百二十三条规定:继承开始后,按照法定继承办理;有遗嘱的,按照遗嘱继承或者遗赠办理;有遗赠扶养协议的,按照协议办理。被继承人生前与他人订有遗赠扶养协议,同时又立有遗嘱的,继承开始后,如果遗赠扶养协议与遗嘱没有抵触,遗产分别按协议和遗嘱处理;如果有抵触,按协议处理,与协议抵触的遗嘱全部或者部分无效。遗嘱继承人依遗嘱取得遗产后,仍有权依照法定继承的规定取得遗嘱未处分的遗产。因此,继承人在分割遗产前要注意死者是否留有遗嘱,如果留有遗嘱,首先应按遗嘱继承方式分割被继承人的财产。

《民法典》第一千一百五十四条规定,有下列情形之一的,遗产中的有关部分按照法定继承办理:

① 遗嘱继承人放弃继承或者受遗赠人放弃受遗赠的;

② 遗嘱继承人丧失继承权或者受遗赠人丧失受遗赠权;

③ 遗嘱继承人、受遗赠人先于遗嘱人死亡;

④ 遗嘱无效部分所涉及的遗产;

⑤ 遗嘱未处分的遗产。

(2) 遗产分配原则。

《民法典》第一千一百三十至一千一百三十二条规定:同一顺序继承人继承遗产的份额,一般应当均等。

对生活有特殊困难又缺乏劳动能力的继承人,分配遗产时,应当予以照顾。对被继承人尽了主要扶养义务或者与被继承人共同生活的继承人,分配遗产时,可以多分。有扶养能力和有扶养条件的继承人,不尽扶养义务的,分配遗产时,应当不分或者少分。

对继承人以外的依靠被继承人扶养的人,或者继承人以外的对被继承人扶养较多的人,可以分给适当的遗产。

继承人应当本着互谅互让、和睦团结的精神,协商处理继承问题。遗产分割的时间、办法和份额,由继承人协商确定;协商不成的,可以由人民调解委员会调解或者向人民法院提起诉讼。

(3) 胎儿的特留份原则。

《民法典》第一千一百五十五条规定：遗产分割时，应当保留胎儿的继承份额。胎儿娩出时是死体的，保留的份额按照法定继承办理。《继承编的解释（一）》第三十一条规定：应当为胎儿保留的遗产份额没有保留的，应从继承人所继承的遗产中扣回。为胎儿保留的遗产份额，如胎儿出生后死亡的，由其继承人继承；如胎儿娩出时是死体的，由被继承人的继承人继承。

(4) 物尽其用的原则。

《民法典》第一千一百五十六条规定：遗产分割应当有利于生产和生活需要，不损害遗产的效用。不宜分割的遗产，可以采取折价、适当补偿或者共有等方法处理。例如，对房屋要照顾缺房的继承人，对生产工具要照顾生产需要的继承人，对图书资料要照顾从事有关业务的继承人等，这样才能有利于生产和生活的需要。

四、遗嘱信托

遗嘱信托是指通过遗嘱这种法律行为而设立的信托，也叫死后信托。遗嘱人预先以立遗嘱方式，写明自己去世后对财产的管理意愿，等到遗嘱生效时，再将财产转移给受托人，由受托人依据信托的内容，也就是遗嘱的内容，管理处分信托财产。遗嘱信托的主要内容是对遗产进行管理，使之产生收益，用于遗嘱人生前需要抚养赡养的人的生活费用。遗嘱人生前需要抚养赡养的人（多为继承人）不能直接取得遗产的所有权，只有根据遗嘱信托取得遗产收益请求权。

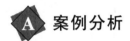

案例分析

遗嘱

立遗嘱人：秦某某，男，汉族。

身份证号：510×××××××××××××××；住址：重庆市渝北区。

我立此遗嘱，对我所有的财产，作如下处理：

我自愿将下列归我个人所有的财产全权交给我的监护人：

我在行为自如、意识清醒情况下，意定授权她们为我的监护人：胞姐秦某1和胞姐秦某2。我病中后续治疗、生活以及去世后的一切事务由她们全权负责料理，我的财产由她们遵照遗嘱执行处理。

一、本人婚前合法住房一套，位于重庆市渝北区。该房屋是我婚前财产，在我治病期间允许妻子张某与我同时生活居住。我若因病医治无效过世，张某的居住权也随之终止，张某应无条件立即搬出该房屋。该房屋处置权交由我的监护人胞姐秦某1和胞姐秦某2，二人可全权按我的遗嘱将其处置，张某无权继承。

二、本人婚前合法财产 2007 年购得的商铺一套，位于重庆市渝北区。我去世后，该商铺的处置权交由我的监护人胞姐秦某 1 和胞姐秦某 2，二人可全权按我的遗嘱将其处置，张某无权继承。

三、我病故后，存款中余款用于我病故后的丧葬费。我的病故一次性 20 个月基本离退休抚恤金约 10 万元，该项除用于支付我的治疗费和进行负债抵消外，还用于丧葬、墓地等开销，若还有余款，由监护人胞姐秦某 1、胞姐秦某 2 和妻子张某平均分配。

立遗嘱人：秦某某　　签字（按手印）：　　日期：××××年××月××日
见证人：×××　　　　日期：××××年××月××日
公证人：×××　　　　日期：××××年××月××日

案例背景：秦某某无子女，与妻子结婚时妻子的子女已成年。2020 年年初，秦某某被确诊为癌症晚期，病重住院时妻子擅自将秦某某的银行卡交与自己女儿，取现近 10 万元，秦某某准备通过遗嘱方式不让妻子继承其去世后的大部分遗产，于是写了这份遗嘱。

问题：以小组为单位，分析案例中的遗嘱存在哪些问题，并根据《民法典》的规定给出解决方案。

学习情境八

家庭社会工作实务与治疗性案例

理论学习目标
1. 了解当前家庭社会工作实务状况。
2. 了解家庭社会工作实务流程和记录方法。
3. 学习结合理论分析案主需求并设计介入方案的思维逻辑。

实践学习目标
1. 在教师的带领下开展家庭入户调查并记录案主家庭状况。
2. 根据调查情况和所学理论设计介入方案和评估方案。
3. 根据介入方案开展介入工作并与教师讨论和修正工作细节。

子情境一　社会组织与常规家庭社会工作项目

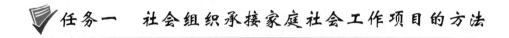

任务一　社会组织承接家庭社会工作项目的方法

任务体验

组建5~6人的学习小组,前往附近的社会组织,了解其承接的家庭社会工作项目。

S 任务分享

从一线社会工作者和社会组织负责人那里了解家庭社会工作项目的申报流程、项目申报书的撰写、团队成员管理、项目管理等情况。

T 任务总结

通过实习或走访社会组织，了解社会组织是如何在社区开展具体家庭社会工作项目的，并加以总结，为将来从业做好准备。

K 知识介绍

在政府购买服务的大背景下，社会组织需要从民政部门、妇联、中国儿童少年基金会和其他公益部门或社会团体承接家庭社会工作项目。目前，发布家庭社会工作相关项目最多的还是民政部门和妇联。社会组织需要通过实地调研、制订项目实施方案、编写项目竞标书、汇报项目思路等步骤，在政府购买服务的公共平台上以服务质量、服务能力和价格等优势，公平、公正地获得项目。

一、项目申报

项目申报与项目采购密不可分，先有项目采购才有项目申报，项目申报是根据项目采购的流程与要求来进行的。

（一）政府购买社会工作服务的程序

1. 编制预算

民政部门根据本地经济社会发展水平和财力状况，协调有关部门和群团组织切实做好人民群众，尤其是困难群体、特殊人群社会服务需求的摸底调查与分析评估，核算服务成本，提出政府购买社会工作服务的数量、规模、质量等，科学编制年度社会工作服务项目预算并报同级财政部门审批。

2. 组织购买

购买社会工作服务，原则上应通过公开招标方式进行。对只能从有限范围服务机构购买，或因技术复杂、性质特殊而不能确定具体服务要求，不能事先计算出价格总额的社会工作服务项目，经同级财政部门批准，可以采用邀请招标、竞争性谈判方式购买。对只能从唯一服务提供机构购买的，向社会公示并经同级财政部门批准后，可以采取单一来源采购方式组织采购。政府购买社会工作服务的组织实施，必须符合《中华人民共和国政府采购法》的规定和相关法律法规、部门规章的要求。

3. 签订合同

民政部门要按照合同管理要求，与服务提供机构订立购买服务合同，明确购买服务的范围、数量、质量要求、服务期限、资金支付方式、违约责任等内容。

4. 指导实施

财政和民政部门要及时下拨购买经费，指导、督促服务承接机构严格履行合同义务，按时完成服务项目，保证服务数量、质量和效果。

5. 评估验收

民政等主管部门要及时牵头对项目完成情况进行评估验收，并出具验收报告和评估结论。在项目实施过程中，承接政府购买社会服务的公益服务类社会组织须定期组织自查，区民政局、各街镇等主管部门要定期对项目进展情况进行检查督促。

（二）项目申报流程

家庭社会工作服务项目的申报遵循一般项目的申报流程和原则。项目不分大小，每个项目申报基本都要经过以下流程。

1. 信息的收集和整理

在申报之前，项目申报相关人员需要通过政府采购网、云平台等渠道获取项目信息，并将申报需求发送给相关领导，请领导审核和批示。这部分工作往往由社会组织中的项目开发部门来完成。

2. 研究项目申报的工作安排

在领导批示后，需要进行项目申报的计划安排，要根据领导的批示召集相关人员参加项目申报研究会，研究项目申报相关事项和完成项目申报的工作安排。

3. 项目申报材料的撰写和审核

要逐条分析项目申报的要求（项目发包或采购要求），然后进行项目申报材料的撰写和审核。在分析项目申报要求时，特别要注意重点要求，这些要求要在项目申报材料撰写中充分体现出来。

4. 修改申报材料

一份高质量的项目申报材料不是一次就能完成的。项目申报材料撰写好后，往往还需要全体工作人员不断进行修改和完善。

5. 项目申报材料的打印和装订

项目申报材料修改和完善好后就能打印和装订了（即制作投标文件）。某些项目对申报材料的装订有具体要求，如正反面打印、签字盖章，以及打印时文档的格式、排版等的具体要求。打印和装订时一定要注意这些要求，以免因为对细节的忽视而导致项目申报的失利。

6. 项目材料的报送和跟进（投标）

要注意在规定的时间内将项目申报材料送达项目发包或采购单位，上报材料后还要进行不断跟进。送报材料后，可以主动留下项目发包或采购单位的联系方式，或询问项目发包或采购单位有关评审结果的具体时间、查阅地点等。

7. 获得项目下达批文（中标）

经过项目评审，项目发包或采购单位会对审批通过的项目申请下达批文。这个时候，项目发包或采购单位一般会邀请申请方签订正式的项目合同。因此，要提前安排好项目负责人的工作时间，并准备好签订合同所需的材料，包括合同书的打印、有效公章的携带等。

截止到这一步，一个项目的申请工作基本完成。这里所列的项目申报流程是最基础、最简单的申报流程。在实际工作中，有些项目发包或采购单位为了选拔更为适宜的申请方，在申请方提交申请书后，还会将初次入围的申请方召集起来，组织现场评审或现场答辩。

此外，在某些社会组织力量薄弱的地区，一些项目发包或采购单位可能还会邀请通过首次申报材料筛选及二次答辩的申请方进行项目运作管理培训。在项目实施和选拔前期进行项目运作管理和项目申报培训，一方面可以帮助入围的申请方进一步提升自身的申报能力；另一方面也可以通过培训让项目申请方从项目运作和管理的角度不断修正项目申请材料，预防和减少项目实施过程中的问题。

8. 进行项目拨款申请

项目申请获得审批后，要按照批文中规定的拨款流程或合同进行拨款申请，以获得项目的财政补助拨款。

9. 接受项目评估验收，进行项目资料归档

项目发包或采购单位在中期和终期都会对项目进行检查考核与评估验收，项目承接方要提前做好相关准备。项目通过评估验收后，要进行项目资料归档，同时总结项目的成功和不足之处。

(三) 项目申报答辩

在项目申报过程中，项目发包或采购单位在对项目申报材料进行第一次评审之后，往往会邀请申请方参加答辩。在答辩环节，申请方需要注意以下事项。

1. 做好答辩的前期准备工作

（1）进行答辩准备。

首先，在准备项目申报答辩时，需要提前主动与项目发包或采购单位沟通，了解答辩的地点、环境和具体要求等。例如，要了解项目发包或采购单位是否需要申请方自行准备申报书，申报书的装订和数量有哪些要求，是否需要准备PPT，是否有播放PPT的设备

等。了解相关情况后，申请方要提前做好答辩的物质准备。例如，自行携带电脑，请队友协助播放 PPT，以及自行准备电子远程操控器等。

其次，要提前选好答辩人，答辩人要做好事前演练，以避免过于紧张影响答辩效果。

最后，答辩人要注意当日的着装礼仪。例如，要注意是否需要穿职业装或是工作装等。女士答辩当日建议化淡妆，以端庄典雅的服饰为宜；男士可着工作装或职业套装，注意事先修理面部并整理头发。答辩时，答辩人语速不宜过快，也不宜过慢，答辩描述可适当带有情感，这样一定程度上可以感染评审专家。

（2）答辩资料的内容选择。

首先，在准备答辩资料时，要注意答辩内容的完整性。答辩内容主要包括这样几项。

① 项目情况，尤其是项目的创新性和不可替代性。

② 团队情况，高层次的人才和充足的人力资源是项目稳健实施的有力保障。项目人员应该包括管理人员和一线员工等。其中，可以重点介绍管理人员的资历和经验，一线员工的专业资历和敬业精神。

③ 项目目标，要清晰、简单明了地将项目的整体目标和具体可测量的子目标介绍清楚。

④ 项目实施逻辑，即项目将从哪几个方向去回应目标，以及项目实施的方法、项目实施的进度等。

⑤ 其他，如项目的经费及风险预估，以及项目的收支安排等。

其次，在答辩汇报时内容上应该有侧重点。尽管为了更好地展现自己的优势和特色，在准备资料时，申请方都希望尽可能地做到完善。但是在答辩时，由于时间有限，申请方往往没有办法对所有的情况进行一一讲述，因此，汇报时申请方必须要有一定的侧重点。选择侧重点时主要应该遵循以下原则。

① 服务内容第一的原则，即重点突出服务项目所要具体提供的服务内容。

② 组织资料和服务经费同样重要的原则。一方面，主动、全面地介绍本机构（尤其当申请方是不知名、规模较小的社会组织时）是让评审专家和资助方深入了解本组织的一个重要机会。另一方面，无论时间多么紧迫，有关服务经费的预算、使用等都必须介绍清楚。资助方永远都在寻找那些具有完善财务管理体制和财务管理能力的合作方。因此，即便服务内容再完美，财务管理状况糟糕或曾经出过财务问题的社会组织的形象在评审专家心里都会被大打折扣。

③ 项目设计逻辑清晰明了的原则。一个逻辑清晰、设计合理的项目往往能够让评审专家和资助方更加了解项目本身，也能够体现一家机构对该项目的掌控和把握能力，更能够获得评审专家和资助方的好感。

2. 现场答辩注意事项

首先，答辩人要着装得体，要有较强的心理素质，答辩时应口齿清晰，不要过分紧张，最好能够有临危不乱的应对能力。

其次，答辩时答辩人要时刻谨记控制时间，注意不要超时太多或者因准备内容过少导致剩余太多时间。此外，还要注意为互动答疑环节预留一些时间。

再次，答辩人需要跟评委之间有互动，切忌只是对着PPT念稿。在答辩过程中也不要过分彰显出对经费的渴求，以免给人一种"万事俱备只欠经费"的错觉。

最后，不要过分自信，不要过分夸大自己或者自己所在的社会组织。

二、项目申报书的撰写

项目申报书也称项目申请书、项目建议书、项目策划书等，通常是一份用来向资助方申请经费、资助项目、服务供给的书面文本。根据不同资助方的不同要求，项目申报书会有所不同。有些资助方会要求填写特定的表格，而有些资助方则没有明确的申报模板或具体要求。但无论怎样，项目申报书总有一些通用的要点，基于这些要点，再结合资助方的格式要求，就可以形成具体的项目申报书文本。

撰写项目申报书的根本目的是说服项目评审专家和资助方了解、支持并最终批准所申请的项目。因为项目评审专家和资助方往往是通过几页或者十几页项目申报书中的描述了解社会组织所申请项目的价值和意义的。因此，在撰写项目申报书时，应努力将项目的重要性、必要性介绍清楚，力图使评审专家和资助方了解申请方有足够的能力完成项目，了解项目将产生的社会效果以及项目的可持续性等。项目评审专家想要了解的申请方对项目的专业性，以及资助方想要了解的申请方对项目运行管理的掌控能力是项目申报书的重点内容，也是项目申报书必须回应的问题。

（一）撰写前的准备工作

1. 提前做好组织领导工作

首先，一个完整的项目申报书涉及方方面面，如专业领域、项目管理、风险评估、技术创新、经费预算、财务管理等，一个人无法完成上述诸多内容的撰写，需要申请方各个部门的员工共同配合，需要多名员工共同努力。

其次，一份项目申报书的撰写也关系到项目申报的进度和项目申报提交、答辩等诸多流程，再加上撰写项目申报书涉及的部门多、人员多、事务繁杂等情况，因此，必须有一个能协调各部门工作的领导担任项目申报书撰写小组的负责人，定期跟进项目申报书的撰写工作。这样才能使项目小组协调运作，起到事半功倍的效果。

2. 尽早准备，设法了解资助方的情况

首先，各种项目的出台都有一定的背景，了解这些背景是相关工作人员撰写项目申报书的首要工作，因为这些背景是引导相关工作人员把握项目申报书侧重点的关键所在。只有了解了这些背景，撰写项目申报书才能有的放矢、抓住重点。例如，国家6月出台有关关注留守儿童的指导性文件，7月始，某儿童基金会开始面向全市创投儿童公益项目。对政府相关文件有一定敏感性的机构，完全可以在国家出台文件之后，立马开始做相应的服务承接准备,这将比被动等待,然后再做项目申报准备好很多。不打无准备之仗正是这个道理。同时,由于政府部门的高效率运作,不少项目往往从发出公告到最终评审结束可能仅仅10天时间,在这么短的时间内匆忙准备并进行项目申报是一个很大的挑战。

其次,需要提前了解项目资助方。例如,可以提前去了解资助方是谁,其以往的资助领域是什么,该资助方资助过哪些组织,这样可以做到知己知彼。例如,某家以关注儿童救助为己任的基金会投放山区儿童救助项目,社会组织在申报项目前需要提前了解该基金会的背景、以往的资助区域、评估重点等,以权衡本组织的发展方向与欲申请项目的服务领域、服务区域是否一致。如果不一致,就要考虑在申报过程中需要做哪些调整,这些调整对本组织有什么样的影响等。

3. 用心解读项目申报材料

一般而言,若项目申报材料有规定的范本或格式,则对项目申报材料的提纲及要求进行充分研究是成功的基础。

首先,要熟悉整个提纲,整体上做到心中有数。内容方面,需要对项目申请的背景、重要性、可行性和可持续性做到心中有数。工作节奏方面,要了解哪些是马上可以完成的,哪些有点困难,相应问题该由哪个部门解决,等等,为科学、合理地分工做好准备。

其次,要对每个提纲的要求进行细心研读,分析每个环节的重点,了解其真正的意图,防止在撰写项目申报书时南辕北辙或只见树木不见森林。

最后,要认真对待要求提供的附件。附件也是申报材料的重要组成部分,是对文字材料的佐证与补充,一些申请方往往因为忽略附件的重要性,而错失申报的良机。认真对待附件的另一个重要原因是有些附件需要外部提供,申请方必须留有充足的时间来准备这些材料。①

(二)项目申报书的撰写

1. 项目名称

项目名称是项目目的和内容的高度概括,要简单、明了,以便让人通过项目名称就能快速了解到项目的属性。例如,将某项目的名称定为"X市Y区农村空巢老人社会工作服务项目"。从这个名称我们得到的信息是:项目地点为X市Y区,服务对象为农村空巢老人,服务类别为社会工作专项服务。

2. 申请方的信息

这部分内容是对申请方的介绍,是评审专家和资助方快速了解申请方的主要渠道,主要需要提供社会组织的名称和简介(一般包括社会组织的成立时间、服务领域、使命、愿景等)。详尽的介绍有利于评审专家和资助方预判申请方的发展方向与所申请项目的方向是否一致。有的地区是将申请书与合同书合二为一的,这种情况下要对开户行信息仔细检查,确保无误,以免后期经费拨付时出现不必要的麻烦。此外,申请方的合法性证据(包

---

① 王红杰,汤淏. 项目申报书撰写方案探讨[J]. 江苏科技信息. 2013(10). 27-31.

括登记证书、机构代码证书、税务登记证书等)、曾经获得的奖项、组织过的有影响力的活动、联系人、联系方式(如通讯地址、电话、传真等)、项目负责人的资历、项目参与人员的工作经验和能力等都需要核对无误。

3. 项目申报的背景

背景陈述能够使人对项目所要解决问题的重要性和紧迫性有所认识。因此，在项目申报书撰写前期对项目所覆盖的人群做一些调查和分析，获得精确的、具体的背景信息，并合理地加入项目申报书中，会增强项目申报书的说服力。一般而言，这部分内容应该包括以下信息。

(1) 项目所在地区的宏观社会环境。例如，当地空巢老人的构成，社会对空巢老人的关注和意识等。

(2) 提出项目申报的原因。例如，目标群体的数量、分布情况、行为特点，以及目标群体所处的困境等。这一部分可以理解为通常所说的项目的重要性和必要性分析。

(3) 可行性分析。例如，申请方本身的运作能力、项目实施地的配合、群体的合作等。

(4) 长远意义分析。项目通常只能在一定的时间、针对一定的群体、在一定的范围内实施，因此所解决的问题也是有限的。但是从长远看，项目如果能够对其他组织或者同类型服务群体有示范性，有推广的价值，以及对服务群体本身会产生更加长远的影响，这个项目的价值就会更大。

4. 项目的目标

项目的目标是指项目所要解决问题的愿景和期待。项目的目标一般分为长期目标和短期目标。长期目标往往是一个综合的目标，是项目长期的、宏观的、概念性的、比较抽象的目标。比如，某项目的长期目标为"提升空巢老人的生活幸福感，减少其孤独感"。短期目标是项目在实施过程中每一个阶段所要完成的具体事项和达成的期待。比如，某项目制定了周目标，其中第一周的目标是完成社会工作站的建站工作。

从对服务内容的描述来看，项目目标可分为总体目标和具体目标。总体目标的描述较为笼统，是整个项目实施的最终方向。具体目标是项目在实施过程中需要完成的可衡量的细化目标。例如，减少20%儿童的迟到行为。

总而言之，对目标的陈述一定要非常清晰，且目标要切合实际。

5. 目标人群

目标人群通常是指项目的受益人群。在这一部分中，一定要清楚地写明目标人群及其数量，因为这直接关系到项目投入与产出的效益。必要时，还可以把目标人群分为直接目标人群和间接目标人群。例如，婚姻家庭社会工作服务项目的直接目标人群是某地区的夫妻或离异人士，而间接目标人群则包括直接目标人群的家人等。此外，有些资助方希望目标人群能够参与到项目之中。因此，可以通过将服务项目设计、服务活动、活动主题、活动时间、服务对象等具体化的方式来体现目标人群的参与。

6. 服务内容

服务内容主要包括服务方法和服务方向。在介绍方法时，需要特别说明相应方法的特点和优越性，也可以同时列举出其他相关的方法，并对所列方法进行比较，还可以引用专家的观点和其他失败或成功的案例等。总之，要充分说明所选择的方法是最科学、最有效、最经济的。同时，也要说明在采用相应方法时，具体存在哪些风险与挑战。服务方向是指对某一问题，申请方想从具体的哪几个方向来实现服务目标。例如，为了做好婚姻家庭社会工作服务，可以从新婚辅导、离异调解、家风养成等几个方面来提供相应服务。

7. 项目进度表

项目进度表也称项目时间表。申请方通常应根据各项工作的先后顺序、逻辑关系等写清楚工作流程，再编号和描述项目活动，然后做一个表格，把各项活动的先后顺序以及起始时间标注清楚。例如，对一个有12项活动内容的一年期项目，应先依次将活动标号并将活动内容描述清楚，然后做一个月历表格，在相应月份标上活动序号。这样，就可以清晰地显示出在什么时候做什么，以及各项活动之间的关联。

8. 项目经费

这一部分要叙述和分析项目中各项活动所需的费用，包括人员、活动、设备等的费用。其中，人员费用主要包括工资、各种补贴和咨询专家的费用等；非人员费用主要包括差旅、场地、交通、设备、通信等费用。资助方通常要求对这些支出要详细地列明计算根据。如果已经有了一部分资金来源，也要注明。而且，要很明显地写出还需要总数为多少的经费上的支持。此外，与项目相关的财务与审计方法也可以在这部分提及。

9. 项目风险预估

这部分要阐述项目在执行过程中可能存在哪些潜在风险，可能会出现哪些问题，对此，主要做了哪些应对计划。这部分主要体现申请方的风险预估和应对能力。

10. 项目成效

项目成效主要围绕项目目标展开。可用数据和文字对服务对象的变化加以介绍，主要包括满意度、知晓率、覆盖率以及一些成果的产出；也可从不同层面加以阐述，例如，分别从服务对象、采购单位、项目落地方、行业、社会等不同层面来阐述项目的成效。

(三) 案例观察与训练

这里以重庆市九龙坡区民政局"二郎街道迎宾路社区义仓项目"政府采购网为例（以下内容为重庆市政府采购网公布的项目相关信息），请同学们根据项目目标、服务内容、服务要求等完成项目申报书的撰写。

1. 项目目标

建立义仓小站，打造参与式社区互助示范点，常态化落地开展一勺米、义仓、公益市集、一个观众的剧场等社区互助活动，构建具有本土特色的互助体系。

2. 服务内容

（1）开展项目调研走访，了解社区实际情况及资源情况。

（2）在社区建设义仓小站。义仓小站是推动社区邻里互助的空间阵地，具有"邻里互助、实训教学、项目示范、组织培育"等功能。

（3）开展"义仓·爱心家庭"招募活动（八次）。倡导社区居民持续、定期将小额生活物资捐赠到"义仓"。

（4）开展"一勺米活动"（六次）。针对邻里关系疏离现状，邀请社区儿童及家长以公益挑战赛的形式，敲开陌生邻居的门，募集一勺米。

（5）开展"义仓入户社区关怀"活动（八次）。鼓励和动员居民提供志愿服务，挖掘居民骨干，组建社区互助志愿者队伍。

（6）开展"社区公益市集"活动（六次）。依托社区户外公共空间，整合商家、学校资源，搭建邻里交流平台。

（7）开展"一个观众的剧场"活动（八次）。针对社区空巢、独居、高龄、残障老人的特定需求，动员社区志愿者，以文艺服务＋支持陪伴的形式，缓解老人的孤独寂寞。

（8）开展"社区公益微创投"活动。组建社区互助志愿队伍，开展社区微创投活动。支持六个微创投项目，其中三个分别为义仓、一勺米、一个观众的剧场项目，另外三个需协助社区互助志愿队伍自选居民关心的议题进行项目申报。

3. 服务要求

（1）培育社区互助志愿者队伍不少于三支，其中至少一支要在社区社会组织备案，招募社区骨干志愿者不少于36人。

（2）帮扶困难家庭或独居空巢老人等人群不少于100户。

（3）总计活动不少于40场，覆盖居民不少于5000人次。

（4）累计筹集经费或物资不少于两万元。

（5）组织区级（含）以上媒体宣传不少于三次。

（6）项目结项时提交项目成果一份（项目成果包括但不限于产品、调研报告、案例、手册、书籍、论文等）。

（7）项目结项时对象满意度不低于90%。

4. 其他要求

（1）专人管理。由项目申报单位分管领导（分管负责人）负责项目的申报和组织实施。

（2）规章制度。有明确的工作制度、年度工作计划、社区服务内容、志愿者注册登记和分类管理制度等。

（3）资金要求。项目执行单位应按照相关规定建立并严格执行项目支出审批制度，经费开支具体包括以下几项。

① 社会服务支出。项目执行中开展活动所发生的费用和志愿者工作补贴等。

② 薪酬待遇。用于支付项目执行工作人员的薪酬和福利，包括专职工作人员工资、津贴、社会保险等，以及兼职工作人员工资或补贴。

③ 服务设备费。购买服务设备、工作站点氛围营造、服务场地氛围布置等必要的办公设备和办公用品所发生的费用。

④ 项目执行费。项目执行过程中工作人员产生的交通费，专职社会工作者参加市区组织部门、民政部门组织开展或委托其他社会单位开展的社会工作专题培训产生的费用，各类宣传手册、海报、简报等制作费用。

⑤ 项目管理费。包括项目招投标服务费、税费，以及行政、财务、项目评估、年审等费用。

以下为政府购买社会工作服务项目申报书示例。

政府购买社会工作服务项目申报书

项 目 名 称：＿＿＿＿＿＿＿＿＿＿

项目申报单位：＿＿＿＿＿＿＿＿＿＿

项目实施地点：＿＿＿＿＿＿＿＿＿＿

项 目 负 责 人：＿＿＿＿＿＿＿＿＿＿

项 目 联 系 人：＿＿＿＿＿＿＿＿＿＿

承 诺 书

本单位保证此项目申报书填报的所有内容及提交的所有资料均真实、合法、有效，并承诺在项目申报及实施过程中按照要求认真做好各项工作，积极接受项目监管、审计和评估，承担相应的法律责任。

法定代表人签字：　　　　　（单位盖章）

年　　月　　日

一、申报单位信息

申报单位名称				
申报单位类型	□社会团体		□民办非企业单位	
法人代码（或社会信用代码）		法定代表人		
通信地址		邮政编码		
最近一年年检结论		评估等级		
开户单位名称				
开户银行				
银行账号				
是否能开具税务发票	□是（□有税控机 □税务代开）			□否
申报单位简介				
申报单位所获荣誉				
执行过的服务项目	项目名称	实施时间	项目金额	项目评估结果

二、申报项目信息

项目名称				
实施地点				
受益人群	（填写直接受益人群名称）		受益人数	（填写直接受益对象数量）
项目主题	（50字以内且需明确服务对象及项目内容）			
合作单位	□无			
	□有	1.		
		2.		
		……		
项目负责人基本信息				
项目负责人		联系电话		
学历/学位		职称/职务		

续表

社会工作专业资格	□助理社会工作师　　　　　　　　□中级社会工作师 □社会工作专业相关教育背景　　　□其他　　　　□无			
项目负责人简介				
项目其他主要成员				
项目成员	姓名	机构职务	学历/学位	专业	相关工作从业年限
项目专职人员1					
项目专职人员2					
项目人员					
项目概述					

三、项目设计方案

项目实施方案阐述
（一）项目实施可行性
（二）项目目标

续表

(三) 项目实施的具体方法和途径
(四) 项目内容
1. 主要活动及时间安排 2. 服务对象的参与情况
(五) 项目产出
(六) 项目成效
(七) 创新之处

续表

（八）风险分析及应对预案等

四、社会资源链接

序号	资源形式
1	
2	
3	
合计	

三、家庭社会工作项目团队的人员构成

家庭社会工作项目对从业者的专业性有一定要求，从业者应具备社会工作（婚姻家庭方向）、心理学、两性关系学等相关学科背景，有一定相关工作经验者更佳。家庭社会工作项目团队主要由以下人员组成。

（一）社会工作者

家庭社会工作项目团队中的社会工作者应系统学习过婚姻家庭社会工作的相关课程，掌握一种或几种与婚姻家庭辅导相关的理论知识（如萨提亚、结构式家庭治疗、家庭系统排列理论等），具备新婚辅导、亲子辅导、家庭冲突调解、家庭暴力援助等相关经验者更佳。

从事家庭社会工作的社会工作者并非只单一地帮助家庭中的个别成员，或帮助个别家庭成员解决困难，而是因个别家庭成员的问题而介入家庭，即家庭中的所有成员都是社会工作者服务的对象。具体而言，家庭社会工作往往把个人的问题视为整个家庭的问题。因为个人有了困难，就难以履行其作为一个家庭成员应该履行的义务，所以，协助家庭重建的意义和重要性远远超过对个别家庭成员的帮助。例如，某家庭中有失业的父亲或重病的母亲，那么受影响的不只是个人，而是整个家庭。同时，当个别家庭成员出现问题时，原因可能来自非功能性的家庭。例如，一个离家逃学的青少年，可能是非功能性家庭的受害者。因此，家庭社会工作者要帮助的不只是出现问题或遇到困难的个别家庭成员，而是整个家庭。

(二) 婚姻家庭咨询师

婚姻家庭咨询师是为在恋爱、婚姻、家庭生活中遇到各种问题的求助者提供咨询和辅导服务的专业人员。持有婚姻家庭咨询师证者可优先考虑吸纳进入服务团队。

(三) 心理咨询师

心理咨询师是协助求助者解决各类心理问题的专业人员。准备从事心理咨询工作的人员,都应该经过专门的职业培训,获得心理咨询师职业资格证书,然后才可从事相应心理咨询活动。心理咨询师的工作主要包括以下内容。

(1) 从来访者及家属等信息源获得有关来访者的心理问题、心理障碍的资料。

(2) 对来访者的心理成长、人格发展、智力、社会化及家庭、婚姻生活事件等进行全面评估,然后进行相应介入服务。

心理咨询师是家庭社会工作实务项目中重要的专业人才。

(四) 志愿者

志愿者作为专业服务力量的补充,其是否具备专业背景也直接影响着整个家庭社会工作项目团队的服务质量。应倡导更多专业人士加入志愿者队伍,并使他们成为家庭社会工作项目团队坚强的后盾。从事家庭社会工作的志愿者应有在婚姻家庭领域从事志愿服务的积极性,具备婚姻家庭调解、两性关系处理、亲子关系处理等相关工作经验和技巧。具有心理咨询师资质、婚姻家庭咨询师资质、社会工作者资质,以及有相关专业背景的高校学生和教师等优先考虑。

(五) 督导员

社会工作督导是快速提升专业能力的一种方法,是由组织内资深的社会工作者,对新进入组织的工作人员、一线初级工作人员、实习学生及志愿者,通过一定的程序进行持续的监督、指导,传授专业服务的知识和技术,以增进其专业服务技能,促进其成长并确保其服务质量的活动。督导工作可以在一个小组中进行,也可以以一对一的形式进行。家庭社会工作督导员应具备婚姻家庭相关领域的从业经验:督导员助理以具备半年及以上婚姻家庭相关领域的工作经验为宜,初级督导员以具备两年及以上相关领域工作经验为宜。

在这个复合型的团队中,督导将起到专业引领与服务统筹管理的作用。社会工作者、婚姻家庭咨询师、心理咨询师三者应取长补短。条件允许的情况下,服务团队中如果三者均有当然是最佳的搭配;如果条件不允许,则至少应有其中的一者,这样才能保证服务团队的专业性。在此基础上,辅之以志愿者的服务与奉献,团队就既具备了专业性,又具备了广泛的社会资源。

四、家庭社会工作项目团队的管理

(一) 人力资源管理

家庭社会工作的人力资源是所有与家庭社会工作相关的人的能力的总和。家庭社会工作的人力资源管理是指根据家庭社会工作项目的目标、活动进展情况和外部环境的变化，采用科学的方法，对家庭社会工作项目团队成员的思想、心理和行为进行有效的管理，充分发挥他们的主观能动性的活动。

1. 项目实施者的聘用

聘用项目实施者应征得项目实施组织负责人、项目督导、合作单位和投资方的同意。所聘人员应具备家庭社会工作相关工作经验，应有认证资格，符合条件的人员顺利通过试用期考核方可得到聘用。

2. 项目实施者的培养

对项目实施者的培养主要可通过岗前培训、定期专业培训、每月专业督导等形式进行，应保证项目实施者每月可接受至少一次个人督导和一次针对项目团队的小组督导，有必要时，可针对服务对象的需求组织个案督导。

岗前培训示例：

"新员工成长训练营"

目标：促使新员工了解组织的各项规章制度，了解从事家庭社会工作的基本方法，促进成员之间相互熟悉。

内容设计：

● 主要负责人见面会，讲解组织的规章制度并进行有奖知识问答。

● 请项目督导或家庭社会工作领域资深的服务提供者进行经验分享和具体工作方法指导。

● 帮助团队成员进行分工，明确工作职责，选出组长和信息专员。

3. 对项目实施者的激励

对项目实施者的激励是指通过各种有效手段，对项目实施者的各种需要予以不同程度的满足或者限制，以激发其需要、动机、欲望，从而使项目实施者形成某一特定目标并在追求这一目标的过程中保持高昂的情绪和持续的积极状态，充分发挥潜力，全力达到预期目标的过程。在制定和实施家庭社会工作项目实施者激励政策时须注意遵守以下几个原则，以不断提高激励机制的效果。

(1) 目标设置原则。

在激励机制中，设置目标是一个关键环节。设置的目标最好能同时体现组织的目标和项目实施者的个人目标。例如，从事婚姻家庭服务的某团队成员期待通过服务提升自己的沟通能力，而婚姻家庭服务正需要服务团队成员可以更好地与服务对象沟通，因此，可以鼓励该团队成员去负责建档和家访等工作，让他的个人期待与项目的目标完美结合，这有助于团队成员更好地完成工作。

（2）激励方式选择原则。

在对项目实施者进行激励时，要坚持物质激励和精神激励相结合的原则。一般情况下，物质激励是基础，精神激励是根本。在两者结合的基础上，可逐步过渡到以精神激励为主。通常情况下，物质激励终将转化为精神激励。例如，在婚姻家庭服务中，适当地为超额完成工作任务的团队成员发一些奖金或奖品可以激励其努力工作。"婚姻家庭服务优秀社会工作者""婚姻家庭服务优秀工作者""婚姻家庭服务优秀案例"等荣誉，则属于精神奖励，这些可以提升团队成员的服务积极性，使其获得被认可感和自豪感。这样的奖励方式相比物质奖励有着更多的优势。

（3）激励内化原则。

外激励措施只有转化为被激励者的自觉意愿，才能取得激励效果。在家庭社会工作项目团队中，管理者应该通过适当的激励引导团队成员形成自觉服务的意识，主动把自己作为社会工作项目团队的一员，提升主人翁意识，并积极主动地为达成项目目标而努力。使团队成员变被动为主动，这也是保证激励效果得到提升的关键。在实际工作中，管理人员可以通过丰富多彩的团队建设活动增强团队成员的归属感，也可以通过制定职业生涯规划的方式，将家庭社会工作项目的开展与团队成员自身的职业生涯规划结合起来，以达到变被动为自觉的目的。

（4）合理性原则。

激励的合理性原则包括两层含义。第一，激励的措施要适度，要根据目标本身的价值大小确定适当的激励量。第二，奖惩要公平。在家庭社会工作过程中，要考虑团队中成员的特点与优势，充分考虑其服务质与量的标准。制定激励机制时要注意：既有一定的挑战性，经过努力又能达到目标的程度才是最佳的。

（5）明确性原则。

激励的明确性原则包括三层含义。第一，明确，要让团队成员明白需要做什么和必须怎么做。第二，公开，激励要公开、透明，特别是在分配奖金等大量员工关注的问题上，公开更为重要。第三，直观，实施物质奖励和精神奖励时都需要直观地表达它们的指标，要明确奖励的方式。激励的直观性与激励影响的心理效应成正比。例如，一个月内每个团队成员应该完成一个婚姻辅导个案的四次跟进，开展两次新婚辅导小组服务，举办一场以正确婚恋观宣传为主题的社区活动。若保质保量完成任务，并如期将服务档案归档，则可获得300元的绩效奖励。这个表述就非常明确地告诉团队成员他们要完成的任务内容及完成后具体能得到怎样的绩效奖励。

（6）时效性原则。

坚持时效性原则就是要把握激励的时机，"雪中送炭"和"雨后送伞"的效果是不一样的。激励越及时，越有利于将团队成员的激情推向高潮，越能使其创造力连续有效地发挥出来。以上文中的300元绩效奖励为例,若能在当月工资中立刻体现,则激励的效果更佳,这能使团队成员及时地肯定自己的工作价值,同时也会提升团队成员对管理者及所在组织的信任和工作的信心。

(7) 正激励与负激励相结合的原则。

当家庭社会工作团队成员出现违背组织目的非期望行为时,对其进行适当的处罚也是必要的。正负激励都是必要而有效的,这不仅作用于当事人,而且会间接地影响周围的人。例如,家庭社会工作团队规定团队成员不可以私自接受服务对象的礼金或礼物,而小张却违反了规定,那么小张就要受到相应的处罚。同样,如果团队成员经常迟到或早退,也会造成不良影响。对此,管理人员可以结合实际情况设置全勤奖作为正向激励,同时也可以设置迟到及缺勤处罚办法作为负激励。正激励与负激励相结合能达到更好地规范团队成员行为的目的。

(8) 按需激励原则。

激励的起点是满足家庭社会工作团队成员的需要,但是需要是因人而异、因时而异的,并且只有满足最迫切的需要(主导需要),激励强度才最大。因此,管理者应深入地调查研究,不断了解团队成员需要层次和需要结构的变化,有针对性地采取激励措施,才能收到实效。

4. 服务团队的维护

团队是指一种为了实现某一目标而由相互协作的个体所组成的正式群体,是由员工和管理层组成的一个共同体。它合理利用每一个成员的知识和技能协同工作、解决问题,达到共同的目标。团队建设是在管理中有计划、有目的地组织团队,并对团队成员进行训练、总结、提高的活动。家庭社会工作项目团队应定期举行团队建设活动(如户外拓展训练、新员工成长小组等),以促进团队成员之间的交流,增进团队成员之间的感情,进而使团队能更好地开展工作、完成目标。

(二) 沟通管理

沟通管理是组织的生命线。管理的过程,也就是沟通的过程。通过沟通管理了解项目的需求,整合各种资源,为服务对象提供更好的服务,组织才能为社会创造价值。

1. 保持信息畅通

要保持项目团队成员之间以及项目团队成员与各个项目相关组织机构之间的信息畅通,以保证服务的质量和持续性。例如,团队一般应设立每周定期例会制度,可以于每周一上午或者每周五下午抽两个小时左右的时间来总结上(本)周工作成效,共同商议本(下)周工作计划。

2. 定期归档

在家庭社会工作项目团队中,一般每月应归档当月的服务资料,每半年应进行一次归档检查。每月应归档的资料包括本月工作记录表、下月工作计划表、本月服务量统计及总结，以及潜在服务对象档案、个案套表、小组套表、社区活动套表等服务套表。团队应指定专人列出归档信息表，用于记录每个团队成员应完成归档的类别及数量，同时及时督促服务提供者归档，每半年组织团队成员进行归档自查和归档互查，以保证归档工作的有效性。

3. 专员负责

在家庭社会工作项目团队中，一般应指定信息专员，确保项目相关方对项目进度与成效达到一定的知晓度。信息专员主要负责汇总项目服务信息并督促其他团队成员将服务信息加工整理成简报或报表，然后每月报送相关方，特别是投资方和项目实施地点的相关主管机关，方便其了解和监督项目进展与成效，避免因沟通不畅而造成的误会。同时，信息专员也要负责项目新闻及相关资讯的发布与宣传工作，以保证服务对象及社会公众对项目信息的知晓度，提升项目的社会影响力。

五、家庭社会工作项目的风险管理

任何项目都是存在风险的。对于家庭社会工作这种服务类的项目，更要注意规避可能存在的风险。家庭社会工作项目的风险管理就是对家庭社会工作项目中有可能存在的风险进行识别、分析、应对和监控的过程。

（一）关注服务对象的身心变化

服务对象的身心状况不仅决定着服务对象自身的健康与否，也将直接反映和影响服务效果。关注服务对象身心变化是对服务对象负责，也是对工作负责的严谨态度。以某位社会工作者的"金婚回顾"小组为例，在一次活动中，张奶奶在按照社会工作者的要求回忆恋爱往事时，因心情过于激动而大笑不止，导致喘息局促，差点致命。这个例子说明，在为服务对象提供服务时，事先了解服务对象的身心状况至关重要。这要求社会工作者做到如下两点。

1. 关注服务对象的情绪变化，适时做出相应回应

情绪是对一系列主观认知经验的通称，是多种感觉、思想和行为综合产生的心理和生理状态。常见的情绪有喜、怒、哀、惊、恐、爱等，此外，人们日常也会有一些细腻微妙的情绪，如嫉妒、惭愧、羞耻、自豪等。情绪常和心情、性格、脾气、目的等因素互相作用，也受到荷尔蒙和神经递质的影响。无论是正面情绪还是负面情绪，都可能引发人们的行动。因此，在为服务对象提供服务时，应随时关注其情绪变化，并适时做出相应的回应。这一方面可以增强沟通效果，另一方面也可以及时发现问题，并及时做出有效的调整或补救。

2. 关注服务对象的身体状况，适时采取急救措施

社会工作者在为服务对象提供服务时，如果发现服务对象身体不适，应及时调整服务

时间与服务方式，必要时可提醒服务对象进行就医甚至帮助服务对象拨打急救电话，以维护服务对象的生命安全，同时也避免不必要的纠纷。

（二）关注项目资金的潜在风险

1. 资金来源风险

项目的资金来源是否稳定直接决定着项目能否顺利进行，因此，寻找稳定的资金来源至关重要。目前，家庭社会工作项目的资金主要来自政府、基金会、企业捐赠，少部分来自机构自筹。

为保证项目顺利实施，服务团队在选取资金来源时应十分慎重，要关注出资方对项目的认同度，以及出资方的社会声誉、既往合作经验等，经过综合考量再决定是否将其作为项目可靠而稳定的资金来源。一旦决定合作，应与出资方签订相关协议，以法律手段保护双方权益。

2. 资金运行风险

目前，家庭社会工作项目中常见的资金运行方面主要存在资金延迟拨付和出资方中途毁约撤资等风险。服务经费的筹集需要花费时间，审批与分层级的拨付也需要花费时间，这是导致资金延迟的主要原因。由于政策有变、领导更替、组织内部变迁等种种原因，出资方可能会主动或者被动毁约，这都有可能造成项目资金中断。若项目已经开始实施而资金一直不能到位，或者项目在实施过程中面临突如其来的撤资，这些都不利于项目的开展，也不利于服务团队的维护。不得已时服务团队若进行大额服务资费垫付或贷款，可能会导致服务团队陷入困境甚至负债注销。

预算管理过程中实现信息化，是时代发展背景下的一个全新要求。社会组织开展各种业务、传递各种信息，以及组织各种活动，都应努力实现信息化。首先，应对组织的预算管理信息系统进行完善，确保各类项目的全程管理都能实行信息化办公，促进各种信息技术的应用，消除人工操作中可能出现的错误。其次，要实现财务部门、资产部门、业务部门的信息共享，使得预算管理人员能够方便快捷地获得各方面的必要信息，从而提高预算管理的准确性和科学性。实现各部门的信息化管理也有利于除财务部门外的其他部门参与到预算控制过程中来，有利于对项目预算进行全方位的综合管理。

此外，由于现今各类社会组织不断涌现，项目竞争也变得日益激烈，有些出资方在考量项目时遵循以往工程投标的思路，提出"价低者得"的竞争标准。这可能导致有些社会组织为了取得项目，在没有仔细考虑项目运行成本的情况下压低自己的报价，从而为项目后续运行埋下隐患。

"价低者得"的投标思路并不适合家庭社会工作项目的长远发展，为了保证服务效果，提升服务质量，出资方应该规范竞标流程，对项目服务内容和资金比例进行合理的规划和控制，从而使得优秀的项目实施团队可以获得充裕的资金去实施项目。

(三) 关注项目团队的稳定性

项目团队人员是否能够长期稳定地开展服务，对家庭社会工作来说是很重要的问题，因此在组建团队时需要认真地筛选和考量。

1. 影响团队稳定的不利因素

(1) 团队负责人的离开将会造成项目实施思路的中断，从而使服务的延续性受到影响。

(2) 团队成员的离职将会造成项目实施人手的不足，从而无法保证项目的顺利实施或达不到项目预估的成效。

(3) 团队成员的频繁更换将使团队的凝聚力降低，成员间的磨合时间将会增加，从而导致团队服务效率下降。

2. 规避方法

(1) 营造良好的工作环境，制定合理的薪资政策。

舒适的工作环境会提升团队成员的归属感、幸福感和工作效率，因此，可以适当布置舒适的办公环境，如提供公共茶水间、休息区，摆放绿植等。这一方面提升了团队成员的工作舒适度，另一方面也可以提升服务对象对服务团队的良好印象，使他们更愿意前来求助。

合理的薪资是团队成员工作的主要动力之一，因此，要制定合理的薪资政策，做到奖罚分明，这有利于激发团队成员更充足的干劲儿。

(2) 认真筛选团队成员。

在团队成员的选择上，一是要考虑成员自身的专业素质，二是要考虑成员对家庭社会工作项目的兴趣度。此外，在筛选过程中还要反复与每一位成员进行确认，切不可为解一时之急盲目选择团队成员。

(3) 建立合理的督导机制。

合理有效的督导机制是提升团队成员专业能力、处理团队成员负面情绪的有效机制。一般情况下，在项目开展之初就应建立有效的督导机制，以确保每一位团队成员在有需求时得到及时的处理与帮助。

(4) 其他方法。

此外，可以定期进行团队建设，增进团队成员之间的感情。团队成员离职后，应妥善处理其他团队成员的情绪，并安排好工作交接，保证团队的稳定和工作的持续有效开展。为保证团队成员在项目周期内完成工作，也可以采取适当的激励机制。

六、家庭社会工作项目的经费预算与管理

(一) 项目经费预算

1. 项目经费预算的意义

项目经费预算是指在项目实施前,根据项目的预设情况对经费的使用情况进行预设和管理的工作。项目经费预算是提高项目经费使用效益的有效途径,是项目实施的有利依据。因此,加强项目经费预算是项目经费管理的基础。

2. 项目经费预算的内容

首先,明确预算主体。项目负责人应根据项目实际任务需要编写预算表格,并邀请财务人员和主管人员共同把关审核预算书。

其次,明确预算内容。一般情况下,项目经费由直接费用和间接费用构成。直接费用是指在项目实施过程中产生的相关费用,主要包括活动物资费,培训费,差旅费,会议费,劳务费,督导费,场地租用费,日常水、电、气等费用等。间接费用是指项目实施过程中除直接费用以外的费用,主要包括管理费、税费、项目申报前期的调研费等。此外,几乎所有社会工作项目的经费又都可以分为活动物资费用、人员费用、管理费用和税费这几大板块。

3. 经费预算的原则

首先,应当遵守国家相关规定。经费预算中,主要应遵循当地财政、民政等部门的相关行政法规。

其次,要坚持预算的合理性和科学性,即在进行经费预算时,应根据项目实施、项目任务等情况进行详细预算,并预测相关风险。

最后,要提前制定经费管理制度,明确经费使用和报销制度,提前制定项目经费使用管理流程。

(二) 项目经费管理

1. 项目经费使用原则

(1) 坚持预算管理,资金使用应与项目申报预算一致。

所有的社会工作服务项目在申报时都需要提交项目专项资金使用明细预算。项目资金审批下达后,项目资金使用应与项目申报预算一致。确需调整的,在合法合理的情况下,可以经由项目出资人批准,进行适当微调。

(2) 按照特定比例原则进行拨付。

社会工作服务项目的经费通常会集中拨付至实施项目的社会组织的账户。在拨付过程

中，往往坚持特定的比例并按照时间进度分批拨付。

例如，广州采取4∶4∶2的方式支付，即项目初期拨付40%的经费，项目经过中期评估后再拨付40%的经费，最后的20%则在结题验收后拨付。也有一些地方按照3∶1的比例拨付项目经费。如果服务项目评估结果为不合格，也可能面临被取消后续经费的情况。

(3) 坚持专款专用，不得出现挪用或滥用项目经费的情况。

社会工作服务项目专项资金必须坚持专款专用原则，不得挪用或滥用，一般由项目负责人及项目团队根据项目进展需要申请使用，不得用于与项目开展无关的事项，也不得由项目团队以外的人支出使用。

(4) 坚持专账核算。

社会工作服务项目专项资金在财务核算上应实行专账核算，即按照资金来源、资金支出分别设立专项明细账，准确核算，明确记录每笔经济业务的发生。

2. 项目经费使用范围

(1) 业务活动费用。

这是指为了实现项目目标而开展项目活动或提供项目服务所发生的费用，主要包括人员劳务成本和项目活动经费。

① 人员劳务成本。这是指邀请专家、督导、社会工作者等人员进行项目支持所支出的劳务费用，以及招募社会志愿者参与项目所支出的补贴。

② 项目活动经费。这是指开展项目活动的各项费用，包括场租费、交通费、宣传费、活动耗材费等。

(2) 项目管理费用。

这是指在实施项目过程中发生的管理费用，包括管理人员工资和办公用品费等。

(3) 税费。

这是指按照国家相关规定应该缴纳的相关税务费用。

(4) 其他费用。

这是指无法归属到上述业务活动费和项目管理费中的费用。

社会工作服务项目专项经费原则上不得用于购买固定资产，不可直接给服务对象发放补贴。

3. 建立项目经费使用票据管理制度

(1) 原始票据列支。

原始票据的内容包括项目名称、单位名称、内容、数量、单价和金额等要素。原始票据的列支应当由经办人、证明人、批准人等签名。

(2) 购物清单明细。

购买物品要附购物清单明细。物品购买列支时，要注明其在项目具体活动中的用途，并由经办人、验收人、批准人在列支的审批手续中签名。

(3) 人员劳务成本。

人员劳务成本的发放要制表造册，并由领取人、经办人和审核人签名，领取人必须进行实名签字。列支时要附费用发放依据，如专家或教师培训（上课）考勤登记表、志愿者服务记录单、服务对象回馈记录单、主题活动举办小结记录等。

(4) 重要或较大项目列支。

举办活动租用场地和购买演出服等重要或较大业务活动费支出，事先应签订协议或合同，列支时要附协议或合同。

4. 建立项目经费报表制度

(1) 编制项目经费收支决算表。

项目经费收支决算表应在项目全部完成的当月上报。

(2) 编制项目经费收支报表。

项目经费收支报表可以在项目实施的每季度末上报，也可以在每月末上报至承办活动的第三方组织。

5. 规范项目经费使用

在项目实施过程中，应严格按照批准的项目申报书（项目合同）和项目预算执行，一般不得随意变更或者终止项目预算。

(1) 项目预算发生变化的处理。

项目在实施过程中，因计划不周或物价波动等原因，致使项目内容发生变化，必须进行项目预算调整的，应及时提出书面申请，并按照批复意见进行调整。擅自调整项目预算内容的，将被视情况责令整改，问题严重者可能会被停拨或收回资金。

(2) 不能如期履行项目合同的处理。

因不可抗力等原因，无法继续履行合同约定的，应及时提出书面申请，经核实后，未履行合同的项目资金一般按原出资渠道全额收回。未经审批同意，不得擅自转让服务项目。

(3) 项目结案时经费有结余的处理。

社会工作服务项目专项资金原则上应收支平衡。项目结案时，配套的各种资金如有结余，资金拨付单位将按原出资渠道予以收回。

(三) 项目经费风险预估与应对

很多社会工作服务项目在运行过程中，都需要建立一套经费管理风险评估机制。下面按照经费管理流程，梳理、分析潜在风险，以期对经费的风险防控起到一定的作用。

1. 项目经费的风险预估

（1）项目申报阶段。

该阶段可能出现预算编制缺失、不准确、不全面等问题。预算编制不准确、不全面会带来超预算、非预算支出、过度临时采购等风险，或者是出现预算编制和预算执行相互脱节的情况。因此，在项目申报阶段要认真全面地编制经费预算，有效的经费预算是经费支出的依据。

在家庭社会工作服务开展过程中，如果在项目申报阶段能够对项目实施期间的服务内容及服务次数、规模等进行详尽的安排或测算，一般情况下不会出现大的预算调整。在可控范围的经费调整是允许的，但是不可随意调整，需要履行相应的评审/审批手续，做到过程可控。

（2）项目实施阶段。

在项目实施过程中，设备采购费、活动物资费、差旅费、会议费、办公费等都可能面临各种风险因素。例如，在设备采购和活动物资费用方面，可能的风险因素有：采购人员在采购时没有足够的经验，采购物资存在价高质劣的情况，或者活动物资受到物价或区域差价的影响。差旅费、会议费、办公费等也存在超额或者超标准报销、超范围报销、虚假报销等风险。此外，除了社会组织本身可能面临的经费风险以外，在项目实施阶段还可能存在资助方突然撤资或者拖延拨付经费的风险。为了规避这种风险，社会组织在服务实施过程中需要与资助方保持密切联系，以便了解和掌握资助方的财务状况和发展方向。一旦发现资助方存在自身经费运行困境或资助方的决策层突然进行了人员更替时，社会组织就要保持警惕，最好提前做好应对预案。

（3）项目结束阶段。

在项目结束阶段，项目经费可能存在的风险主要有：违规使用项目结余经费；将结余经费作为提成、奖金、福利等；列支与本项目无关的其他费用；项目成果管理缺失，造成项目资产流失；等等。

2. 项目经费风险应对策略

（1）做好预算编制，强化事前控制。

科学合理地编制预算是保证预算被有效执行的基础。因此，应不断提高预算编制的科学性、有效性和准确性。具体应做到以下几点。

① 按照当年预算支出的原则，结合本机构发展的规划和目标，科学合理地编制预算。

② 全面提高预算编制质量，进一步细化预算编制，提前做好预算执行前期相关准备工作。

③ 根据专款专用、专项经费专人负责、专人预算的原则，合理编制预算执行计划，

并将具体编制责任落实到项目组。

④ 机构主管或者高层应该在项目执行过程中监督检查预算执行情况，提高预算执行的管理水平。

⑤ 由主管领导牵头，项目执行部门配合，分析解决预算执行中存在的问题，推进预算顺利执行。

⑥ 修订完善项目物资采购管理制度，明确采购及物资管理流程。

（2）做好预算编制应遵循的原则。

做好预算编制工作对于保障项目的顺利实施起着重要的事前管控作用。预算编制工作非常重要，涉及财务、项目管理和人力资源等多个部门，在编制过程中要遵循目标相关性、政策相符性和经济合理性三大原则。

① 目标相关性原则是指预算的内容应该紧紧围绕项目要实现的总体目标，不能偏离目标，不能安排和项目目标不相关或者关系不紧密的内容。

② 政策相符性原则是指预算编制要符合国家的财政政策、财务制度、采购制度、环境保护制度等。

③ 经济合理性原则是指购买物资的品种、价格、会议的规模、次数、应聘人员的数量、报酬等都应该在合理范围内。

七、家庭社会工作项目的产出与评估

（一）项目产出

1. 项目产出指标

项目产出指标是指项目在实施过程中直接服务所需要达成的工作结果。目前，家庭社会工作实务中常用的项目产出指标多是量化指标，主要包括以下几个方面。

（1）个案家庭数量。

这里的个案可以是辅导个案，也可以是咨询个案。其中，辅导个案可以分为短期辅导个案和长期辅导个案。短期辅导个案一般不超过8次，长期辅导个案需要长期跟进，一般需要超过8次。

（2）小组数量。

小组可以分为治疗小组、教育性小组、发展性小组等。每个小组的活动一般不得少于6次，每次活动的参加人数一般不得少于6人。

（3）社区数量。

以针对社区融合、社区氛围营造等为主的社区服务，可以通过社区活动、讲座、沙龙等具体活动形式开展，每次社区活动不少于30人参与。

2. 成效指标

成效指标一般是指在项目评估过程中，用以考察项目运行管理的最终影响（如服务满意度、机构运作情况等）的指标。成效指标主要包含三个方面的内容。

（1）社会组织的自身建设成效，包括基础设施、人力资源管理等。

（2）对社会工作者的评估，包括社会工作者的配置及资历、用人单位对社会工作者的满意度等。

（3）对社会工作服务的评估，包括服务使用者满意度、服务的成效等。其中，服务使用者满意度可通过活动后进行满意度调查获得，此外，家庭社会工作一般每年都会进行服务使用者意见调查，寻求服务使用者的意见并做出成效评估。

（4）项目对所在社区的影响，包括所在社区的资源链接情况、对社区居民的影响等。

（二）项目评估

1. 组建评估专家团队

组建评估专家团队时要考虑所选评估专家是否能坚持价值客观中立，是否具有较强的专业性和可信度等。价值客观中立是指评估专家不能与受评估方有利益关系，在机构兼职的督导和顾问都要排除。从专业性与可信度方面考虑，可以选择同时具备实务经验和理论素养的高校教师、离开了服务机构的社会工作资深人员。此外，评估专家团队还应该包括具有会计资历且有不少于两年会计工作经验的会计人员。

2. 评估的方式

家庭社会工作项目的评估包括过程评估和成效评估两种方式。

（1）过程评估。

过程评估一般对运营过程中机构管理制度是否健全，人员架构是否符合要求，服务的需求评估和方案设计是否合理，服务运转是否顺畅，以及财务制度是否完善等进行评估。

（2）成效评估。

成效评估是服务项目结束之后对服务结果的评估，可以分为效果（效益）评估和效率评估。效果（效益）评估是对社会服务所达效果的评估，主要用来考察社会工作在帮助服务对象方面所产生的作用。效率评估是对社会工作投入与效果之间关系的评估，旨在了解和确定社会服务资源的使用效率。任何一项社会工作都要进行结果评估，这不但是社会工作者与服务对象共同确认服务成效的方式，是社会组织向政府、社会、支持者进行交代的方式，也是社会工作者总结反思自己工作的基本方式。

3. 评估方法

（1）逻辑框架法。

所谓逻辑框架法，是指根据事物的因果逻辑关系，用一张框架图列出项目内部各部分及其关系,以便清晰地分析一个复杂项目的内涵和内部各部分之间关系的评估方法(示例如图8-1所示)。

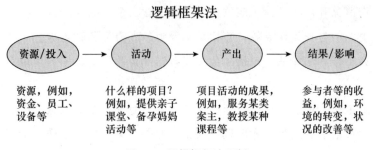

图 8-1 逻辑框架法示例

(2) 资料分析法。

资料分析法是指对项目的相关材料进行分析与总结,从而进行项目评价的一种评估方法。项目的相关材料主要包括项目计划(如项目标书、项目服务方案)、项目服务档案(如服务记录)、项目人员档案、项目财务信息(如项目预算、决算表)、与项目相关的各类管理档案(如项目行政管理、专业规范性管理、项目进度管理、服务质量控制、风险管理)等。

(3) 观察法。

观察法是指通过对项目的日常服务和活动过程进行观察来对项目进行评估的一种评估方法。观察的内容一般包括:服务环境、服务内容、服务方法、服务的专业性、服务人员与服务对象的互动情况等。对于已经结束的服务项目,评估人员可通过观察社会组织在与评估项目相似的日常服务和活动中的表现,从侧面了解项目的服务过程。

(4) 问卷法。

问卷法是指依据项目总体目标和服务对象的实际情况,科学设计调查问卷及抽样样本,了解服务对象满意度和项目服务成效等信息的一种评估方法。采用这种评估方法时,一般在问卷调查结束后,要对问卷回收情况、问卷填写完整性和内容真实性进行复核,然后再进行分析和评估。

(5) 访谈法。

访谈法是指通过与项目相关各方进行访谈的方式对项目进行评价的一种评估方法。与项目的服务对象及开展项目服务的相关人员,可以就服务满意率、服务成效以及对项目服务的具体意见进行访谈;与执行方的负责人可以就在项目运作过程中,有关项目监管、资源整合方面所采取的措施,运作该项目给社会组织带来的影响以及项目运作过程中遇到的困难等进行访谈;与项目负责人和工作人员可以就项目的实际运作情况,包括项目体现社会工作专业价值观、理论和方法的情况,项目完成情况,项目资金使用情况,项目管理制度及落实情况等进行访谈。

任务二　学习常规家庭社会工作实务案例

任务体验

进入某个社会组织，了解该社会组织备案的家庭社会工作实务案例，区分家庭社会工作实务中常规家庭社会工作方法和治疗性家庭社会工作方法。

任务分享

向指导教师和同学分享自己在社会组织参与的常规家庭社会工作。

任务总结

梳理常规家庭社会工作的工作方法，并按照所在社会组织的要求记录实务过程，对照理论总结经验。

知识介绍

家庭社会工作是以家庭为本，社会工作者秉承"助人自助"的服务理念，通过个案、小组和社区工作方法，协助家庭发掘自身及社会资源，增进家庭功能，改善家庭关系，解决家庭困难，促进家庭正常运转及发展的社会福利与服务。

在家庭社会工作中，有常规家庭社会工作和治疗性家庭社会工作。常规家庭社会工作主要是针对家庭整体面临阻碍其正常发展的问题而展开的介入，在工作中，社会工作者将家庭系统理论、生命周期理论、冲突理论和沟通理论等运用于服务中，结合社会工作方法，促进家庭恢复正常的运转。这里主要列举了低保特困家庭照顾和再婚家庭关于房子归属的诉讼纠纷这两个案例，这两个案例均体现了社会工作服务的专业性和持续性。在整个服务过程中，社会工作者遵循家庭整体视角的介入原则，致力于协助案主及其家庭整合自身及社会资源，并向案主及其家庭提供物质、法律和心理等方面的支持，从而增强家庭整体功能，使家庭整体恢复正常运转。

案例一：低保特困家庭照顾

一、案主阿芳的家庭故事

案主阿芳（化名），71岁，其家庭为某社区的低保家庭。案主患有高血压、糖尿病，长期吃药。案主育有一儿一女，均未婚。案主的儿子今年45岁，2006年由于脑部意外受伤，为治病花光家中所有积蓄，但是还是没有完全医好，最后留下后遗症——身体半边瘫痪，生活无法自理，长期卧床，需要案主来照顾其日常生活。案主的女儿今年43岁，刚出生时被查出患有先天性智力障碍，当时家庭生活比较窘迫，无钱医治，未能及时进行康复治疗，导致生活无法自理。现在案主的女儿经常大喊大叫、手脚挥舞，常常引起周围人的嘲笑和议论。每每这时，案主都是赶紧把女儿带回家，害怕再听到议论。在家时，案主常常为此事偷偷抹眼泪。

案主的老伴已过世多年，家里诸事均由案主操持，目前案主和子女都居住在以前单位所分的福利房，房子楼龄较长，光线暗，一般白天也需要开灯照明。该家庭的经济来源主要是案主微薄的退休金和子女的低保金，这些勉强可以满足一家人的基本生活。案主比较内向，平时不愿意主动麻烦别人，有心事也很少对外人说，害怕被别人议论。案主平时的生活比较单一，社交圈子比较窄，其个人关系如图8-2所示。

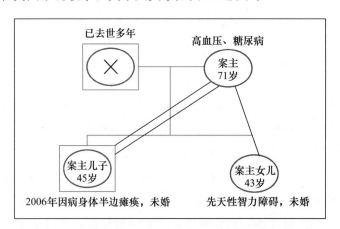

图 8-2 案主阿芳的个人关系图

社会工作者初次接触案主是2018年12月。当时见面时社会工作者分析案主可能睡眠不足，因为她一脸疲惫，眼角充满血丝。在与案主的交谈中社会工作者了解到，案主的儿子因不愿意让案主替他修剪头发和胡须大喊大叫，案主为此很苦闷，伴随着严重的负面情绪。在后期一年多的个案服务中，社会工作者为案主联系到上门义剪资源为案主儿子理发，同时，社会工作者还多次引导案主舒缓情绪压力。与介入前相比，现在案主愿意主动表达自己的情绪，也学会了使用数颜色和听音乐等方法转移注意力，以此来释放情绪。

同时，案主获得了周围人们的持续支持与关注。与介入前相比，案主现在与周边的邻里熟识多了，经常与他们在一起聊天；同时，案主参与社会交往的主动性也增强了，案主有时还会参加老同学聚会，笑的次数增多，向他人倾诉的愿望增强了。后来案主还主动申请加入志愿者队伍，用自己的行动体现自身的价值。这种状态持续到2020年3月底，之后一场突如其来的疾病打破了案主良性运行的生活秩序。

事发那天的早晨，案主和往常一样去买菜，但是不知怎么的，她突然眼前一黑，晕倒在路旁。还好社区志愿者及时发现，并上报社区，及时将其送往附近的医院就诊，诊断显示高烧，核酸检测后排除了新冠肺炎的可能。医生进行进一步检查后，告知案主患有严重的肝脏类疾病，有可能是晚期，不能再拖了，需要住院治疗。

案主听到这个消息后，犹如受到当头一棒，如果自己住院治疗，那两个孩子怎么办？他们怎么吃饭？怎么生活？一连串的问题将案主带入无限的焦虑与不安之中。

二、案主阿芳的家庭需求评估

案主阿芳的家庭需求评估如表8-1所示。

表8-1 案主阿芳的家庭需求评估

需求（问题）	需求（问题）原因分析
家庭结构单一，案主面临着自己健康维护和子女生活照料的需求	在案主丈夫去世后，家里主要依靠案主的退休金和子女的低保金维持基本生活。2006年案主儿子因病身体半边瘫痪后，家里大大小小的事情均落在案主一个人肩上。久而久之，案主已经习惯了自己主动为家人付出，希望把自己两个孩子的生活照顾好，逐渐忽视了对自己的照顾。2020年3月案主突发疾病后，其生活再一次陷入困境：一边是自己的疾病治疗，一边是对孩子日常生活的照顾。在以往长期的家庭生活中，案主一直是给予和付出的状态，更一种观念：自己照顾孩子习惯了，离开自己孩子会不适应
有舒缓情绪压力的需求	案主是此次突发疾病的受害者，对此她无能为力，深感疾病的严重、不可控制，经常有不好的预测和担忧。案主是两个孩子唯一的监护人和照顾者，如果自己去医院治疗，那么住院这段时间，子女的生活将无人照顾。如果自己不去医院治疗，存在病情恶化甚至危及生命的隐患，案主陷入两难的选择。面对突发的状况，案主一时间没了主意，感到无比的焦虑和失望，心理处于失衡的状态，有时甚至念叨着："不管他们，死了算了。"案主虽然嘴上这样说，但是心里还是比较着急，毕竟子女都是母亲的心头肉，不管怎样也不能不管他们。只是自己突然生了严重的疾病，加上自己势单力薄，眼前的一切显得凌乱无比。案主承受着疾病与心理的煎熬，经常失眠
家庭关系紧密，支持系统薄弱，有增强生活支持网络的需求	通过之前的家庭社会工作服务，案主虽然与邻里建立了良好的互动支持关系，但是在当下患病的情况下，案主身边缺乏亲人的支持，无人能分担案主的担忧。加上案主家庭关系较紧密，除了案主，其他人给吃的，两个孩子均不吃。这主要是因为案主平时在照顾孩子的过程中，为保护孩子安全经常教导两个孩子"不准吃其他人给的食物"。并且案主对于家里亲戚一概未提。在这次生病之前，案主也一直未曾向社会工作者提到过自己妹妹一家，在社会工作者的再三询问下，案主才说起自己有个妹妹，但自从退休后，一直未曾联系。此次需要协助案主渡过难关，家人的支持是非常重要的。但是在与案主妹妹沟通时，她以年龄大、没文化等理由推辞，不愿帮助案主

三、介入计划及效果评估方法

(一) 介入计划

优势视角认为人是可以改变的,每个人都有自身特长和内在品质,拥有独特的资源以及与资源建立联系的方式,拥有克服困难的能力,即便是处在严重困境中的个体,也具有他们自己从来不知道的与生俱来的潜在优势。基于社会工作"助人自助"的服务理念,在助人过程中,社会工作关注的焦点应该是案主以及其所在环境中的优势资源,在服务中应协助案主发掘自己身上的闪光点和周边的优势资源,引导案主走出情绪困扰,帮助案主提升应对问题和解决问题的能力。

社会支持理论认为个人问题的产生并不只是个人之过,与周边环境也有关系,个人可通过运用周边社会支持资源来改善困难的生活状况。在此过程中,社会工作者通过链接案主周边的社会资源,可为案主恢复正常功能提供相应的支持。

目前案主有一个妹妹在沙坪坝,可以动员其加入到案主家庭照顾中来,增强案主家庭的社会支持。同时,案主与社区联系比较紧密,社区也可以提供一定的支持。因此,从社会支持理论的角度看,案主的妹妹和案主所在的社区均可以为案主提供支持。但是,案主个性比较强,不愿意过多地麻烦别人,一直以来都是自己亲自照顾两个孩子,这一方面是对别人不放心,另一方面是不想给别人增加负担。为帮助案主及时得到治疗,舒缓心理压力,本次介入社会工作者主要以案主自身、案主的子女、案主妹妹和案主所在社区为切入点,协助案主转化危机,恢复正常的生活秩序。具体介入内容:一是帮助案主梳理目前的主要问题和需求,给予案主情感支持,帮助案主舒缓心理压力;二是引导案主正视疾病,积极配合治疗;三是协调多方资源,增强周边资源支持,缓解他们的生活压力。

(二) 效果评估方法

在结案时,邀请案主填写个案满意度评估表,主要从社会工作者的态度、服务成果、社会工作者在介入过程中使用的方法、社会工作者与案主的关系等几个方面进行打分,了解案主对社会工作者服务的满意程度,100分为满分,得分在90分及以上视为满意。此外,还可邀请案主对自我进行评估,以了解案主在接受服务后取得的改变。同时,社会工作者也要对自我进行评估,以反思在介入过程中运用的方法、理论和对话技巧是否专业,是否适切。

四、介入过程记录

本案例的介入过程记录如表8-2~表8-9所示。

学习情境八　家庭社会工作实务与治疗性案例

表 8-2　第一次介入

时间	××××年××月××日	地点	案主家中	介入次数	第一次
介入目标 1. 与案主建立专业关系，明确服务需求与服务措施 2. 观察案主的家庭沟通模式，获得第一手资料 3. 预约下次介入时间					
介入主要过程记录（对话主要过程）				观察发现及感受	
社会工作者邀请志愿者一起去看望案主，与案主展开交谈。在与案主谈话过程中社会工作者和志愿者了解到案主前两天做了穿刺，身体比较虚弱。了解到案主检查与治疗花费较高，社会工作者建议案主采取轻松筹的方式获得医疗费用上的支持，但是案主立即拒绝了，表示不愿意采用这种方式。案主认为目前最主要的问题是自己身体比较虚弱，无法照顾孩子 针对案主的问题，社会工作者与案主协商后认为下一步最迫切的是孩子的后续照顾问题。案主妹妹之前来照顾过一段时间，但是案主妹妹文化程度比较低，很多事情做不好，希望有人可以协助。社会工作者最终与案主达成一致意见，先协助案主妹妹为案主的家人办理相关的认证手续，为之后的住院式照顾做准备				在面谈的过程中社会工作者和志愿者发现案主精神状态不佳，嘴角发白，四肢无力，无法正常进食，同时为子女的事情忧心忡忡，心理压力较大 社会工作者从案主利益最大化的角度出发，邀请案主一起参与协商后期孩子的照顾问题以及其自身的康复治疗。案主还是有参与讨论的倾向的	
本次介入目标达成情况（效果） 社会工作者运用聚焦、澄清的对话技巧，进一步明确了案主的迫切需求，并邀请案主参与协商，对服务形式达成一致，体现了尊重案主和案主自决。此外，社会工作者和志愿者一起为案主提供了情绪疏导，引导案主以身体为重，积极配合治疗 跟进计划和安排 1. 协助案主家人办理相关手续，提供信息指导和其他支持服务 2. 为案主提供心理慰藉，安抚案主的情绪					

表 8-3　第二次介入

时间	××××年××月××日	地点	相关场所及案主家中	介入次数	第二次
介入目标 为案主家人提供信息支持与心理支持					
介入主要过程记录（对话主要过程）				观察发现及感受	
由于案主妹妹文化水平不高，加上年龄比较大，对一些事情记不清楚，此次社会工作者主要陪同案主妹妹办理案主孩子的残疾证申请手续，并准备精神鉴定材料。在征得案主及其家人同意之后，社会工作者先后与社区对接办理相关手续，协同案主家人前往照相馆拍摄照片，并发送给相关部门，之后陪案主家人前往街道领取残疾鉴定申请表。在路上，案主妹妹表示，自己文化程度不高，身体状况也不好，还好有社会工作者的协助，要不然这么多的手续自己肯定记不住。社会工作者对案主妹妹的情绪表示理解，并引导其将手头的事情分步骤，先想今天要办的事情，办理好了再考虑明天的事情，这样脑子里面就不会混乱了。案主妹妹表示，这确实是个好办法				目前案主的精神状态有所好转，看到大家在帮忙办理相关的事情，心里没有那么着急了，虽然对其他人带女儿出去有些不放心，但是经过沟通，最终还是表示同意。此外，协助案主妹妹办理相关手续，给予一定的信息支持和行动支持，这使得案主整个家庭状况有所好转。但是，案主妹妹对于照顾案主表示压力较大，无法兼顾各个方面的事情，在须外出办理事情上仍然需要支持	
本次介入目标达成情况（效果） 1. 协助案主家人办理了申请残疾证的相关手续 2. 鼓励案主妹妹梳理需要办理的事情，给予情感支持 跟进计划和安排 1. 通过电话与案主及其家人保持联系 2. 继续陪同案主妹妹办理相关手续，并给予心理支持					

表 8-4 第三次介入

时间	××××年××月××日	地点	精神卫生中心门口及回去路上	介入次数	第三次

介入目标
帮助案主妹妹舒缓照顾压力,提供信息支持和行动支持,增强其应对问题和解决问题的能力

介入主要过程记录(对话主要过程)	观察发现及感受
社会工作者与案主及其妹妹约定好见面的时间,先在案主家汇合,然后一起带案主女儿去精神卫生中心做相关的鉴定。到达精神卫生中心后,工作人员称疫情期间不对外进行鉴定,案主妹妹听到这个消息非常不安,因为昨天已经进行了预约,现在却被告知不能做。社会工作者注意到案主妹妹的情绪,及时进行安抚,然后分别联系医生、社区和街道,对相关情况进行了说明。最后发现存在信息不对称。在四方沟通后社会工作者将办理相关事务的信息进行了汇总,并反馈给案主妹妹。同时引导案主妹妹对鉴定后住院的费用等事情与医院进行了详细的沟通,约定疫情结束后再过来住院做精神类检测。在回去的路上,社会工作者运用倾听、专注和同理的技巧,引导案主妹妹抒发情绪压力,并对其目前存在的烦躁等情绪表示理解,对其的付出给予肯定,表示会与她一起梳理接下来需要办的事情	社会工作者早上见案主时,发现案主精神状态比前几天好一些,可以正常进食;案主妹妹嘴上有怨言,但是在社会工作者的支持和协助下,情绪有所好转

本次介入目标达成情况(效果)
社会工作者扮演了咨询者、协调者和支持者的角色,为案主及其家人提供办理残疾鉴定方面的信息,并帮助案主妹妹与医院、社区等做好沟通,为之后住院做好了准备。此外,社会工作者还为案主妹妹提供了情绪疏导和压力舒缓服务,一定程度上舒缓了她的情绪压力

跟进计划和安排
1. 继续跟进案主的情况以及案主妹妹的情况,并给予心理支持
2. 继续提供行动支持

表 8-5 第四次介入

时间	××××年××月××日	地点	案主家中	介入次数	第四次

介入目标
给予案主心理支持的同时,提供行动支持

介入主要过程记录(对话主要过程)	观察发现及感受
社会工作者邀请社区志愿者一起了解案主近期的状态,给予安慰和情绪支持,反馈资源信息,并引导志愿者为案主提供持续支持。在面谈中社会工作者了解到案主昨天在家人的陪伴下做了进一步检查,目前在等待详细的检查结果,案主精神状态还可以,只是显得有些乏力。社会工作者和社区志愿者叮嘱案主在家多休息,不要走动,有需要及时电话联系,并对联系医院的情况进行了反馈。社会工作者告诉案主,她的女儿在精神卫生中心做完残疾鉴定后,根据案主的意愿可以申请转院,转到小区旁边的医院。案主表示可以接受,因为只要可以近一点住院,以后看望女儿也方便。此外,社会工作者还与提供服务的社区志愿者王阿姨和朱阿姨进行了交流,对她们的付出表示感谢,表示接下来还需要麻烦她们多关注一下案主的情况。志愿者表示,只要有时间都会过去	社会工作者发现案主的情绪状态相比之前有所好转,前几次介入时案主常常会说气馁的话,比如"让女儿饿死了算了,不管她了"。但是这次交谈的过程中,案主没有说这样的话,情绪比较稳定

本次介入目标达成情况(效果)
社会工作者承担信息传递者、支持者和倡导者的角色,一是关注案主的生活与情绪状态,为案主提供情感支持;二是为案主链接社区资源,反馈资源联系情况,让案主及时了解女儿住院的方案,使其心中有数,缓解案主焦虑的情绪;三是通过交谈,对志愿者的付出给予肯定,鼓励志愿者继续为案主提供居家照顾服务

跟进计划和安排
1. 继续跟进案主家人、志愿者和社区等资源,为案主提供持续性支持
2. 及时关注案主的身体与情绪状态

学习情境八　家庭社会工作实务与治疗性案例

表 8-6　第五次介入

时间	××××年××月××日	地点	案主家中	介入次数	第五次
介入目标 1. 链接相关资源，帮助案主改善经济困难的状况 2. 关注案主身体和情绪状态，为案主提供相关支持					
介入主要过程记录（对话主要过程）				观察发现及感受	
社会工作者通过多方筹措，为案主联系到衣服资源和志愿者资源。在上次介入服务中，案主一直担心后期女儿去住院，没有几件衣服换。此次，社会工作者为案主女儿联系到三套新衣服，案主非常开心。同时，在会谈中，社会工作者了解到案主的病情有些好转，诊断结果为肝囊肿，后期需要继续用药。社会工作者联系的志愿者每天都会来看望案主，会帮助案主买菜，这在一定程度上缓解了案主的生活负担。同时，社会工作者叮嘱案主好好养病，有需要可以向志愿者反映，也可以直接向社会工作者反映				社会工作者发现案主的身体状况有所好转，自己可以下床走路，整个人的精神状态比之前要好，看着脸上有了血色，眼神充满了活力	
本次介入目标达成情况（效果） 社会工作者扮演了情感支持者、资源筹措者等角色，为案主提供情感支持的同时，还为案主联系到了相关物力和人力资源，在一定程度上缓解了案主的生活困难，为案主的成长了提供支持 跟进计划和安排： 1. 通过电话回访与案主及其家人保持联系 2. 继续跟进案主的情况，及时了解案主面临的新问题					

表 8-7　第六次介入

时间	××××年××月××日	地点	案主家中	介入次数	第六次
介入目标 巩固案主支持系统，为案主提供持续的生活支持					
介入主要过程记录（对话主要过程）				观察发现及感受	
经过社会工作者的鼓励和支持，案主终于敢于表达自己的需求。在本次介入中，社会工作者了解到案主日常生活用品用完了，但是身体还未完全恢复，没法拿重的东西。社会工作者在收到案主的请求时，及时为案主购买了酸奶和鸡蛋等。在案主家，案主妹妹早上刚从医院回来，她去取检查报告，但是没有拿到。社会工作者对案主妹妹失落的情绪及时给予疏导，并叮嘱其下次提前打电话咨询一下，免得跑空路。在案主妹妹的描述中看得出其有很多不满，社会工作者对案主妹妹的付出给予了肯定和赞扬，并引导她诉说自己在照顾案主过程中遇到的困难，告诉她有需求可以找社会工作者协助。对于社会工作者持续的关注和关心，案主妹妹表示感谢。也正是社会工作者的这种持续的跟进和关注，使案主妹妹对案主更加上心了				社会工作者发现案主与其妹妹的关系变得融洽了许多，之前跟进过程中，发现案主妹妹更多的是抱怨，在此次跟进中，案主妹妹虽然表示觉得有些累，但是没有表示不满，而且主动为案主提供支持，帮着去取检查报告。另外，案主自身的心理压力有所缓解，愿意主动表达需求了	
本次介入目标达成情况（效果） 1. 为案主本人提供了代买代购服务，满足其基本的生活需要 2. 通过与案主妹妹的交流，引导案主妹妹看到自己的付出和案主的好转，为其继续为案主提供支持提供信心 跟进计划和安排 1. 通过电话回访与案主以及其家人保持联系 2. 协助案主看到自己的变化以及周边的优势资源，帮助案主提升自信心					

表 8-8　第七次介入

时间	××××年××月××日	地点	案主家中	介入次数	第七次

介入目标
协助案主看到自己的变化以及周边的优势资源，帮助案主提升自信心

介入主要过程记录（对话主要过程）	观察发现及感受
社会工作者继续为案主提供代买代购服务，满足案主的基本生活所需。同时，在交谈的过程中，社会工作者引导案主看到自己的变化。案主表示自己管子还没有取下来，目前还不敢到外面去。社会工作者表示：目前案主正处于身体康复时期，不能着急，缺生活必需品，可以给社会工作者、志愿者或社区打电话，大家只要有空，都会来帮忙，大家主要的期望也是案主能早日康复，就像案主之前一直去看望其他人一样，大家也是相互帮助，不要有心理压力。社会工作者告诉案主，现在身边有这么多的支持资源，不要担心生活问题，目前最重要的是做简单的康复锻炼，早日恢复健康。社会工作者鼓励案主在家适当活动了一下。案主对社会工作者的叙述表示赞同，并表示会积极配合康复治疗	社会工作者发现案主已经恢复了正常的生活功能，可以正向看待目前自己疾病治疗与家人照顾的问题，并且在社会工作者和社区志愿者的帮助下，案主逐渐与周边正式、非正式资源建立了持续的联系，也比较放心第三方来照顾自己的两个孩子，并且同意积极配合治疗

本次介入目标达成情况（效果）
社会工作者运用澄清和鼓励的对话技巧，引导案主看到自己病情的好转以及周边的支持资源，并为案主的持续康复提供支持

跟进计划和安排
协助案主回顾自社会工作者介入以来的成长和变化，在没有新的需求和困难时，可以商量结案

表 8-9　第八次介入

时间	××××年××月××日	地点	案主家中	介入次数	第八次

介入目标
回顾达成的目标，处理案主的离别情绪，结案

介入主要过程记录（对话主要过程）	观察发现及感受
社会工作者引导案主回顾这段时间的变化。案主表示：自己目前的身体恢复得差不多了，相比刚查出来患病时精神也好多了。之前整个人都没有力气、不能照顾自己的生活以及两个孩子的生活。在社会工作者、社区、邻里和家人的帮助下，已经度过了最困难的阶段。当时变得手足无措，不知道自己治病去了，怎么照顾孩子，对孩子的生活担心极了。后来妹妹陪着去医院，家里有志愿者帮忙照看，生病了有社会工作者帮忙买生活用品，还带女儿去做检查。现在女儿住在精神卫生中心，生活上也得到了照料，就算自己身体不能完全恢复也比较放心。不过好在大家都在鼓励自己，心态平和了，病也好得快些，现在整个人精神多了，其他的事情也都逐渐可以自己办理了	从案主的神情和语言上均可以看出案主已经恢复了积极的生活态度，整个人的精神状态比较好；身体也已经基本恢复，可以自己照顾自己。案主对于自己生病和后来的康复收获了来自周边的各种支持，表示非常开心和感激

本次介入目标达成情况（效果）
社会工作者主要是从两个方面展开会谈：一是前期介入后达到的目标，二是告知结案事宜，引导案主抒发离别情绪，正确看待结案。在会谈中，社会工作者了解到案主目前身体已经恢复了健康，可以自己出门买菜，照顾自己的生活起居。此外，案主表示：这段时间，妹妹、社区、志愿者常常过来帮助自己，在心理上和生活上给了自己很大的帮助和支持，加上女儿和儿子的照顾事宜已经安排妥当，后期的事情自己知道怎么做了，所以目前可以不用社会工作者协助。对于结案，案主还是比较坦然，表示能够接受，于是社会工作者与案主约定了结案

跟进计划和安排
后期做好回访，随时关注案主的状况

五、服务效果

在服务过程中,社会工作者将案主及其家庭看作是有能力的,并且相信案主目前遇到的健康、情绪和生活照料等问题只是暂时的。社会工作者联合志愿者多次上门探访案主,引导案主表达,逐渐聚焦案主"情绪"语言背后的需求、服务目标以及可以接受的介入措施。在倾听案主叙述时,社会工作者并没有急于表达自己的意见,而是进一步引导案主叙述,了解案主想要获得的改变的方向,协助案主梳理眼前的生活头绪。此外,社会工作者积极链接了社区、志愿者、医院和案主妹妹等正式、非正式资源;在与社区联动下,多头对接,成功为案主的疾病治疗、自身生活照料、家人生活照顾以及后期康复等提供了支持和帮助,使案主的生活恢复到平衡状态。在社会工作者与志愿者的鼓励下,案主逐渐恢复了生活的信心。在后期康复阶段,社会工作者为案主提供了日常代买代购服务。案主获得了持续的支持与关注,与介入前相比,一方面,案主的正式系统有所扩大,案主与社区、邻里、辖区医院互动的频次增多;另一方面,案主的非正式支持网络得到增强,在此次服务中,案主得到了多年未联系的妹妹的支持与帮助,这为案主后期的生活增添了帮手。

案例二:再婚家庭关于房子归属的诉讼纠纷

一、案主王叔叔的家庭故事

案主,王叔叔,男,65岁,与刘阿姨于1992年结婚,双方各有子女,二人没有共同子女。

刘阿姨与前夫1985年10月结婚,1990年2月离婚。刘阿姨前夫在起诉离婚时要求3岁的儿子小刘由他抚养,不需要刘阿姨支付抚养费。刘阿姨在某工厂上班,经济独立,愿意承担抚养义务,只因吃住都在工厂内,无法承担照顾责任。离婚后刘阿姨曾多次探视儿子,由于前婆婆的刻意干扰(如将孩子藏起或阻挠母子见面),母子关系逐渐疏远。儿子长大后,还找刘阿姨要过几次钱,刘阿姨都设法给他。

王叔叔与前妻的女儿小王被判给王叔叔抚养,父女感情深厚。刘阿姨与王叔叔结婚后将小王视为己出,时常牵挂,十分疼爱。

2002年,刘阿姨因病瘫痪在床,全靠王叔叔悉心照顾,而亲生儿子小刘则十分漠然,并时常与刘阿姨发生冲突。2005年,刘阿姨的房子所在地被征用,刘阿姨得到了一笔赔偿,小刘知晓此事后就以各种理由向母亲要钱,已经丧失劳动能力的刘阿姨还是拿出一千元出来给小刘,而小刘并没有一丝感激。王叔叔本来就不喜欢小刘,这让王叔叔更厌恶他。

2010年，刘阿姨住院，忙不过来的王叔叔通知小刘来医院取钥匙，帮忙回家取住院所需物品，小刘借帮忙取物品的机会，将母亲的现金、身份证、两个金戒指、一对金耳环等偷走了。刘阿姨出院回家后发现失窃，考虑到特殊的家庭关系没有选择报警，由王叔叔追至小刘租赁的房屋索要回戒指和耳环，小刘说身份证丢失，王叔叔只好挂失补办了新身份证（由此可见，小刘已有占有母亲房产的计划）。

此次失窃引起了刘阿姨的高度警觉，儿子的行为使之异常寒心。自己生病这些年，是王叔叔精心照料和拼命挣钱，才保障自己及时就医的。刘阿姨开始思索怎样感谢这位给了自己第二次生命的男人。

王叔叔与刘阿姨现在所拥有的两室一厅住宅，是王叔叔用自己老家的开发补偿款3万余元购买的，房产来源是2004年地区开发时，刘阿姨的父亲坚持分出自己20平米份额，给户口依然在其名下的女儿，故房产证上只写了刘阿姨一人。

刘阿姨意识到自己身体存在的风险，为了房产不落入儿子之手，于2017年12月在自己身体相对健康、意识完全清醒的状态下，执意通过中介人员将夫妻共同财产过户到丈夫名下，以表达自己对丈夫的深情厚谊，保障丈夫的权益。

社会工作者和社区工作人员在家访过程中多次听到刘阿姨表达自己将房产给丈夫不给儿子的意愿，社会工作者本想提醒刘阿姨立公证遗嘱，但考虑到刘阿姨的精神状态好、心态好，王叔叔又照顾得很细心，她由之前的流口水、说不清话到能口齿清晰进行交流，身体似乎在逐渐康复；同时社会工作者担心刘阿姨忌讳严肃认真谈生死，因此没有提醒和催促刘阿姨立遗嘱。不承想，2019年7月22日，刘阿姨突然离世，这对王叔叔造成严重的精神打击。同时对王叔叔造成打击的还有从未尽过赡养义务的小刘，不仅乐呵呵地出现在母亲的丧事上，还找了几十个人来撑场面，将礼金收进自己的腰包，以孝子的名义对王叔叔进行经济侵害。王叔叔善良，为让亡者灵魂安息，没有与小刘计较。刘阿姨的丧事办完后，忙碌的王叔叔也病倒住院。老人没想到的是，小刘之后将他告至法院，要求分割母亲遗产。于是王叔叔带着疑惑和焦虑的心情向社会工作者求助。

二、案主王叔叔的家庭需求评估

案主王叔叔的家庭需求评估如表8-10所示。

表8-10 案主王叔叔的家庭需求评估

需求（问题）	需求（问题）原因分析
因刚失去老伴，需要接受哀伤辅导	相伴多年的妻子突然去世，案主一时间没有办法接受这个事实，在向社会工作者倾诉的过程中，案主出现情绪失控的局面，不停地流泪。案主需要接受丧妻后的悲伤情绪辅导，以增进重新开始正常生活的能力

续表

需求（问题）	需求（问题）原因分析
因经济拮据，需要接受法律援助	一对相关法律咨询需求。案主妻子之前已将房产过户到案主名下，案主认为房子理应是自己的，困惑小刘是否有理由起诉，小刘的起诉主张能否被法院支持，自己是否须按诉讼请求给小刘十万元？自己现在一穷二白还欠着外债，没钱给又该怎么办？案主此刻希望有个专业人士能帮自己分析分析 二是获得法律援助的需求。案主的交际圈极小，没有学法律的朋友，面对诉讼，对怎样答辩、如何维权心里完全没数。找律师肯定要花不少钱，一来自己没钱，二来若借钱请律师，能保证打赢官司吗？案主对此十分担忧
希望获得女儿小王的支持和帮助	案主与刘阿姨是再婚重组家庭，双方各自有子女，没有婚生子女。 小刘判由刘阿姨的前夫扶养，孩子 3 岁与刘阿姨分离，19 岁才开始往来并且频率极低，双方感情淡漠。由于小刘有偷窃刘阿姨首饰、现金和身份证的行为，刘阿姨怀疑儿子觊觎她的房产，故主动将房产过户给案主，表达了不给儿子争夺房产机会的决心 案主的女儿小王判由案主扶养，女儿 5 岁时其母亲以案主上倒班无法对女儿进行很好的监护为由强行要回，但由于案主的坚持，未能变更抚养权。女儿也是婚后才与父亲开始往来的，次数有限。由于对继母尊重，案主女儿深得继母喜爱 两个孩子与案主夫妻少于来往都是另一方故意制造障碍，人为阻断亲情造成的

三、介入计划及效果评估方法

（一）介入计划

该案例的介入计划如表 8-11 所示。

表 8-11　该案例的介入计划

服务目标	介入策略
为案主提供哀伤辅导，引导案主形成对妻子无憾的理念，从而疏导案主丧妻后的不良情绪	第一步，深入了解案主目前处于哀伤辅导五个阶段中的哪个阶段，案主认为自己目前处于沮丧和接受事实之间的过渡期 第二步，引导案主意识到，妻子的离去是不可逆转的，妻子在世时自己用心照顾她、给她诸多温暖，妻子去世后也无须觉得遗憾，生者还需继续好好生活 第三步，运用相片和回忆，引导案主谈论妻子的种种，回顾与妻子的往事，再以"空椅法"触发案主的回忆与情感 第四步，增强家庭支持[①]，尤其是案主女儿对案主的情绪和精神支持，建议案主女儿能在生活中多关注案主的情绪，给予案主家人般的关爱，使案主相信一家人可以相互扶持，共渡难关

---

① 家庭危机是促使家庭成员改变的重要契机。在案主的家庭中，妻子离世后，只有女儿能予以他情感支持。但是女儿和他的关系并不密切，尤其是发生这件事后，案主都不愿让女儿知道。因面临着诉讼纠纷，案主一人恐无力承担，在权衡利弊后，社会工作者还是准确把握住此次危机介入的时机，关注案主女儿和案主相互之间的沟通交流，帮助案主调整生活状态。

续表

服务目标	介入策略
链接多方资源,协助案主处理继子小刘的诉讼问题	社会工作者依据社会支持理论,整合案主所在的社区居委会、街道司法所、法律援助中心等正式资源,共同为案主进行外部支持服务 第一步,主动与驻社区的律师联系,向其介绍案主的困境,了解案主的责、权、利和处境,确定刘阿姨的法定继承人和序位关系 第二步,向街道司法所咨询,确认案主是否具有申请法律援助的资格。案主每月有三千多元的退休工资,本不属于援助范围,但最后确认案主由于存在因病致贫陷入困境的事实,因此可申请法律援助。社会工作者于是帮案主联系了区法律援助中心 第三步,协助案主完成庭前准备基础工作。社会工作者后来得知,案主女婿有法律专业背景,但由于与案主见面不多,交流极少,因此不知道案主家庭的矛盾纷争。案主和女儿一家在此事发生后,联系更为紧密,其女婿也以亲人和专业人士的双重身份,给案主以情感支持和技术指导,陪伴案主度过庭审的艰难时刻 第四步,多方沟通,争取调解成功。① 在这个阶段,社会工作者分别与案主岳母、继子进行了沟通,希望能兼顾多方利益,达成大家都满意的结果。针对案主岳母和继子,社会工作者将刘阿姨生前心愿和案主对刘阿姨多年无微不至的关怀向他们进行了诉说,告诉他们是案主的温柔以待延续了刘阿姨的生命,让她活得幸福、活得有尊严和有价值感,希望他们能有所触动。但他们最后仍坚持要继承权,社会工作者对案主岳母和继子的做法表示尊重 第五步,在法官的调解下,继子小刘在遗产数额上做出让步,同意只要6万元,年底付清;同时,案主岳母也做了相应退让,同意继承女儿5万元的遗产,两年内付清,当事人各自在调解协议书上签了字
发动家庭成员力量,引导案主理智看待继子小刘的诉讼事件,重燃生活信心	第一步,社会工作者向案主所在社区的书记反映了残疾居民刘阿姨(案主妻子)去世的情况,以及之前花费七万余元医药费的情况。接着,社会工作者和案主女儿协助案主整理材料②,向社区提出申请,使案主及时获得了爱心救助 第二步,案主女儿一家和案主夫妻俩虽然感情上比较和谐,但平时接触往来较少,案主女儿也并没有在生活上为案主提供过实质性的帮助。在案主妻子去世后,尤其是经过诉讼一事后,案主女儿深深感受到了父亲的伟大 第三步,案主是在庭审的特定环境和紧张气氛下,迅速同意调解意见的,虽然对此调解结果能够接受,但对于自己立刻背负的债务压力,表现出了慌张和委屈。虽然案主女儿表示愿意帮助他出钱,但案主出于对女儿的关爱还是拒绝了。因此,这个阶段的情绪疏导,社会工作者鼓励案主女儿来开展,即发挥家庭成员的力量。案主女儿先向父亲分析,原告如果不退让,会促使案主岳母坚持与外孙分得同样的遗产份额,那样的话,案主将面临20万的债务压力,目前的调解结果是令人满意的,让案主看到积极的一面。接着案主女儿强调还有宽限期,在心理上和经济上都能让案主从容做准备,所以要有应对困境的信心。最后案主女儿表示,她是案主的后备力量,能尽己所能来帮助案主解决债务危机,能够让案主无债一身轻地过好晚年生活

---

① 这里的多方沟通还包括与刘阿姨的好朋友蒋老师的沟通,社会工作者先向蒋老师说明案主自决的伦理原则,然后请其慎重考虑作为证人出庭的建议。蒋老师曾经是社会工作者的个案服务对象,对本案她虽然心存芥蒂,但是想到自己身处困境时也希望得到他人帮助的心情,经过一番思想斗争后答应出庭。

② 案主的退休工资每月有3000元,但是妻子常年要吃药、住院,以及进行康复治疗,每年需要花费好几万元的医药费,案主没有存款,因给刘阿姨治病还欠下了2.5万元的债务。

(二) 效果评估方法

1. 案主的改变状况

(1) 案主丧妻后的不良情绪是否得以疏导，案主是否能理解妻子的离去是不可逆转的生死规律，以及妻子在世时自己用心照顾她、给她诸多温暖，妻子去世后自己也无须觉得遗憾，自己还得继续好好生活。

(2) 案主能否理智地看待继子的诉讼事件，能否重燃生活信心，有勇气、有信心地面对困境。

(3) 案主和女儿的联系是否得到了加强，案主女儿在生活上、心理上是否逐渐给予案主以帮助和支持。

2. 工作目标的实现程度

社会工作者运用观察法，了解案主的改变状况，并与预先制定的服务目标相对照，评估服务成效与预期目标的吻合程度。

四、介入过程

(一) 第一阶段

1. 第一阶段介入目标

为案主提供哀伤辅导，引导案主形成对妻子无憾的理念，从而疏导案主丧妻后的不良情绪。

2. 第一阶段介入过程

案主多次向社会工作者描述了妻子临去世时的场景，社会工作者在此过程中给予案主情感支持，并引导案主宣泄悲伤情绪。在讲述过程中，案主经常情绪失控，不停地抽泣，社会工作者并没有打断案主，只是用关注的眼神表达同理之心，将纸巾默默递给案主，任由其宣泄情绪。待案主平静下来后，社会工作者又递给案主一杯热水。在平复当下丧妻的悲痛情绪后，社会工作者引导案主回顾了妻子在世时他们日常生活的情景。在此过程中，社会工作者肯定了案主在妻子生病的这么多年里不离不弃、对妻子的用心付出，引导案主意识到，妻子的离去是不可逆转的生死规律，妻子在世时自己用心照顾她、给她诸多温暖，妻子去世后也无须觉得遗憾，生者还需继续好好生活。下面是社会工作者与案主的部分会谈内容。

案主：她（案主妻子刘阿姨）上午说有点心慌气短，我就慌了神，赶快带她去了社区医院，哪想到她就这样走了。

社会工作者：我知道您现在还有些接受不了刘阿姨的去世，心中有悲伤，也有遗憾，您愿意和我分享您的想法和感受吗？

案主：我们到了社区医院后，她就嚷着要回家，但医生让我们赶快转院。最后我们转到了重庆市中医院进行救治，到那后不到一个小时，医院就下达了病危通知书，诊断结果为急性心力衰竭、风湿性心脏病和脑卒中后遗症。经过抢救，她最终医治无效离世了。我一想到当时的情景，我就恨自己，为什么没能提前发现她的不舒服，平时多陪一下她？

社会工作者：之前我来家访的时候，刘阿姨总是说到，她的情绪长期被您察觉，所以需求都能得到及时的回应和满足。她虽然身体不好，但心情总能被您哄得倍儿好，所以内心充满了感激。

案主：是的，我们虽然是二婚，子女也不在我们身边，有时也会拌嘴吵架，但我寻思我还能照顾她几年，反正这么十几年都过来了，没想到她这么快就走了……

社会工作者：（轻抚案主的后背）我能感受到您对于刘阿姨的突然去世依然有自责感，依然无法释怀。您可以想一想还有什么话要跟她说，可以记录下来，在祭祀的时候说给刘阿姨听，这也是一种表达爱意的方法。

3. 第一阶段介入小结

在哀伤辅导这个阶段，社会工作者和案主进行了多次会谈。案主因和女儿没有过多交流，也觉得自己作为一名男性，不好意思和亲朋好友去表达哀伤，社会工作者就成了他唯一的倾诉对象。从案主的多次倾诉中，社会工作者发现案主和妻子的过往有很多美好的情景，但是因所有的回忆都有妻子的影子，每次回忆案主都会流下眼泪。案主情绪激动、落泪的时候，社会工作者会轻轻拍他的肩膀，希望给案主以力量，鼓励其表达内心感受，释放悲伤的情绪。

（二）第二阶段

1. 第二阶段介入目标

链接多方资源，协助案主处理继子小刘的诉讼问题。

2. 第二阶段介入过程

社会工作者主要聚焦案主当前最棘手的问题——如何处理继子小刘对案主的诉讼问题。在这个阶段，社会工作者主要做了三个方面的工作：一是联系驻社区律师、街道司法所，了解司法救助程序、案主是否具有司法救助的资格，以及法定继承人、继承比例等信息；二是收集案主资料，进行复印、分类、整理，厘清案主信息，并为律师提供有价值的证据材料；三是陪同案主完成咨询、救助申请、律师会谈、资料提供、出庭等程序。在这个阶段，案主女儿回到案主家，也一直陪伴案主处理这些事项。下面是社会工作者和案主一家的部分会谈内容。

案主女儿：谢谢各位，这段时间我爸全靠你们的支持和帮助。

社会工作者：王叔叔一个人能尽心尽力照顾刘阿姨十几年，如今发生这个事情，我相信王叔叔也能坚强面对。

案主女婿：我们平时工作比较忙，也疏于对爸的关心，这是我们做子女的不好。但是那个小刘（案主继子）也太过分了，这种事情都能做得出来？

案主女儿：都是我爸太善良了，才受他的欺负，他也不想想，是谁照顾刘阿姨这么长的时间？（情绪比较激动）

社会工作者：我们都知道王叔叔的辛苦，现在事情已经发生了，我们能做的是解决它。

案主女婿：是的，据我了解，民事案件通常会先进行庭前调解，爸自己也要多想几套调解方案，了解自己的心理预期，做好调解准备。还有，刘阿姨的母亲也是继承人，咱们是不是也可以和她进行协商，晓之以理，动之以情，看她是否能放弃继承权。

社会工作者：这也是一个策略，我们可以将刘阿姨生前的心愿，以及王叔叔对刘阿姨无微不至的关怀讲给老人家，告诉她是王叔叔的温柔以待延续了刘阿姨的生命，让刘阿姨活得幸福、活得有尊严和有价值感，希望老人家能有所触动。

3. 第二阶段介入小结

由于与案主见面不多，交流极少，案主女婿也不知道岳父家庭的矛盾纷争。社会工作者通过与案主女儿的多次线上线下沟通，案主的女儿和女婿都表示，要以亲人和专业人士的双重身份，给案主以情感支持和技术指导，陪伴他度过庭审的艰难时刻。最后的调解结果是案主的继子要 6 万元，当年年底付清；同时，案主的岳母也做了相应退让，要求继承女儿 5 万元的遗产，两年内付清。

(三) 第三阶段

1. 第三阶段介入目标

发动家庭成员力量，引导案主理智看待继子小刘的诉讼事件，重燃生活信心。

2. 第三阶段介入过程

案主是在庭审的特定环境和紧张气氛下，迅速同意调解意见的，虽然对此调解结果能够接受，但对于自己立刻背负的债务压力，表现出了慌张和委屈。案主和女儿的亲情重建在第二阶段已取得了重大进展，案主女儿对过去未能尽孝感到惭愧。因此，社会工作者发动案主女儿对案主进行情绪疏导，并给予案主缺失的亲情陪伴。下面是社会工作者与案主一家的部分会谈内容。

案主：这是女儿给买的新外套，我说别花钱别花钱，可她还是要买。（心情明显好了很多）

社会工作者：王叔叔穿着真精神，特别帅气！

案主女儿：我爸就是这样，嘴上说嫌贵，听到今天您要过来，马上就穿上了，还要"炫耀"一下。

案主：（又泛起泪花）她小的时候，我和她妈就离婚了，跟着我也是造孽。她晚上就睡车间莎织堆中，白天则在仓库玩耍，这样跟了我几年，后来她妈看不过去了才接走了她。我现在退休金也不多，不能帮上女儿什么忙，反倒给她增添负担。我年纪越来越大，身体也不如以前了,现在我就是有点害怕自己是个累赘,招别人烦。现在我还有外债,唉!(案主的思想负担沉重,对于伴侣去世后的生活有很多顾虑,对生活没有信心,会出现自卑感,总会无形中给自己添加很大的精神压力。)

社会工作者:王叔叔,我非常理解您现在的想法。前些天我和您的女儿都谈过了,我觉得有必要和您也说一说。

案主女儿:爸,我也想清楚了。最开始听到这个事,我也是非常气愤,凭什么您这么些年出钱出力照顾刘阿姨,没落一个好名声,还被那个小刘这么欺负?但是事已至此,我也不恼了。我们之前做得也不好,您也晓得,我被妈接走后咱们也很少联系,还是我结婚后咱们才偶尔打个电话。

案主:我晓得,我没有怪过你们,我知道家家都有本难念的经。

案主女儿:您听我说,退一万步说,我们还可以卖大房换小房,彻底解决债务危机,能够无债一身轻地过好晚年生活。我和您女婿反正也有工作,您还怕我们养不起您吗?

社会工作者:王叔叔您前半生辛辛苦苦,现在孩子也成家立业了,现在就是孩子孝敬您的时候了,心态乐观点,您能开心对您的女儿来说就是最好的事情了。

案主:你们说的我都明白,可我就是控制不住自己要去想那些乱七八糟的事情,我也是不想给他们添麻烦。

社会工作者:王叔叔您一直在打零工,收入虽然不高,但是也能负担日常支出,现在又有您女儿的帮衬,一定能在约定的时间把债务结清。您看,社区内开展了好多次适合老年人参与的活动,您一定要来参加呀。

案主:以前是忙着挣钱,没时间去参加,再说了我也不太喜欢主动和别人说话。我现在没了老伴,更没有心情出去参加什么活动了。

案主女儿:适当出去转转对身心来说还是好的,一天总闷在屋子里也不是办法,总得开始新的生活。

3. 第三阶段介入小结

家庭生活的改善离不开家庭成员的投入和参与,需要家庭成员之间的相互支持。案主和其女儿在此之前没有住在一起,也较少往来,所以在过去的十几年里,案主女儿并没有给到案主关心和支持。刘阿姨去世后,在处理哀伤情绪时,案主也坚持不让女儿参与进来。但涉及财产纠纷,权衡利弊下,案主也接受了女儿的帮助。社会工作者和案主女儿进行了多次沟通,不断鼓励和引导案主女儿,使其明白只有为案主建立和提供必要的以家庭为基础的支持,才能让案主重新投入新生活。案主女儿也意识到,作为案主为数不多的家庭成员,应该陪伴案主度过这个困难的时期。案主女儿一家在个案介入后期也安排了更多的时间陪伴照顾案主,通过增多对案主陪伴、照顾的时间和频次,使案主哀伤和孤独的情绪得到了缓解。最终,案主在社会工作者和案主女儿的多次劝慰下,逐渐展开笑颜。

五、服务效果

案主王叔叔的个案跟进持续一年之久,良好专业关系的建立,使社会工作者在任何时间都可以得到案主的有效配合。在刘阿姨去世后，社会工作者第一阶段是通过哀伤辅导，让案主感受到来自他人的支持，减轻案主的孤独感。现在案主能正视自己的情绪，能勇敢地表达自己的想法、感受和痛苦的情绪，虽然对于刘阿姨的去世还有惋惜之情，但总归生活已回归正轨。

第二阶段的介入目标是社会工作者协助案主一家顺利完成诉讼，目标达成度为100%。案主与继子、岳母均达成了调解协议，房子归案主所有。截止到回访时，案主和继子的债务已经结清，这让他松了一口气。并且案主女儿和案主恢复了亲情联系，这无疑是给案主的最大支持。

第三阶段的介入目标是帮案主树立起积极乐观的生活态度，引导案主带着热情投入新生活。案主在过去十几年里除了打工挣钱外，还要照顾妻子，很少有喘息时间。后来妻子突然离世使他觉得生活丧失了意义，尤其是自己还欠着外债。于是社会工作者协助案主女儿与案主多沟通，最后案主得到了女儿的经济资助，缓解了经济压力和精神压力。另外，社会工作者以吸纳案主加入社区合唱班为契机，鼓励案主积极参加社区活动，扩大自己的社交范围和支持网络，丰富自己的晚年生活。

案例分析

李奶奶，67岁，国企退休，一辈子都围绕着家庭和工作转，没有什么特别的兴趣。前几年老伴去世，她的性格开始变得孤僻，唯一的女儿嫁到外省，逢年过节才能回家看望她。社会工作者小张在开展社区"家和计划"项目时，发现社区里有很多像李奶奶一样的独居老人。他们有自己的人生故事和经历，但是往往又是孤独的、寂寞的。

问题：
小张应该如何帮助这些社区里的独居老人，使她们更好地度过晚年？

子情境二　家庭社会工作实务案例

任务一　了解小组工作在家庭社会工作实务中的运用

任务体验

复习小组工作的相关知识，然后结合家庭社会工作理论和家庭治疗理论，讨论小组工作模式在家庭社会工作中的运用。

 任务分享

临时组成 6 人学习小组，就家庭社会工作实践中通过专业的小组活动来恢复和增强个人及家庭的功能，进而促进家庭健康发展的案例进行讨论，然后在全班进行分享。

 **任务总结**

对本任务的目的和意义进行解释和澄清。

 知识介绍

一、小组工作在家庭社会工作中的作用

面对纷繁复杂的家庭问题，除了对家庭开展个案辅导外，小组工作也是常用的工作方法之一。家庭社会工作中的小组工作，在活动模式、理论基础、性质分类、目的与功能、工作方法、社会工作者角色、活动阶段、评估等方面与其他领域的小组工作有着非常多的共性。但由于服务对象的特定性，家庭社会工作中的小组工作又与其他领域的小组工作在理论依据和工作内容上有着本质的区别。在家庭社会工作中，小组工作常常以家庭生命周期理论、家庭系统理论、家庭危机理论、社会冲突理论、社会性别理论等为理论依据。而在工作内容方面，家庭社会工作中的小组工作多以家庭各类关系为着手点，设计开展各类围绕家庭的小组活动。在家庭社会工作中开展适当形式的小组工作，有助于协助家庭解决问题，改善日常家庭生活，提升家庭自身解决问题的能力，促进家庭关系和谐及家庭功能的正常发挥。

具体而言，小组工作在家庭社会工作中发挥着以下几个方面的作用。

1. 构建社会支持网络

参加小组的成员中，不少人之前因为缺乏社会支持，而对自己所处的环境感到无助、无力和悲观。在小组中，由于问题的共同性或相似性，组员一般会对小组产生认同感，组员之间具有较高的相互依存和相互影响度，进而形成特定的小组文化和社会关系氛围。而小组这个临时的社会共同体，赋予了组员平等意识、归属感、被肯定的社会场景以及相互帮助、共同成长的学习机会。在小组工作过程中，通过组员之间、组员与社会工作者之间的互动与分享，每个组员的周围都会形成一定的社会支持网络。这种支持网络对于组员的潜能发挥、自我改变和提升有着持久而深刻的影响。

2. 提升组员对家庭困难的应对能力

无论是遇到危机，希望解决目前困难的家庭，还是寻求潜能发挥，希望提高生活水平

的家庭，都可以通过小组工作获得支持和帮助，例如，小组可以根据组员的实际需要设计小组活动、开展小组服务、评估活动的效果，并可以根据组员的需要变化及时作出调整，让活动的开展跟随组员的发展步伐，从而促进组员为未来家庭生活做好准备，提升组员对家庭困难的应对能力。

3. 为家庭维持有效的家庭功能提供保障

社会工作者在运用小组工作方法开展家庭社会工作时，会协助组员寻找解决问题的方法，并提供必要的支持，同时将家庭的治疗和支持结合起来，为家庭维持有效的家庭功能提供保障。

4. 促进家庭功能改善

在家庭社会工作中，小组工作除可以促进家庭功能正常发挥外，还非常重视组员个人的成长和家庭的成长，会设法满足家庭成员成长发展的需要，促进家庭功能的改善。

5. 针对家庭生活和沟通交流方式进行干预

在家庭社会工作中，小组工作能帮助家庭成员改善诸如沟通障碍等方面的问题，对陷入困境的家庭来说，采用小组工作的方式进行干预能够促进家庭问题的解决。

6. 协助家庭成员改善家庭困扰产生的环境因素

家庭既是家庭成员改变的环境，也是家庭成员困扰产生的来源。通过小组工作，社会工作者直接面对家庭，以鼓励者、引导者、教育者、陪伴者等身份，推动小组发展，协助组员积极寻找解决问题的有效办法，改善相关的环境因素，使家庭健康发展。

二、小组工作的基本步骤

小组工作是一个动态的过程，由不同的阶段组成。一个完整的小组，从准备到结束，一般包括四个阶段：准备阶段、开始阶段、中间阶段和结束阶段。在家庭社会工作中开展小组工作时，要对不同家庭及组员的特征、小组工作者的任务，以及社会工作者的角色和地位有清楚的认识和把握。小组工作每个阶段都有其特征和任务，需要社会工作者运用小组工作的专业知识和技巧推动小组发展，达到既定目标。

(一) 小组工作准备阶段

1. 准备阶段的工作内容

一般而言，小组工作的准备阶段属于制订计划的阶段，还不是组员参与过程的开始。这个阶段社会工作者的工作内容主要包括以下几个方面。

(1) 进行小组需求评估。

进行需求评估是小组工作的首要任务。需求评估类似于一种诊断，是对服务对象的情况进行了解和评估的过程，需要了解服务对象的具体需求及其背后的原因，并形成暂时性评估结论。常见的需求主要有以下四种。

① 标准需求。

这种需求是指社会工作者、主要信息提供者或社区专家都明白的状态、条件或环境,他们能够发现在现存服务和亚文化群体需求之间存在的差异。

② 感受到的需求。

这种需求是通过研究当事人(如侧面了解或直接接触)而确定的他们的需求。

③ 表达出来的需求。

这种需求是指当事人或者潜在当事人在申请家庭社会工作服务时或接受家庭社会工作服务的过程中所表达出来的需求。

④ 比较需求。

这种需求是指根据服务人群的特点,判断一般性人群中,有多少人与接受服务的人群具有相同特点的一种需求。

在家庭社会工作中,确定小组服务对象需求的最直接的办法就是去了解小组成员表达出来的需求。组员将最根本、最主要的需求表达出来,社会工作者将这些需求进行归纳整合,然后依此制订出小组工作计划。当一些服务对象提到:我的孩子总是埋着头,而且脾气还不好。这个时候,对需求的评估就不能只停留在表面,需要获取更多的信息,并对获取的信息进行分析整理,然后才能得出服务对象的具体需求。

在进行小组需求评估时,常采用标准化的调查方法,即以问卷调查为主,访谈法为辅。

(2) 制订小组工作计划。

小组工作是有目的、有计划、有规则、有时限、有流程的,能够发挥正向功能和作用的专业活动。一份专业的小组工作计划是开展小组工作的必要条件。因此,在小组工作准备阶段,需要根据工作目标和人、财、物等方面的条件,精心制订小组工作计划。制订小组工作计划时需要考虑的主要因素如表 8-12 所示。

表 8-12　制订小组工作计划时需要考虑的主要因素

主要因素	基本内容
小组名称	易懂、吸引人眼球的名字,使人们据此可以看出小组主题
小组理念	机构背景、小组成因、小组理论框架
小组目标	总体目标及各个阶段的具体目标
小组特征	小组性质、时间(长期/短期)、规模及人员组成、聚会的频率与时间
组员	组员的特征、年龄、教育背景等
小组具体活动计划及日程	每次聚会的计划草案、活动程序、日期、时间、特点、活动的具体目标、社会工作者的责任、活动准备、需要的费用
招募计划	确定小组建立的程序、组员来源、宣传途径、招募方法、招募时间
需要与资源	地点、所需设备、人力资源等
预计的困难及解决方法	小组成员的问题及对策、社会工作者的问题及对策、其他方面的问题及对策
预算	人员、器材、交通等费用的总和
评估方法	问卷法、访谈法等

(3) 招募小组成员

具有相同或相似问题的某些人、具有相同或相似服务需求的某些人，都是构成特定类型家庭社会工作小组的潜在组员。因此，在小组工作准备阶段，必须对可能参加小组的人进行招募和遴选，并对他们的问题和需求进行全面的考察和评估。这主要分为以下三个步骤。

① 招募。

以下人员可能成为特定类型家庭社会工作小组的成员：一是主动寻求帮助的某些人员；二是已有的某些服务对象；三是其他机构转介过来的特定服务对象；四是通过社区宣传栏、互联网等载体得知信息主动报名参加小组的人员；五是社区居民介绍的某些人员。

② 遴选与评估。

社会工作者应通过个别会面、资料考察等形式，对上述可能成为小组成员的人员进行必要的遴选和评估。遴选和评估需注意以下几点：一是组成小组的人员应有相同或相似的问题，或者有相同的兴趣或愿望；二是年龄或性别等方面有共性；三是文化水平或对某些问题的认识有共性；四是家庭状况相似；五是职业状况相似；六是对小组的要求相近。

③ 确定组员。

完成以上两个步骤后，就可以按照小组的类型、特点及人数要求等，确定参加具体某个小组的成员。组员确定下来后，社会工作者要帮助这些成员了解小组工作的意义和特点、小组工作的具体程序与可能的活动项目，以及有关的社会政策等。同时，社会工作者要鼓励和引导他们将自己对小组的期望表达出来。

2. 准备阶段的注意事项

为了减少可能出现的问题，提高小组达成目标的可能性，在小组工作准备阶段有必要对小组工作的多方面因素进行认真、仔细、周全的思考。除上文已介绍的内容外，还需要注意以下几方面的事项。

(1) 确定小组工作目标。

在确定小组工作目标时，主要应遵循以下几个原则。

① 目标应清楚，应可以测量和评估。

② 目标要有明确的时间限定。

③ 目标要适合小组组员的实际能力。

④ 要注意具体目标之间的相容性，即不同的目标之间不能互相矛盾。

⑤ 表述目标时应尽量使用正面的、肯定性的语言。

(2) 申报并协调资源。

小组工作的顺利、有效开展离不开资金、场地、人力等方面的支持。因此，在开展小组工作前，社会工作者需要提交活动申报材料，取得有关各方的支持，这样才能确保小组活动的顺利开展。

(3) 小组规模与工作时间。

应根据小组性质和小组目标确定小组人数,以使小组功能最大化发挥。一般情况下,小组人数为 3~20 人,小组活动时间以 40~60 分钟为宜,小组期限视小组目标、小组类型等多种因素而定,小组聚会频率以一周一次为宜。

(二) 小组工作开始阶段

1. 开始阶段的工作内容

在这个阶段,社会工作者的工作内容主要包括以下几个方面。

(1) 建立关系。

在小组工作开始阶段,社会工作者需要向组员进行自我介绍,让组员正确看待社会工作者在小组中的身份。同时,社会工作者要通过游戏等不同方式,增进组员之间、组员与社会工作者之间的了解,促进组员与组员、组员与社会工作者之间建立良好的信任关系。

(2) 澄清目标。

虽然在开展小组工作之前,在招募组员和遴选组员的过程中,组员对小组目标已有初步的认识,但还比较模糊。为了帮助组员更好地认识、融入小组,在小组工作开始阶段,社会工作者还需要引导组员对小组目标进行更深入的了解,并与全体组员一起制定更细化的、大家达成共识的小组目标。

(3) 制定小组规范。

小组规范是小组成员和社会工作者应遵循的规则,是组员之间的相互认同和默契,是由组员共同商议决定的。小组规范有助于小组凝聚力的形成,也是使小组保持一种平衡的活力源泉。它可以是书面或者口头承诺等形式,大致包括参加小组活动的注意事项、有关保密规定、聚会时间、预期行为的正向变化等。在制定小组规范时,社会工作者可根据工作经验或实际需要提前准备好几条规则,供小组成员参考,如保密、倾听、积极分享等方面的规则。

(4) 营造氛围。

组员相互认识、制定小组规范和小组契约等都是增加组员安全感和信任感的重要方式。此外,为使小组工作更加顺利、有效,社会工作者还需要与组员一起营造良好的小组氛围。营造良好小组氛围的方法主要有以下几种。

① 主动与组员沟通,建立信任关系,倾听组员的问题,并作出真诚有效的回应。

② 创造机会让组员表达自己的想法,引导和鼓励组员相互分享和关怀。

③ 寻找并强调组员之间的相似性,当组员发现彼此之间存在相似性时,小组凝聚力就开始产生。

④ 澄清组员之间可能存在的误会。

⑤ 培养组员积极倾听他人意见的习惯。

2. 开始阶段的注意事项

(1) 准确定位社会工作者的角色。

在小组工作开始阶段，社会工作者需要扮演领导者、鼓励者以及组织者三种重要的角色，处于小组的核心位置，以指导小组发展、统筹小组活动等工作。同时，在活动过程中社会工作者还应及时给予组员积极的鼓励和引导，促进组员之间相互了解，建立信任关系。

(2) 多鼓励与支持。

社会工作者在主持小组活动的过程中，要注意观察每位组员的表现。对于不善表达的组员，要多给予鼓励和支持，可设法为其创造发言的机会，鼓励其发言，表露心声。

(3) 处理组员对社会工作者的依赖。

初入小组时，有些组员往往不知道自己该做什么，同时又难以获得其他组员的支持，因此非常容易产生对社会工作者较强的遵从和依赖倾向，将社会工作者视为权威和依靠，而忽视自己在小组中的角色和能力。此时，社会工作者需要帮助组员更好地融入小组，如可通过组织组员进行互动等方式促进组员建立关系，减少组员对社会工作者的依赖。

(三) 小组工作中间阶段

1. 中间阶段的工作内容

在这个阶段，社会工作者的工作内容主要包括以下几个方面。

(1) 维持小组良性发展。

这一阶段，组员基本已经达到交往深化、沟通理想化、接触频繁化的状态，小组的结构趋于稳定，组员比之前有更大的自主性，组员与社会工作者的关系密切。这一阶段组员讨论的内容也变得越来越广泛，大部分组员能在小组聚会时分享自己的想法、感受和问题，并对其他组员的问题提出自己的想法或建议。社会工作者需要继续引导和鼓励组员互动，维持平衡关系，维持小组的良性发展。

(2) 处理小组中的各种关系。

这一阶段是组员关系走向紧密化的时期，也是小组内部权力竞争的开始时期。组员之间的互动比小组开始阶段有所增强，同时，组员会在价值观、权利位置、角色扮演等方面产生矛盾和冲突，社会工作者需要通过专业辅导和一定的工作技巧，协调和处理组员之间的竞争及各种可能的冲突，促进小组内部的良性竞争与小组的和谐发展。

(3) 协助组员解决问题。

当小组中发生冲突时，社会工作者需要适时介入，帮助组员澄清冲突的本质，增进组员对自我的了解，强调或调整小组规范和契约，并协助组员面对和解决由冲突带来的紧张情绪和人际关系问题，最后运用焦点帮助组员回归，促进组员自己解决问题。

2. 中间阶段的注意事项

（1）准确定位社会工作者的角色。

社会工作者在小组中拥有的权力与地位逐渐由中心向边缘位置转移。这一阶段小组工作者主要扮演的是协助者、引导者、调解者、支持者等角色。

（2）协调并处理冲突。

当小组中发生冲突时，社会工作者需要面对这些冲突，并协助组员合理处理这些冲突，最好能将冲突化作他们正向成长的经验。面对冲突时，社会工作者应保持冷静，应持理性和包容的态度。

（3）适当控制小组进程。

小组工作中，组员通过处理抗拒和冲突的过程，会逐渐形成一定的自我管理、自我决策能力，但一般达不到完全独立的状态。这时，社会工作者需要适当控制小组，引导组员以小组为中心进行互动，创造一个以小组为中心的环境和解决问题的情景，以更好地实现小组目标。

（4）保持组员对小组目标的意识。

在小组工作中间阶段，组员围绕个人目标进行努力、争执和冲突之后，常常会忽略或淡化对小组目标的认识。因此，社会工作者需要经常以各种方式提醒组员保持对小组目标的意识，使组员时刻注意小组目标或与小组目标一致的个人目标。

（5）协助组员将认知转变为行为。

组员在这一阶段会产生新的认知，社会工作者需要引导组员意识到必须为自己的改变承担责任，并将新的认知转化为实际行动；需要鼓励和支持组员不断尝试新的行动，使组员更有信心和勇气去尝试和坚持，以备将来运用在小组之外的现实生活中。

（四）小组工作结束阶段

1. 结束阶段的工作内容

在这个阶段，小组工作者的工作内容主要包括以下几个方面。

（1）帮助组员巩固所学知识和所发生的改变。

小组发展到后期，社会工作者需要帮助组员巩固在小组中所学的知识，并协助组员巩固已经发生的改变。主要方法有以下几种。

① 模拟练习，让组员将在小组中习得的知识运用到生活中，以巩固所学知识。

② 观察组员的变化，给予组员正向的、积极的反馈和支持，使组员充满信心。

③ 帮助组员寻求家人、社区或者周围其他人的支持，以维持组员身上已经发生的变化。

④ 鼓励组员独立完成工作，逐步降低组员对小组的依赖，以避免其在小组结束时不能很快适应。

⑤ 提供跟进服务。

（2）处理组员的离别情绪。

经过前几个阶段，组员之间已经建立起密切的、支持性的组内人际关系。面临离别，组员之间往往会依依不舍，甚至产生悲伤和失落感。部分组员也会对将来能否建立一个互助、信任与接纳的家庭关系产生担忧。小组结束阶段最后一次聚会之前，社会工作者有必要告知每一位组员小组结束的日期，让组员做好心理准备，逐渐接受即将离开小组的事实。同时，社会工作者还应与组员一起讨论并处理他们离别时内心的矛盾与伤感，以帮助组员认识到离开小组进入现实生活的必要性和积极意义。

（3）评估小组的工作效果。

小组评估其实贯穿于小组工作的整个过程，对小组工作进行观察和评估，有助于了解小组工作成效，测量小组目标的达成情况。评估方式主要包括社会工作者自评、组员自评和观察人员（或督导员）评估几种。

① 社会工作者自评。

社会工作者自评重在进行两方面的评估：一是工作内容，二是工作表现。

A. 在工作内容方面，可以通过以下相关问题进行评估。
- 小组活动方案或者计划是否有效？
- 是否能够准确评估小组形成等与组员相关的行为？
- 对组员的了解程度如何？
- 小组发展过程中，相关专业知识和技巧的运用情况如何？
- 能否有效运用资源？
- 是否有效协助组员获得了改变？

B. 在工作表现方面，可以通过以下相关问题进行评估。
- 组员间的关系如何？
- 小组的气氛如何？
- 处理小组事件的效果如何？
- 能否推动小组形成小组凝聚力？
- 能否与组员建立良好的关系？
- 能否在小组活动过程中遵守小组规范？
- 能否进行有效的自我反思与自我觉察？

② 组员自评。

组员自评可重点从以下三个方面进行。

A. 参与小组的目标是否达成？包括：参加小组的收获是什么？是否符合期望？小组活动过程中个人的状况发生了哪些改善？

B. 参与小组的感受如何？包括：小组活动的参与情况如何？在小组活动中自我探索的深度如何？小组活动中自身的努力程度如何？小组活动中与他人的互动状况如何？自身对小组的融入度如何？等等。

C. 小组效能如何？包括：小组是否协助自己达成了目标？小组活动是否有效？小组过程是否有意义？小组氛围和凝聚力如何？组员情感维系状况如何？对小组满意（或失望）的地方有哪些？等等。

③ 观察人员（或督导员）评估。

观察人员（或督导员）评估主要包括以下两个方面。

A. 对组员的观察和评估，包括组员的倾听状态、自我表露程度、组员间沟通与互相尊重的状态，以及组员的掩饰行为、抗拒行为等。

B. 对小组效能的评估，包括小组计划的可行性和有效性、社会工作者的行为、小组工作的结果等。

2. 结束阶段的注意事项

（1）准确定位社会工作者的角色。

在小组结束阶段，社会工作者又回到了小组的中心位置，多为引导者和领导者的角色。这时，社会工作者需要帮助组员处理好离开小组的各种感受，给予组员适当的接纳与支持，引导组员做好情绪表达。同时，社会工作者要运用小组工作的专业经验和技巧，规划好小组结束时的活动，争取圆满结束小组工作。

（2）做好小组工作评估。

常用的小组工作评估方法有面谈法、记录法、问卷法、评估表法等。小组工作结束阶段需要对整个小组工作进行全面的评估，应采用多主体、多角度的评估方式，这有助于小组工作目标的达成和对小组工作形成更加准确和客观的评估。

三、小组工作相关记录

在小组工作中，社会工作者的一项重要职责就是独立完成或者主持完成小组工作相关记录。这些记录是了解小组、协助小组的重要工具，也是评估小组工作的重要基础。此外，通过小组工作相关记录，工作人员能够有效地分析并检验小组是否已经实现了其功能，是否达成了预期的目标。

小组工作相关记录一般包括小组工作记录表、小组活动评估报告、小组工作结案评估表等，样表分别如表 8-13～表 8-15 所示。

表 8-13　小组工作记录表样表

基本资料	
小组名称：	聚会次数：
活动时间：	领导方式：
记录时间：	社会工作者：
小组类型：	志愿者：
小组模式：	小组人数：
小组阶段：	出席、迟到、缺席情况：
活动地点：	

续表

本次小组活动目标	
本次活动所用物资	
活动过程	
每位组员的表现	
沟通方式	
是否有小组冲突	
社会工作者是如何解决小组冲突的	
是否有小组规范	
社会工作者的角色	
活动内容设置是否恰当	
游戏与活动目标搭配如何	
各个环节之间的衔接如何	
评估	
本次活动目标达成情况	
游戏的适切性	
活动内容的适切性	
小组动力情况	
社会工作者的专业态度、理论知识及技巧的运用情况	
跟进	
跟进计划/建议	

表 8-14　小组活动评估报告样表

小组基本情况			
小组名称		小组性质	
聚会次数		社会工作者	
小组周期	年　　月　　日开始至　　年　　月　　日结束		
小组聚会密度及每次聚会所需时间			
次数	时间及日期	每次所花实际时间	每次活动主题
第一次			
第二次			
第三次			
第四次			
第五次			
第六次			
第七次			
第八次			
第九次			
第十次			
组员参与情况			

续表

姓名	性别	年龄	参加次数	参与形式	参与渠道

评估

小组目标达成情况	小组目标		评价	

招募及宣传	招募方式		评价	

活动的适切性	内容	表达方式	适切性

组员的表现及改变	姓名	表现	改变

小组互动	沟通/交往模式	
	气氛	
	规范	
	凝聚力	
	领导模式	
	决定方式	
	解决冲突方式	

发展阶段	阶段	小组特点	社会工作者的角色与功能
	小组前期		
	小组中期		
	小组后期		

财政报告

使用物资	单价	数量	金额

遇到的困难及应对策略

遇到的困难	应对策略

建议与经验总结

表 8-15　小组工作结案评估表样表

小组名称		社会工作者	
起止时间		聚会次数	
目标达成情况			
组员参与/表现情况			
社会工作者自评			
建议			
督导员意见： 　　　　　　　　　　　　　　　签名：　　　　年　　月　　日			
社会工作机构意见： 　　　　　　　　　　　　　　　签名：　　　　年　　月　　日			

做小组工作相关记录时应遵循以下几个原则。

（1）弹性原则。

小组工作相关记录的内容不是固定不变的，做小组工作相关记录时要适应小组、社区、机构等多方面的目的，按照小组、社区、机构等的具体要求完成小组工作记录。

（2）选择原则。

小组工作相关记录不能包罗万象，要有选择地记录小组工作中重要的、有价值的信息。

（3）清晰原则。

小组工作相关记录要清楚，文字要流畅、有条理。

（4）保密原则。

做小组工作相关记录要遵守保密原则，不得将小组工作相关记录的内容随意向外界泄露。

做小组工作相关记录时要注意以下几个事项。

（1）记录内容要完整。

（2）记录真实、明确。

（3）记录必须要有日期，以显示工作过程的连续性、发展状况及小组成长的时间等。

(4) 记录中最好称自己为"社会工作者"或"工作者",而不称"我"。

(5) 比较长的记录内容要分节分段,并写出标题。

四、专题讲座类型的小组在家庭社会工作实务中的运用

讲座是一种教学形式,多利用报告会、广播等方式进行。讲座主要有三个优点:一是容易组织,有利于活动有目的、有计划地进行;二是适用面广,可根据团体大小组织不同规格的讲座;三是能在有限的时间内传递大量、系统的知识。

在家庭社会工作中,普遍的家庭问题,如夫妻矛盾、婆媳矛盾、亲子矛盾、经济纠纷、家庭暴力等,采用专题讲座的形式进行疏导和介入能在知识的传递上达到时间短、覆盖面广的效果,可让多数家庭受益。

(一) 专题讲座的几个阶段

在家庭社会工作中,采用专题讲座形式开展工作时主要应从以下几个阶段来完成相应的工作。

1. 准备阶段

(1) 确定人群,调查需求。

参与活动的对象对活动的投入度除受到讲授者的感染外,他们的自身需求也起着至关重要的作用。需求是促使服务对象发生改变的内在动力。因此,对服务对象的需求进行评估是开展专题讲座的第一步,只有把准脉,才能使得讲座效果最大化。例如,开展家庭暴力相关法律知识专题讲座,因为不同的人群有不同的需求,所以如果活动对象不同,侧重点就会有所变化。如果活动对象是妇女,讲座重点将围绕妇女权益等相关知识展开,所举案例与妇女相关;如果活动对象是老年人,则讲座重点就要围绕老年人权利保护、防虐待等知识开展。

(2) 资源链接,策划服务。

在找准需求后,社会工作者需要发挥专业优势,链接各类可提供服务的资源,并与对方协调确定主题,落实活动开展的场地、时间等,并制订详细的服务流程及方案。同时,社会工作者需要与主讲人进行沟通,落实PPT、相关物资及其他具体事务,确保活动的顺利推进。

(3) 宣传招募,筛选对象。

活动策划好后,社会工作者可通过宣传海报、橱窗、设置报名摊点、邀请、网络招募等方式进行活动宣传,广而告之,这样,可能有相关需求的人群才会获知消息并报名。接下来,社会工作者要对报名的人员进行适当筛选,确保参与人群具有一定的同质性。

(4) 再次通知,确保开展。

在活动前1~2天,社会工作者可以通过电话、短信、网络以及上门通知等形式,再

次通知报名参加活动的人员,告知其活动的具体时间、地点、注意事项等,并请其提前安排好时间准时参加讲座。同时,最好告知参与对象去往活动场地的路线,以方便寻找。

2. 开展阶段

(1) 场地布置。

活动开始前30~60分钟,社会工作者及其他相关人员应提前到达活动场地,根据主讲人及活动的要求进行场地布置,清点活动物资是否齐全。同时,应在活动场外设置路标、提示牌等,为参与活动的人提供场地方向指引。

(2) 组织签到。

参加人员陆续进场时,社会工作者应组织大家进行签到,并统计到场情况。需要注意的是,若来听讲座的主要是老年人,负责签到的工作人员需协助他们完成签到。

(3) 开场介绍。

在主题讲座开始前,主持人应对本次讲座的背景、社会需求、主讲人专业背景等进行介绍,以使参与活动的人对本次活动以及主讲人有所了解,提前做好准备,拉近距离。

(4) 协助讲座。

在讲座过程中,社会工作者更多地是一个协助者的角色,主要负责观察活动现场,给予主讲人支持,处理现场突发情况。

(5) 善后工作。

主讲人讲完后,社会工作者可安排提问答疑及讨论环节,以收集大家的现场反馈,为之后的评估做好准备。活动结束后,社会工作者可根据情况确定是否需要合影,做好现场秩序维持工作,收集活动材料,并及时打扫活动场地,将活动现场还原。

3. 结束阶段

(1) 材料整理。

活动完全结束后,社会工作者需要及时地整理活动材料,保存原始材料,并归类存档。

(2) 书写总结材料。

社会工作者要对收集的反馈信息及时地进行分析,并书写总结材料,如简讯、活动反思记录、评估报告等。

(3) 服务回访。

对参与讲座的人,社会工作者可进行及时的回访,这一方面有助于与之建立持续的联系,另一方面有助于了解活动的效果。

(二) 注意事项

1. 确定专题

在确定专题之前,社会工作者需要对所服务地区(社区)居民的家庭状况进行调查,了解大家面临的问题，并挑选出多数家庭急于解决的问题。同时，确定相关问题中的服务群体，最终确定讲座专题。例如，社会工作者通过调查发现，某社区很多家庭在亲子沟通方面存在较大问题，尤其是老人与小孩之间。这时，确定参与服务的主体就应为老人和小孩，而非中年家长。

2. 邀请专家

确定讲座的专题后，社会工作者要搜集专家信息，并了解专家的研究方向及特长，然后邀请在确定的专题领域内的专家。社会工作者需要向专家提前发出邀请，在争得同意后，要向其告知活动背景、服务群体及其特征，并协调活动时间、确定讲座内容等。

3. 维持秩序

由于讲座一般参与的人数较多，因而现场可能产生的突发情况也较多，因此，社会工作者应注意维持好现场的秩序，协调处理好现场的突发情况。

五、主题沙龙在家庭社会工作实务中的运用

在开展家庭社会工作的过程中，一些问题可以通过非专业性小组的形式解决：参与者围绕一个核心问题展开讨论，以宽松和谐、平等交流、亲密合作的方式，通过思维碰撞，依靠集体智慧来解决问题，这就是主题沙龙。

（一）主题沙龙在家庭社会工作中的作用

主题沙龙在家庭社会工作中发挥着以下几方面的作用。

1. 激发主观能动性

社会工作者组织人们讨论家庭问题，每次确定一个主题，活动中大家各抒己见，不同思想在这里碰撞，可以有效激发参与者的主观能动性，对服务对象行为的改变起着重要作用。

2. 建立支持网络

大家围绕某个家庭问题进行讨论时，封闭式、温馨的氛围给人以安全感，参与者相互诉说自己的困惑，并围绕问题提出解决的建议，这有助于形成个人与家庭、家庭与家庭之间的互助支持网络，有助于提升个人及家庭的抗逆力。

3. 加深感情，凝聚人心

沙龙活动以一种松散的、平等的、轻松的形式开展，有助于参与者相互交流、相互学习、增进感情、共同进步，从而在应对困难和挑战时，在解决问题的过程中，增进人与人之间的感情，达到活动目的。

（二）主题沙龙的几个阶段

采用主题沙龙的形式开展家庭社会工作时，社会工作者主要应从以下几个阶段来完成

相应的工作。

1. 准备阶段

(1) 确定主题。

开展沙龙活动，选取一个好的主题非常关键。沙龙的主题从哪里来呢？只有来自参与者自身需求的主题，才是最能激发大家兴趣的主题、最有意义的主题，也才是最有生命力的主题。大家围绕这样的主题展开讨论，才能解决参与者在家庭中的一些困惑，而不是"现在别人说什么，于是我们也来说什么"。因此，在开展沙龙活动前一定要进行话题征集和筛选，最终确定符合参与者需求的主题。

(2) 制订方案。

当主题、时间等确定好后，社会工作者需要将零散的要素进行整合和梳理，制订出活动方案。

(3) 确定人员。

社会工作者要组织好报名工作，在活动开始前接受报名，活动人员达到预定目标即终止报名。

(4) 检查落实。

社会工作者要提前到场检查各项安排的落实情况，如场地设备的安排、活动前的接待等。

2. 开展阶段

(1) 组织签到。

在活动正式开始之前社会工作者要提前准备好活动签到表，组织好签到工作。

(2) 建立关系。

在活动正式开始之前，为消除参与者的陌生感，社会工作者可担任主持人，借助一些热身游戏，促进参与者彼此了解，帮助大家初步建立关系。

(3) 把控过程。

活动进行过程中，社会工作者应设法维持民主、平等、轻松的氛围，尽量按活动安排进行，把控好时间，同时，要注意观察参与者的反应。

(4) 进行总结。

活动的总结很重要，无论是连续性的沙龙还是单次沙龙，都会对以后的活动有帮助。因此，结束时要及时归纳和总结，突出主题及收获。

3. 结束阶段

沙龙结束阶段的工作与讲座结束阶段的工作相似，就是做好各种善后工作，同时，要借助评估表等评估活动的效果，并形成相应的记录。

（三）注意事项

1. 遵守活动规则

要想开办一个成功的沙龙，需要遵守以下规则：

（1）要有清晰的主题与目的；

（2）要认真计划议程；

（3）要邀请有关或者有需要的人士参加；

（4）事前向有关人员介绍活动情况；

（5）要注意主持活动者不是垄断者，需要多听参与者的发言；

（6）让所有参与者都有发言的机会，引导并促进他们相互沟通、彼此回应；

（7）要努力使参与者心情舒畅，觉得在活动中有所收获。

2. 注意运用沙龙主持技巧

活动中，主持人的主持技巧以及所带动的场内氛围是沙龙成功的关键。主持人作为沙龙的核心，要掌握以下几个技巧。

（1）聆听。

参与者发言时，主持人要让发言者知道你在仔细听他发表意见，要从发言人的语言内涵和表达方式中收集更多的信息，同时还要观察其他参与者的反映。

（2）提问和邀请发言。

主持人要善于启发、引导和鼓励参与者发表意见，用开放式的问题给每个人均等的机会，有时也要特别注意征求有关人员的意见或礼貌阻止滔滔不绝者的发言。

（3）注意澄清和引导。

为使发言不偏离主题，主持人要及时地复述参与者的观点，及时综合各方面的意见，作出总结分析，把握沙龙的整体进程。

（4）多用赞美和鼓励。

主持人对发言的人给予及时的鼓励和肯定，会使其感到被尊重和被重视，从而增加发言的积极性。

（5）运用身体语言。

主持人的目光、面部表情、身体姿态对沙龙的有序开展都有一定的辅助作用，因此要善于运用目光和表情，让参与者感受到开放、谦和、民主和友善。

（6）把控时间。

主持人对时间的把控要精准，要注意活动时间长度适中，不拖延。

六、社区活动在家庭社会工作实务中的运用

社区活动是社会工作者常用的一种活动形式，是由社区工作者/社会工作者策划、发起、组织的，由社区居民参与的，旨在丰富社区居民生活、提高社区居民素质、实现社区

和谐发展的各种各类活动。社区活动着眼于居民多层次、多样化的物质文化需求，在家庭社会工作中发挥着重要作用。

（一）社区活动的类型

根据活动人群、性质以及内容的不同，社区活动可分为不同的类型。围绕家庭开展的社区活动主要有以下几种类型。

1. 亲子互动类

亲子互动类社区活动以游戏为主，如闯关夺宝、合作完成某项任务等。这类活动有利于增进亲子关系，激发孩子的潜能，促进家庭幸福美满。

2. 观念倡导类

观念倡导类社区活动主要通过宣传符合时代主旋律的家庭文化的方式，如组织晚会、知识宣传、表演等，引导人们建立正确的价值观、婚姻观和家庭观。

3. 知识宣传类

知识宣传类社区活动主要围绕家庭各类问题进行，通过知识竞答、派发资料、知识展出等形式增进人们对家庭相关知识的了解，帮助人们预防一些常见的家庭问题。

（二）社区活动的几个阶段

采用社区活动的形式开展家庭社会工作时，社会工作者主要应从以下几个阶段来完成相应的工作。

1. 准备阶段

（1）需求调查。

在开展社区活动前，确定合适的活动主题非常重要，活动的主题要符合服务对象的需要。这就要求要进行需求调查，要注意服务人群的特征，如年龄、职业、性别等。围绕家庭中的不同人群开展的社区活动是有一定区别的。

（2）活动策划。

进行活动策划时要结合机构、社区等方面已有的资源，并形成活动方案。活动方案一般包括活动背景、活动理念、活动目标、活动流程、人力投入与分工、经费预算、活动预案、评估方案等。

（3）资源筹备。

为确保活动的顺利开展，社会工作者需要提前将活动中需要协调的资源和物资准备好。

（4）宣传招募。

一般在活动开展前一周，要在社区内进行宣传，让更多的人了解活动，为活动的顺利开展奠定基础。一些社区活动需要提前进行人员招募，如亲子比赛。在招募人员时，若活动是针对特定人群的，则还要进行筛选。

2. 开展阶段

（1）布置现场。

社区活动现场讲究整体化、整洁化、方便化。社会工作者一般应在活动开始前30～60分钟到达现场，做好布置现场的工作。

（2）组织签到。

由于社区活动多为开放式的，因此，统计参与人员数据是一个难题。针对不同的社区活动，签到方式可有所不同。开放式社区活动多以参与人员自主签名的方式进行，封闭式社区活动视参与人员的多少，可采用参与者自主签到或点名的方式。

（3）协调把控。

在活动进行过程中，社会工作者应注意观察现场情况，灵活应对现场突发事件。活动中应安排有机动工作人员，以确保活动的顺利开展。活动时间以控制在1.5小时左右为宜，过短无法达到效果，过长则容易使参与者产生疲惫感。

3. 结束阶段

（1）清理场地。

社区活动的开展一般会使用较多的活动物资，因此，活动结束后要及时清点、整理活动物资，并做好活动现场的清理工作。

（2）评估回访。

评估是测量活动成效的重要方式，有助于总结服务过程中的优点和不足。因此，活动结束后社会工作者要及时对参与人员进行回访，收集反馈信息以供日后参考。

（三）注意事项

1. 宣传

使用社区活动的形式开展家庭社会工作时，在前期宣传方面应注意以下三点。

（1）宣传的地点。

可在一段时间内固定到某个人流较多的地方进行宣传，使居民每次路过时都能看到。

（2）宣传的时间。

宣传的时间也需要相对固定，可选择居民出入频繁的时间段，以使更多的居民了解。

（3）宣传的形式。

① 设置摊点：要有醒目的横幅或者较大的标识物（如展板等），以吸引服务对象的目光，也可以通过音乐等方式吸引服务对象；还要有介绍活动的宣传单，让居民清楚地了解活动内容。

② 走访宣传：要准备活动介绍单，通过走访的形式对活动进行宣传。

③ 媒介宣传：可以借助QQ群、微信群等网络媒介对活动进行宣传。

2. 活动现场布置要素

（1）要提前搭好帐篷，摆好桌子，安装好需要用的各种仪器。

(2) 开启音响，进行社区活动宣传，吸引社区居民聚集。

(3) 在活动现场显眼的地方拉挂横幅，使活动主题一目了然。

3. 现场秩序的维持

(1) 活动组织者要负责维持活动现场的秩序。所有相关工作人员应根据活动分工及安排有序开展工作。工作人员要团结合作、互相理解、互相帮助。

(2) 在条件允许的情况下，现场工作人员应穿着活动统一服装，这有助于参与人员在需要时方便地找到工作人员。

任务二　学习体会家庭社会工作治疗性个案

I 任务体验

阅读下面的案例：

小 A，男，在读初三，对学习不感兴趣，在家里除了上网打游戏（不让在家上网，便去网吧），就是看电视，生活中极为懒惰，极少关心家里的事。早晨父母多次叫起床不起，叫次数多了会恼羞成怒，有时还对父母动手。和父母吵翻后，经常离家出走，每次离家出走天数不等。社会工作者通过与其父母交流了解到，其父亲面对儿子的粗暴性格几乎没有应对办法，哪怕是孩子出手伤及自己也不知道如何还手。母亲更是拿儿子没有一点办法，只能以泪洗面。

自由结成若干个小组，小组成员结合家庭治疗理论，从不同角度分析、讨论造成小 A 这个家庭情况的可能原因。

S 任务分享

各小组汇总本组的讨论结果，然后在班内进行分享。

T 任务总结

在实践中，社会工作者常常需要从理论角度帮助案主提出假设，然后让案主根据引导回答问题，这样才能帮助案主寻找自己的家庭问题。在本案例中可以从以下几个方面引导案主。

(1) 家长一直不重视家庭教育，在孩子成长的过程中没有学习家庭教育知识。面对孩子时，只采取被动式应付。孩子小时，父母利用权威进行约束还起作用，但孩子进入青春期后，父母便无力再采取强迫性的管教措施。

（2）家庭秩序比较混乱，没有任何可以约束孩子行为的家庭规则，孩子可以随心所欲地发泄自己的情绪，从不会顾及父母的感受。

（3）家庭教育没有分工，要么一个人简单粗暴地管教，要么夫妻两个人共同讨伐孩子，导致孩子与父母没有共同语言，无法保持良好的沟通。

（4）在家庭里没有最起码的家务分工，所有的家务都由父母来做，孩子在家里吃喝无忧，想要什么，家长只好被动讲条件给予满足。

（5）父母存在教育理念的分歧，对孩子的教育分歧已经扩散并影响到夫妻之间的情感，且孩子发现父母缺乏相互尊重，他学会了利用这种分歧，家庭已经出现了倒三角式的家庭结构。

（6）孩子的父亲在一定程度上缺乏理性的做人原则，对孩子成长中的某些负面行为缺乏敏锐的观察和判断力，在孩子眼中几乎没有威信，因此无法教育和引导孩子改变不断累积的坏习惯。

以上各种假设都需要与案主交流，最终找到其家庭的真正问题，然后社会工作者才有机会针对家庭的真实需求设计介入计划。

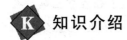 知识介绍

家庭社会工作的内容非常广泛，社会工作者可以开展各种陪伴、成长、支持或教育性的小组或社区活动，也可以针对一些困难家庭提供各种直接帮助或资源链接等。

其中，最能体现家庭社会工作专业性的服务是针对家庭问题的治疗性个案服务。下面列举了四个治疗性个案实例，供大家学习参考。

案例一：复杂家庭结构对孩子行为的影响及社会工作者的介入方法

一、李女士的家庭故事[①]

李女士，32岁，在某小区的居委会工作。她了解到街道购买了××社会工作服务中心的家庭社会工作服务项目，可以为社区内的居民提供家庭方面的服务。而她目前正好面临一个比较棘手的家庭教育问题，于是她想向社会工作者寻求帮助。

---

① 家庭故事来自案主与社会工作者的访谈记录整理。社会工作者在与案主接触时，需要带着理论目标和交流技巧同案主沟通。在家庭社会工作过程中，社会工作者需要不断地将案主对自己和家庭的描述归类到家庭治疗理论中，并透过理论知识引导和帮助案主对自己的家庭进行更加深入的分析和解释。所以，掌握家庭生命周期、结构功能主义、冲突主义等理论，以及叙事家庭治疗、结构式家庭治疗、萨提亚家庭治疗、系统式家庭治疗等家庭社会工作理论，是家庭社会工作者的专业基本功。如果缺乏基本功的支撑，就难以在实践中确定案主的真实需求并为案主提供专业的服务。

案主小时候生活在一个农村家庭，父母经常吵架，但感情依然和谐。她有一个哥哥，很聪明，家里也很宠爱他，所以不太懂事，或者说比较自私，不过兄妹感情不错。在案主18岁的时候，父亲因为意外事故去世，并且案主高考失利，所以选择辍学打工。她来到重庆后认识了现在的丈夫——韩先生。韩先生有婚史，并且有两个女儿都由韩先生抚养。他们结婚后，又有了自己的一个女儿。最近一年，案主的哥哥离婚了，双胞胎儿子没有人带，所以也送到了案主家里。这样案主家里一共有五个孩子。其中，大儿子（①）和二儿子（②）是案主的哥哥与其前妻所生，上小学三年级；大女儿（③）和二女儿（④）是案主丈夫韩先生与其前妻所生，大女儿上初中，二女儿上小学四年级；案主和韩先生所生的小女儿（⑤）还在上幼儿园。案主家的家庭关系如图8-3所示。

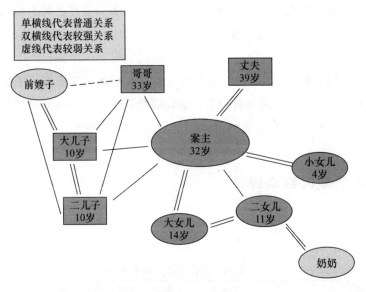

图8-3　案主家的家庭关系

由于韩先生工作繁忙，很少回家，所以家里实际上形成了一个母亲带五个孩子的结构。在五个孩子中，大女儿虽然小时候与案主有过多次冲突，甚至还离家出走过。但案主通过真心付出，感动了大女儿，她们之间建立了非常好的母女关系。

二女儿小时候在奶奶家长大，三岁后才回到这个家庭，所以与家人关系一直都较疏远，即使和韩先生也不是很亲近，并且由于奶奶比较溺爱她，养成了一些坏习惯。据案主描述，二女儿会偷拿家里的钱去买零食，甚至在超市偷东西，说谎毫不脸红，也不愿意参与家庭劳动，比较自私。案主认为偷钱和说谎都是必须杜绝的个人品格问题，所以对她进行了各种教育，简单来说就是试图用奖励和惩罚的方法来改变二女儿的行为习惯。开始的时候，案主对二女儿进行了耐心的说服和鼓励，但是不起作用，后来就使用了轻重不一的惩罚，甚至严厉的打骂，但依然无效。案主因此产生了无力感，希望社会工作者能够帮助她教育二女儿①，让她改掉偷盗和说谎的习惯。

此外，大儿子和二儿子有拖沓、好吃的小毛病，缺乏主观能动性，不能独立完成作业，有时候会和二女儿一起买零食吃，事后为了不被发现甚至一起说谎。案主认为大儿子的问题多一些，主要涉及其原生家庭，据说他们的妈妈更加溺爱大儿子，因此大儿子表现得更自私、懒惰和喜欢耍小心眼。不过在案主的教育下，两个儿子都有进步，所以对两个儿子案主不是太担心。

此后通过进一步与案主沟通，社会工作者又了解到二女儿在学校表现良好，没有偷盗或其他不良行为。据案主介绍，开家长会的时候，其他同学家长甚至都表扬二女儿很懂事、听话，和其他同学相处良好。

另外，社会工作者发现案主本人具有较高的个人素质，一直在努力地当个好妈妈，能够坚持用爱和公平的原则对待所有孩子，且夫妻关系和谐。她自己的小女儿尚在幼儿园，非常活泼可爱、有礼貌。

案主的家庭总体上氛围很好，丈夫虽然很少回家，但是为家庭提供了比较好的经济保障。五个孩子在妈妈的统筹教育和管理下，都能够融洽相处，没有不可调和的矛盾，基本上能够服从妈妈的权威，平时在家中也多会帮助妈妈做一些家务，虽然难免相互推诿和抱怨。

二、案主的家庭需求评估

在多次访谈的基础上，结合家庭社会工作相关理论，社会工作者对案主的家庭需求进行了评估（如表8-16所示）。

表8-16 案主的家庭需求评估

需求（问题）	需求（问题）原因分析
家庭结构过于复杂，孩子和父母在家庭角色认知方面有偏差	案主家庭现在有五个孩子。其中①和②是案主哥哥家的孩子，案主的哥哥由于离婚，生活比较消沉，所以将两个儿子寄养在案主家里。两个孩子都在上三年级，并且在同一个班级。③和④是案主丈夫与其前妻所生的两个女儿。⑤是案主的亲生女儿。所以该家庭不是传统意义的核心家庭。①和②对于案主从亲戚到监护人这一角色的转变，一段时间内比较难接受。③和④已经和案主一起生活几年了，③和案主已经有很好的感情，但是④情感上还是比较依恋奶奶。家庭成员多方面的情感需求和自我定位的不同，在一定程度上造成了家庭角色认知方面有偏差

---

① 一个妈妈带五个孩子，在现代家庭中很少见，并且还是这种复杂的家庭结构，这容易对家庭成员造成心理和行为的影响。社会工作者在了解到家庭基本历史和结构后，需要保持中立态度，并多从理论视角来理解和分析案主对家庭问题的描述。否则容易落入家庭问题中心主义，即把家庭中的所谓"病态"行为或个体当成是家庭问题的中心，而失去了把问题放入家庭整体结构或系统中进行观察和分析的能力。

续表

需求（问题）	需求（问题）原因分析
家庭权力单一，次系统边界难以规范	在这个家庭里，母亲是唯一的权力核心，几个孩子都和案主生活在一起，受案主管理。①和②的父亲现在在外地上班，和两个孩子的接触很少。案主的丈夫也常年在外面上班，和孩子的交流比较少，很少能进行良性的互动。 从家庭权力结构的视角看，母权缺乏父权的制衡，特别是在遇到家庭矛盾时，缺少父权起到的缓和及对比作用，因此孩子不容易获得健全人格。案主虽然能够尽力保持一种平等的态度，但是这种单一的家庭权力结构，不可避免地会使孩子对母亲要么讨好、要么对抗。母亲需要非常高超的沟通技巧和长时间爱的付出，才可能获得普通母亲对孩子的那种基于爱和尊重所产生的控制能力 从家庭系统角度看，由于丈夫较少参与家庭生活，夫妻系统与亲子系统边界难以建立。这就间接地导致母亲过多地直接管控孩子，使得在孩子们内部形成了基于母亲喜好而联营对抗的结构，即"好孩子"和"坏孩子"围绕母亲的权威而对抗
孩子在家庭生活中缺乏内省和自律动机	据案主描述，①、②、④在放学后做作业速度慢，特别是①，本来一两个小时就能做完的作业，有时候要拖到晚上九点甚至十点才能做完。案主每天下班之后还要辅导孩子们的作业。但孩子做作业的时候注意力不集中，做了一会又会想着其他事情。案主对此感到很苦恼 在普通核心家庭中，孩子行为背后的逻辑是想要获得安全感和母亲的爱。所以适度的惩罚和奖励就能够规范孩子的行为，而后逐步培养孩子的行为习惯，并让孩子自己拓展社会关系，从社会关系中获得自我价值感，以提升孩子内省能力和自律动机 但案主家庭的特殊情况，造成孩子既不认可这个继母的爱，也缺乏获得自我价值感的路径，家庭、学校和小伙伴群体都比较缺失。特别是外来的①和②，他们很难快速建立社会关系。相对而言，④的情况会好一些，案主也提到④从不偷同学的东西，而且同学和同学的家长还都认为④是个好孩子。由此可见，④在社会层面是有自己的价值感和自律动机的，④的问题主要是在家庭里对继母的"爱"不理解
个别子女的道德感存在成熟滞后问题	①和④是案主认为的主要问题点，特别是④，有时候自己零花钱不够用就会拿家里的钱，被案主发现后不但不承认，而且会说谎且不心虚，直到被彻底揭穿。④较为自私，不愿意为家庭和他人付出，好攀比，对案主的教育不满，认为案主偏袒③和⑤ 从科尔伯格的道德发展理论分析，可以认为④的道德水平还停留在前道德水平的第二阶段，即功利的利己主义阶段，还无法认知家庭关系、人际关系的重要性。但据案主描述，④在学校表现得非常不错，能够很好地维护自己和其他同学的关系。所以综合后可以认为，由于④在家庭结构中，处在上有听话的姐姐，下有继母的小女儿的位置上，因此④非常缺乏安全感，于是想通过不断挑战案主的权威的方式来证明自己的聪明和独立。 需要让④认识到，家庭成员的关系同样要以诚信为原则，她以偷钱的方式满足自己的安全感需求是错误的
原生家庭对孩子内心伤害没有得到修复，导致孩子出现了一些行为偏差问题	①和②的父母离婚，母亲已经再嫁，现在他们的生活，经济上是由父亲（即案主的哥哥）在承担，生活、学习由案主照顾，身边缺少了父亲的角色。父母的离婚对两个孩子造成了很大的影响。①与他的妈妈有比较强烈的情感连接，在很长一段时间内还是会比较想妈妈。由于对母爱的渴望，①有些行为比较女性化，喜欢女生的玩具，案主对此较为担心 需要帮助案主认识到，孩子的某些行为只是由于内心受到伤害、缺乏安全感或单纯的撒娇而导致的短期行为，家长无须过度解读或给孩子贴标签，因为那样反而会强化某些行为。家长只需要多带孩子参加户外运动，按照男孩子的标准要求他即可

三、介入计划及效果评估方法[①]

1. 介入计划[②]

为了让孩子认识到家庭成员间的互动也需要诚信，认识到案主的家庭角色困境，从而体谅案主，并且基于真实家庭互动经验而获得行为改变的内省力，拟以家庭权力游戏为媒介，帮助孩子在真实的家庭互动中认识自我行为的意义。游戏分为三个阶段，游戏进入下一阶段的标准为：游戏获胜者固化或失去竞争和对抗性。

游戏涉及五个孩子、父母（案主及其丈夫）、案主的哥哥共八人，每一周选取其中两人作为家庭委员，分配家庭共同的零花钱。两个家庭委员分别享有家庭共同零花钱50%的分配权，可以按照各自认同的方式进行分配，不需要相互商量。所有人可以随意支配获得的零花钱。三个阶段游戏的具体安排分别如表8-17～表8-19所示。

表8-17 第一阶段：家庭权力与家庭角色的认知

游戏中的概念	家庭委员角色的获得	家庭委员的分配权力	理论说明
基本规则	家庭委员依据对家庭的贡献（劳动与服务）产生，从八人中选出两人担任家庭委员	家庭委员享有完全的分配权，可以根据自己的喜好随意分配	从日常的家庭生活中创造家庭权力转变和家庭角色重新认知的机会
游戏的自然结果	父母的家庭贡献往往比较大，所以父母容易在第一时间获得家庭委员的身份	父母基于"爱与公正"进行分配	如果仅停留在这种状态，孩子并不能理解父母的家庭角色与爱的付出。因此，需要创造比较和换位思考的条件，即需要设计人为变量
游戏中的人为变量	父母故意变得懒散，让孩子有更多的机会成为家庭委员	孩子一旦获得分配权，会根据自己的喜好分配，多分给自己喜欢的人，甚至可能占据全部份额	父母假装变懒的过程就是家庭权力转移的过程，孩子当选家庭委员后进行分配的过程就是换位思考以及行为对比的过程。在此过程中，孩子能够观察到父母为家庭的付出、父母角色的艰辛，以及父母的爱与公正
父母在游戏中的家庭教育者角色	父母需要引导孩子认识到父母角色的艰辛，但不是通过说教，而是通过在孩子遇到困惑时，做出正向引导	当孩子在分配过程中遇到人际冲突时，只要没有安全问题，父母不要说教或过度介入，因为适当的人际冲突是认知水平提升的必要条件	当孩子认识到家庭不能没有父母的角色，并在人际冲突中感受到父母的爱和公正时，家庭关系与家庭角色的问题就会逐步缓和

[①] 制订介入计划是社会工作者开展服务前最重要的工作，需要根据案主个人及其家庭情况，运用家庭社会工作理论，充分考虑专业性和科学性，结合实践经验，设计出一套切实可行的介入方案，在实际介入的过程中，可以根据实际情况对介入计划做出调整。制订介入计划有助于防止在项目实施过程中社会工作者迷失方向。

[②] 本案例介入计划的基本逻辑：用真实的互动经验替代说教；根据家庭社会工作理论，从家庭关系、角色、互动方式、自我控制等层次，逐步解决案主的家庭问题；可以通过行为数据评估最终介入效果。

游戏中的概念	家庭委员角色的获得	家庭委员的分配权力	理论说明
社会工作者的角色	社会工作者进入家庭宣布家庭游戏的规则,并作为游戏规则的解释和仲裁方,成为家长控制游戏进程的助手,同时以观察者、教育者等角色参与家庭问题的分析和解决过程。此外,尝试与孩子建立心理连接,做长期治疗准备	在此游戏中,社会工作者既能参与家庭治疗,又能够独立于家庭之外(可以减少结束治疗时的离别问题)	

表8-18 第二阶段:个人品行与家庭关系的认知

游戏中的概念	家庭委员角色的获得	家庭委员的分配权力	理论说明
基本规则	家庭委员的产生:暗箱不记名投票,一人一票,得票最多的两人为家庭委员	家庭委员享有完全的分配权,可以根据自己的喜好随意分配	民主选举的过程就是人际关系表达和潜在改善个人行为的过程
游戏的自然结果	父母当选的可能性偏大,所以父母容易在第一时间当选家庭委员	父母基于"爱与公正"进行分配	在初始阶段,孩子更容易相信父母的公正而使得父母当选,需要设计人为变量让孩子尽快当选
游戏中的人为变量	采用不能连任制民主选举,以防出现父母多次连续当选的情况	孩子一旦获得分配权,会根据自己的喜好分配,多分给自己喜欢的人,甚至可能占据全部份额	民主选举的过程就是淘汰的过程,自私、不诚信、滥用权力等行为都会造成落选和人际关系冲突。孩子在此过程中能够体会个人良好品行的重要性。设计不能连任制是将分配权转交给孩子的方法
父母在游戏中的家庭教育者角色	父母需要引导孩子认识自己的某些行为对良好家庭关系的危害,社会工作者需要配合家长帮助孩子从功利的利己主义道德水平上升到以人际关系为标准的道德水平,并讲解契约精神,让孩子对自己的道德观念有比较完整的认识	孩子在民主选举的时候,会在家庭成员中做很多的对比,父母再次当选的过程则是孩子体会到父母的公平和爱的过程	选举过程中,为了利益最大化,难免会出现各种拉帮结派的现象。只要没有造成严重后果,应当允许适当人际冲突的发生,让孩子们自己解决问题。当孩子们要求社会工作者或家长介入时,社会工作者或家长再给予引导,这样能发挥最好的教育效果

表 8-19 第三阶段：权力制衡和自律能力的提升

游戏中的概念	家庭委员角色的获得	家庭委员的分配权力	理论说明
基本规则	家庭委员的产生：暗箱不记名投票，一人一票，得票最多的两人为家庭委员。由两个家庭委员分别在未当选的六人中各选取三人，被选人有权拒绝，如果拒绝就自动加入另一名家庭委员的组。第一个满员组（4人为满员）为A组，另一组为B组	将零花钱分为不均等的两份，A组拿大份，B组拿小份。两个家庭委员各自负责分配自己组的零花钱，钱不论多少必须被分为四份，每人必须有一份	每个家庭成员选举的理由都不同，每个理由背后都有相应的想法，这样就会增多家庭成员之间的交流和冲突。落选成员往往会在自己身上找原因或增多与他人间的冲突，或者会为了下次选举成功做出一些改变
游戏的自然结果	家庭成员按自我喜好加入家庭委员组，所以个人品行良好、与成员关系良好的家庭委员更容易获得大份金额	孩子根据自己的喜好和与其他成员间的关系分配，分给自己喜欢的人	原来家庭委员可随意分配时，孩子只会从个人喜好出发进行分配，并不会考虑到整体，现在孩子在分配金额时，可能会考虑到组员，每人不论大小都有一份，这可以增强孩子的集体观念和家庭凝聚力
游戏中的人为变量	设置由组员决定领零花钱的顺序（即组长第一个或最后一个领取零花钱）	A组家庭委员自由决定自己组领零花钱的顺序且规定B的顺序	B组领零花钱顺序受A组家庭委员制衡，可能会直接影响B组家庭委员的分配梯度，他不确定自己是否可以第一个领取，所以他会考虑如果自己最后一个拿的情况，因此分配得会更公平，这反过来也刺激了A组家庭委员保持公平分配原则
父母在游戏中的家庭教育者角色	父母需要引导孩子认识到个人信用和自我控制能力对自己的长期利益和价值的影响	当孩子在分配中遇到人际冲突时，父母不要过度说教或直接介入，因为适当的冲突是认知水平提升的必要条件	这个游戏逐渐变得比较复杂，需要反复进行，孩子在此过程中，可以体验到权力的制衡，个人信用和自我控制能力对自己的长期利益和价值的影响，从而在内心层面逐渐形成正确的价值观

2. 效果评估方法

一般人可能会认为应该从案主的直接需求角度对家庭社会工作的效果进行评估，即二女儿不再有偷盗和说谎的行为。但这种评估缺乏科学性和专业性，因为改变二女儿行为的原因非常多，甚至可能只是她基于压力在掩盖行为。家庭社会工作需要通过家庭成员之间的互动和关系改善让相关家庭成员发自内心地做出改变，因此，观察和评估改变的点不应是直接的病态化行为，而是那些能够反映家庭成员内心变化的行为。只要这个行为能够反映出通过家庭社会工作的介入，家庭成员对家庭的关系、角色、权力结构、系统边界、情感认知与表达等理念发生了改变，就足以说明介入有效。

所以在此案例中，评估二女儿是否发生改变的观察点应当是她如何获得家庭委员身份和她当选家庭委员后的分配方法。

在如何获得家庭委员身份上,主要观察她是否能够遵守规则,是否积极参与,也可以通过交流了解她参与游戏的目的和体验,从而评估三个阶段的介入对她的影响。

在分配方法上,需要详细记录她每次当选家庭委员后如何分配零花钱,并进行前后比较,通过其分配方法的变化可以观察到她在以游戏为媒介的家庭互动中发生的改变。

四、介入过程记录

在现实中,由于案主的哥哥和丈夫都不能参与游戏,所以最终只能是五个孩子及案主一起参与。介入过程中只有一次案主的丈夫恰好在家,于是邀请他参与过一次游戏。

1. 第一阶段介入

由于教材篇幅有限,我们对个案辅导过程记录进行了简化。这里只展示第一次介入的详细记录(如表 8-20 所示)和之后介入的概况。

表 8-20　第一次介入记录

时间	××××年××月××日	地点	案主家中	介入次数	第一次
介入目标 (1) 与案主的五个孩子建立基本关系,加深社会工作者与孩子们的了解 (2) 按照介入计划,由社会工作者统计第一周家庭贡献表的得分并组织大家选出第一周的家庭委员 (3) 家庭委员分配自己可支配的零花钱,社会工作者了解家庭委员的分配动机 (4) 社会工作者进一步观察案主家庭的沟通模式,获得第一手资料 (5) 预约下次介入时间					
介入主要过程记录(对话主要过程)					观察发现及感受
由于上一次对孩子们的了解程度不够,所以这次又请几个孩子分别做了自我介绍,一方面是为了建立与孩子们的关系,另一方面是在等待正在上厕所的大女儿。首先自我介绍的是小女儿,其次是二女儿,两个儿子比较害羞,让他们自我介绍的时候都躲到房间里面去了,不愿意出来 孩子们自我介绍完后,社会工作者将买好的笔记本发给每位家庭成员,并介绍了笔记本的作用,即每位家庭成员要把一周之内做的家庭贡献记录在笔记本上,包括时间、地点、贡献人和分数。 第一周是根据妈妈的记录确定的家庭委员,最终妈妈和小女儿以第一名和第二名当选了家庭委员,两人分别可以分配 30 元零花钱。两人的分配结果如下:					分配零花钱的结果是出乎意料的。之所以有此结果,并非妈妈想把钱留着,而是因为小女儿是这周的家庭委员之一,因为年龄是最小的,所以在分配零花钱上是没什么意识的。小女儿分配给大女儿的零花钱较多,她说因为大姐在学校要用钱,所以要多给她,然后给妈妈分配得也较多。小女儿分配完后,妈妈也做出了相同模式的分配。妈妈这么做是为了保护小女儿,怕小女儿在家中受到哥哥姐姐的排挤。但她又不能明说,所以就以怕孩子们花钱太多为由,给每个人分了 1 块钱,这样就不会显出小女儿在分配上的不公,同时也维护了作为母亲应该维护的公正原则
家庭成员	妈妈	大儿子	二儿子	大女儿	二女儿	小女儿
妈妈的分配/元	25	1	1	1	1	1
小女儿的分配/元	10	1	1	10	1	7
总计获得/元	35	2	2	11	2	8

续表

一、本次介入目标达成情况（效果）
1. 孩子们对游戏具有较高的热情，愿意参与
2. 家庭成员间的人际冲突已经开始暴露
3. 社会工作者引导案主控制游戏方式，从而引导孩子们认识自我

二、社会工作者的观察和分析
1. 两个儿子比较害羞，当社会工作者请他们做自我介绍的时候就躲到房间里去了，不太愿意和陌生人沟通，这可能是因为他们缺乏家庭的归属感，没把自己当成家庭的一分子，而且两个孩子总是形影不离，给社会工作者一种相依为命的感觉。在家庭委员分配零花钱后，他们的脸上微微有种不高兴的表情，但是又没表现得特别明显。社会工作者准备在后面的介入中继续观察这两个孩子的表现，以为他们选择相应的治疗方式
2. 大女儿这次的表现很出乎社会工作者的意料。在上一次介入中，她对社会工作者似乎不是很信任，社会工作者征得案主同意之后单独介入大女儿，给她讲了游戏的目的、规则，以及想要取得的效果。在这次介入过程中，大女儿表现得比较积极，也很配合，由于上了初中，周一至周五都没在家里，所以她的家庭贡献较少，二女儿建议她在学校洗自己的衣服也可以加分。在第一周的游戏中，大女儿获得的零花钱较多，她对自己所得到的分配也比较满意，没有很大的抵触情绪。社会工作者会慢慢引导她成为游戏管理者的角色
3. 二女儿上四年级，在社会工作者看来，她的行为在某些方面比较成熟。例如，在社会工作者给他们每个人都发了笔记本之后，她轻声地问这个笔记本多少钱，然后把买笔记本的钱补给了社会工作者，这是一般人很少能够想到的。综合她在家庭里的角色，在社会工作者看来，她这么做是想引起其他家庭成员的注意，有一种急切想要被别人认可的表现欲望。在算家庭贡献表分数的时候，她为大女儿争取了在学校洗衣服也能加分，这说明她比同龄人思考得多，但同时内心也比较敏感。从她所做的这些事情看来，在沟通模式里，有点接近讨好型的模式，即她做的事情都非常想得到别人的认可。在零花钱的分配中，二女儿分得的较少，她对此感到不满意。在这种情况下，社会工作者要教会她接纳自己，虽然这次没能当选家庭委员，但是家庭委员每周都会重新选举，所以通过自己的努力是有机会当选家庭委员的

三、社会工作者遇到的困难与障碍（社会工作者的需求）
1. 社会工作者刚进入案主家的时候分工不足，即没有提前规定每个社会工作者该做什么事，所以在介入的过程中是谁想到了什么就说什么
2. 跟孩子们之间的交流不是很多，虽然与孩子们有了一定的互动，但孩子们对社会工作者仍然不是很了解，在社会工作者面前不能完全放开自己。这一周孩子们在零花钱的分配上没有什么矛盾，但是以后可能会产生分歧，社会工作者要有相应的调整措施
3. 家庭关注的核心都在小女儿身上，社会工作者应该引导大家调整这种互动模式，让每一个家庭成员都感受到自己在这个家庭里面的存在，让家庭有一种平等的沟通模式
4. 在家庭贡献表里计分方面，之前考虑的是孩子们的年龄和她们的劳动能力成正比，因此设计了系数，但在这次游戏中发现，年龄最小的小女儿的家庭贡献是最大的，所以系数就没用上。因此在调整介入方法的时候，也要根据事情的变化具体问题具体分析

四、跟进计划和安排
1. 通过电话回访与案主及其家人保持联系
2. 准备下周继续介入

　　第一阶段第二周时，二女儿就通过自己的努力当选了家庭委员。

　　第二周家庭贡献得分情况如表 8-21 所示。

表 8-21　第二周家庭贡献得分情况

家庭成员	妈妈	大儿子	二儿子	大女儿	二女儿	小女儿
得分	33	12	7	12	22	12

当选家庭委员后,二女儿采取了比较自私的分配方式,分配明细如表 8-22 所示。

表 8-22　第二周二女儿当选家庭委员后的分配明细

家庭成员	妈妈	大儿子	二儿子	大女儿	二女儿	小女儿
分得的零花钱/元	2	1	1	5	20	1

这种分配方式某种程度上是受到母亲上一周分配的影响,但不得不说,二女儿也有可能希望用效仿母亲分配的方式来掩盖她的自私行为。

在第一阶段的六轮游戏中,二女儿一共当选了四次家庭委员。其中,第三次时她之所以落选,是因为二儿子得分更高一点,她应该是希望以最少的力气获得最大收益,但是没有把握好,得分略少于二儿子。之后她一直很努力做家务,凭较高的分数当选家庭委员,以获得零花钱的分配权。第四周至第六周二女儿当选家庭委员后对零花钱的分配明细如表 8-23 所示。

表 8-23　第四周至第六周二女儿当选家庭委员后对零花钱的分配明细

家庭成员	妈妈	大儿子	二儿子	大女儿	二女儿	小女儿
第四周分得的零花钱/元	5	0	0	5	15	5
第五周分得的零花钱/元	6	1	1	1	20	1
第六周分得的零花钱/元	2	2	0	1	25	0

从以上二女儿的分配明细可以看到,她始终保持了比较自私的分配方式。这种行为造成了一定的人际冲突,特别是引起了大儿子和大女儿的不满。据案主说,二女儿将自己获得的零花钱都用于购买零食,没有存钱,日子过得很潇洒。这为后来她突然失去这份特殊收入后,嘴馋又去偷了超市的东西埋下了伏笔。

在第六周游戏后,社会工作者发现在当前游戏规则下,大女儿和大儿子从未成功当选过家庭委员,因此他们逐渐失去了游戏参与感。

第六周家庭贡献得分情况如表 8-24 所示。

表 8-24　第六周家庭贡献得分情况

家庭成员	妈妈	大儿子	二儿子	大女儿	二女儿	小女儿
得分	31	0	12	0	15	4

由于大女儿和大儿子不再愿意为获得家庭委员的分配权而努力,所以社会工作者认为从第七周开始有必要将游戏推进到第二阶段。

2. 第二阶段介入

在第二阶段，家庭委员由家庭贡献计分产生变为选举产生，即获得家庭委员的重点从个人能力转变为人际关系。二女儿在这一阶段开始感受到压力。她虽然找到了"拉帮结派"的方式，即通过给予大儿子和二儿子一些好处（如得了钱就给大儿子和二儿子也买零食），让两兄弟投票给自己，但她由于无法克制自己花钱买零食的欲望，获得分配权后还继续用自私的方式分配，最终在侥幸当选两次过后，就再没有当选过。二女儿当选家庭委员的两次分配明细如表 8-25 所示。

表 8-25 第八周和第九周二女儿当选家庭委员后对零花钱的分配明细

家庭成员	妈妈	大儿子	二儿子	大女儿	二女儿	小女儿	备注
第八周分得的零花钱/元	2	1	1	不在	25	1	大女儿住校未归
第九周分得的零花钱/元	2	3	3	4	15	1	父亲回家，参与游戏，分得2元

案主说，第八周时二女儿去偷了超市的凤爪，被发现了，她带孩子去道歉并付款，为这事二女儿还挨了打。第一阶段的连续获胜与第二阶段的颓势对二女儿产生了冲击，事实上从表 8-25 就能看到二女儿正在发生转变。她增加了分给其他人的零花钱，只是她的这种转变小了一点。所以在第九周后，她再没有当选过，只能等待别的家庭委员分给她一点零花钱。当然，由于她每次分给别人很少，所以这时候她得到的也很少。

反而大儿子在第二阶段表现较好，成功当选了四次家庭委员。虽然他的分配方式也比较自私，每次都把大部分钱分给自己，但都是交给案主保管。他说他是想要存够 120 元，买一个电子手表。这说明他已经有了一定的自我克制意识，能够延迟消费。并且他的这一举动得到了案主的表扬和肯定，这也是他在第二阶段多次当选家庭委员的一个潜在原因。案主认为这种自我克制的意识会帮助他逐步改善拖延的习惯。

第九周时，案主的丈夫韩先生正好在家，社会工作者邀请他一起参加了游戏。游戏后在单独访谈中，韩先生承认在选举家庭委员时自己把票投给了二女儿和大儿子，因为他觉得这两个孩子是家里问题较多的两个。在问及他对二女儿的看法时，他认为这个孩子没救了，本质不好。社会工作者向他简单介绍了结构式家庭治疗理念，告诉他二女儿处于家庭的尴尬地位，上有听话的姐姐，下有案主的亲生女儿，她很难感受到爱，她比较缺乏安全感和价值感，有可能感觉自己随时会被家庭抛弃，于是才要不断证明自己，无视甚至挑战父母的权威。所以她的偷盗和说谎行为难以像普通小朋友那样通过奖励和惩罚就能改变。在这个家庭里，父亲是她的真正亲人，父亲的陪伴和关心才能给她注入爱的力量。社会工作者建议韩先生尽量抽时间单独陪二女儿散步谈心，不要问学习，而更多地交流两人各自的人生故事。韩先生要学会倾听，在二女儿不愿意交流的时候，给她讲自己的人生故事，把父亲的不易和爱都告诉孩子。只有打开二女儿的心扉，她才有机会真正改变。

第十周,二女儿落选后,非常失落,甚至说没有零花钱了,要去找工作赚钱,并且真的开始在网上找工作,说要找个当厨师的工作。第十一周,二女儿再次落选后,社会工作者认为她已经得到了足够的教训,应该知道在家庭里面也要维护好自己的信用,不可以透支家庭成员的爱,可以准备从第十二周开始将游戏推进到第三阶段。

3. 第三阶段介入

从第十二周开始,选举家庭委员的规则在选举基础上追加了条件:每人投两票。大家一般一票给自己,另外一票给自己喜欢或者觉得最无害的人。所以这次投票结果是大女儿(3票)和小女儿(4票)当选。这次投票最意外的是二女儿没有给自己投票。第十二周的投票结果如表 8-26 所示。

表 8-26 第十二周的投票结果

家庭成员	妈妈	大儿子	二儿子	大女儿	二女儿	小女儿
所得票数	2	2	1	3	0	4

由于小女儿得票较多,所以她的组是 A 组,可以分配 40 元,并且由她开始选人加入自己的组。她首先选了妈妈,大女儿选了二女儿,毕竟她们是亲姐妹。然后小女儿在两个兄弟之间无法做出选择,大儿子很想加入她那一组,一直举手要求,因为这组的零花钱比较多。可是在犹豫片刻后,小女儿还是选择了二儿子。在规则制衡的状态下,她们的分配也一改过去那种自私模式,A、B 两组的分配明细分别如表 8-27 和表 8-28 所示。

表 8-27 A 组的分配明细(40 元)

小组成员	小女儿(组长)	妈妈(组员)	二儿子(组员)
第十二周分得的零花钱/元	20	10	10

表 8-28 B 组的分配明细(20 元)

小组成员	大女儿(组长)	二女儿(组员)	大儿子(组员)
第十二周分得的零花钱/元	14	3	3

从表 8-27 和表 8-28 可以看出制度对人的行为具有极大影响力。家庭关系和家庭结构其实就是一种非正式的制度,孩子在不同的家庭环境下成长会形成不同的行为习惯和思维逻辑。所以社会工作者在进行家庭社会工作时,要分析家庭成员表面行为背后的家庭问题,把个人问题放到家庭背景中解决。

第十二周结束后,社会工作者单独和案主商量,建议案主在下一周投票给二女儿,让她有机会当选,让她能够在这种新的机制下做出自己的选择。

第十三周的投票结果如表 8-29 所示。

表 8-29　第十三周的投票结果

家庭成员	妈妈	大儿子	二儿子	大女儿	二女儿	小女儿
所得票数	2	1	1	1	3	4

这次小女儿（4票）和二女儿（3票）当选家庭委员，这次还是由小女儿先选组员，她还是先选了妈妈，二女儿本来想选大女儿，但大女儿似乎不愿意，所以二女儿犹豫后选了二儿子，而后小女儿选了大女儿，大儿子自动加入B组。第十三周A、B两组的分配明细分别如表 8-30 和表 8-31 所示。

表 8-30　A 组的分配明细（40 元）

小组成员	小女儿（组长）	妈妈（组员）	大女儿（组员）
第十三周分得的零花钱/元	10	20	10

表 8-31　B 组的分配明细（20 元）

小组成员	二女儿（组长）	二儿子（组员）	大儿子（组员）
第十三周分得的零花钱/元	8	6	6

从表 8-30 和表 8-31 可以看出，组长都在尽量地克制私心，保持公平。从表 8-31 可以看出，这已经是一种非常公正的分配方式，二女儿的行为是基于真实的社会互动经验，不是说教，也不是单纯的友爱，而是明白了公正处事原则是对个人长远发展最有利的理性选择。

五、结案

本来想继续完成第三阶段的游戏，但案主告知社会工作者二女儿被接回奶奶家了，大儿子也被其亲生母亲接走，所以介入只能终止，接着社会工作者进行了结案和评估。

社会工作者向案主建议，当家里能凑够六个人的时候，比如二女儿和大儿子重新回来，或者韩先生和案主的哥哥都在家时，可以继续开展第三阶段的游戏，这个游戏具有推动孩子自我克制和保持公平的作用，所以可以长期开展。

通过三个阶段的游戏，孩子们都得到了锻炼，获得了真实的社会经验，家庭单一的权力结构发生了改变，减少了母亲和子女对垒的威胁，孩子们也体会到了母亲的难处，认识到母亲的爱与公正。

通过分析二女儿获得家庭委员的方式和分配数据的变化，可以看到，她从第一次游戏的不配合，到通过自己努力获得分配权并将零花钱尽量据为己有，到后来"拉帮结派"但不进行合理分配，再到最后认识到维护家庭关系和维护社会关系一样重要，懂得分享并尽量保持公正，说明通过介入，提升了她的自控能力，让她能够以一种较为公平的方式分配手中的权力，这对她一生的成长都是有益的。一个能够以公平和爱的原则对待家人，且具有自控力的人，一定能克服自己的不良欲望，减少直至杜绝偷窃或说谎行为。

后期，社会工作者继续联系案主并给予其支持，特别是有机会的时候还继续鼓励韩先生，建议他多关心二女儿的心理健康，尽量给予她更多的陪伴。

案例二：家庭突变对孩子行为的影响及社会工作者的介入方法

一、王女士的家庭故事

王女士，34岁，在一家饭店做服务员，目前她遇到一个难题，经人介绍找到社会工作者。

案主18岁时经媒人介绍和当地一名男子结婚，婚后，夫妻关系十分和睦，婆媳关系也不错。她丈夫不光长得高大帅气，对案主的父母、亲戚也非常好，大家经常夸赞她找了一个好人家，嫁了一个好丈夫。虽然家庭条件不是太富裕，但是案主很知足，一家人过得十分幸福。

两个女儿出生后，为了给孩子提供更好的教育，他们在镇上买了房，买房后一家人的生活压力变大，因此，原本没有做过工地上活儿的丈夫为了多赚钱，去工地上工作。

工地上的工作挣钱多，但是案主的丈夫逐渐觉得自己的身体开始吃不消了，于是准备干完手里的工程就回家。但是就在回家前夕，他工作的工地房屋倒塌，案主的丈夫不幸被砸中离世了。

突如其来的噩耗，让一家人都很难过。当时大女儿即将中考，家人为了不影响她考试，决定暂时隐瞒这个消息。但是很快，女儿在妈妈的微信朋友圈发现了爸爸可能发生了意外。对于爸爸的离世，大女儿显得特别懂事，一直安慰妈妈，说她以后会帮助妈妈照顾妹妹，也一定会好好读书，不让爸爸失望。这一年，案主32岁，大女儿12岁，小女儿3岁。

案主丈夫去世的第一年就有很多人给案主介绍对象，大家都觉得案主还年轻，需要再找一个人过完下半生，但是案主都以女儿太小为由拒绝了。大女儿凭着自己的努力考上了县里最好的一所高中。随着时间的推移，案主也开始觉得一个人很孤单，生病的时候没有人关心照顾，需要人商量的时候身边也没有给自己拿主意的人。于是她也就渐渐开始接受大家的建议去见介绍的对象了，并和其中的几个人进行了进一步接触和了解。熟悉后她也会将男朋友带回家给女儿认识。两年的时间，案主前后交往了三四个男朋友，女儿也都见过，也没有明确地表示对于这些和妈妈交往的男人的喜欢或讨厌。近半年以来，案主发现大女儿的学习成绩下降很快，而且一到家里就把自己的房间门紧闭，不和案主交流，有时候甚至对妹妹进行骂和吼。案主十分不安，在大女儿上学的时候偷偷看了她的日记本，发现大女儿最近开始和男同学谈恋爱了。为了进一步了解大女儿的情况，她明确要求不让她带手机去学校。案主在家打开了女儿的手机，发现女儿和一个在工地上实习的小男生在一起了，两个人还偷尝了禁果。案主一时无法接受懂事的女儿变成这样。但是也不敢轻易拆穿女儿，好几次旁敲侧击地告诉她学习更重要，但是得到的回复永远都是"我知道"。一天，案主在整理女儿房间的时候，发现了女儿藏在枕头下面的一封信，信里面全是咒骂案主的内容，她希望案主和自己的爸爸一样去世。

通过与案主的几次沟通，社会工作者发现案主想要做一个好妈妈，当她发现女儿谈恋爱并做了这个年纪不应该做的事情后不知道如何处理，她想要和女儿像朋友那样好好谈一次，但是每次都是两个人谈着谈着就开始吵架，甚至还出手。后来，女儿将手机重新设置了密码，案主因为不了解情况更加着急，好几次偷偷尾随女儿想要了解她的行踪。

在和案主大女儿的聊天中，社会工作者发现案主大女儿一直和社会工作者保持着安全距离，不愿意相信和接触其他人，也不愿意多提及自己和妈妈的关系，但是当提及爸爸的时候，她的情绪波动很大。社会工作者发现案主大女儿懂事乖巧但缺乏安全感，害羞但是又叛逆，对妈妈她既爱又怨，有明显的纠缠疏离型人格特征。

二、案主的家庭需求评估

在多次访谈的基础上，结合家庭社会工作相关理论，社会工作者对案主的家庭需求进行了评估（如表 8-32 所示）。

表 8-32 案主的家庭需求评估

需求（问题）	需求（问题）原因分析
大女儿的叛逆行为	由于丈夫的突然离世，案主心理遭受了很大的创伤，期间认为女儿十分懂事，独自沉浸在失去丈夫的痛苦中。一开始别人给案主介绍对象，案主每次都拒绝。但是随着时间的推移，案主也逐渐开始去见别人给介绍的对象，有时候会很晚回家，有时候会带男朋友来家里吃饭。大女儿开始和案主对着干，案主不希望她做的事情，她偏偏经常会当着案主的面去做
母女之间的沟通交流问题	大女儿对案主带其他男人回家这样的事情没有过多的表面反应。当女儿和男孩子谈恋爱的时候，案主觉得女儿很丢脸，认为这么小谈恋爱是非常不好的行为。案主认为大女儿更应该努力学习。在这样的认知下，案主多次吼骂大女儿甚至动手，大女儿和母亲也从最开始无话不谈的朋友变成了像敌人一样，互相攻击
家庭权力中心突然崩塌，次系统开始占领中心位置	在案主的丈夫没有去世时，案主很少理会家中的事情，基本都是丈夫做主。对于子女的教育问题，孩子的父亲和孩子的爷爷奶奶操心比较多，作为母亲的案主很少关注，她在丈夫的呵护下如同小女孩一般。当案主丈夫突然离世，案主需要独自来承担家庭责任和义务的时候，她显得力不从心，无从下手。由于之前在女儿面前也一直没有建立起家长的威严，因此她管教大女儿的时候，大女儿并不认为案主可以管教自己，甚至要挑战这个新的权威，让自己成为权力的中心。其中最典型的表现就是阻止案主结婚，表示必须由自己来决定母亲和其他男人的结婚时间

续表

需求（问题）	需求（问题）原因分析
帮助案主和孩子了解对方行为背后的意义	案主对于女儿的爱是毋庸置疑的，特别是在丈夫去世后，她的世界里最大的安慰就是两个孩子，因此，在大女儿出现叛逆行为的时候，她很痛心、很难过。大女儿则希望通过自己的行为来维护自己父亲在整个家庭中的地位，同时也希望案主有和自己一样的想法，即父亲是任何人都无法替代的。大女儿选择谈恋爱是想通过引进一个陌生的人让母亲体会自己的感受，由此放弃和其他男人的交往，回归到最开始的家庭。大女儿行为的背后是对父母亲的爱。只有让案主和孩子了解到对方行为背后的意义，他们才能更好地相处和沟通
案主的个人婚恋问题以及对女儿的影响	案主在丈夫去世后两年的时间里，明确表示不考虑个人婚姻问题，在这一段时间里案主和女儿的关系很融洽。但是随着时间的推移，案主开始认为自己需要一个人陪伴，因此开始考虑再婚问题，但是在与交往对象交往之前和分手之后都没有对孩子做交代和说明，因此在案主开始与其他异性交往后，案主与女儿的关系变得很糟糕

三、介入计划

为了让案主和孩子建立良好的沟通，明确家庭权力的中心，帮助母女了解对方行为背后的意义和想法，社会工作者制订了介入计划（如表 8-33 所示）。

表 8-33　介入计划

服务目标	介入策略
运用叙事治疗改善沟通，让案主和孩子有一个初步的沟通和了解	第一步：帮助案主母女"问题外化" 第二步：帮助母女找到问题焦点 第三步：帮助母女各自讲述自己在这个问题焦点上的故事 第四步：协助母女在她们双方都接受的故事版本上重构故事，形成她们对过去历史的共同认知 母女二人各自讲述自己的焦点故事，其中会有一部分的重合，重构故事的时候是向着同一个目标去重构
引导母女了解对方行为背后的原因	用萨提亚冰山理论，引导案主母女了解对方行为背后的原因 第一步：了解对方冰山下的行为和想法 第二步：对母女二人冰山下的想法进行分析 若母女二人都能够理解自己和对方冰山下的想法，并能从各自的嘴里说出对方冰山下的想法，说明治疗有效
引导母女二人认识对方各阶段的需求以及相互尊重的重要性	引导母女二人进行表里如一的沟通 第一步：理解自己和对方的情绪及冰山下的想法 第二步：从自己情绪和冰山下的想法出发引导对方换位思考，从而推动对方改变，或继续交流
运用叙事治疗法帮助母女二人规划未来	第一步：引导母亲和孩子畅想未来，表达自己认为的理想生活方式 第二步：引导母亲和孩子共同规划未来的幸福生活

四、介入过程记录

社会工作者与案主及其大女儿进行了几次沟通，她们表示愿意参与社会工作者设计的介入活动，并表示在整个过程中有什么问题会在对方讲述完后进行解释或者直接倾听。第一次介入记录如表 8-34 所示。

表 8-34 第一次介入记录

时间	××××年××月××日	地点	案主家中	介入次数	第一次
介入目标 (1) 让案主及其大女儿分别描述自己的家庭故事，了解她们各自对家庭现状的态度 (2) 引导她们用叙事的方式说出自己对对方的看法					
介入主要过程记录（对话主要过程）					观察发现及感受
案主的陈述 我曾经有一个幸福的家庭，我父母身体健康，公婆对我很好，老公什么都给我解决，女儿乖巧，学习成绩也好。我唯一觉得不满意的就是家庭条件一般，我也经常在老公面前说家里缺钱，我以为他什么事情都能承担，我觉得他做每一件事情都能做得很好。他是个很完美的男人，长得高大帅气，对身边的每个人都很好，我的父母和亲戚朋友都说我嫁给他算是享福了。但是，我不知道他压力这么大，他要做个孝顺的儿子、女婿，要做一个什么都能承担的老公，还要做一个好爸爸。都怪我，我说没有钱，我经常在他面前说钱，他才会去做那个他没有办法承受的工作，以至于发生了意外 我大女儿成绩很好的，我想着我老公去世了，她们也是我的骄傲。但是她却做出这种事情来，她还是个16岁的孩子，她什么都去做了。我真的觉得我活得很失败，上面没有孝敬好父母，下面没有教育好子女，老公又离我而去了。我想要找个依靠嘛，可没有一个人比得上他，他不是什么都听我的，甚至有时候会管着我，但是我愿意听他的。我现在什么都没有了，对于大女儿我失望透顶，我把所有能想到的方法都用了，但是都不管用 案主大女儿的陈述 我爱我的爸爸，我的爸爸就像一个超人，他从来都不打我骂我，都是好好跟我说话，我做错事情他也不会给我脸色看，还说："爸爸不会生气，因为爸爸爱你，谁都可以不爱你，但是爸爸是爱你的。"我的妈妈背叛了我的爸爸，她不是个好老婆，也不是个好妈妈。我希望爸爸能活过来					在案主和她大女儿的陈述中，社会工作者发现她们对案主丈夫的评价都是非常好的、正向的。案主对大女儿的行为觉得丢脸。大女儿拥护自己的爸爸，甚至觉得爸爸去世后母亲再找对象是背叛了自己的爸爸
一、本次介入目标达成情况（效果） 1. 案主和她大女儿陈述的家庭故事不一样 2. 案主和她大女儿陈述的家庭故事中，共同点是对案主已故丈夫的评价都是正向的 3. 母女双方发现她们有共同的话题并对事情的理解不一样 二、社会工作者的观察和分析 1. 在被问及自己爸爸是一个怎样的人的时候，特别是在案主陈述她丈夫是一个怎样的人的时候，案主大女儿的表情和神态都有种享受感，希望听到夸赞自己的爸爸和关于爸爸的一切 2. 在谈及大女儿行为以及大女儿在述说家庭故事的时候，大女儿并没有什么反应，甚至像在陈述别人的故事，这说明大女儿觉得这件事情于她而言并不是很重要的事情，对她正在谈的那个男朋友，她表示也不是非他不可 3. 在案主说到决定找一个陪伴自己的人的时候，她大女儿看上去十分不开心，甚至有些愤怒，大女儿在说到案主背叛了自己爸爸的时候，案主有点惊讶，说明之前她并不知道大女儿并不支持自己找对象。她认为大女儿在丈夫刚去世的时候很懂事，因此理所当然地认为大女儿是非常支持自己找对象的 三、社会工作者遇到的困难与障碍（社会工作者的需求） 1. 在案主与其大女儿都在的情况下，社会工作者对大家的故事更多的是倾听，但是在需要回应的时候，社会工作者遇到了一些伦理难题，因此没有及时地回应 2. 社会工作者在陈述后没有很深入地引导案主去剖析两个版本家庭故事背后的意义 四、跟进计划和安排 1. 通过电话回访的形式与案主及其家人保持联系 2. 准备下周继续安排时间进行家庭访谈					

经过与案主和她大女儿的第一次沟通，社会工作者发现案主和她大女儿在描述家庭故事的时候侧重点不一样，但是有交叉，共同点是对案主的已故丈夫，她们都不能忽略和放下。

后面的交谈主要运用了冰山理论，社会工作者让案主和她大女儿分别说出困扰自己的问题，然后让她们分别阐述自己的应对方式，依次让她们表达自己的感受、观点，以及背后的期待和渴望，从而认识自我。

在这个过程中，案主表示困扰自己的问题是孩子的教育问题，应对方式是到处找人帮自己劝解女儿，吼骂，偷看女儿的日记和电话，跟踪；感受是心很累，很难过；观点是女儿这样的行为不对；期待是女儿能以学习为主；渴望是女儿成为以前那样的乖女儿。

案主大女儿表示困扰自己的问题是妈妈背叛了爸爸；应对方式是和母亲一样出去和其他异性交往；感受是报复妈妈，为爸爸报仇很解气；期待是妈妈能和自己一样爱爸爸；渴望是妈妈能关注自己，不再寻找其他男人。

社会工作者让案主及其大女儿用绘图的方式绘制人生中不同阶段的需求，大女儿绘制到自己现在这个年龄阶段，案主也绘制到自己这个年龄阶段。绘制好后，社会工作者发现案主这个时候的需求是一个完整的家庭，大女儿这个时候的需求是家人的了解和自由。

案主告诉社会工作者：我这个阶段的需求是什么？我需要人陪伴，需要一个精神支柱，但是我在想，我不能这样去绘制，我害怕大女儿觉得我这样的需求是不好的，是她不能理解的。

案主大女儿告诉社会工作者：我觉得我这个阶段的需求是有一个自由的空间，还有就是希望谁都不要认识我，也不认识我妈妈。我不喜欢听人家议论我的家庭，问我再找个爸爸怎样，我会很生气，我觉得他们都是多管闲事，妈妈觉得我丢人的时候我觉得她也很丢人。

社会工作者回应：案主在绘制需求的时候并不是站在自己的角度上绘制的，而是想着大女儿在这个阶段想要的是什么，并把自己觉得大女儿想要的东西绘制了出来。可以看出，案主真的很想要了解大女儿，想和她走得更近，但是无形中把自己的想法强加给了她，和她也越来越远。大女儿没有经历过母亲这个阶段，所以绘制了自己目前这个阶段的需求，她表示对于别人的议论她感到不开心，对于别人给案主介绍对象以及案主把对象带回家这件事，她虽然很反对，但是却没有表达出来，而是用自己比较极端的行为来引起案主的注意，从而来警示案主不要再有这样的行为。但是案主只觉得这是女儿叛逆，并没有考虑更多的因素。因此母女关系越来越僵化。

在介入后期，社会工作者请案主和她大女儿思考未来的理想生活这个主题，让母女俩各自描绘自己对未来的期许。

案主的期许：我可能找到了一个和孩子爸爸一样的人，我的两个女儿也长大成人了，考取了自己喜欢的学校，之后也都结婚生子，有一个美好的家庭，偶尔回家探望一下。我就在家给他们做一顿饭，一家人说说笑笑，墙上挂着孩子爸爸的照片，选一张最帅的，然后我老了，自然地去找他了。我告诉他，我没有辜负他的信任，我把女儿带得很好，她们过得很幸福。

案主女儿的期许：我考上了一所爸爸希望我考的大学，然后抱着我的录取通知书去告诉爸爸。我妹妹也考上了同样的学校，我们各自都找到了和爸爸一样的老公，我们的老公都像爸爸一样对我们好。我妈妈慢慢老了,她会时而跟我们讲她和爸爸的故事。"

在案主和她女儿对未来生活的期许中,更多的还是提到了案主已故的丈夫,说明这个角色在她们的生命中十分重要并不可替代的,而且大家对未来生活的期许都是幸福美满的,这对于这个家庭来说是不变的目标和向往。

五、结案

在结案阶段,社会工作者先对案主进行了访谈,了解了案主近来的一些变化:在个人的婚姻问题上,案主明确表示自己在交对象的时候会先和女儿进行沟通,听取女儿的意见,女儿在这个过程中明白了妈妈对自己的尊重,在对妈妈谈对象这件事的态度上也有了明显的好转。

在对案主大女儿的访谈中,社会工作者了解到案主大女儿和其男朋友说好要相互鼓励,努力考上梦想的学校。同时,她对妈妈的改变十分开心,觉得妈妈很尊重自己的意见,把自己当成了这个家庭中的一个小大人。她说妈妈还让自己教妹妹学习,妹妹也听姐姐的话,她在妈妈和妹妹那里有了很大的成就感,觉得自己是妈妈和妹妹的依靠,因此自己要做得更好。

这个家庭中重要的一个角色的突然消失是整个家庭系统出现问题的主要原因,但是在整个个案服务中,又是这个主要角色起到了比较重要的作用。针对这样的家庭服务,一方面,要让其他家庭成员接受既有事实;另一方面,要设法恢复整个家庭的正常运转。这需要每个家庭成员的共同努力。如果其中出现了对立的子系统,那么整个家庭就会向着大家都不希望的方向发展。

案例三:亲子冲突及社会工作者的介入方法

一、张太太的家庭故事[①]

张太太与丈夫、女儿一家三口住在一个三室一厅的中档小区里,家庭条件不错。丈夫在一家私营企业上班,张太太则在社区居委会上班,目前是居委会主任。张太太和丈夫平时会主动理财,家庭收入还比较可观。

张太太的女儿目前处于初三备考阶段,学习压力较大。在女儿主动要求下,张太太为其报了很多辅导班,每月补课费用需5000~8000元。张太太的丈夫认为没有必要花这么多钱去补课,夫妻对此事件意见出现分歧。但是张太太比较坚持,她丈夫最终还是没有过多干预。

虽然张太太在给女儿补课上花了很多钱,但是她女儿的学习成绩并没有明显进步,在

---

① 虽然家庭社会工作总是将整个家庭作为服务对象,但是社会工作者也需要确定一名案主。通常来讲,社会工作者会把在整个家庭系统中发挥重要作用的人确定为案主,这个人寻求改变的意愿一般最为强烈,最有动力去发挥自己在家庭中的影响力,从而也最有可能推动和促进家庭关系和家庭成员的改变。

最近一次月考中，因女儿成绩不理想，张太太还被老师请去谈话。回家后，张太太没有控制住心中的怒火，与女儿发生了激烈的争吵。张太太的丈夫在听闻女儿成绩后，也与女儿发生口角，甚至因为女儿顶嘴扇了女儿一巴掌。张太太见女儿挨打，则转头与丈夫争吵，张太太数落丈夫不顾家，丈夫数落妻子溺爱女儿，女儿则把自己关进房间哭泣。张太太感觉自己对这次的家庭纷争十分无力、不知所措，因此张太太主动向社会工作者求助，希望社会工作者能够指导她如何教育女儿。

在与张太太深入交流之后，社会工作者了解了张太太的一些详细情况。

张太太的个人成长史比较坎坷①，16岁以前与父亲、母亲、弟弟一同生活。但是由于张太太的父母有着非常明显的重男轻女思想，因此张太太从小缺少父母的关爱。在张太太童年时期，父母都爱打麻将，父亲还爱喝酒，酒后经常与母亲吵架，夫妻关系不和睦。张太太学习成绩不好，父母经常批评她。对她的样貌、成绩等，父母经常用负面的话语去评价。因此，张太太的自我评价较低，性格内向，比较自卑。

初中毕业后，由于家里不愿意支持女孩子继续读书，加之张太太成绩不算很好，因此张太太就开始在家里附近的工厂上班。每月微薄的工资，大部分都作为张太太在家吃住的生活费交给了父母，自己只留一小部分做零花钱。张太太对自己的人生并不满意，因此发愤图强，一边工作一边复习，后来考上了电大。然后，在家里亲戚和身边朋友的鼓励下，张太太找父母协商，自己还是在家里吃住，但是不缴纳生活费了，这些钱要用于自己读书学习。见张太太态度坚定，父母妥协了，张太太因此顺利完成了电大学习。拿到文凭后她辞去工厂的工作，进入社区工作。凭借15年的社区工作经验，张太太现在成为所工作社区的居委会主任。

张太太的丈夫是一个比较沉默寡言的人，他的原生家庭也不算和睦，父母感情不好，对兄弟几人常常厚此薄彼，因此兄弟之间也不怎么团结。认识一段时间之后，张太太发现他性格比较简单粗暴，想法和做法都很直接，不太懂得体贴和照顾人。但是，张太太非常渴望组建自己的家庭，因为这样就能够离开原生家庭了。张太太内心很清楚，尽管他情商不怎么高，但是还算安分守己，没有抽烟喝酒等不良嗜好；偶尔也会约朋友打麻将，但还是知晓分寸的，不像自己父亲那样赌博成瘾。而且他家庭条件还算不错，她觉得他应该能够给自己相对稳定的生活。因此，张太太在2003年的时候跟他结了婚，他们于2005年生下了女儿。

张太太与女儿的关系非常亲密，但偶尔也发生冲突。女儿就是她的全部，在她生命中占据非常重要的位置。② 对女儿的要求，张太太基本上有求必应。用张太太自己的话说就是，我不能让我的女儿受我当年的苦。同时张太太的内心也是矛盾的，她时刻自我提醒，不能对女儿太娇惯，因此，她也经常因女儿房间凌乱等而批评女儿，但是女儿改善不大。

女儿到了初中，张太太在班主任的要求下没收了女儿的手机，但是女儿经常会软磨硬泡向

---

① 原生家庭的影响是会代际传递的，张太太在原生家庭里缺乏爱，而这种缺少爱的感受会变成遗憾沉入其潜意识的冰山中。

② 从这里可以看出张太太将童年时期的人生遗憾投射到了女儿身上。她在对女儿的关注和爱里，加入了弥补自己童年遗憾的情感。这是张太太的需求，但并非女儿的需求。如此一来，会让女儿承受过度的爱与关注，这是不利于孩子健康成长的。

她索要手机，这让张太太内心很受折磨。张太太希望跟女儿成为好朋友，希望女儿能够跟她无话不谈。但是两人经常聊着聊着就吵了起来，之后张太太又会主动去找女儿把矛盾说开。

张太太的丈夫是个相对沉闷的人，在家话比较少，下班回家后的空余时间基本是自己玩手机，平时基本很少主动和女儿互动。女儿跟父亲远不如跟母亲亲密。女儿犯错误的时候，挨父亲的打比较多，平时女儿不敢和父亲开玩笑，对父亲的畏惧感比较强。

目前张太太与丈夫的感情相对稳定。但是据张太太说，她以前曾与丈夫经常争吵，甚至还动过手，附近邻居都知道她们经常吵架。但是这几年争吵少了很多，可能是因为年龄和阅历不断增加，人也相对成熟了许多。在女儿的教育上①，张太太操心更多一些，张太太的丈夫不怎么参与，如果参与进来，就是用暴力方式管教女儿。因此，张太太一方面感到很疲惫，另一方面又不敢指望丈夫的支援。

张太太家的生态系统图如图 8-4 所示。

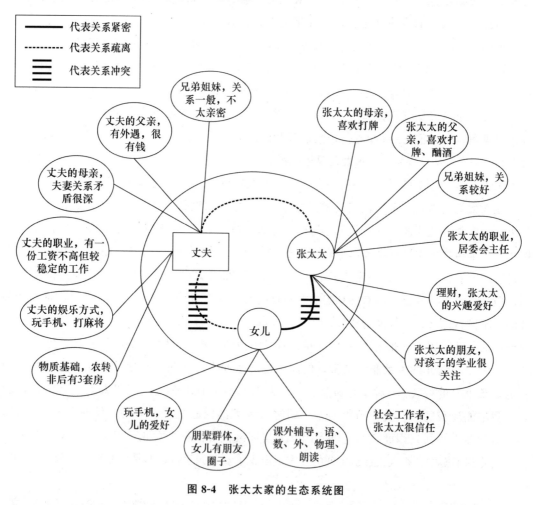

图 8-4　张太太家的生态系统图

---

① 张太太是求助者，但求助的问题聚焦在女儿的教育问题上。本案例看似是女儿有问题，但女儿的种种表现是由家庭这一整体因素引发的。换句话说，家庭矛盾的爆发点往往存在于最薄弱的部分，因此在本案例中，女儿看似是问题制造者，实则为家庭中最弱势的人。为了有效解决女儿的问题，对家庭的干预就是必须的。

二、案主的家庭需求评估

在多次访谈的基础上,社会工作者对案主的家庭需求进行了评估(如表 8-35 所示)。

表 8-35 案主的家庭需求评估

需求(问题)	需求(问题)原因分析
从埃里克森的社会心理发展理论看,张太太女儿的学习习惯和学习态度的问题,本质是家庭没有遵循不同阶段的身心发展特征,从而导致女儿在成长过程中没有完成对应阶段任务的问题	(1)女儿的学习习惯和学习态度需要重新培养和端正,但是,孩子现在已经读初中了,学习习惯的养成是小学阶段的任务①,现在要去纠正和培养,要付出更多的努力 (2)女儿学习习惯的养成与学习态度的端正需要家长的配合,孩子和家长要站对自己的位置,家长若是冲到了孩子前头,就会混淆责任主体 (3)学习习惯和学习态度不仅体现在知识的学习上,也体现在孩子参与户外活动或家务劳动上。张太太家的家务劳动基本上是张太太在负责,丈夫和女儿没有主动参与家务劳动的习惯和意识。因此,家长要在生活中注意培养孩子独立、勤劳的习惯
案主家庭中主要存在着指责型和讨好型两种沟通方式,这些沟通方式加剧了亲子之间的冲突,让真实的感受难以被表达出来。同时这些沟通方式会代际传递,并且当事人难以自我觉察	(1)张太太与女儿的关系十分亲密,同时,张太太将过多的关注投在了女儿身上 (2)社会工作者发现,张太太关心女儿方方面面的事情,如女儿的学习成绩、朋辈之间的交往、使用手机的问题等 (3)女儿会经常跟张太太分享一些事情,张太太都会很上心,会想办法去回应,教育的具体内容主要是给孩子提供解决办法,以帮她解决问题 (4)母女之间的沟通是不畅的,张太太经常用指责或否定的言辞和语气去教育女儿,教育之后又会去主动跟女儿和好。这是张太太无意识的暴力沟通方式,她自己并没有意识到自己与女儿的沟通是断裂的。因此,母女之间的沟通方式需要呈现出来,以助其改善
丈夫在家庭结构中处于被边缘的位置。夫妻系统与亲子系统之间呈现出了相对明显的纠缠和疏离	(1)这次家庭矛盾的导火索主要是女儿的学习成绩,张太太的丈夫在情绪控制上是欠缺的。从张太太家的生态系统图来看,一方面,她丈夫的原生家庭是长期处于冲突和争吵中的,没有给到他足够的爱,他也没能在家庭中学会尊重、民主的沟通方式。他的原生家庭只教会了他通过简单粗暴的方式去解决冲突 (2)在家庭中张太太丈夫的表现其实反映出了他表达方式的匮乏。他并非不管女儿,也并非完全冷漠,他在用自己的方式去平息冲突,只不过他需要学习用尊重、理性、柔和的方式去表达② (3)在家庭中,张太太丈夫是被边缘化的,他与妻子张太太、女儿的关系都相对疏离,尤其是与女儿之间还有冲突。在与妻子的关系中,冲突反而是减少的,这也是关系疏离造成的。从张太太与女儿的强关系与冲突可以看出,张太太在丈夫身上得不到需要的回应,这也可以从另一个层面帮我们理解为何张太太将更多精力放到了女儿身上③

---

① 从埃里克森的社会心理发展理论来看,培养学习习惯是第四个阶段——个体学龄期(6~12岁)的主要任务。这一阶段要训练儿童适应社会、掌握今后生活所必需的知识和技能。如果儿童能顺利地完成任务,他们就会获得勤奋感,这会使他们在今后的独立生活和承担工作任务中充满信心;反之,就会产生自卑感。当张太太的女儿在这一阶段时,父母出于对女儿学业的担心干预太多,且缺乏要在生活中培养女儿独立勤劳生活品质的相关意识。因此,在女儿当下所处的第五阶段——青春期(12~18岁),要完成建立新的自我同一性任务时,女儿所面对的不仅因为生理的急剧变化,以及新的社会冲突和要求变得困扰和混乱,还要去弥补上一阶段欠下的成长任务。

② 从丈夫要参与女儿的管教可以看出他内心是关心女儿和妻子的,但是他却用粗暴的方式去表达爱和关心,说明他难以觉察或正确表达自己内心真实的感受,需要去学习表里如一的沟通方式。

③ 在案主家庭中,同样也出现了纠缠疏离型的家庭结构:原本最亲密的应该是夫妻系统,夫妻系统却是疏离的,母女之间的亲子系统是亲密的强关系,并带有纠缠和冲突,父女之间的亲子系统明显弱化且伴有更强烈的冲突。

三、介入计划及效果评估方法

1. 介入计划

对张太太家庭的介入计划如表 8-36 所示。

表 8-36 介入计划

服务目标	跟进计划
第一阶段：解惑 (1) 了解女儿的家庭教养环境和父母双方的教育理念及具体行为表现，解答张太太在亲子教育中的困惑 (2) 帮助家庭呈现家人之间彼此异化的沟通模式，从而帮助家庭成员看见问题	(1) 与张太太会谈，了解她对女儿学习问题的看法以及为此做出的努力。主要了解小学阶段孩子的表现，以及孩子参与家务劳动或课外活动的情况 (2) 与张太太一家会面，带领家庭成员一起回顾那次孩子月考后冲突的场景，呈现家人之间的沟通模式
第二阶段：重构 (1) 帮助张太太加强家庭中其他系统尤其是夫妻系统之间的关系，从而弱化过度亲密的亲子关系 (2) 帮助家庭成员建立表里如一的沟通方式 (3) 帮助张太太和女儿理解丈夫的行为表现，通过强化表里如一的沟通方式在亲子系统（主要指父女关系方面）、夫妻系统中的运用，加强与平衡家庭成员之间的亲密关系，建立夫妻系统与亲子系统合理的边界，建立平等尊重、民主和谐的沟通规则	(1) 与张太太会谈，帮助她梳理童年经历，引导她明白目前在女儿身上的过度关注，并讨论解决办法 (2) 陪伴张太太完成转变的过渡期，在此期间持续为其提供支持 (3) 与张太太的丈夫会谈，了解他表达背后的感受和动机 (4) 与张太太会谈，帮助张太太认识丈夫暴力行为背后的原因，同时让张太太试着去协调父女之间的矛盾。在这个过程中不断提醒张太太采用表里如一的表达方式，让她明白在协调父女矛盾时，也可做到家庭示范的作用① (5) 陪伴、支持张太太在家庭中发挥协调的作用，并借用家庭实际冲突，指导张太太使用表里如一的表达方式，从而帮助家庭建立和谐亲密的系统边界和沟通规则
第三阶段：稳固 帮助家庭稳固重构之后的沟通模式	持续跟进家庭成员的关系改善情况，做好成效评估②

2. 效果评估方法

本案例中社会工作者采用的评估方法主要是访谈法。

(1) 通过对张太太的访谈，评估张太太目前对女儿教育问题的焦虑情况是否得到缓解。

---

① 选择让张太太去做家庭之中的协调者，社会工作者有以下几点考虑：第一，张太太是社区居委会主任，她的职业本身就使她拥有很多的调解经验，因此，本着助人自助的理念，社会工作者可以做张太太的"授渔者"，向她传授社会工作理念和技巧，将她培养为自己家庭中的社会工作者。第二，在家庭社会工作实务中，与每个家庭成员建立良好的专业关系本身并不容易，社会工作者往往只能跟家庭里的部分成员建立良好的关系。社会工作强调"生命影响生命"，良好的关系有利于影响力的发挥。

② 评估部分参考效果评估方法，在家庭社会工作实务中，效果评估不一定是"一步到位"的，家庭出现的问题也许会经历一段反复的过程，也许还会发现新的问题，这需要社会工作者在服务过程中就进行有效的评估。

（2）通过与张太太会谈时主要谈论的内容①，评估其对女儿的过度关注情况是否得到改善。

（3）通过对家庭的访谈，了解家庭成员之间的评价情况，主要评估夫妻系统、亲子系统之间的疏离纠缠关系是否得到改善。

（4）通过对最近一次家庭矛盾情节的了解，评估家庭成员对表里如一沟通方式的掌握和运用情况。

四、介入过程记录

介入目标：了解女儿的家庭教养环境和父母双方的教育理念及具体行为表现，解答张太太在亲子教育中的困惑。

介入过程：下面列出了介入过程中关键部分的会谈内容②。

张太太：我是真的不知道该怎么管教她了！我这次找到你们，就是想听听你们的专业意见。对于孩子的教育我应该怎么办？

社会工作者：张太太，您这个问题问得太大了，孩子的教育是一个很宽泛的问题，您可以先跟我们说说到底发生什么事了。③

张太太：今天我又被老师约谈了，我女儿上课玩手机被老师抓到了现行。而且这次月考成绩出来了，孩子的成绩很不理想，数学不及格，语文成绩也不好，连她稍微好点的英语也考得不理想。其实在孩子身上，我们真的投入了很多。她数学不好，我就请老师给她补数学。之前上小班，我们觉得效果比较一般，后来就给她请了一对一辅导。一对一辅导真的很贵，但是我觉得只要家里能供应得起，就给她补嘛。她从小我们就请老师给她补课，英语是一直坚持的，后来还给她报了语言、朗诵班。我们在她身上花了很多钱了。

社会工作者：哦，听起来你们投入的教育成本是挺大的，是感觉投入很多，收效甚微，所以很生气是吗？④

张太太：关键是我觉得这样孩子很累，大人也很累，而且还没什么成效。她还上课玩手机，我今天回来后就把她的手机收了，结果她就跟我又哭又闹，说其他同学都有手机，

---

① 张太太主要谈论的，就是她所关注的。目前，张太太主要谈论的内容就是女儿的问题。如果帮助她建立夫妻系统的强关系，那么她谈论的就多是与丈夫相关的事情；如果建立了与工作的强关系，那么她谈论的就多是工作上的事情。社会工作者需要帮助张太太转移注意力，如努力在工作中获得童年缺失的肯定与尊重，获得爱与赞美，寻找自我价值。从而减少母女之间亲子关系上的亲密纠缠。

② 本案例持续跟进将近一年的时间。由于篇幅限制，介入过程记录仅展示最关键部分的会谈内容。在介入过程中，本案例按照介入计划采用了三步策略：第一，呈现家庭冲突，解惑当下困境；第二，观察家庭沟通模式，重构互动方式；第三，用陪伴、支持、接纳甚至加入个别成员的个案辅导（因为有可能带有原生家庭的伤痛，这些伤痛阻碍了个人的成长）巩固治疗成果。由于治疗过程中这三个阶段是交织在一起的，且治疗效果有反复，因此记录和呈现时不能明确划分，读者在阅读时明白存在这三步即可。

③ 在家庭社会工作实务中，通常，困扰案主的问题会比较概念化，这种宽泛的描述不利于问题的解决，因此需要聚焦当下的问题。聚焦的最好方式就是通过叙事，直接讲述发生了什么，尽量客观还原事实。

④ 社会工作者进行了同理心的表达，表达的关键不在于简单地复述事实，而是去感知案主叙事背后的情绪和感受。

而且她要用手机查解题思路，等等。

社会工作者：那您是怎么回应她的？①

张太太：我就说，不行，要用手机查解题思路你再来找我拿，用完了就给我。但是我觉得这种方法也不行，因为我根本不晓得她拿手机到底是用来学习，还是用来打游戏和看视频。

社会工作者：听上去您现在主要讲了两个问题，一个是孩子月考成绩不好的问题，另一个是孩子玩手机的问题，是吧？②

张太太：对的，差不多就是这两个问题。我真的是没办法了。

社会工作者：她是一直都这样？还是突然变成这样的？

张太太：她其实从小成绩就一般，到了初中也普普通通，所以必须要学呀，不然以后高中都考不上。她月考成绩的事情我还没跟他爸爸说呢，要是说了，她是要挨打的。她今天还跟我撒泼，她也只有跟我撒泼了，要是她爸爸知道她只考了这么点分数，肯定会打她的。

社会工作者：听上去她爸爸比较严厉，你们夫妻中女儿跟谁关系比较好？

张太太：平时她爸爸不怎么管，女儿跟我交流稍微多点。

社会工作者：我们回到孩子学习的问题上，听上去你们在她身上花了很多钱，是她自己要求的，还是家长主动的？③

张太太：主要还是她自己想学，然后我们就支持喽！

社会工作者：我感觉她挺累的，学习也没学习好，玩也没有玩好，学习效率不高，学习习惯也不太好。她自己应该是最痛苦和焦虑的吧？

张太太：你这样说，好像是这么一回事。她经常做作业做到很晚，初中作业也多，她一会儿摸摸笔，一会儿磨蹭一下，其实学习习惯是很差的。但是她还是要学，她会跟我说，妈妈我想去补哪科哪科，感觉她也想学好。但是这个月考成绩让我真的疑惑了，我现在不晓得她到底想不想学好。

社会工作者：我想问问，她平时在家里做家务吗？

张太太：基本没有让她参与，她的房间也很乱。

社会工作者：她每次考差了都会说要发愤图强，提出想要补课是吗？然后你们也会想办法通过补课帮她提高成绩？

张太太：是的，补课虽然贵，但还是有点儿效果的。

社会工作者：其实，就像您自己说的那样，孩子的学习习惯很不好。而且我发现可能除了学习习惯不好以外，她的学习态度也不是很端正。

---

① 鼓励案主继续讲述。

② 当信息接收完后，可以进行阶段性的总结。一方面，避免案主继续陷入刚才的情绪而出现重复描述同一件事的情况；另一方面，可以推进会谈的进展，也能起到聚焦问题的效果。

③ 社会工作者在会谈时一定要清楚谈论的目标，尤其是在了解情况这个环节。

张太太：她每次提出要补课，态度都是很诚恳的。

社会工作者：是的，是很诚恳，但是为什么成绩还是不够理想呢？学习主要还是她自己的事情，但是现在，她的学习成了你们一家人的事情。考不好，就通过补课的方式解决，这其实还是将学习的任务外化了。这种补课虽然是好事，但是也成了一种变相的偷懒。

张太太：您说得对！确实是反而让她形成了惰性！唉，那该怎么办呢？

社会工作者：这不完全是孩子的错，孩子的学习习惯是从小培养的，作为家长，你们要在她小学阶段就注意培养她的学习习惯和学习兴趣。她会变成今天的样子跟你们的教育也是分不开的呀。我这么说的目的是希望您能明白，您现在提出的孩子成绩不好、学习习惯不好、学习态度不好的问题，绝对不是孩子一个人的问题，需要你们整个家庭去调整教育模式。良好习惯的养成并非一蹴而就的，现在孩子已经上初中了，越到后面改变起来难度越大，但也并不是说没有改变的可能性了。只要及时发现问题，全家人一起努力，还是会有很好的效果的。①

张太太：那具体该怎么做呢？

社会工作者：首先，您要清楚两个事实。第一，孩子出现问题，不仅要求孩子做出改变，父母也要做出改变；第二，对于学习成绩这件事，孩子和家长要站对自己的位置，家长不能冲到孩子前头，学习主要是孩子的事，家长只能为孩子创造条件，要让孩子清楚自己的责任，家长需要去强调这个责任。张太太，您觉得家长应该怎么去看待这件事？

张太太：我们就是尽力吧，但是我担心不让她去补课，她成绩会更差。

社会工作者：也不是不让她补，就是你需要跟她讲清楚，你为什么会这么做，因为父母也在为此付出努力，父母在努力创造条件。这个时候你不要去强调花了多少钱，那样容易让她产生内疚感，她可能会觉得父母认为自己花了钱。父母不是要去强调这种付出，而是要做示范，父母要示范自己是怎么履行责任的，要让她明白父母支持她补课，是尽做父母的责任，学习是她自己的事，作为一个学生，她也要尽到自己的责任，好好学习，端正态度。但是要做到各自站对位置还是不容易的，需要做家长的自己先调整好心态。

张太太：嗯，我主要是去表明态度，说实话，作为父母，我们也许有很多做得不好的地方，但是我们确实是在努力扮演好父母的角色。②

社会工作者：是的，您很棒！领悟能力超强。就是这样，去表明态度，去给孩子做正确的示范。这个过程会有点难，也可能会有反复，但是要坚守你们自己的位置，不能去替代孩子面对她应该去面对的成长。还有一个建议，就是让孩子适当地参与家庭劳动，因为有些习惯的养成是共通的，比如有条理、有逻辑、不拖拉等，做作业如此，做家务也是如此，都是在做思维和习惯训练。养成良好的生活习惯，也有助于良好学习习惯的养成，当

---

① 这段分析基于埃里克森的社会心理发展理论。
② 鼓励案主进行表里如一的表达，澄清自己的想法和感受，理性、客观地跟孩子沟通。

然，父母是孩子最好的老师，你们在要求她的同时也要加强自我管理，因为光是让孩子改变是很难的。

张太太：我觉得我可以做到，孩子的爸爸就是生活习惯不好，我回去跟他谈一谈，让他也努力改。

社会工作者：我很想问您一个问题，如果孩子确实成绩不好，你们该怎么办？我指的是成绩不理想到最后考不上高中，你们该怎么办？

张太太：我不知道，我没想过，应该不至于这么糟糕吧。

社会工作者：万一就是这么糟糕呢？

张太太：唉，我不知道，实在到那一步，又有什么办法呢？

社会工作者：嗯，成绩不好，就过不好这一生吗？幸福的标准跟学习成绩有没有什么直接联系？如果把孩子的学习成绩、身体健康、融洽的亲子关系、开朗乐观的性格、良好的生活习惯等，拿出来排一个序，学习成绩会排在第一吗？

张太太：那肯定不是的。哦，其实这样看来，学习成绩也不是最重要的。

在这次会谈结束时，社会工作者给张太太布置了作业，就是回去后找丈夫讨论①，议题是"如果孩子将来考不上高中，最糟糕的情况会是什么"。在此之前社会工作者跟张太太进行了模拟训练，并教给她一个口诀——说出自己的观察，体会自己的感受，想想自己的需要，表达自己的请求，这可以帮助她进行表里如一的表达。②

布置这次作业后的第二天，张太太带着丈夫一起来找到了社会工作者。

张太太：上次会谈后我回去想了很多，尤其是孩子成绩的问题，以及为什么自己会让她去补课。其实对于成绩，我发现父母可能比孩子更为重视，这样反而会让孩子站在了父母身后，让孩子失去了学习的压力和主动性。更让我惊讶的是我丈夫的态度，没想到他对于这个问题非常乐观。

社会工作者：真的吗？那我想听你丈夫自己说，可以吗？

张太太的丈夫：我们夫妻俩的文化水平都不高，读书都不怎么行，这个可能会遗传。我从来没有对女儿的成绩抱有多大的期待，如果她实在考不上高中，去学一门技术也是可以养活自己的。而且我们的家庭条件也还过得去，她以后的生活也不会很糟糕。

张太太：其实他的回答让我感到挺意外的，我没想到他竟然想得这么通透，这让我如释重负。

社会工作者：张太太，以前有没有想过跟丈夫讨论这个问题？

---

① 进行到这个部分，社会工作者已经跟张太太有过至少两次以上的会谈，并进行了家庭会议突发状况时的模拟。有时候人们的行为和情绪容易被泛化的恐惧所支配，更容易受环境的影响。去讨论最糟糕的情况，其实是提前去面对可能发生的事情，并想好应对方法。要求全家一起讨论，一方面是想要让他们明白这不是某个人的事，这件事关系到每一个家庭成员，给了彼此表达的机会。同时也可以从不同的成员身上获取信息和支持。

② 观察—感受—需要—请求是非暴力沟通中的四个要素，这种沟通方式能够有效帮助人们进行表里如一的表达。在观察时要注意客观性，避免比较和评论；在感受时要冷静体会自己的情绪；在表达需要时注意仅从自己的需要出发；在提出请求时要尊重被请求的对象，同时要全身心倾听他们的表达。

张太太：他怕是都没有想过这些哟！①

社会工作者：这是您的观察还是您的猜测？

张太太的丈夫：我哪里就没想过这些，只不过男人思考问题的方式跟你们女人不一样。我不喜欢说出来，不代表我没想过呀。女儿又不是你一个人的。②

丈夫的回答让社会工作者看到了一个不一样的形象，这个形象并不像张太太口中所描述的那样冷漠、暴力、疏离，而是柔情和关爱。聚焦到夫妻二人对女儿学习成绩的看法上，可以看出他们的讨论是有效果的。案主才是自己问题的专家，她们才是最清楚事实真相的，社会工作者只不过起到了一个引导和鼓励的作用，引导他们怎样去寻找问题的真相，鼓励他们去面对自己的想法和发现。但是从以上短短的对话来看，夫妻俩日常的沟通方式都是指责型的。也许是碍于社会工作者在场，夫妻俩没有很愿意做表里如一的对话练习。但是社会工作者跟他们再次演示了表里如一的沟通技巧，让他们回去自行练习运用。③

五、结案

在结案部分，社会工作者首先通过对张太太的访谈，评估到张太太目前对女儿教育问题的焦虑得到了明显的缓解，并且过度关注孩子学习的情况也得到了改善。现在张太太更注重自己的个人成长和生活品质，之后与社会工作者联系时谈论的话题也从女儿的问题变成了工作上的分享，并且随着在工作中的投入和表现愈加出色，其自我价值感也得到了提升。丈夫和女儿更是以她为荣。张太太对社会工作者说，感觉自己像是解脱了出来，真正活成了自己。

在对张太太的家庭进行回访时，社会工作者通过观察家庭成员之间的互动以及评估家庭成员之间对彼此的评价情况，发现该家庭夫妻系统、亲子系统之间的疏离纠缠也得到了改善。随着张太太的变化，她与女儿亲密且纠缠的情况明显得到改善。值得一提的是，在父女关系方面，随着张太太的后退，其丈夫反而向前迈了一步。张太太工作开始变得忙碌，父女在家相处的时间则多了起来，父女俩一起做饭吃，一起做家务，并且在女儿的主动邀请下，丈夫还跟女儿分享了自己在初中阶段的囧事。

在评估家庭成员表里如一表达方式的掌握情况时，张太太与社会工作者互动最为频繁，且意识最强，她掌握得虽不算熟练，但胜在勤于反思和修正。其丈夫在张太太的带动下，也受到了一些影响。但是，对表里如一的表达方式，他们的女儿才是掌握得最好的。社会工作者的评估源于张太太的分享。一次，张太太和女儿讨论学习成绩的事情时，提到××阿姨的儿子很优秀，这次考试又名列前茅。女儿认真地回应说："妈妈，我在你这里

---

① 张太太这句话带有攻击性，而且是猜测和评论，并不是客观事实。
② 丈夫在表达时也带有攻击性。夫妻俩内心的想法都是好的，只不过都在用暴力的语言进行表达。
③ 夫妻俩不愿意做练习，也跟中国人的文化有关。但是在本案中，社会工作者重点培养张太太，想将她培养成家庭里的社会工作者。因为沟通是一个你来我往的过程，当事人双方是相互影响的。如果张太太能习得并重视表里如一的表达方式，那么其丈夫的改变只是时间问题。

得不到鼓励，每次你把我跟××阿姨的儿子比较，我都感到很难过，也很生气，毕竟我才是你的亲生女儿，我希望你能看到我的优点。我成绩不好，但是我人缘好呀。那个××阿姨的儿子，朋友可真没几个，也没你说的那么优秀。"

张太太的家庭是一个比较有代表性的家庭，社会工作者介入之前，家人之间有爱，但是家庭成员之间却没有做到好好说话。夫妻之间的冷战斗嘴，亲子之间的暴力沟通在家庭中体现得非常明显。指责型在亲子关系中，体现出的是父母的权威不可挑战，在这种状态下，父母是孤独的，孩子也较难获得爱与尊重。当指责型的沟通出现在夫妻系统中时，双方的沟通就断了，爱的流动就容易受到阻碍。因此在本案中，社会工作者首先做的，是带着家人一起寻找"爱的痕迹"①。同时，通过表里如一的沟通方式训练，帮助家庭成员改善僵化的关系，让爱重新流动。

当然，值得一提的是，在这个家庭中，张太太的表现比较关键。她对自己成长经历以及原生家庭影响的觉察，让她做出了很大的改变。之前她是将带有童年缺憾的自我投射到了女儿身上，因此她与女儿之间才表现出亲密与纠缠的关系。但是后来，随着家庭治疗的深入，在解决亲子问题的时候张太太重新面对了那个童年时期的自己，并且在家庭关系的日渐和谐中得到了治愈。

本案例的第一阶段为家庭解惑部分，需要让家庭成员清楚问题的症结在哪里，这就需要将相关理论知识运用到实践中。比如，在解释女儿为何初中阶段建立学习习惯较难时，就运用到了埃里克森的人的社会心理分为八个阶段的相关理论；在训练表里如一的沟通方式之前，也用到了萨提亚家庭治疗模式的相关理论。在经历这个治疗过程后，张太太成为家庭中的社会工作者，家庭中其他成员在与社会工作者互动的同时，也能理解和认同重构家庭结构的目的，这样，在巩固治疗效果的时候，就能够激发家庭成员自身的内在动力和潜能。

案例四：婚姻问题及社会工作者的介入方法

一、侯女士的家庭故事

侯女士，27岁，在某房地产公司上班。在她10岁的时候，父母就因感情不和离异，侯女士与弟弟跟着父亲一起生活。因为父亲常常出差，母亲每月也只来看他们一两次，侯女士从小便承担起照顾弟弟的责任，常常要自己做饭、料理家务等。有时候父亲出差的时间长，就把他们放在姑姑或伯伯家里。②

慢慢地，家庭条件好了起来，父亲四年前在重庆市买了一套房子，侯女士结婚前，她与父亲、父亲的女朋友、弟弟一起居住在这套120多平方米的房子里。侯女士自己每月有

---

① 爱的痕迹，指的是行为背后为了自己好以及为了家人好的想法和感受。寻找"爱的痕迹"的最好方式就是通过叙事或者观察互动，从而发现蛛丝马迹。

② 社会工作者分析，虽然侯女士早早地就表现得很独立，但其实内心非常缺乏安全感，很渴望被爱。

6000元左右收入，那时候，她自己只负责她的个人支出。

大概三年前，侯女士上一段恋情结束了，正巧碰上一名关系还不错的高中同学（毕业后两人基本没有联系）也来侯女士的公司上班。本次相遇后，这名男同学多次向侯女士表达喜欢，常常关心侯女士，送她小礼物，关注她的生活细节，这让侯女士感到很暖心，两人就走到了一起，恋爱半年多就结婚了。（侯女士说，在一起后丈夫曾告诉她，自己以前就喜欢她，但没有告诉她，后来又遇到，觉得特别惊喜，他认为是上天给了他这个机会，于是就毫不犹豫地主动追求了她。）

结婚之初两人感情很好，过了大概半年，侯女士渐渐发现，她与丈夫之间出现了问题。

第一，丈夫是一个不太有主见的人。侯女士说，自己觉得丈夫表面上尊重他，什么事都让她做主，实际上就是没有主见，事事都做不了决定，也不想操心。①

第二，侯女士感觉丈夫似乎对自己没有那么关心了，也不关注家里的事情。丈夫平常回到家就是看电视、玩手机，丝毫不在意自己，也不关心家里的一切。

第三，有时候，侯女士也想回娘家倾诉这些事，但想到父亲从一开始就看不上丈夫，反对他们在一起，认为丈夫的家庭经济状况一般，交际能力不强，收入也不高，而且第一次双方父母见面，婆婆一直打电话，让父亲觉得他们不尊重人，不重视自己的女儿，本来就爱面子的他更是有些耿耿于怀。所以她回到家也不敢讲。且每次回家，父亲差不多都会问起丈夫的收入、工作等，有时也指责丈夫处事不行、收入低等，这让她压力更大，开始害怕家庭聚会，担心丈夫哪里又没有做好导致父亲又有看法。

第四，婚后，侯女士与丈夫一起居住在70多平方米的高层小区，房子是丈夫婚前买的，房贷每月2500元左右。丈夫一个月有5000左右的收入，这个收入从侯女士与丈夫结婚后基本没有变化。侯女士在与丈夫结婚时，每月收入6000元左右，半年前，她升为项目负责人，现在每月有8000元左右的收入，加上年终奖，每月有1万元以上的收入。这种收入上的差距，加上父亲对丈夫的评价，让她越发觉得丈夫不思进取。她说："他每个月守着那点收入，也不想晋升，每次说这个事，他就说自己知道，自己也在努力，而且领导也是重视他的，但薪水和职位一直也没有什么变化，考证也不积极，一个男的这样子，真的是很不思进取。我有时候也给他说这些，但一说，他就说自己知道，或者看我生气就直接道歉，说什么对不起。但我感觉他是敷衍我的，我觉得他根本不知道我想说什么。时间久了，我就不愿意理他。现在即使他想和我说话，我也觉得没有意思，说了也是白说，没有想和他聊天的欲望。"

所以，最近半年来，侯女士与丈夫在家几乎没有多少交流，她多次提出想要离婚，认为两人都没有共同话题，没过下去的必要。丈夫每次都给她道歉，表示自己离不开她，

---

① 社会工作者了解到，侯女士丈夫的原生家庭是核心家庭，他的父亲是个厨师，母亲在村上开了一个小麻将馆，父亲常常在外面上班，平常都是母亲管他，小时候，母亲对他比较宠爱，事事为他考虑周全，因此，遇到问题他不善于自己解决。

但事后又与往常一样,也没有什么改变。现在侯女士认为,与其一直这么耗下去,还不如尽早离婚。侯女士的家庭结构图如图 8-5 所示。

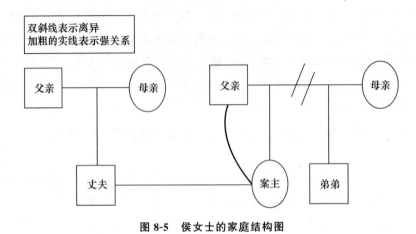

图 8-5　侯女士的家庭结构图

二、案主的家庭需求评估

在多次访谈的基础上,社会工作者对案主的家庭情况进行了评估(如表 8-37 所示)。

表 8-37　案主的家庭需求评估

需求(问题)	需求(问题)原因分析
从系统式家庭治疗的角度看,在该家庭系统中,父女系统侵入夫妻系统,影响了夫妻关系	在案主的家庭里,她与丈夫是夫妻关系。本来夫妻关系是家庭的核心关系,但在现实中,她过于在意父亲对丈夫的看法,从而影响了她对丈夫的看法,加深了夫妻矛盾
从萨提亚家庭治疗理论的角度看,父女之间的"指责—讨好"型沟通方式传递到夫妻系统	据案主描述,父亲是一个自尊心比较强、很爱面子的人。她以前在家住的时候,父亲就常常批评自己和弟弟,说他们不上进,工作差,赶不上家里其他哥哥姐姐等。面对父亲这种指责,侯女士往往不敢反驳,造成她在父亲面前比较自卑,父女之间形成了"指责—讨好"型沟通方式 在与丈夫的相处过程中,侯女士发现了丈夫身上的缺点,也意识到自己与丈夫之间出现了问题,但她并不知道用什么方式与丈夫沟通,于是,父亲与她的沟通模式被她复制到了她现在的家庭,当她采用与父亲一样的指责型沟通方式时,丈夫基于对她的爱,采用了讨好型的沟通回应,并且在之后的沟通互动中夫妻间形成了"指责—讨好"型沟通方式
从萨提亚冰山理论的角度看,案主有更深层次的需求	用萨提亚冰山理论分析案主的深层次需求: 渴望:案主有被丈夫爱与关注的需求,且案主从小父母离异,父亲经常不在家,母亲也少来探望,案主缺乏安全感 期待:让丈夫多赚钱,这样自己才有面子① 观点(认知): (1)案主的父母在她 10 岁的时候就因为感情不和离婚,在她的认知中,也把离婚当成了解决问题的手段,认为夫妻之间没有共同话题就只有离婚这一个解决办法

---

①　案主表达希望丈夫有上进心,经社会工作者分析,发现其真实期待是丈夫应该多赚钱,这是被其父亲所灌输的。

续表

需求（问题）	需求（问题）原因分析
	（2）在家庭角色中，案主认为丈夫是男人，就应该积极进取，且应该快速成长 （3）夫妻间经济和家庭地位的不平等造成家庭关系的扭曲，案主把丈夫的忍让当成了无能，而这种认知，主要来自父亲对她的影响 感受：案主现在很生气，也很焦虑 沟通方式："指责—讨好"型 行为：批评指责丈夫，用离婚威胁丈夫 沟通理论：案主需要与丈夫建立表里如一的沟通方式，表达自己和倾听对方

三、介入计划及效果评估方法

1. 介入计划

对侯女士家的介入计划如表 8-38 所示。

表 8-38　介入计划

服务目标	介入策略
协助案主看到自己在认知方面存在的问题，并建立正确的认知	（1）与案主会谈，让其宣泄内心的情绪，社会工作者运用同理心表达关切，同时协助案主看到自己的渴望和期待 （2）通过案主的表达，澄清案主的观点，让其看到自己背后的认知是什么，为什么会产生这些认知，以及这些认知存在哪些问题
协助案主与其丈夫认识各自在沟通中采取的不良沟通方式	（1）与案主及其丈夫会谈，让案主与其丈夫回顾他们平常的沟通，通过情景再现的形式让他们看到自己平常是怎么沟通的，自己在沟通中采用了什么样的方式，并认识到这种沟通方式的弊端 （2）通过游戏，让案主与其丈夫进行换位思考
帮助案主及其丈夫建立表里如一的沟通方式	与案主及其丈夫会谈，引导夫妻二人达成建立良好沟通模式的意愿，初步确定任务表，各自明确自己的注意事项并落实到行动上
帮助案主划清父女系统和夫妻系统的边界	帮助案主夫妻建立夫妻系统的保护屏障，帮助案主建立新的认知，减少父女系统对夫妻系统产生的影响
巩固夫妻间的良好关系	持续关注案主的家庭情况，必要时给予相应的指导，促进其家庭和谐稳定

2. 效果评估方法

对本案，可采用访谈法进行效果评估。

（1）案主能够认识到自己存在一些不良认知，明白这些认知与父亲对自己的教育是息息相关的，同时建立正确的认知。

（2）案主与丈夫可以相互理解，案主生气的频率降低，与丈夫交流的时间增加。

（3）案主与丈夫认识到沟通中存在的问题，不再采用"指责—讨好"型沟通方式，能够建立表里如一的沟通方式。

（4）案主与丈夫明确之前的矛盾主要来自父女系统对夫妻系统的侵入，在以后发生此种情况时，夫妻之间都能够建立保护屏障，不再因此焦虑或引起夫妻矛盾。

四、介入过程记录

1. 第一阶段

案主对丈夫的行为表现出不满,产生抱怨,多次表示自己内心压力很大,在讲述的过程中表现出生气、后悔、埋怨等情绪。在案主发泄情绪的过程中,社会工作者把她的一些认知记录下来,包括她认为男人就应该积极上进,多赚钱,丈夫不积极上进;认为与丈夫沟通不了;认为夫妻之间没有共同话题,只有离婚才是解决问题的方法。

社会工作者:听了您刚才讲的,主要想表达丈夫不思进取,是因为他不去考取证书和赚钱不多,是吗?

案主:嗯,也不全是,还有他总是在我爸面前表现得很害羞,也不主动说话,我爸总是在我这里说他。

社会工作者:那到底是您认为丈夫不思进取,还是您爸这么认为呢?

案主:都这么认为呀!你看他的表现嘛,作为一个男人,来公司两年了还是挣这么点工资。

社会工作者:嗯,那您认为一个男人应该怎么样呢?

案主:至少比我能干吧,我希望他是能让我崇拜的那种人,而不是还不如我。

社会工作者:这个想法是谁传递给您的呢?

案主沉思了一会儿:我爸吧,他总是这么说,而且他也是这么做的呀!

社会工作者:嗯,好的。也许您可以思考一下,这样的想法是否有些武断。你们作为一个家庭,本就是一个整体,可以共同努力。

社会工作者通过询问的方式,让案主认识到自己的情绪都来源于对这些事情的认知,让案主说出她认为的积极上进是什么样的,为什么她会认为自己与丈夫无法沟通,她希望的沟通是什么样子的,她为什么会把离婚当作解决问题的唯一方法,案主陷入了思考。

社会工作者让案主站在"个人行为"上,做必要的放松后让她说出当下困扰自己的问题,以及自己对丈夫的不满;接着让她走到"感受"上,问她这样做有什么感受,案主表达了生气;达到目的后再让她走到"感受的感受"上,她说感到了难过,社会工作者问她为什么会产生这样的感受……通过这个过程,案主了解到问题背后其实反映的是她最初的需要,她想要的是更多的理解和关爱,而这些,是她希望在她的丈夫那里得到的。

社会工作者陪伴案主一起重新思考了上一次会谈社会工作者提到的几个问题,案主慢慢认识到自己的认知虽然基本来源于父亲对自己的教育以及身边的社会环境,但这种认知其实不一定正确,摒弃这些,她感觉轻松了很多。另外,案主也愿意通过社会工作者的指导来调整自己的家庭相处模式。①

2. 第二阶段

社会工作者与案主的丈夫进行了会谈。

案主丈夫对于妻子提出离婚这件事表现出无奈，他表示自己也不知道为什么，妻子似乎一直对他就很不满意，比如总是说他不努力工作，不去考取证书，等等。但其实他也有自己的打算，之所以现在没有跳槽，是因为他觉得这里还是有发展前景的，领导目前也比较重视他，他也有升职的希望。至于考取证书的事，他也在准备，只是在家他觉得需要放松，所以他并没有过多把工作内容带回家。平时他也尝试和妻子沟通，但妻子总说他不懂自己，出于对妻子的宠爱，以及他也不知道该怎样处理妻子的这些情绪，只能一直顺从妻子，这也是为什么妻子每次说到他错了，他就直接认错的原因。

提到之前房子装修，他也知道妻子确实非常辛苦，他没能帮到什么忙，唯一做的就是给家里买了一台洗衣机，但妻子还非常不满意，觉得质量不好。

平常，他承担家庭事务确实不多，有时也会在家做饭洗碗，和妻子一起打扫卫生，但基本都是妻子让他做什么他才做什么，他不主动做这些。

提到收入，案主丈夫不是很愿意多说，只表达了自己确实没有案主收入多。另外社会工作者了解到目前每月房贷 2500 元及水电费等，是由案主丈夫承担的。

社会工作者：我总结一下，意思就是说其实您也尝试过与妻子进行交流，但由于妻子和您交流的时候说您理解不了她的意思，开始生气，出于对妻子的宠爱以及您也不知道这时候如何处理，您就采取了直接道歉的处理方式，希望息事宁人，对吗？

案主丈夫：可以这么说。因为确实我也不知道该说什么了。

社会工作者：那这时候您妻子是什么表现呢？

案主丈夫：她可能觉得我是敷衍她吧，有时候会更生气。但我也不知道她到底希望我怎么做。

最后案主丈夫表达了对这段婚姻的重视，及不希望离婚的心愿。他告诉社会工作者他愿意积极配合社会工作者的介入，会努力挽回婚姻。

社会工作者又一次与案主进行了会谈。这次会谈中，社会工作者主要让案主分享了自己平常与丈夫的对话，社会工作者让助手与案主模拟案主夫妻的对话情景，让案主体会丈

---

① 第一，通过前期的沟通，案主与社会工作者建立了很好的信任关系，所以本次介入案主说得很多也很详细，让社会工作者更清晰地了解了案主与丈夫的过往。第二，案主从最开始的一直表达对丈夫的不满情绪，到后来社会工作者抛出的几个问题，她没有直接进行陈述，或者指责丈夫，而是决定思考之后再行回应，说明本次的引导是成功的，促进了案主对自己认知的思考，甚至开始思考父亲带给自己的影响。第三，案主不停地要求丈夫，在家里她一直处于强势地位，这个地位让她觉得可以掌控家里的一切，但同时又让她觉得很辛苦。她的这些表现其实和她的原生家庭息息相关，童年父母的离异、父亲的长期离家，让她在家里充当了女主人的角色，而这个角色让她表现出强势的背后其实是需要关心和爱。第四，案主在表达中多次阐述对丈夫的失望，社会工作者评估她的情绪来源于对丈夫的期待与丈夫的表现不成正比，这也需要社会工作者进一步与丈夫核实：从丈夫的角度，他是怎么想的，又是怎么做的。第五，案主在社会工作者的帮助下认识到自己的很多情绪和行为来源于自己最初的认知，而这些认知有的也许并不准确。

夫的心情。看到自己和丈夫不良的沟通方式，最后案主告诉社会工作者，她发现自己的沟通也是有问题的，她说现在她似乎更理解丈夫一些。社会工作者引导她进一步分享她和父亲的沟通，她看到了相似之处，之后她有些哽咽："我一直以为我讨厌阿苑（案主丈夫），我也在想，为什么我越希望他好，他就越来越差。现在看来，我也在讨厌自己，和父亲交流的时候，我简直和阿苑一模一样！"①

之后，社会工作者又与案主及其丈夫进行了会谈。

会谈之前，社会工作者给案主和其丈夫布置了家庭作业，让他们看社会工作者发给他们的几个小故事，这几个故事都暴露了引发家庭矛盾的沟通方式，然后去总结为什么这些家庭会有矛盾，他们的家庭成员分别在其中扮演了什么样的角色。

在这次会谈中，社会工作者让案主和其丈夫通过事件重演的方式，一起回忆了他们之间的沟通场景，包括结婚之前他们是如何进行沟通的，结婚之后，面对矛盾他们是如何进行沟通的。结束之后让他们进行思考和总结。在这个过程中，社会工作者会重点询问他们行为背后的感受，促使双方加深了解。

社会工作者引导案主与其丈夫回顾之前的家庭作业，让他们分享作业的答案，并且分享他们在哪一个小故事中看到了自己。在这个过程中，案主的分享变得多了，而其丈夫采取了沉默。

之后，社会工作者让案主和其丈夫分别总结他们之间的沟通，案主不再一味指责丈夫，也总结了自己的一些问题，比如直接就给丈夫下定义，还是不够理解他等。案主丈夫在总结时提到，自己不应该为了妻子开心，直接道歉，这其实也是在逃避沟通，这样反而会让他们的沟通变得无效。②

3. 第三阶段

再次会谈时，社会工作者向案主及其丈夫分享了什么样的沟通方式是正确且有效的，并且把他们之间的一些对话与新的对话做了比较，主要是"指责—讨好"型沟通方式与表里如一型沟通方式的对比，引导他们学习表里如一型沟通方式，也包括一些沟通技巧等。比如，重视自己和他人所处的情境，语言上带有感受，表达自己的期待、愿望、不喜欢，相互聆听，相互分享，相互尊重等，同时，社会工作者还为他们举了一些例子。

案主和其丈夫也表示，从小故事里面他们学习到了一些知识，他们还找到了他们之间沟通的问题，这是最重要的。

在社会工作者的协助下，案主和其丈夫愿意暂时达成共识，并分别与社会工作者拟定

---

① 案主与社会工作者助手进行情景重演后，看到了自己，说出了心里话，认识到了父亲对自己的影响，且明白了这种不良的沟通方式也被自己带到了自己与丈夫的相处中，有了想要改变的想法。

② 一方面，在社会工作者让案主和其丈夫分别总结他们之间的沟通时，案主不再一味指责丈夫，而是多了一些自我反思，说明案主在调整自己的不良情绪，反思自己的认知和意识；另一方面，案主丈夫之前的沉默和最后的总结形成了对比，说明他已经认识到自己的沟通问题。在社会工作者分享有效沟通技巧的时候，案主丈夫听得非常认真、非常投入，这说明案主丈夫的改变意识也是强烈的。

了任务表，案主丈夫承诺会好好执行。因此，夫妻俩暂时不再提离婚这件事情，决定给彼此一点时间进行改变。

4. 第四阶段

后来，社会工作者又与案主进行了会谈，了解了之后夫妻二人的相处情况，案主表示最近自己感受到了丈夫的转变，他变得关注家庭事务，同时也会向自己分享一些工作情况、父母的情况等，任务表也对他们的行为有了一些约束，比如当她想要指责丈夫时，她会思考这个事情是否可以用更柔和的语言来表达，自己的目的到底是什么，不能一味发脾气，等等。

案主表示，经过慎重思考，在多方权衡下最终决定放弃与丈夫离婚的决定。同时，案主也进行了自我反思，认为婚姻中需要两个人互相包容，自己的有些做法欠佳，等等。通过这样的思考，案主逐步趋于理性。对于案主的决定，社会工作者表示尊重，并引导案主与其丈夫好好沟通，恢复彼此的关系，共同为家庭的和谐幸福做出努力。

此外，社会工作者还鼓励案主及其丈夫一起建立夫妻系统的保护屏障，以减少案主父亲对他们夫妻关系的影响。案主认为在社会工作者的引导下，她已经意识到这个问题，但觉得无法改变父亲，所以重要的是自己已经不再那么在意父亲的看法了。

这次会谈后，社会工作者认为本案的家庭治疗已经获得了成效①，可以准备结案。

五、结案

在结案部分，社会工作者首先与案主进行了会谈。案主说自己不再那么焦虑了，在家庭中会反思自己的情绪和行为，特别是当自己有可能有情绪的时候，有时会直接说出自己的感受，但不再是用伤害丈夫的方式去说。同时，在父亲向自己表达对丈夫的不满时，自己似乎不再那么生气和在意了，觉得这是他们夫妻之间的事，父亲的看法只是他自己的。社会工作者评估，案主改变了最初的认知，建立了良好的信念。

在社会工作者与案主及其丈夫会谈时，社会工作者观察到，案主不再一味地指责丈夫，丈夫也不再默默不语，他们的沟通逐渐和谐，主要表现是相互之间的沟通增多，相互之间多了理解和支持，他们都认识到之前双方在沟通中采取了不良的沟通方式，并且在努力学习表里如一的沟通方式，在慢慢改变。

在评估父女系统对夫妻系统的影响时，案主说："我尝试不再那么看重我爸对我老公的看法，这期间我回了我爸家两次，第一次是我自己回去的，我爸又开始说我老公的事，我听了确实很烦躁。但后来我一想，这是我们夫妻之间的事情，没必要那么在意我爸说什

---

① 社会工作者之所以认为本案的家庭治疗已经获得了成效，是因为：
(1) 案主在反复思考下放弃与丈夫离婚的决定，案主与丈夫的婚姻危机暂时得以缓解；
(2) 案主与丈夫都在努力为家庭改变，他们之间的沟通方式逐渐趋于和谐；
(3) 案主会主动思考自己的情绪来源，克服不理性情绪；
(4) 案主与其丈夫都在学习表里如一的沟通方式，且呈正向改变；
(5) 案主与其丈夫都认识到案主父亲对他们夫妻关系的影响，并约定建立夫妻系统的保护屏障。

么,结果我发现我不那么烦了。回家我还和我丈夫分享了我的情绪变化,他挺高兴的。并且我发现,我不那么重视这个事后,第二次我们一起回我爸家的时候,我老公也不那么小心翼翼了,我们开心多了。"即当案主发现自己不再那么在意父亲对丈夫的看法后,丈夫也在发生正向变化。于是社会工作者评估案主与其丈夫看到了父女系统对夫妻系统造成的不良影响,逐步建立了夫妻系统的保护屏障。

社会工作者反思:本个案跟进服务历时较长,由于案主及其丈夫上班较忙,阻碍了按照计划推进服务的进程。为了减少客观条件对服务的影响,社会工作者结合家庭小作业、线上沟通等方式引导家庭成员逐步发生正向转变。其实,在整个过程中,案主的自决是非常重要的。社会工作者调试案主内心,缓解夫妻矛盾,注意案主自决,尊重案主的决定,另外在提供帮助的同时让案主逐渐掌握有效应对困境的方法和技巧,因此案主的变化很大,且她发现自己在发生正向变化的同时,丈夫也发生了正向变化。

后期,社会工作者还需持续关注案主的家庭情况,必要时给予相应的指导,促进其家庭和谐稳定。

案例分析

王某,男,35岁,小时候经常受到父亲的打骂,缺少家庭关爱,所以有很严重的压抑心理,遇到一些事情的时候容易情绪激动,而且对自己的行为方式特别会找理由去辩解。结婚以后,妻子忍受不了王某,所以离婚。离婚后女儿小兰归王某抚养。王某没有固定工作,对女儿很关心照顾,对女儿的学习要求很严格,当女儿考试成绩不好时,常常毒打女儿,这使得孩子十分害怕父亲。有一次邻居听到小兰的哭叫声跑了过来,发现小兰浑身被父亲缠上绳子绑在凳子上,在邻居的劝说下,小兰才被送往医院。王某认为棍棒出孝子,这样教育孩子没什么问题。在社区工作人员的转介和要求下,某社会工作者机构决定介入王某家庭,以帮助王某和小兰构建健康的父女关系。

问题:

作为社会工作者,请你根据王某的家庭情况,结合已经学过的家庭社会工作理论和家庭治疗方法,为王某的家庭设计一份介入计划,可以进行合理的假设和想象。

参考文献

贝曼，2009．萨提亚冥想——内在和谐、人际和睦与世界和平［M］．钟谷兰，译．北京：中国轻工业出版社．
贝曼，2009．萨提亚转化式系统治疗［M］．钟谷兰等，译．北京：中国轻工业出版社．
邓伟志，徐榕，2001．家庭社会学［M］．北京：中国社会科学出版社．
费孝通，2019．生育制度［M］．上海：华东师范大学出版社．
罗兰·米勒，2015．亲密关系：6版［M］．王伟平，译．北京：人民邮电出版社．
张文霞，朱冬亮，2005．家庭社会工作［M］．北京：社会科学文献出版社．
郑杭生，2003．社会学概论新修［M］．北京：中国人民大学出版社．